글 최의창

한 장 글쓰기
스포츠교육 에세이   *One Page Writing*

한 장 글쓰기
스포츠교육 에세이

인 쇄	2020년 2월 26일
발 행	2020년 3월 1일

지은이   최의창

발행처	레인보우북스
주 소	서울특별시 관악구 신림로 75 레인보우B/D
전 화	(02) 2032-8800
팩 스	(02) 871-0935
E-mail	min8728151@rainbowbook.co.kr
홈페이지	www.rainbowbook.co.kr

ISBN 978-89-6206-465-0 93690
값 20,000원

* 본서의 무단복제를 금하며, 잘못된 책은 구입한 곳에서 교환해 드립니다.

한 장 글쓰기

스포츠교육 에세이

최의창

One Page Writing
Essays on Sport Education

by

Euichang Choi, PhD

삶이란 무엇이란 말인가, 걱정으로 가득 차,
멈추어 서 지긋이 바라볼 시간조차 없다면.
나뭇가지 아래 서 양이나 소처럼
물끄러미 그저 바라볼 시간조차 없다면.
나무들 사이를 지나며 다람쥐가 풀 속에
밤알을 감추는 걸 볼 시간조차 없다면.
한낮인데도 시냇물이, 마치 밤하늘처럼,
별들로 가득 차 흐르는 걸 볼 시간조차 없다면.
아름다움이 던지는 시선에 고개를 돌리어,
그 춤추는 두 발을 볼 시간조차 없다면.
그녀의 시선으로 생겨난 미소가 그 목소리로
더욱 환하게 될 것을 기다릴 시간조차 없다면.
삶이란 너무도 초라한 것, 걱정으로 가득 차,
멈추어 서 지긋이 바라볼 시간조차 없다면.

— 여가, 윌리엄 헨리 데이비스

서문

조약돌과 조가비

   초등학생 시절, 1970년대 초반에 제일 못하고, 또 그래서 가장 하기 싫었던 것 하나가 있었습니다. 짧은 글짓기였습니다. 이백 자 원고지 몇 장을 채우는 글쓰기 작업이었습니다. 3, 4학년 때에는 두 장 정도로 국어 시간에 간간히 했었고, 5, 6학년 때에는 1학기에 한 번 정도씩 여섯 장 짜리로 글짓기 숙제를 했던 것 같습니다. 책읽기도 그리 좋아하지 않았고, 글쓰기도 그리 잘 하지 못하던 저는, 이 글짓기 기억이 좋은 추억으로 남아있지는 않았습니다.
   운동하며 뛰어노는 것을 더 좋아했던 중, 고등학교를 거치면서도 사정은 그리 변하지 않았습니다. 다행히, 학급문고 책읽기가 의무적으로 진행되어 국내외 단편소설집을 읽는 것은 약간의 습관이 생겼습니다. 하지만 글쓰기는 여전히 불편하고 피하고만 싶은 고역이었습니다. 고등학교에 진학하여 글쓰기는 좀 더 깊은 사고를 요구하는 작업으로 진화하면서 저에게는 더욱 더 곤혹스러운 중노동이 되었습니다.
   이 사태는 대학교에 진학해서도 그리 개선되지 않았습니다. 저는 글쓰기보다는 몸쓰기를 더 중요시하는 체육과에 입학했기 때문이었습니다. 전공수업은 문제없었습니다. 글쓰기가 그리 강조되지 않았으니까요. 행복했습니다. 다만, 교양수업과 교직수업이 문제였습니다. 대학이다 보니 리포트 작성과 논술식 시험이 많았습니다. 체육과 학생들이 바닥을 깔아준 덕분에 타 학과 학생들은 손쉽게 높은 학점을 낚아채갔습니다.
   그 주된 원인은 결국, 글쓰기가 제대로 되지 못했기 때문이었습니다. 글쓰기는 그냥 잘 될 수 없었습니다. 책읽기와 생각하기와 경험하기가 반드시 동반되어야만 하는 복합 활동이었기 때문입니다. 그런데, 우리 체육과 학생에게는 달랑 경험하기만 있었을 뿐이었습니다. 대부분의 학생들은 글 잘 못쓰는 것에 대하여 그리 개의치 않은 듯 했습니다. 다른

과 학생들에 비해서 몸을 잘 쓰고, 또 체육과는 그것이 최고로 중요한 것이라고 확신했기 때문입니다.

(은혜라고 해야 하나, 저주라고 해야 하나 모르겠습니다만) 무슨 이유에서인지 저는 교직수업과 교양수업을 들으면서 글짓기에 대한 새로운 동경심이 떠오르게 됩니다. 학년이 갈수록 제대로 쓰고 싶은 마음이 점점 더 강하게 생겨나게 된 것입니다. 직접적 이유는 몇몇 교수님들의 글들을 읽고 강의를 들으면서 자신의 생각을 명확하고 설득력 있게 표현하는 것의 멋짐(나중에는 아름다움)을 강하게 느꼈기 때문이었습니다.

이런 비유가 허용될지 모르겠습니다만, 그것은 마치 페로몬의 강력한 끌림으로 맹목적인 이성애를 느끼게 되는 정도라고 말할 수 있습니다. 하지만, 언감생심이었습니다. 문학적 자질도 전문적 지식도 바닥인 저로서는 감히 들어설 수 없는 접근금지 영역이었습니다. 물론, 지금이라고 사정이 달라졌겠습니까, 그 사람이 그 사람인데요? 박사학위 받고 30년이 되어가는 지금도 글쓰기 역량과 수준은 여전히 대학교 학부 시절의 그 모양 그 꼴입니다.

아무튼, 대학 이후 제게 있어서 글짓기는 가장 잘 하고 싶은 것들(선생 노릇, 아비역할, 가장의무 등) 중 하나가 되었습니다. 그런데, 그런데 말입니다. 실망스럽게도 학술세계에서의 글짓기는 제가 가장 잘 하고 싶은 종류의 글짓기가 아니었습니다. 교수로서 학술세계에서 인정받는 글쓰기는 "논문"이라는 오랜 전통을 지닌 형식성이 매우 강한 글쓰기였습니다. 학계에서 조금이라도 성공하려면(인정받는 교수가 되려면) 이 기술에 정통해서 능수능란해져야만 했습니다.

긴 스토리를 축약해서 말씀드리면, 저는 어찌어찌해서 필요한 글 기술을 습득하여 (실력보다는) 하늘의 도움과 약간의 운으로 현재의 자리에 오게 되었습니다. 여전히 논문식 글쓰기가 힘에 버겁지만, 또 어찌어찌 필요로 하는 만큼은 생산해내고 있습니다. 하지만 저의 로망은 언제나 다른 종류의 글쓰기에 있었습니다. 그리고 오랫동안 틈틈이 그것을 실천해왔습니다. 비록 제게 동경의 대상이 된 선생님들의 수준에는 턱없이 못 미치지만, 그런 모양으로 그런 수준으로 저의 글짓기를 만들어나가려고 노력해왔습니다. 엉금엉금 느릿느릿 말입니다.

제가 희망하는 글쓰기는 "에세이"입니다. 수필이라고 불리는 글쓰기 형식 말입니다. 부드럽고 유연하게, 그러면서도 이성을 벗어나지 않으며 설득력을 지닌 글쓰기입니다. 딱딱하지 않고 전문적이지 않으면서도, 다루는 주제에 대한 비록 작더라도 새로운 성찰을 가능토록 해주는 글짓기입니다. 우리가 일상생활에서 쓰는 쉬운 언어를 사용하지만, 그럼에도 깊은 깨달음을 가질 수 있도록 해주는 쉽지만, 깊은 글말입니다.

이런 글은 학술세계에서는 가치를 쳐주지 않습니다. 폐지 값에도 못 미칩니다. 하지만, 저는 이런 글을 잘 쓰고 싶은 것입니다. 개인적으로 저는 논문으로서 체육 전반과 스포츠교육 분야에 새로운 전문지식을 생산해내는 것만큼이나 에세이식 글도 큰 가치가 있다고 생각하기 때문입니다. 저는 체육을 공부하는 사람, 그리고 스포츠교육을 실천하는 사람으로서 많은 생각을 합니다. 체육학자로서 스포츠교육자로서 다양한 문제의식과 아이디어들을 떠올립니다.

그런데 그 생각들은 대부분 학술 논문으로 적힐 수준의 큰 이슈나 중요한 주제들이 아닙니다. 그리고 생각의 깊이도 깊지 않습니다. 최신의 복잡한 관련 연구문헌들을 바탕으로 실증적 자료들을 모아서 체계적 분석과정을 거쳐서 합리적인 결과로서 내놓을 수준의 것들이 못됩니다. 하지만, 저 개인적으로는 매우 중요한 생각들이 틈틈이 떠오릅니다. 그리 길지도 그리 심오하지도 않은 수준에서 말입니다.

이 같은 생각들은 학술적 장소가 아니고 커피 모임이나 회의 후 회식 자리에서 개인적으로 짧게 표현되고 전달될 뿐입니다. 아니면, 그냥 저 개인의 머릿속에서 계속해서 윙윙거리며 회전 비행할 뿐이거나, 아예 조금 머물다가 완전히 사라지거나 할 뿐입니다. 대게는 조금 더 주의와 관심을 받으며 글의 형태로 단정하게 그 모습을 갖추게 되는 기회를 얻지 못합니다. 그렇지만 저는 그 기회를 최대한 활용하고자 했습니다.

그 기회는 때로는 누구로부터 주어지기도 하였고, 때로는 저 스스로 만들어내기도 하였습니다. 이 책은 지난 십 여 년 동안 그 기회를 활용해서 주워 올린 글들을 그러모은 것입니다. 청탁받은 신문의 비정기 칼럼이나 월간 매거진의 고정 칼럼이 많습니다. 덜 딱딱하게 쓴 학술발표회 토론문도 있습니다. 순전히 그냥 쓰고 싶어서 쓴 수업시간의 소감이나 월별 글쓰기들이 있습니다.

스포츠 분야의 여러 이슈에 관련된 에세이나 칼럼 성격의 글쓰기는 지난 십여 년간 매우 활성화되었습니다. 스포츠 기자나 체육과 교수들도 많아졌습니다. 하지만 스포츠교육(또는 체육교육)에 대한 글들은 여전히 찾아보기 어렵습니다. 운동을 가르치고 배우는 활동과 과정을 살펴보는 일은 글쓰기 전문가들의 주목을 전혀 끌지 못해왔습니다. 운동기능을 전수하는 일은 그만한 가치를 가지지 못하는 것으로 치부되어왔습니다.

스포츠교육 전공자로서 저는 그것이 섭섭했고 그것이 못마땅했습니다. 체육이란, 또는 스포츠란 가장 근본적인 수준에서 운동을 가르치고 배우는 과정에서 시작됩니다. 모르던 또는 못하던 동작이나 게임을 알게 되고 수행해낼 수 있도록 하는 것 말입니다. 이 과정은 너무도 기본적인 것이라서 모두가 당연시를 하면서 관심을 두지 않는 단점이 있습니다. 걷기나 숨쉬기가 그런 것처럼 말입니다.

저로서는 스포츠교육(그리고 그와 관련된 체육과 삶)의 여러 측면들을 여러 차원에서 이해하고 싶었습니다. 그리고 그것을 다른 체육 전공자와 일반인들과 함께 나누고 싶었습니다. 이 일에는 학술논문이 전혀 도움이 되지 않았습니다. 에세이라는 모든 사람들이 공유하는 글쓰기가 절대적으로 필요함을 깨달았습니다. 신기하게도 에세이식 글쓰기는 제가 잘 하고 싶은 일과 제가 해야 되는 일이 하나로 합쳐지는 지점이 된 것입니다.

여기저기 흩어진 글들을 모아보니 역시나 오합지졸들에 불과한 병력임이 여실히 드러납니다. 타고난 문학적 재능도 일천하고 사사받은 글쓰기 교육도 전무한 체육선생이 쓴 글들이니 당연한 귀결입니다. 다만, 그 숫자가 적지 않음만이 두드러질 뿐입니다. 주제도 일관성이 없고 이것저것으로 너무 다양합니다. 그나마 대여섯 가지 정도로 묶어서 모아 낼 수 있어서 다행일 뿐입니다.

작품 몇 편만으로도 영원히 기억되는 불세출의 천재들과는 비교할 수가 없습니다. 먹이사슬의 최고 포식자는 자식을 한두 마리만 낳을 뿐이죠. 평범 이하인 저로서는 어쩔 수 없이, 물고기가 생존확률을 높이기 위해서 수천, 수만의 알들을 풀어놓듯이, 고작 몇 편의 글들이라도 살아남을 수 있도록 대량 살포의 방식을 택할 수밖에 없는 형편입니다. 여기 선별된 글들은 그나마 알을 업어 키우는 물자라의 등에 업혀진 운 좋은 알들이라고 할 수 있겠습니다.

제가 존경하는 최고 수필가 중의 한 분으로 피천득 선생님이 계십니다. 그 분께서 유일하게 펴내신 수필집 〈인연〉의 서문이 떠오릅니다. 비록 고인이 되신지 오래지만 지금 일하고 있는 단과대학의 선배 교수님이셨으니, 선생님께서 흔쾌히 양해해주실 것으로 믿으며 여기 길게 옮겨 봅니다.

> 산호와 진주는 나의 소원이었다. 그러나 산호와 진주는 바다 속 깊이 깊이 거기에 있다. 파도는 언제나 거세고 바다 밑은 무섭다. 나는 수평선 멀리 나가지도 못하고, 잠수복을 입는다는 것은 감히 상상도 못할 일이다. 나는 고작 양복바지를 말아 올리고 거닐면서 젖은 모래 위에 있는 조가비와 조약돌들을 줍는다. 주웠다가 헤뜨려 버릴 것들, 그것들을 모아 두었다.
>
> 내가 찾아서 내가 주워 모은 것들이기에, 때로는 가엾은 생각이 나고 때로는 고운 빛을 발하는 것들이 있는 것 같기도 하다. 산호와 진주가 나의 소원이다. 그러나 그것은 될 수 없는 일이다. 그리 예쁘지 않은 아기에게 엄마가 예쁜 이름을 지어주듯이, 나는 나의 이 조약돌과 조가비들을 "산호와 진주"라 부르련다.

이 책을 펴내는 제 심정도 그대로입니다. 지난 십 년간 찾은 칠십 여개의 조약돌과 조가비들을 여기에 모아 봅니다. 혹시나 독자 여러분에게는 산호와 진주로 여겨질 만한 것 한두 개 정도는 발견하실 수 있기를 두 손 모아 기원해봅니다. 정년까지는 앞으로 조금 모자라는 십 년. 저는 이제 다시 체육과 스포츠교육의 해변가로 나가 저만의 소원들을 조금 더 주워 모으도록 하겠습니다. 그리하여 운이 닿는다면, 그 때에는 조금 더 고운 빛을 발하는 것들로 진열될 수 있도록 노력해보겠습니다.

최 의 창
2020. 2. 1

차례

서문 : 조약돌과 조가비   .7

1부   **스포츠 리터러시**   .17

　　락 더 스포츠   .19
　　스포츠 LG   .24
　　독이시서지 불역열호   .28
　　스포츠 호울링   .32
　　스포츠 하기의 말들   .36
　　기의 스포츠와 도의 스포츠   .41
　　여가란 무엇인가   .46
　　스포츠 미슐랭 가이드   .51
　　소크라테스의 김나지움   .56
　　스포츠 오디세이아   .61
　　시인의 게임   .66
　　엑서사이즈와 이너사이즈   .71

2부   **읽는 스포츠의 즐거움**   .77

　　독서 선구안   .79
　　여성의 스포츠 대반격   .82
　　스포츠 브랜드 전쟁   .84
　　그녀들의 축구사랑   .86

스포츠가 가르쳐주는 성공심리학　.88

반지의 제왕 vs 코트의 마법사　.91

무술, 무예, 무도 이야기　.94

준비에 실패하면 실패를 준비하는 것이다.　.97

스포츠에서 선과 도를 찾다　.101

골프의 명심보감　.104

달리기와 존재하기　.108

야구에 담아낸 아담의 실낙원 이야기　.112

세상에서 가장 치명적인 매혹　.116

높이 10m, 시속 60km, 시간 1.4초짜리 성장통　.120

농구코트를 군림한 반지의 제왕　.124

3부

한국 스포츠 4.0　.127

나의 체육 버전　.129

스포츠의 교양화　.132

스포츠 리터러시 센터　.138

학생선수 유감　.143

세븐　.148

루두스 아니마 메아　.153

우즈 vs 페더러, 박태환 vs 윤성빈　.158

한국체육 4.0　.168

하나로　.182

깊은 그리움　.190

4부 영혼 있는 체육 .201

자유교양체육 .203
스포츠교육사 .208
코치불가 .215
스포츠교육의 세 가지 모습 .222
문질빈빈론 .239
운전은 인격입니다 .250
내가 희구하는 것 .264

5부 최고의 인성교사 .279

청소년용 종합교육영양제 .281
인성이 인생이다 .284
스포츠는 최고의 교사 .287
견물생심의 인성교육 .290
이제는 인성원을 세우자 .293
학교폭력을 위한 101번째 약 .296
전능적 교사 vs 전인적 교사 .302
인성교육의 기법과 심법 .308
마중물론 .317
교과를 통한 인성교육 .324
후마니타스 꼬레아나 .335
무예의 인문적 쓸모 .346

6부　학교의 심장　.353

교양체육의 존재 이유　.355

건강한 정신이 생겨나는 곳　.358

신체활동 친화적 캠퍼스　.361

새로운 기초교육　.364

관악에 체육을 더하라　.367

학교체육에 더 투자하라　.370

부동의 십 대, 체육이 답이다.　.372

호모 루덴스의 운동본능　.376

새로운 스포츠교육론　.379

행복체육　.382

체육설악　.385

이제는 호울링이다　.388

학교에 체육을 허하라　.391

학교교육 완성을 위한 필수조건　.399

학교의 손발에서 학교의 심장으로　.405

다대고에서 진선미로!　.416

세계화 시대의 체육　.420

어떤 탄생설화　.429

자아의 척도　.432

충격요법　.436

무지개　.440

후기 : 한 장 글쓰기　.443

한 장 글쓰기

스포츠교육 에세이

· · ·

1부

스포츠 리터러시

한 장 글쓰기

<u>스포츠교육 에세이</u>

· · ·

락 더 스포츠

하는 것은 스포츠를 즐기는 한 가지 방식에 불과할 뿐! —

One Page Writing

AI와 4차 산업혁명의 시대에 고정관념이 설 곳은 더 이상 없다. 스포츠에서는 하는 것이 단연 최고라는 생각도 그 중 하나다. 스포츠는 하기 이외에도 읽기, 쓰기, 보기, 그리기 등 수 많은 방식으로 즐겁게 체험될 수 있다. 마치 하나의 재료를 끓이고, 볶고, 튀기고, 삶고, 찌고, 구워서 요리하여 서로 다른 맛을 음미해볼 수 있듯이 말이다. 내 몸과 마음 안에 저장되어 그 다양한 레시피를 만들어내는 요리앱이 바로 스포츠 리터러시다.

몸치는 어떻게 스포츠를 즐기는가

나는 음치다. 음정, 박자, 가사 세 가지 모두에 꽝이다. 그렇지만 나는 노래 듣는 것을 사랑하며, 가수든 누구든 잘 부르는 노래를 들으면 행복해진다. 음악영화도 좋아하며, 뮤지컬도 즐겨 본다. 서점에 가면 클래식을 소개하는 서적에도 눈길이 가며, 음악하는 장면을 담은 유화와 사진도 좋아하고, 공연장과 극장의 건축과 인테리어에도 감동받는다.

우리는 대부분 음악에 대해 이런 상태일 것이다. 우리는 모두 각자 자신이 좋아하고 잘 하는 방식으로 음악을 즐긴다. 노래 부르는 것은 음악을 즐기는 한 가지 방식에 불과하다. 악기연주도 한 가지 방식일 뿐이다. 음악은 수없이 다양한 방식으로 우리를 즐겁게 만들어주는 힘을 가지고 있다. 노래하거나 연주할 때처럼

"하는 것"으로만이 아니라.

스포츠에 대해서도 동일한 이야기를 할 수 있다. "하는 것"은 스포츠를 즐기는 한 가지 방식에 불과하다고. 우리는 읽기, 쓰기, 보기, 듣기, 말하기, 그리기, 만들기, 부르기, 느끼기, 셈하기, 모으기, 나누기, 생각하기, 사랑하기 등으로도 즐길 수 있다. 〈국가대표〉 영화를 보며, 배구 만화 〈하이큐!〉를 읽고, 붉은 악마 응원가를 부르고, EPL에서 활약하는 손흥민에 대해서 말하고, KBO 10개 구단과 선수들의 기록들을 계산하고, 하위권을 맴도는 K리그 팀을 응원하면서 스포츠를 향유한다.

만약 하는 것으로만 최상의 즐거움을 느낄 수 있고, 잘할수록 그 즐거움이 극상에 가까워진다면, 몸치인 대다수 우리는 낙담의 구렁텅이에서 빠져나올 수 없을 것이다. 운동을 기술적으로 잘하는 이는 생각보다 소수이기 때문이다. 물론, 스포츠는 몸으로 하는 것이며 기술이 늘어야 게임에서 이길 수 있으며, 경기에서 이겨야 더욱 즐거워진다. 돈과 시간과 노력을 투자해서 초보에서 중급으로, 그리고 상급수준으로 되려는 열망은 바로 그런 본능에서 기인한다.

그러나 돈이 행복을 보장하지 않듯이, 기술이 즐거움을 확보해주지 않는다. 돈이 적거나 없어도 얼마든지 행복해질 수 있지 않는가? 삶의 행복은 다양한 루트를 통해서 찾아온다. 스포츠의 즐거움도 다양한 경로를 통해서 찾아진다. 돈이 행복의 한 가지 근거일 뿐이듯이, 하는 것도 즐거움의 한 가지 원인일 뿐이다. 사람은 체성, 지성, 감성, 덕성, 영성을 지니고 있으며, 이 온몸과 마음五性을 총동원하여 즐거움을 느낀다. 하는 것은 체성에만 관여할 뿐이다.

하기 중심주의와 스포츠 리터러시

우리는 그동안 이 점을 간과(또는 무시)해왔던 것이다. "스포츠는 하는 것이다"라는 절대명제를 신봉하며, 다른 방식으로 체험하는 스포츠는 억압(또는 유기)하였다. 이런 경향은 "하기 패권주의"로까지 발전하게 되면서, 부정적 결과들을 양산하게 되었다. 여기저기서 너도나도 오로지 하는 것만을 체육진흥의 지상 목적으로 떠받들게 되었다. 나는 폭력, 도박, 매수, 조작 등 현재 한국(학교, 생활 및 전문)체육의 문제점들을 낳은 원흉으로 지목되고 있는 승리지상주의, 메달제일주의가 모두 이 하기 패권주의에 많은 부분 기인한다고 생각한다.

하기중심적, 수행중심적으로 스포츠를 이해하고 실천하는 데 있어서 핵심은 "운동기량" 運動技倆, sport competency 이다. 스포츠의 시작과 끝은 운동을 잘 하는 것이라고 간주한다. 높은 운동기능을 습득하여, 뛰어난 운동기술을 발휘하며, 타인과의 시합에서 우월한 대결을 펼쳐내는 것을 지향한다. 김연아의 우아한 트리플 악셀, 손흥민의 똑똑한 슈팅, 박병호의 강한 타격, 박성현의 멋진 스윙을 본으로 삼아 높은 수준의 기술을 구사하며 시합을 하려한다.

즐기기중심적, 향유중심적으로 스포츠를 이해하고 체험하는 데 있어서 핵심은 "운동소양" 運動素養, sport literacy 이다. 운동소양은 운동을 다채롭고 즐겁게 체험할 수 있는 튼튼한 바탕을 갖추도록 해준다. 기능적 차원의 소양 能素養, 지성적 차원의 소양 智素養, 그리고 태도적 차원의 소양 心素養 으로 구성되어 있다. 각각의 소양은 스포츠를 하는 방식, 아는 방식, 그리고 느끼는 방식으로 향유할 수 있도록 해준다. 운동소양으로 능향유, 지향유, 심향유가 가능하게 된다. 그래서 운동소양을 운동향유력 運動享有力 이라고도 한다.

야구를 배우되 야구기량보다는 야구소양을 목표로 해나가야 한다. 야구복으로 갈아입고 글러브를 끼고 야구장에 나가되, 야구 감독과 선수의 자서전(끝이 있어야 시작도 있다)과 야구를 소재로 한 소설(삼미 슈퍼스타즈의 마지막 팬클럽)을 읽고, 야구애호가 시인이 쓴 시(왼손잡이 투수)를 음미하고, 야구의 정신을 생각토록 하는 야구만화(공포의 외인구단)와 야구영화(루키)를 본다. 야구장 주변에 전시한 야구 조각과 명화와 사진들을 눈여겨보면서 감상하고, 야구를 소재로 가사를 쓴 음악을 듣는다. 자기의 야구 체험을 스스로 되돌아보면서 일기, 수필, 시로 써본다.

우리는 야구를 배우되 시합만이 아니라, 야구라는 스포츠의 전후좌우, 상하내외를 총체적으로 배우도록 해야 한다. 기능적으로 하는 것만으로는 야구의 살과 뼈, 전통과 정신을 올바로 배우기 어렵다. 그 참맛과 참멋을 올바로 느끼기 힘들다.

스포츠의 참맛을 느끼는 미각 찾기

〈논어〉에는 "아는 사람은 좋아하는 사람에 미치지 못하고, 좋아하는 사람은 즐기는 사람에 미치지 못 한다" 知之者 不如好之者, 好之者 不如樂之者 는 구절이 있다. 스포츠 맥락에서 해석하면, 머리로 아는 것은 기능적으로 좋아하는 것보다 못하고, 기능적으로 좋아하는 것은 마음으로 즐기는 것보다 못하다고 풀이할 수 있겠다. 지, 호, 락의 순서로 나아가면서 지향유, 능향유, 심향유를 단계적으로 표현하고 있다.

우리가 사는 현실에서는 이 세 가지 즐김 모두가 다 좋다. 각자가 서로 다른 우리는 개인마다, 당시의 상태마다 정말로 즐기는 방식이 다르기 때문이다. 이것이 우리가 스포츠를 행할 때, 스포츠 기량만이 아니라 스포츠 리터러시를 쌓아 나가야만 하는 이유다.

《중용》에는 "먹고 마시는 일을 하지 않은 이는 하나도 없지만, 그 참맛을 알고 그리하는 이는 너무도 드물구나" 人莫不飮食也, 鮮能之味也라는 탄식이 있다. 지식적으로 알고 기능적으로 하는 사람들은 넘쳐흐르지만, 그것을 진정으로 즐기면서 그 참맛을 맛보는 이는 적음을 한탄하는 것이다.

오늘날, 한국의 체육계가 이 나락으로 떨어진 것은 바로 참맛을 잃어버린 이들로 가득한 것이 그 원인이 아닐까? 스포츠를 하지 않는 이는 하나도 없지만, 그 참맛을 알고 그리하는 이는 도대체가 몇이나 될 것인가? 스포츠 리터러시는 스포츠 참맛을 맛보도록 도와준다. 운동기량의 강한 MSG 때문에 스포츠의 참맛을 느끼지 못하게 되어버린 우리들의 미각을 스포츠 리터러시로 되찾자.

(서울스포츠, 2019, 3)

스포츠 LG

— 전국의 체육문화센터를 리모델링하라!

One Page Writing

실내 스포츠센터는 지난 20년간 상당히 증가했다. 특히 시도, 시군구 등 공공기관에서 운영하는 스포츠센터들이 그렇다. 하지만, 발전한 것이라고는 규모나 숫자에 그친다. 개념은 그대로다. 실내에서 가능한 많은 사람들이 여러 가지 신체활동을 하는 곳, 즉 스포츠 멀티플렉스 그 이상도 그 이하도 아니다. 21세기 생활체육 선진국 시대에 스포츠 리터러시 센터로 탈바꿈이 필요한 시점이다. 체육문화센터의 컨셉을 새롭게 바꾸자!

체육문화센터 또는 체육·문화센터

동네 수준을 알아보는 생활지표 중에 체육문화센터가 있다. 대규모의 실내 체육문화시설을 많이 확보하는 것이 도지사와 시장은 물론, 기초단체장의 선거공약 중 1순위가 된 지 오래다. 신체활동과 문화활동 여건이 생활의 중요 환경으로 여겨지는 것이다. 내가 사는 서울의 양천구만 보더라도 양천구민체육센터, 신월문화체육센터, 목동문화체육센터, 목동청소년수련관체육관 등 4곳의 실내체육장이 있다.

그런데 항상 궁금한 것 한 가지! 체육문화센터는 체육센터와 문화센터의 합친 말(체육·문화센터)인가, 아니면 체육문화센터인가? 지금 체육문화(또는 문화체육)센터들을 보면, 수영, 태권도, 필라테스 등의 프로그램을 제공하는 체육센터와 독서, 미술, 음악 프로그램을 제공하는 문화센터가 결합된 형태로 구성되어있지 않은가? 당연히 전자의 의미다. 모두들 그렇게 이해하고 있다.

백보 양보하여 "체육문화센터"라고 읽는다면, 도대체 그곳은 무엇을 하는 곳인가? "체육문화"라는 것은 무엇인가? 체육은 스포츠고 운동이고 건강이고 여가인데, 문화라는 표현을 쓸 수 있는 것인가? 체육문화는 체육의 문화적 차원을 강조하는 표현이다. "운동으로서의 체육"이 일반의 상식이지만, "문화로서의 체육"으로 새롭게 해석하고 실천할 수 있음을 시사하는 용어다(이 점에서 문화체육센터라고 이름 붙인 동네들은 선견지명이 있었다고 할까나?).

스포츠 라이브러리와 스포츠 갤러리

이제 체육문화센터는 진화해야 한다. 체육센터와 문화센터가 단순히 한 자리에 위치한 장소에 머물러서는 안 된다. 체육과 문화의 융합이 벌어지는 곳, 융합된 체육과 문화가 제공되는 곳이 되어야 한다. 더 나아가, 체육문화 또는 문화체육이 체험되는 곳이어야 한다. 편의를 위하여 각각을 체육문화센터1.0, 체육문화센터2.0, 체육문화센터3.0이라고 하자. 나는 체육문화센터1.0을 넘어 2.0으로 나아가야 하며, 3.0이 가장 바람직한 방향이라고 주장하는 것이다.

전국의 모든 센터들을 전수조사 하지 못했으므로, 체육문화센터3.0이 존재하지 않는다고, 특히 2.0이 전혀 없다고는 못 하겠다. 다만, 거의 없다고는 말할 수 있다. 체육과 문화의 융합에 대한 인식이 이제야 조금씩 생겨나고 있기 때문이다. 그렇지만 체육문화 또는 문화체육의 인식은 아직 없다. 체육문화는 체육이 내용으로 된 문화다. 문화체육이란 문화의 형식을 갖춘 체육이다. 스포츠소설, 스포츠시, 스포츠음악, 스포츠회화, 스포츠조각, 스포츠영화 등이다.

체육문화센터는 문화로서의 스포츠를 배울 수 있는 곳이어야 한다. 스포츠를 내용으로 한 문학, 음악, 미술, 연극, 건축 등을 체험하는 배움터여야 한다. 평영, 접영, 배영, 자유형을 배우면서, 수영 체험을 소재로 한 시와 에세이, 수영하는 이를 등장인물로 한 수영 회화와 영화를 함께 보고 느껴야 한다. 수영영법만이 아니라, 수영소양 즉 스위밍 리터러시를 함께 배워야 한다. 체육문화센터는 스포츠 리터러시 센터여야 한다.

스포츠 리터러시 센터로서의 체육문화센터3.0에 반드시 있어야 할 것이 두 가지 있다. 그것은 "Sport LG"다. 무슨 대기업 광고로 오해하시지 마시길. 스포츠 라이브러리 sport library 와 스포츠 갤러리 sport gallery 를 의미하니.

스포츠 라이브러리는 스포츠를 소재로 한 다양한 서적과 자료들(읽는 스포츠)을 모아서 볼 수 있도록 한 스포츠도서실이다. 최근 골프, 축구, 야구, 등산, 요가, 피트니스 등 스포츠를 내용으로 하는 다양한 장르의 출판물들이 많이 소개되고 있다. 센터 내에 도서실을 확보하여 회원은 물론 일반 주민들의 발길을 평상시에도 끌어당길 수 있다. 운동과 독서를 함께 하는 일석이조의 효과를 기대할 수 있다.

스포츠 갤러리는 스포츠를 시청각으로, 즉 스포츠를 주제로 한 영상과 음악(보는 스포츠와 듣는 스포츠)으로 감상할 수 있도록 하는 벽걸이 TV이다. 스포츠를 소재로 한 음악과 영상을 상시 즐길 수 있는 디지털 갤러리가 현실적이다. 실제로 작품을 보고 들을 수 있는 전시관과 공연장이 있으면 더욱 좋다. 자기가 체험한 것을 소재로 한 회원들의 다양한 예술작품을 작은 공간에서나마 상설적으로 전시할 수 있으면 최고다.

체육문화가 있는 스포츠센터

"저녁이 있는 삶"은 이번 정부의 캐치 프레이즈 중 하나다. 일의 쓰나미에 휩쓸려 퇴근 후 맞이해야 할 저녁을 몽땅 빼앗긴 국민에게 저녁을 되돌려주겠다는 것이다. 대환영이다. 체육 분야에서 그동안 없이 살아온 것은 무엇인가? 그것은 문화다. 나는 "문화가 있는 체육"을 맛보고 싶다. 정부는 그 되찾은 저녁은 물론, 아침, 점심, 오후까지도 "문화가 있는 체육"으로 채워주길 바란다.

체육문화센터(로 대표되는 공공체육시설)는 문화가 있는 체육이 펼쳐질 수 있는 최적의 장소다. 그래서 반드시 필요하다. 몇 해 전부터 국가차원에서 "국민체육센터"라는 이름으로 지방자치단체에 더욱 많은 곳을 짓도록 지원하고 있는 이유다. 국민의 삶의 질을 높이려는 취지다. 하지만 체육의 양으로 삶의 질을 높일 수 있다는 사고는 이미 지나간 20세기의 것이다. 삶의 질은 체육의 질에 의해서만 결정된다.

정부와 지자체는 이런 곳을 많이, 크고, 높게 多大高 만드는 지향성에서 한 발 물러서야 한다. 이제는 체육이 보다 참되고, 올바르고, 아름답게 眞善美 체험될 수 있는 곳이 되도록 애써야 한다. 다대고의 효용이 아니라, 진선미의 가치를 맛볼 수 있는 곳이 되어야 한다. 진선미의 질을 팽개치고 다대고의 양을 최고 이상으로 추구한 체육의 참혹한 결과들이 최근 속속들이 나타나고 있지 않는가?

문화야말로 진선미가 최고의 가치로 추구되는 영역이다. 저녁이 생겨난 우리 삶에 반드시 문화가 있는 체육이 필요한 이유다. 21세기를 위한 체육문화센터의 컨셉이 당장 재개념화 되어야 하는 소이연이기도 하다. 배움은 "문학으로 시작하여, 도덕으로 바로 서며, 예술로서 완성한다" 興於詩 立於禮 成於樂 고 설파한 공자가 지금 양천구 체육문화센터에 다닌다면 스포츠LG의 설치를 전력으로 촉구했을 것이다. (서울스포츠, 2019, 4)

독이시서지 불역열호

— 하기에 읽기와 쓰기를 더하라!

One Page Writing

"체험을 가지긴 했지만, 의미는 놓치고 말았지"라고 시인 티 에스 엘리엇은 읊었다. 더 가치로운 것, 더 중요한 것이 무엇인지 잊지 않도록 돕는 시구다. 체육하는 우리로서는 외화내빈의 속빈 강정같이 행해지는 땀 흘려 운동하기의 함정에 대한 경고로 들어야 한다. 마라톤 완주를 몇 번 했느니, 동호회 테니스대회 우승 몇 회 했느니, 조기축구회 경력이 몇 십 년이니 하는 자랑과 뿌듯함 속에 숨어있는 텅 빈 체험의 거품에 현혹되지 말아야 함을 일러준다.

학이시습지 불역열호의 학습원칙

잘 알려진 논어의 한 구절이 있다. "학이시습지 불역열호" 學而時習之 不亦說乎. 배우고 시시때때로 익히면 이 또한 기쁘지 아니한가! 공자가 선별한 정말로 멋진 사람의 세 가지 즐거움 가운데 첫 번째다. 그래서 논어의 첫 장 이름은 "학이"편이다. 모두 알다시피 "학습"이란 단어가 생겨난 출처다.

인지적 배움과 신체적 익힘을 동시에 함으로써 기쁨이 커진다는 학습의 제일 원리를 간파한 문장이다. 머리 배움과 몸 배움이 한꺼번에 이루어질 때 보통의 배움이 아닌, 최고의 기쁨을 가져다주는 깨우침이 가능해진다. 알몸으로 거리로 뛰쳐나와 "유레카!"를 외친 아르키메데스도 그러한 깨우침의 열호를 느낀 것이다.

"학이시습"은 바로 이러한 지행합치의 학습원리를 간명하게 정리한 표현이다. 머리로만 하는 공부는 몸에는 남지 않는다. 머릿속에만 머무르게 될 뿐이다. 일과 삶에 바로 쉽게 활용되기 어려운 이유다. 우리 현실은 머리와 몸이 함께 작용해야만 움직일 수 있는 중력장의 세계이기 때문이다.

스포츠의 경우에도 이 학습원리는 그대로 적용된다. 단, 반대 순서로 習而時學. 스포츠는 몸 배움만으로 안 되고 머리 배움도 동반되어야 한다. 운동하기만으로는 반쪽 배움만 얻어질 뿐이다. 나머지 반쪽은 하는 것 이외의 것으로 채워진다. "읽기"와 "쓰기"가 대표적이다. 스포츠를 익히고 시시때때로 배우면 진정한 기쁨이 얻어진다. 하고 읽고 쓰면 정말로 큰 즐거움을 맛보게 된다.

읽는 스포츠와 쓰는 스포츠의 매혹

하는 스포츠가 있다. 접영으로 쉬지 않고 100미터를 간다. 미드필더로 멋진 슛 찬스를 만든다. 투수로 상대팀 삼자범퇴를 노린다. 누구나 운동을 한다. 하기는 체육의 알짬, 핵심이다. 하지만 체육의 알파와 오메가, 시작이자 끝은 아니다. 하는 스포츠 이외에, 읽는 스포츠와 쓰는 스포츠가 있다. 이 셋이 하나가 되었을 때, 스포츠 유레카의 외침은 더욱 현실화된다.

읽는 스포츠는 말 그대로 스포츠를 읽는 것이다. 문자로 옮겨진 스포츠 상황과 체험과 생각을 읽는 행위다. 스포츠 신문기사를 읽는 것만이 전부가 아니다. 이것은 읽는 스포츠의 가장 평범한 형태다. 스포츠는 시로, 소설로, 자서전으로, 에세이로, 그림책으로, 만화로, 자기계발서로 다종다양하게 출간된다. 스포츠를 소재나 내용으로 하는 서사적 글 읽기가 바로 읽는 스포츠다.

로버트 레드포드를 주인공으로 영화화되기도 한 미국의 국민

소설 〈내추럴〉은 로이 홉스라는 프로야구 선수가 주인공이다. 세계적 소설가 무라카미 하루키는 달리기 마니아이며, 〈달리기를 말할 때 내가 하고 싶은 이야기〉에 자신의 달리기 체험을 진솔하게 담았다. 한국 소설가 김연수는 자신의 아마추어 달리기론을 〈지지 않는다는 말〉에 겸손히 풀어놓는다.

쓰는 스포츠는 스포츠에 대한 자신의 생각과 스스로의 체험을 글자화해서 일기, 에세이, 시, 또는 칼럼 등의 형식으로 옮겨 적는 것이다. 쓰기는 읽기를 거꾸로 하는 행위다. 우리는 쓰기보다 읽기를 월등히 더 많이 한다. 타인의 체험을 글로 읽으면서 그 생각과 체험을 자기 속으로 넣어 소화시킨다. 반대로 쓰기는 몸과 마음에 쌓인 것을 생각으로 모으고 글로 토해내서 다른 이들에게 소개한다. 작가에만 허용된 세계가 아니다. 누구든 가능하다 마음만 먹으면.

요즘 늦깎이 운동입문자들의 체험기가 유행이다. 이영미의 〈마녀체력〉은 마흔에 겨우 시작한 운동이 철인삼종경기 마니아로 자신을 탈바꿈해준 경위에 대한 재밌는 에세이다. 박장호의 〈샌드백 치고 안녕〉은 동네 복싱장에서 몇 개월간 권투를 배우면서 든 여러 가지 생각들을 일기형식으로 적은 책이다. 류은숙의 〈아무튼, 피트니스〉도 망가진 중년의 몸을 이끌고 동네 헬스장에 등록하여 견뎌내는 피트니스 체험기 및 생존기다.

쓰기는 사색과 체험을 글감으로 할 때 가능하다. 사색과 체험이 없다면 쓸거리가 없게 된다. 스포츠 하기는 체험과 사색을 동시에 제공해준다. 좋은 재료가 있으면, 요리는 반이 성공이다. 요리사 자격증 없이도 정성과 성실로 맛난 글요리를 충분히 만들어 낼 수 있다. 체육센터 몇 년씩이나 다녀도 글 하나 남기지 않은 우리의 그 많은 체험은 다 어디로 간 걸까? 체험을 가지긴 했지만 의미는 놓치고 말았다는 엘리엇의 탄식이 절절히 공감되는 지점이다.

하기, 읽기, 쓰기의 삼기일체론

이제라도 자신의 스포츠 하기에 읽기와 쓰기를 더하자. 스포츠 삼기일체를 추구하자. 체험과 의미를 동시에 갖기 위해서는 하기, 읽기, 쓰기의 세 가지 활동이 스포츠 체험의 필수조건이 된다. 등산문학가인 김영도가 〈산에서 들려오는 소리〉에서 들려주는 조언에 귀기울여보자. 산서의 세계를 알 때, 즉 산서를 읽고 쓸 때에야 진정한 산악인이 될 가능성이 높다고 말한다.

> 산악인들은 저마다 고산과 거벽에 꿈을 두는데, 당연하다면 당연한 일이지만 등산세계는 거기에 그치지 않는다. 등산에서는 산서 山書의 세계가 따로 있다. 물론 산서는 등산을 떠나 존재하지 않지만 등산에 산서가 따르지 않으면 그 세계는 무료하고 무의미하다. 결국 알피니스트가 산서를 멀리할 때 그의 산행은 제아무리 높이 올라도 수준 낮은 산행이며, 그의 체험은 자기의 울타리를 벗어나지 못한다.

그리하여 공자의 학습원칙은 스포츠 맥락에서는 "독이시서지불역열호" 讀而時書之 不亦說乎 라고 읽혀도 될 것이다. "읽고 시시때때로 쓰니 이 또한 즐겁지 아니한가!"라고 말이다. 수영하기에 덧붙여 수영책읽기와 수영글쓰기를 함께 해보자는 말이다. 그러면 숨쉬기가 쉬워지고 근력이 붙는 것 외에도, 자기 생활과 인생을 바라보는 통찰력이 높아지고 자신과 타인을 이해하는 성찰력이 깊어지는 것을 느낄 수 있게 된다. 이 또한 기쁘지 아니한가!

(서울스포츠, 2019. 5)

스포츠 호울링

— 피트니스, 웰니스를 넘어 홀니스로

One Page Writing

"운동을 하면 무엇이 좋아지나?" 당연히 건강이 첫째가는 답이다. 몸도 튼튼, 마음도 튼튼. 심신의 건강을 가장 큰 혜택이라고 말한다. 근력과 지구력의 증진, 불안감과 우울증의 감소, 최근엔 뇌기능 향상을 통한 인지력의 향상까지도 확인되었다. 몸을 튼튼하게 해주는 피트니스, 그리고 몸과 마음을 건강하게 해주는 웰니스가 일상어가 되었다. 그런데, 운동이 이보다 한 단계 더 위의 좋은 일을 해줄 수 있다. 그것은 무엇인가?

온전한 건강을 위한 공식

삼척동자도 다 아는 물리공식이 있다. $E=mc^2$. 아인슈타인의 특수상대성이론을 요약해서 보여준다. 에너지는 질량과 광속의 제곱을 곱한 것과 같다는 질량—에너지 등가원리라고 부른다. 그 의미를 제대로 이해하는 이는 거의 없지만, 공식 그 자체는 대부분 본 적이 있다.

그런데, 여기 나만 아는 공식이 하나 있다. 온전한 건강을 나타내는 공식이다. 이름하여 "전인건강 공식"이다. W=PIEMS _{W=wholeness, P=physicality, I=intellectuality, E=emotionality, M=morality, S=spirituality}. 온전하게 건강한 상태인 "홀니스"는 체성, 지성, 감성, 덕성, 영성의 곱과 같다는 의미를 담고 있다.

"전인" _{whole person} 은 전인성을 갖춘 사람이다. 전인성은 온전한 사람이 갖춘 건강한 상태다. 전인은 우리가 지향해마지 않는 이상적 인간상이다. 동서양을 막론하고 교육의 이상은 전인교육, 즉 온전한 사람으로 성장시키는 교육이다. 아직 미약한 어린이, 여태 부족한 성인으로 하여금 지덕체를 균형 있게 갖춘, 즉 전인성을 구비한 온전한 사람으로 길러내는 것이다.

운동(스포츠, 엑서사이즈, 댄스 등)의 목적도 지덕체의 균형 잡힌 발달이다. 순전히 육체에만 주목하는 것은 체육 體育이 아니라 체련 體鍊일 뿐이다. 체육이란 생물체로서의 육신이 아니라, 인간으로서 지와 덕이 함께 작용하는 체가 되도록 하는 노력이다. 운동에는 그런 전인적 약효가 있다. 보약처럼 올바로 꾸준히 복용하면 사람으로서의 온전한 건강, 즉 전인성을 회복시킬 수 있게 된다.

홀니스 되찾기로서의 운동

통상적으로, 건강이란 어떤 상태인가? 병이 없는 상태다. 몸의 생리적 기능이 무리 없이 작동하는 상태다. 더 나아가 일상의 생활을 이상 없이 영위하는 몸과 마음의 상태다. "웰니스"가 바로 이런 몸과 마음이 통합적으로 건강한 상태를 말한다. "피트니스"는 몸에 국한된 건강 상태로 본다면, 몸과 마음을 아우르는 웰니스가 한 단계 높은 건강 상태로 볼 수 있다. 건강에 대한 세계보건기구 WHO의 정의도 웰니스 수준이다.

그런데, 사람은 심신이나 지·덕·체 보다는 조금 더 복잡한 존재다. 심리학에서는 지·정·의로 분류하고, 종교적으로는 영혼과 육체로도 구분한다. 하워드 가드너는 인간에게 8가지 서로 다른 지성이 있다는 과학적 증거를 댄다. 나로서는 5가지로 충분하다. 사람은 체성, 지성, 감성, 덕성, 그리고 영성의 성향을 지니고 있다. 이 오성 五性이 균형 잡힌 관계 속에 있는 상태가 바로 "홀니스"다.

홀니스는 총체성, 전일성 등으로도 옮겨지는데, 온전한 전체,

온전한 하나를 뜻한다. 나누어지지 않고, 분리되지 않은 "통짜"를 말한다. 사람은 누구나 이 다섯 가지 성향을 지니고 태어난다. 유전이나 환경이나 양육으로 인해서 불균형 상태로 자랄 뿐이다. 우리는 운동으로 홀니스를 되찾을 수 있다. 홀니스는 온전한 인간으로서 최고로 건강한 상태라고 할 수 있다. 운동을 통해 피트니스(신체건강), 웰니스(심신건강), 홀니스(전인건강) 단계로 총체적 건강이 완성되어 간다. 홀니스 상태에 놓여진 사람이 전인이다.

홀니스는 이 다섯 차원들이 역동적인 균형을 이룬 상태인데, 이 균형은 한 번 잡히더라도 계속 흔들리며, 안정적으로 오래 유지되기 어렵고 쉽사리 깨진다. 고정적이지 않고 항구적이지 않다. 유동적이며 한시적이다. 홀니스 요요가 신속히 발생한다. 오래 머물지 않으며, 평생 소유는 더더욱 허용되지 않는다. 한 번 해병이 영원한 해병인 것처럼, 한 번 전인도 영원한 전인이었으면 좋겠지만 그렇지 못하다. 끊이지 않는 되찾기 노력이 필연적으로 요청되는 이유다.

홀니스는 실체가 아니라 상태이기 때문이다. 전체를 이루는 각각의 성향들이 밸런스를 이루어내는 상태를 가리킨다. 체·지·감·덕·영성이 만들어내는 또 다른 실체가 아니다. 그것은 오성들이 맺는 관계로 인해 조성되는 에너지 필드와 같은 상태다. 오성간의 이어짐이 강할수록 크고 오래 나타난다. 오로라 極光처럼 색, 형태, 밝기가 고정됨 없이 시시각각으로 변하며 정해짐 없이 나타났다 사라지기를 반복한다.

스포츠 호울링과 스포츠 호울러

운동을 "올바로" 실행함으로써 우리는 피트니스와 웰니스만이 아니라, 홀니스 수준까지의 건강을 도모할 수 있다. 어떻게 하는 것이 올바른 것인가? 어떻게 해야 체성이나 지성만 연결시키지 않고(시합을 잘 하는 것), 더 나아가 감성과 덕성도 통합시키면서(스포츠맨십을 지키는 것), 최종적으로 영성까지도 하나가 되도록(운동의 도를 맛보는 것) 할 수 있는가? 인문적 지혜를 맛보며 운동하여 스포츠 리터러시를 쌓음으로써 그것이 가능하다.

홀니스 상태로 진전시키는 모든 노력을 "호울링" wholing 이라고 한다. "온전하게 만든다, 온전하게 된다"라는 뜻이다. "힐링"보다 한 단계 더 나아간 운동의 효력이다. 힐링은 상처받은 상태 (-)를 보통 (0) 상태로 만들어주는 것이다. 호울링은 상처받거나 보통의 상태를 원래의 더 온전한 (+) 상태로 돌려놓는 것, 올려놓는 것이다. 운동하기는 이제 힐링을 넘어 호울링으로 나가야 한다. 이 점에서 호울링은 온전한 의미의 교육과 동의어다.

운동을 통한 호울링은 스포츠 호울링이라고 할 수 있다. 스포츠 교육이다. 운동하는 우리 모두가 "스포츠 호울러" sport wholer 가 되자. 한편으로 자기 자신이 부족한 이로서 스스로 온전하게 건강한 사람이 되고, 다른 한편으로 이웃들도 함께 온전한 건강을 찾을 수 있도록 도와주는 사람이 되자. 운동하는 모든 곳이 스포츠 호울링 센터가 되고, 운동하는 모든 이가 스포츠 호울러가 되는 스포츠 홀니스 세상을 꿈꾸어보자. 전인건강 공식을 현실에서 실현시켜보자.

홀니스니 호울링이니 하면서 아주 새로운 것처럼 이야기하였으나, 동양의 선현들이 오래전 이미 생각하고 실천해온 것들이다. 호울링이라고 한 것은 우리가 수양, 수행, 수련 또는 수도라고 부르던 수기 修己 활동들에 다름 아니다. 〈대학〉에서는 "격물치지 성의정심"을 핵심으로 하는 "수신" 修身 이라고 한다. 〈중용〉에서는 천지만물의 도가 온전히 퍼져있는 상태를 "중화" 中和 라고 하는데, 홀니스는 한 개인의 수준에서 중화가 이루어진 상태를 이른다.

(서울스포츠, 2019, 6)

스포츠 하기의 말들
— 스포츠 바리스타가 우려낸 지혜의 에스프레소

One Page Writing

"말 한마디로 천 냥 빚을 갚는다"는 속담이 있다. 말의 힘이 얼마나 큰지를 또렷이 표현해준다. 스포츠 하기에 대한 말들도 이런 힘을 지니고 있다. 이 말들은 기력이 소진되었을 때 활력을 불어넣어주고, 의욕을 상실했을 때 열망을 불러일으켜주고, 희망이 보이지 않을 때 비전을 뚜렷이 밝혀준다. 스포츠 하는 이들에게서 고탄수화물식이나 에너지 드링크보다 더 빠르고 강하게 활력을 솟구치게 해준다. 스포츠 하기의 말들에 귀 기울여 보자.

말들의 전성시대

〈쓰기의 말들〉, 〈읽기의 말들〉. 최근 주목받고 있는 문고판 책들의 제목이다. "쓰기"나 "읽기"관련 주제를 다룬 짧은 문장을 하나 선택하여, 그에 대한 저자의 단상을 적는 식으로 구성되어있다. 왼쪽 페이지에 해당 문장(예를 들어, "쓰다"라는 동사는 작가들이 따라야 할 궁극적인 도다 — 장석주)이 소개되고, 오른쪽 페이지에 작가가 자신의 생각을 한 쪽 가득 꾹꾹 눌러 농축시켜 적는다.

짧아서 읽기 편하고 작지만 진한 울림을 주어 인기가 많다. 해당출판사가 곧 이어 〈공부의 말들〉과 〈태도의 말들〉도 펴내면서 "제목의 공식화" 公式化 를 택했을 정도이니. 〈생각의 탄생〉이란 베스트셀러로 인해서 "○○의 탄생"이란 제목의 책들이 많아졌듯,

"○○의 말들"이란 제목도 유행할 추세다. 이미 〈다가오는 말들〉이란 제목을 갖춘 책이 출판되었다.

스포츠를 하는 나는 자연스레 "하기의 말들"에 대해서 생각하게 된다. 스포츠 하는 것에 대하여 사람들이 했던 그 많은 말(과 쓴 무수한 글)들이 떠올랐기 때문이다. 쓰기와 읽기는 먹기처럼 인간이 생존을 위해서 하는 필수적인 행위이다. 하기도 마찬가지다. 사람은, "호모 루덴스"라는 별칭에 걸맞게, 본능적으로 놀이스러운 스포츠를 할 수 밖에 없는 존재이다. 스포츠 "하기"에 대해서 많은 말들이 있을 수밖에 없다.

준비에 실패하는 것은 실패를 준비하는 것이다

스포츠 하기의 말들이란 무엇인가? 스포츠인(과 스포츠를 사랑하는 애호가)들에 의해서 스포츠의 다양한 측면에 대하여 언급된 금쪽같은 언어적 표현들이다. 예를 들어, "준비에 실패하면 실패를 준비하는 것이다"가 있다. UCLA의 농구감독이었던 존 우든의 많은 명언들 가운데 하나다. 영문학도이자 문학과 시를 즐겨 읽었던 존 우든은 카림 압둘 자바나 빌 월튼같은 농구제자들에게 농구에 필요한 핵심적인 실천적 지혜를 귀가 솔깃해지고 맘에 착 달라붙는 말로 만들어냈다.

스포츠 상황에서 준비란 연습을 말한다. 준비에 실패하는 것은 연습에 실패했다는 말이다. 상대가 누구든 곧바로 대결을 펼칠 수 있도록 준비되어있기 위해서는, 연습을 철저하고도 충분하게 해야만 한다. 그런 수준까지 연습을 못하는 팀에게는 실패가 기다리고 있다. 즉, 실패를 준비하는 것이나 다름없다는 말이다. 매 시즌마다 수십 번의 시합을 펼쳐야 리그 상위 순위에 올라가고, 그래야만 챔피언십 결승전에 진출할 수 있다. 그렇게 하지 못하는 팀들은 정규시즌을 일찌감치 마치게 된다. 플레이오프나 챔피언 십 시리즈에의 진출은 허용되지 않는다.

어린 10대의 청소년이나 20대 초반의 청년 선수들에게 연습의 중요성에 대해서 매번 강조하여 효과를 보기란 결코 쉬운 일이 아니다. 아직 어린 관계로 이해를 잘 못 하거나, 하고 싶은 다른 일들이 너무 많아 상황 파악력과 자제력을 충분히 갖추지 못한 상태인 경우가 많다. 이런 친구들이 연습의 중요성을 좀 더 분명히 깨닫도록 하며 자발적으로 운동하게 되도록 동기유발 시키는 방법으로서 스포츠 명언명구 名言名句 는 큰 효과를 발휘한다.

"승리는 과학, 완벽하게 준비됨의 과학이다"(조지 앨런), "성공이란 준비가 기회를 만나는 길 위의 장소"(브랜치 릭키), 또는 "행운이란 준비가 기회를 만날 때 생겨나는 것이다"(대럴 로열) 등도 준비, 즉 연습이 얼마나 결정적인 역할을 하는지 피부로 느낄 수 있도록 해준다. 승리라든가 우승이라는 것이 결코 대충의 노력 위에 우연이나 행운이 겹쳐져서 만들어지는 것이 아님을 깨달을 수 있도록 해준다.

다른 예로, 타고난 재능보다는 꾸준한 노력과 성실이 성공의 비결이라는 점을 스포츠 스타가 다시 한 번 확인시켜준다. "타고난 감각이란 존재하지 않는다네. 감각이란 수백만 개의 골프공을 쳐봄으로써 스스로 만들어내는 것이야"(리 트레비노)라는 말을 들으면 어떤 생각을 떠올릴 것인가? 성공한 사람이 겸손히 말하는 가진 자의 여유라고 귀담아듣지 않을 것인가? 아니면, 반대로, 성공한 사람도 이렇게 더 기본과 노력을 강조하는데 나는 그렇게까지 노력했는가를 되물을 것인가?

그리고 최고 일류 선수들로부터 "노력이요, 노력이 쉽게 만들어주었어요. 그게 제 비밀이에요. 내가 이긴 이유요"(나디아 코마네치), "난 내 인생 내내 늦게 피는 꽃이었다. 그래도 중요한 것,

그것은 핀다는 것이다(칩 백)., "저는 특별히 몸이 빠르지도 힘이 세지도 않아요. 하지만 전 매우 근면성실하며 기술을 발휘하고 생각을 많이 해서 그 부족함을 채워요"(닷 리차드슨)같은 증언들을 선수들이 계속 들으면 어떤 마음을 가지게 될 것인가?

삶의 지혜로서의 하기의 말들

이런 하기의 말들은 세 가지 공통점을 지니고 있다. 첫째, 모두가 진심어린 표현이다. 혀끝에서 만들어진 미사여구, 가식과 허영으로 가득 찬 표현들이 아니다. 속이 텅 빈 공허한 말들이 아니다. 모두 각자가 몸과 마음으로 직접 처절하게 느낀 것들을 말과 글로서 표현하고 있다. 이것들은 정보나 지식이 아니고, 체험과 사색이 하나로 융합되어 태어난 지혜들이다. 정보와 지식은 저 안 깊숙한 마음속으로부터의 울림, 즉 감동을 이끌어내지는 못한다. 오직 지혜만이 그것을 가능케 한다.

둘째, 효과적인 문장으로 되어 있다. 본인이 처음부터 그렇게 만들어서 사용했을 수도 있고, 나중에 글로 펴낸이들이 좀 더 멋지게 구성해낸 것도 있을 수 있다. 어느 경우이든, 짧은 문장 안에서 대조, 나열, 과장, 평행, 역설, 압운 등의 어법을 활용하여 읽고 듣는 이가 확연히 집중하고 이해할 수 있도록 만들고 있다. 기독교의 "잠언" 箴言, 불교의 "법구경" 法句經, 중국의 명구모음집인 "채근담" 菜根譚 과 "명심보감" 明心寶鑑 도 같은 방식으로 구성된 지혜와 깨달음의 명문들을 싣고 있다.

셋째, 곱씹을수록 깊은 맛이 우러난다. 모든 경구 警句 들이 그렇듯이, 이 스포츠 하기의 말들도 시간이 지날수록 점점 더 진하게 와 닿는다. 자신의 체험이 좀 더 많아질수록, 살아온 세월이 좀 더 쌓일수록 이 하기의 말들에 담긴 의미를 더욱 더 잘 이해하게 되며, 자신의 일과 행동과 생활 속에 적용시킬 수 있게 된다. 스포츠 하기의 말들을 일하기, 생활하기, 사랑하기 등 모든 "하기"에 옮겨서 실행할 수 있게 되는 것이다.

나는 오랫동안 스포츠 하기의 말들을 사랑해왔다. 스포츠를 좋아하는 다른 이들도 마찬가지다. 다만 스스로 잘 알지 못했을 뿐이다. 이것들을 "하기의 말들"로서 정리하지 못했을 뿐이다. 이제 우리를 힘나게 하고, 행복하게 하고, 가슴 뛰게 하는 하기의 말들을 찾아내어 가다듬고, 곱씹고, 되씹자. 입에 넣고 웅얼거리자. 그리하면, 이 말들은 시 詩가 될 것이다. 17자에 인생과 우주를 담을 수 있는 일본 시 형식 "하이쿠"처럼, 짧은 문장 안에 스포츠와 삶의 정수를 담을 수 있게 될 것이다.

읽기의 말들과 쓰기의 말들처럼, 이제부터 "하기의 말들"에도 귀 기울이고 눈길 줄 가치가 있음을 확연히 깨닫자. "내가 인간의 도덕성과 의무사항들에 대해서 가장 확실히 배운 모든 것은 축구로부터다"라고 단언한 알베르 카뮈의 말이 그 증거다. 최고의 스포츠 바리스타들이 손수 볶은 스포츠 원두를 갈아 우려낸, 색 진하고 향 그윽한 하기의 말들의 에스프레소를 찾아 맛보자. 그리고 자신의 스포츠 체험으로부터 하기의 말들을 직접 뽑아내는 셀프 스포츠 바리스타도 되어보자. ⟨서울스포츠, 2019. 7⟩

기의 스포츠와 도의 스포츠

나의 스포츠 생활을 호울 스포츠로 채워 나가자 —

One Page Writing

"지식에 파묻혀 잃어버린 지혜여, 어디에 있는가?"라고 티 에스 엘리엇은 소리쳤다. 주객이 전도된 채, 중요한 것과 덜 중요한 것이 뒤바뀐 채 굴러가는 현 시대에 경고한 것이다. 나의 스포츠 생활은 어떠한가? 나는 스포츠 주객전도에 빠져있지 않은가? 초급에서 중급으로, 중급에서 상급으로, 상급에서 최상급으로 상승하는 나의 스포츠 실력에 유실되어버린 것은 무엇인가? 그것은 "도"다. 기에 떠밀려 잃어버린 도여, 어디에 있는가?

포정해우의 옛이야기

옛날이야기 하나 들어보자. 〈장자〉 "양생주"편에 실린 포정의 소 잡는 기술과 도에 관한 일화다. 미천한 백정인 포정이 문혜군 앞에서 소를 잡는 장면이 나온다. 이 장면을 지켜본 후 문혜군은 "정말 뛰어나구나. 기가 어찌 여기에 이를 수 있단 말인가?"라며 감탄한다. 포정은 "왕께서는 제가 소 잡는 것을 기라고 말씀하시지만, 그것은 기가 아니고 도로서, 도는 기보다 위에 있는 것입니다"라고 말하며, 자신의 소 잡는 기술을 "기"技가 아닌 "도"道의 차원으로 설명한다.

처음 제가 소를 잡았을 때에는 눈에 보이는 것이 소뿐이었습니다. 그러나 3년 후에는 소가 보이지 않았고 지금의 저는 영감으로서 대할 뿐 눈으로 보지 않습니다. 감관은 멈춰버리고 영감만 작용하고 있습니다. 저의 칼은 19년 동안이나 사용했고, 또 잡은 소도 수천 마리나 되지만, 그 칼날은 지금 막 숫돌에 간 것 같습니다.

스포츠 기술에 한 번 빗대어보자. 스포츠를 오랫동안 한 사람은 어떤가? 수영이나 배드민턴이나 축구를 이십여 년 하게 되면, 포정처럼 자신의 기능을 기와 도의 두 차원으로 구분하여 말할 수 있게 될까? 접영, 배영, 평영, 자유형을 모두 할 수 있고, 삼십 분 이상 수영장 레인을 쉬지 않고 왕복할 수 있으며, 입영으로 십 분씩 떠있을 수는 있게 될지 모른다. 그렇다고 "수영의 도"에 대해 안다고 말할 수 있을까?

사람의 영혼과 스포츠의 도

약물 도핑을 넘어 혈액 도핑과 유전자 도핑까지 빈번하게 된 시대에 웬 "도"인가? 과학의 텃밭으로 증명된 스포츠 분야에 뜬금없이 무슨 "도" 타령인가? 역설적이지만, 스포츠와 테크놀로지의 만남이 최고조로 치닫고 있는 지금 이 때야말로 잊혀진 "스포츠의 도" 또는 "도의 스포츠"에 대해서 다시 떠올려야만 한다. 올바른 스포츠, 또는 온전한 스포츠에 대한 뚜렷한 모습이 사라져가고 있기 때문이다. 태권도나 유도같이 시작부터 "도"를 추구하는 스포츠도 상황은 다르지 않다.

스포츠는 기(기능, 기술)로만 구성되어 있는가? 축구의 기술과 전략이 내가 배워야 할 모든 것인가? 배드민턴의 단식과 복식 전술이 내가 숙달해야 할 전부인가? 스포츠란 기술과 전술의 복합적 시스템, 그 이상도 이하도 아닌가? 물론, 겉으로 보기에는 기능이 전부다. 스포츠는 시합이고 경기다. 그것을 잘 하는 것이 목적이고, 승리를 성취해주는 것은 능수능란한 경기력이다. 기술의 마스터 없이 이길 수 없다. 국가대표가 되고 프로선수가 되고 MVP가 되어야 잘 한다고 말할 수 있지 않은가?

흔히들 사람은 영육으로 되어 있다고 한다. 육신과 영혼을 말하는데, 육신은 육체, 몸이다. 영혼은 눈에는 보이지 않는 것으로서, 존재한다고 믿는 이도 있고 믿지 않는 이도 있다. 스포츠도 마찬가지다. 스포츠에는 기와 도가 있다. 기의 존재는 모두가 인정한다. 하지만, 도의 존재에 대해서는 의견이 엇갈린다. 있는 것 같기도 하고 없는 것 같기도 하다. 과학은 영혼 같은 것은 없다고 주장하지만, 다행히도 아직 우리 인간의 체험은 그 주장에 전적으로 동의하지는 않은 상태다.

사람의 영혼이 언급되는 이유는 그것이 좀 더 중요한 것이라서 그렇다. 육체가 없으면 영혼도 무력하지만, 그래도 인간에게 있어서 가장 중요한 것, 더욱 가치롭게 소중히 해야 할 것이 무엇인가를 잊지 않도록 환기시켜주고 상기시켜주는 역할을 해준다. 스포츠도 마찬가지다.

> 테크닉을 연마함으로써 어떤 무예 분야의 최고 수준까지 오르는 일은 물론 가능하다. 예를 들어, 궁도에서 백발백중 과녁을 모두 맞힐 수 있다. 하지만, 도가 지향하는 바는 이런 것이 아니다. 단순한 기술적 숙달은 진정한 통달이 아니다. 진정한 통달은 그 무예를 관통하고 있는 근본원리 (즉, 도)를 이해할 때에만 이루어진다.

기능적 차원만 인정하고 몰두하고 집착하면, 스포츠는 수단에만 머무른다. 나의 필요를 채우는 도구로서만 간주된다. 나의 건강, 나의 성공, 나의 수입, 나의 권력, 나의 자존감을 채워주는 수단에 불과해진다. 스포츠에 도가 있다는 생각은 스포츠를 그 자체, 목적으로서 바라보아야 함을 일깨워준다. 야구의 도는 내가 이용해야 할 것이 아니라, 내가 따라야할 무엇이다. 내가 나를 맞추어서 그것을 내 몸과 마음에 갖추어 넣어야 하는 무엇이다. 나와 야구를 하나로 생각하도록 만들어준다.

스포츠의 도는 무엇을 말하는가? 그 스포츠가 스포츠로서 존재할 수 있도록 해주는 근본적 원리, 핵심 철학, 또는 정신을 말한다. 이를테면, 축구의 정신, 농구의 얼, 야구의 철학이다. 축구의 기능이나 농구의 전략과 함께, 온전한 축구와 올바른 농구를 이루어낸다. 그리하여 "온전한 스포츠" whole sport 는 기와 도의 온전한 융합과 균형 속에서 찾아진다. 스포츠의 도는 스포츠의 기속에, 기와 함께 존재하지만, 기와 동일한 것은 아니며 기의 통달로 도의 체득이 보장되지 않는다. 스포츠 득도 得道 는 축구와 농구의 도에 대한 인문적 지혜가 담긴 문학과 예술 작품들을 향유(체험, 공부)해야만 한다.

스포츠 포정 되기

우리는 기능 숙달이 도의 체득을 보장해주지 않음을 쉽사리 목격한다. 최고의 프로선수와 감독들이 수시로 보여주는 올바르지 않은, 온전치 못한 행동거지가 우리의 눈살을 찌푸리게 만든다. 이들은 기술의 달인들이지만, 축구와 야구의 껍데기만을 취한 것이다. 축구의 도와 야구의 도는 득하지 못한 이들이다. 알맹이는 놓쳐버린 채 껍데기만 좇은, 진정한 축구와 야구의 배신자들이다. 스포츠 주객전도의 희생자들이다.

나의 스포츠 생활은 어떠한가? 수영을 좋아하는 나는 수영의 기와 도를 모두 섭취하고 있는가? 배드민턴과 테니스와 탁구를 좋아하는 당신은 어떠한가? 기만 편취하지는 않는가? 사실, 거의 모든 우리는 기의 편식가들과 다름없다. 스포츠의 도에 대해서 들어본 적, 배워본 적이 없기 때문이다. 기의 재미와 화려함에 파묻혀 도의 중요함을 잃어버린 지 오래다. 도가 빠진 기의 화려함은 일종의 백치미라고 할 수 있다. 우리는 스포츠 백치미에 정신을 빼앗겨버린 것이다.

기와 도가 균형 잡힌 호울 스포츠가 올바른 스포츠다. 사람의 건강에 가장 좋은 식재료는 유기농으로 재배되고 인공적으로 가공되지 않은 "호울 푸드" whole food 임을 모두 알고 있다. 사람의 온전성에 가장 좋은 스포츠도 호울 스포츠다. 온전한 사람됨은 온전한 스포츠를 섭취했을 때에만 얻어질 수 있다.

온전한 스포츠를 제대로 배우기 위해서는 훌륭한 스승의 지도가 절대적이다. 안타깝게도 현대 사회에서는 스포츠 스승을 찾아 보기가 어렵다. 문화체육센터나 동호회에서 스포츠 포정을 만날 수 있는 확률은 극히 적다. 이런 연유로 기의 스포츠와 도의 스포츠를 추구하는 우리는 반드시 인문적 스포츠 지혜를 함께 맛보아야 한다. 스포츠센터가 스포츠LG Library & Gallery를 겸비한 스포츠 리터러시 센터가 되어야 하는 이유다. 우리 집에도 작은 스포츠 LG를 갖추어보는 것은 어떨까? (서울스포츠, 2019. 8)

여가란 무엇인가

— 넘쳐나는 여가의 시대에 되새겨보는 본래 의미

One Page Writing

워라밸의 시대에 "여가"는 최고의 가치다. 여가는 우리가 생업에 종사하는 이유다. 우리는 여가를 얻기 위해서 일한다. 여가는 일하고 남는 시간이며, 그 시간에 하는 활동이다. 그러나 이 풍요로운 여가의 시대에 우리는 여가답지 못한 여가에 파묻혀 산다. 여가를 온전하게 이해하고 올바르게 사용하는 능력이 절실한 시대다. 공부하는 시간과 공부로서의 활동이라는 여가의 본래적 의미를 되찾아야 하는 시점이다. 진정한 여가란 무엇인가?

여가 권하는 사회

반도의 산과 들과 강은 사람들로 넘쳐난다. 오토캠핑장과 캠핑카가 급증하고 있다. 여름 휴가철만이 아니다. 어떤 과일이던 사시사철 맛볼 수 있듯이, 사람들은 원하는 아무 때에 구속받지 않고 여가를 즐긴다. 한국인들에게는 여가가 점점 더 많이 생긴다. 아니, 추구된다는 편이 정확하다. 주어지는 대로 받는 것이 아니라, 적극적으로 찾아내고 만들어내어 활용하고 즐기는 소비품이 되었다. 누구나 갖기를 원하는 가치재 價値財 가 되었다.

국민 삶의 질을 높이려는 정부는 덜 일하고 더 쉬는 것을 큰 목표로 삼는다. "워라밸"이 새로운 일상어가 되었다. 근무시간을 줄이고 여가시간을 늘인다. 주 52시간 근무규정을 철저히 적용시키려는 것도, 결국, 일하는 시간을 최소로 줄여 개개인이 사용할 수 있는 시간을 최대로 늘려 삶의 질을 확보해주려는 시도다. 일

년 8,760시간 중에서 52주 2,704시간을 제외한 최소 6,056시간을 국민 각자에게 되돌려주어 스스로를 위하여 사용할 수 있도록 보장해준 것이다.

그렇다고도 할 수 있고 그렇지 않다고도 할 수 있다. 일하지 않는 시간(및 그 시간에 하는 활동)으로서의 여가는 온전한 여가의 한 쪽 면이다. 다른 한 쪽 면은 시간이나 활동이 아니다. 그것은 마음의 자세, 또는 가치의 지향이다. 원래는 이것이 본래적 의미였었다. 그런데, 근대 사회에서 생겨난 여가의 의미가 본래 의미처럼 되어버렸다. 지금 우리에겐 이 다른 쪽 면에 대한 이해가 필요하다. 현대적 의미에 밀려 색 바래버린 그 의미를 되새겨보자.

스콜레와 스콜라 : 여가의 고전적 의미

대부분의 체육 개념들이 그렇듯, "여가"라는 단어도 서양에서 왔다. 영어 "leisure"를 여가, 한가, 여유, 휴식 또는 놀이 등으로 번안해서 쓴 것이다. 그냥 소리 나는 대로 "레저"라고도 쓴다. 스포츠를 다른 말로 바꾸지 않고 그대로 사용하는 것처럼 말이다. 그런데, 레저의 어원은 무엇일까? 놀라지 말 것. 그리스 단어 "schole" 또는 로마 단어 "schola"이다. 각각 "스콜레"와 "스콜라"라고 읽는다.

곧바로 "스콜라 철학"이 떠오른다. 교회와 수도원을 중심으로 중세를 풍미했던 철학이다. 아리스토텔레스와 토마스 아퀴나스의 이름이 떠오른다. "스콜라스틱 학문적"이란 단어가 나온 출처다. 스쿨 학교과 스콜라 학자도 여기서 파생되어 나왔다. 단어의 어원과 의미가 완전히 상치된다. 공부와 엄격함을 뜻한 단어로부터 여가와 노는 것을 나타내는 단어가 나왔다니! 유명한 교수 부모로부터 놀기만 좋아하는 자식이 나온 격이다.

학교와 학자를 의미하는 이 여가의 어원은 어찌된 일일까? 학교와 학자의 공통분모는 무엇이며, 여가는 이것과 어떤 관련을 맺고 있는 것일까? 학교와 학자의 핵심은 "공부"다. 배우는 것이다. 그런데, 이때의 공부는 지식을 배우는 것에 한정되지 않는다. 희랍인과 로마인들이 스콜레와 스콜라로 의도한 배움의 내용은 몸과 마음의 배움을 넘어 영혼의 배움까지 도달하는 것이었다. 따라서 여가는 단순놀이가 아니다. 여가는 공부다. 여가는 심신과 영혼을 위한 공부다.

그리스인들은 "여가를 갖지 못하는 것" a-scholia 이라는 표현도 썼다. "비여가" 非餘暇 는 먹고 살기 위한 생업에 몰두되어 있는 상태를 나타내는 데에 사용하였다. 일 또는 노동을 가리키는 단어가 "ascolia"였다. 로마인들도 마찬가지였는데, 노동을 뜻하는 "negotium"은 여가를 뜻하는 "otium"에 반대를 뜻하는 접두어 "neg-"를 붙인 것이다. 일과 노동은 "여가 하지 못함", 또는 "여가 갖지 못함"을 의미했던 것이다. 그리고 이 상태를 빈둥거리며 노는 "나태" 懶怠 와 같이 취급하였다. 얼마나 역설적인가? 여가를 갖지 못하고 일만 하는 상태를 게으름이라고 했다니.

여가는 일로부터 벗어나 몸과 마음을 완전히 쉬는 휴식 休息 의 소극적 의미를 넘어선다. 여가는 참된 깨달음을 위한 안식 安息 이다. "너희는 가만히 있어 내가 하나님 됨을 알지어다"(시46:10) 라는 기독교 성경구절은 이것을 뜻한다. 여기서 "가만히 있어"라는 표현은 영어로 "여가를 가져"로 번역되기도 한다. 영원한 존재와 하나 되는 경지, 또는 불교에서 추구하는 궁극적 도의 깨우침 得道 은 분주함 속에서는 갖기 어렵다. 이것은 온전한 쉼, 즉 여가함으로서만 얻어질 수 있다. 명상과 묵상과 참선은 바로 여가함의 여러 방식들이다. 스포츠도 그 하나가 될 수 있다.

진정한 행복을 주는 온전한 여가

"행복은 여가 안에 있다"고 아리스토텔레스는 말했다. 그런데 우리에게는 두 가지 의미의 여가가 놓여있다. 한편에는 휴식, 놀이, 유흥, 오락으로서의 여가가 있다. 다른 한편에는 안식, 공부, 쉼으로서의 여가가 있다. 전자는 표면에 드러나는 표층적 의미, 후자는 이면에 숨어있는 심층적 의미다. 이 둘은 서로 다른 활동들이 아니다. 하나의 활동이 가지고 있는 표면과 이면이다. 축구를 하면서, 산에 오르면서 나는 유흥적 차원과 공부적 차원을 동시에 하는 것이다. 그러나 대부분의 우리는 표층적 여가와 표면적 즐거움만 쫓는다.

우리가 애써 얻은 여가를 현대적 의미의 여가로만 가득 채워서는 곤란하다. 업무와 근로가 주는 스트레스를 해소하고 발산하는 기능과 기회는 당연히 필요하다. 건강과 친교가 얻어진다. 그렇지만 이것은 최소한으로도 충분하다. 여가는 고전적 의미로 온전하게 완성되어야 한다. 여가를 운용하는 당사자 즉, 여가인의 자기 공부를 통한 삶의 성찰이 함께 성취되어야만 한다.

여가의 고전적 의미를 되살림으로써 우리는 여가의 숨겨진 효력을 되찾을 수 있게 된다. 단순한 정서적 쾌감이나 스트레스 해소를 넘어서 그것을 영위하는 사람의 총체성을 회복할 수 있도록 만들어주는 활동이자 시간이 될 수 있도록 해준다. 그리하여 여러 차례 강조해 온 바, 여가는 우리 각자의 전인성, 즉 홀니스 wholeness 를 되찾는 시간이자 활동이다. 여가하기는 온전해지기, 온전함되찾기. 즉, 호울링 wholing 이다. 스포츠로 하는 여가는 스포츠 호울링이다.

로마제국이 무너진 이유 중의 하나도 영원한 것을 추구하는 시간, 온전한 자아를 회복하는 활동으로서의 여가를 더 이상 강조하지 않았기 때문이다. 이제 여가의 황금시대를 만끽하는 우리는 "온전한 여가" whole leisure 를 희망하며 여가를 올바르게 사용하는 능력을 키워야 한다. 워라밸은 온전한 생활, 즉 "호울 라이프" whole life 의 다른 이름에 지나지 않는다. 이천 오백 년 전 아리스토텔레스의 진심어린 충고는 지금의 대한민국에도 여전히 유효하다. (서울스포츠, 2019, 9)

> 모든 생활의 기본이 되는 것은 "여가를 올바르게 사용하는 능력"입니다. 우리에게 여가와 근로는 똑같이 필요합니다. 그러나 여가가 근로보다 더 숭고한 것이기 때문에, 여가는 근로활동이 궁극적으로 지향해야 할 목적이라는 것 또한 명백한 사실입니다. 따라서 우리에게는 "여가를 어떻게 채울 것인가?"하는 것이 정말로 중요한 과제입니다. 여가를 유흥으로 채울 수는 없습니다. 여가를 유흥으로 채우면 유흥이 인생의 전부이자 목적이 됩니다. 이것은 결코 있을 수 없는 일입니다. 가장 고귀한 근원에서 나오는 가장 훌륭한 즐거움은(휴식을 만끽하는 데서 오는 쾌락이 아니라) 최고의 선을 이룬 사람(즉 여가를 가진 사람)이 갖는 즐거움일 것입니다.

스포츠 미슐랭 가이드

운동의 맛과 멋을 모두 얻는 스포츠센터를 찾아서 —

One Page Writing

"서당개 삼 년이면 풍월을 읊는다"는 속담이 있다. "스포츠센터 삼 년이면 못하는 운동이 없다"는 말도 가능하다. 아무리 몸치라도 말이다. 하지만 우리의 반려친구는 풍월의 의미와 맛을 알고 그리할까? 앵무새처럼 소리를 흉내 낼 뿐이지 않을까? 우리의 열성회원은 운동의 의미와 맛을 알고 상급반 출석을 하며 생활체육 대회에 나갈까? 그 순간의 쾌감만을 즐기면서 스트레스 해소만을 만끽하고 있지는 않는가? 그 너머는 없는가?

스포츠 생활화와 일상화의 역설

지속적 반복은 자동화를 만든다. 의식적 사고가 필요치 않는 상태다. 반복의 주체를 기계화로 이끈다. 찰리 채플린의 영화 "모던 타임즈"는 이런 자동화, 기계화의 최극단 모습을 보여준다. 자동차공장의 일관작업장에서 쉴 새 없이 나사를 조이는 단순노동자 채플린의 모습이 눈에 선하다. 자신의 모든 것을 바치는 일이지만, 실존주의자들의 표현을 빌면, 자신의 일에서 소외되어 있다.

운동(스포츠를 포함한 모든 신체활동)은 현대인의 일상사가 되었다. 그런데 우리는 우리의 운동으로부터 소외되어있는 상태다. 자동화, 기계화의 수준으로 무엇을 어떻게 하는 데에만 몰두해있다. 왜, 무엇 때문에 그것을 하는 지는 깊은 관심의 대상이 아니다. 단지 불어난 살을 빼려고, 무거운 머리를 식히려고, 육체적 힘을 키우려고, 가벼운 친교를 하려고 몸을 움직인다. 다른 이유는 찾아지지 않는다. 우리 안에서 쳇바퀴를 도는 다람쥐처럼, 우리는 건강과 오락의 쳇바퀴를 무의식적으로 뛰고 있다.

〈중용〉에는 "먹고 마시는 일을 하지 않는 이는 하나도 없지만, 그 참맛을 알고 그리하는 이는 너무도 드물구나" 人莫不飮食也, 鮮能知味也 하며 탄식하는 구절이 있다. 지금 우리의 상황을 예견하듯 정확히 지적하고 있다. 달리고 차고 던지고 춤추는 이는 많지만, 그 참맛을 알고 그리하는 이는 드물다. 너무 심한 발언인가? 외람스럽게도, 나는 그렇게 생각하지 않는다. 우리는 이미 이런 상태에 너무 오랫동안 깊이 들어와 있다.

운동의 1차적 참맛과 2차적 참맛

운동의 "참맛"이란 무엇인가? 아니, 실제로 그런 것이 있는가? 내가 느끼는 그 맛이 참맛이지 않은가? 상대방의 로브를 스매싱하여 게임을 이길 때, 마라톤 대회에서 지난번보다 나은 기록으로 피니시 테이프를 끊을 때, 이럴 때 내가 느끼는 맛이 참맛이 아닌가? 다른 이가 느끼는 것이 내게도 참맛일 수 있는가? 내가 직접 느끼는 맛은 1차적 참맛이라고 할 수 있다. 다른 이가 느끼는 참맛과 견주어보고 살펴보고 난 후에 알게 되는 맛은 2차적 참맛이라고 할 수 있다.

1차적 참맛은 감각 感覺 의 맛이다. 사지와 육신의 감관이 곧바로 느끼는 맛이다. 2차적 참맛은 감식 鑑識 의 맛이다. 머리와 마음, 영혼이 천천히 느끼는 맛이다. 중용의 저자가 말한, 먹고 마시는 일의 참맛은 분명 1차적 참맛보다는 2차적 참맛을 일컫는 것일 게다. 1차적 참맛은 사람이라면 누구나 느껴서 알고 있다. 생물로서 타고나는 기능이다. 반면에 2차적 참맛을 느낄 수 있으려면 맛보는 방법을 따로 배워야 한다. 이 미각 또는 미감 味感 은 교육의 결과다. 저절로 생기지 않는다.

    운동의 2차적 참맛은 빙산의 아래 부분과 같다. 1차적 참맛이 밖으로 드러난 부분이라면, 2차적 참맛은 수면 아래에 숨겨진 부분이다. 그런데 더 크다. 물리적으로 빙산은 1/7이 물 위, 나머지 6/7이 물 아래에 잠겨져있다고 한다. 그 밑의 전모를 알기 위해서는 물밑을 자유로이 탐색할 수 있는 특별한 장비가 있어야만 육안으로는 보이지 않는 크고 넓은 부분들을 확인할 수 있다. 운동의 세계도 빙산의 모습과 같다. 그 진짜 모습을 파악하려면 잠수정을 동원하여야 한다.

    대부분의 사람들은 1차적 참맛으로도 충분히 만족한다. 감각적 맛도 미감을 충족시킨다. 2차적 참맛은 오랫동안 높은 기능수준으로 운동을 해온 이들에게나 어울리고 가능하며 필요한 것이라고 단정한다. 물론 생활체육은 이런 수준만으로도 가치가 있다. 부담 없이 가볍게 건강과 친목과 즐거움을 위하는 것으로도 충분하다. 모든 이에게 매번 참맛을 운운하는 것은 지나친 요구다. 2차적 참맛은 소수에게나 가능하고 어울리는 것이다.

    하지만 나는 그렇게 생각하지 않는다. 한 달이나 두 달, 1년이나 2년에 끝낼 것이 아닌 운동이다. 평생을 지속적으로 해나갈 운동이다. 걷기든, 요가든, 테니스든, 야구든, 축구든, 그 어떤 생활체육 운동이든 평생 동안 해 나갈 운동이지 않은가? 그러니, 우리는 1차적 참맛을 넘어 2차적 참맛을 추구해야만 한다. 운동의 더 큰 맛, 더 다양한 맛, 더 깊은 맛, 더 멋진 맛은 그 속에 들어있기 때문이다. 1차적 참맛 느끼기에서 2차적 참맛 느끼기로 성숙해나가야 한다.

    달리기 전문가인 제프 갤로웨이는 "달리는 사람의 5단계" Beginner, Jogger, Competitor, Athlete, Runner를 제시한 적이 있다. "초보자, 애주자, 경주자, 운동인, 참러너"라고 옮길 수 있겠다. 운동의 1차적 참맛으로 시작해서 점차적으로 2차적 참맛을 알아가는 단계라고 보아도 무방하다. 초보자 初步者 는 머뭇머뭇하며 시작하지만, 중도에 그만두고 싶은 마음도 수시로 생겨난다. 그러다가 달리기가 주는 상쾌함과 즐거움을 조금 알게 된다.

애주자 愛走者 는 달리기의 맛을 제대로 느끼기 시작하는 단계다. 근육이 덜 아프고 숨쉬기가 편해진다. 매일 하고 싶은 동기가 솟구친다. 경주자 競走者 는 자기 기록에 관심을 갖고 다른 이들과의 경쟁맥락에 참가하고 싶어 한다. 자료를 모아 전문가가 된다. 운동인 運動人 은 경쟁을 넘어서 적절한 균형을 유지하며 달리기를 바라보게 된다. 자신의 달리기를 찾아낸다. 참러너는 달리기의 참맛을 알게 되는 최고의 이상적 단계이다.

일석이조의 스포츠교육 체험장

운동의 참맛이라는 것은 비유다. 참맛은 재미와 의미를 뜻한다. 우리는 운동에서 재미(1차적 참맛)와 의미(2차적 참맛)를 얻을 수 있어야 한다. 전자는 "맛"이라고 하고, 후자는 "멋"이라고 할 수 있다. 우리는 운동을 하면서 운동의 맛과 멋을 모두 취해야 한다. 일석이조의 운동체험이 반드시 요구된다. 운동은 그만큼 소중한 활동이며, 깊고 큰 체험이기 때문이다.

가치로운 것은 매일매일 하는 것 속에 담겨져 있다. 우리에게는 그것을 찾아낼 감식력과 감별력이 필요할 뿐이다. "스포츠 리터러시"가 바로 그것이다. 운동의 참맛을 느낄 수 있도록 온몸과 마음 전체에 퍼져있는 운동 미뢰 味蕾 다. 스포츠 리터러시, 즉 운동의 맛과 멋을 제대로 느끼도록 해주는 운동 미각은 어디서 키울 수 있는가?

그곳은 일상의 스포츠센터(국민체육센터, 문화체육센터)다. 운동을 가르치고 배우는 장소인 모든 스포츠센터에서는 회원으로 하여금 운동의 1차적 참맛과 2차적 참맛을 모두 맛볼 수 있도록 해주어야 한다. 반복적으로 나사를 조일 뿐인 찰리 채플린의 자동차공장에 머물러서는 안 된다. 운동의 멋과 맛을 동시에 느낄 수 있는 스포츠교육의 현장은 어디에 있는가?

세계적으로 인정받는 "미슐랭 가이드"가 있다. 음식 맛, 가격, 분위기, 서비스 등을 총체적으로 검토하여 식당과 호텔에 등급을 나누는 별을 부여한다. 전국의 스포츠센터도 그곳에서 체험할 수 있는 운동의 맛과 멋에 따라 별점을 부여해보자. 스포츠 미슐랭 가이드를 만들어보자. 동네 맛집 찾기 수준의 스포츠센터 정보는 이미 인터넷 포털에 가득하다.

시설, 지도자, 서비스, 프로그램 등을 종합하여 운동의 재미와 의미를 함께 맛볼 수 있는 정도, 즉 운동의 참맛을 등급별로 느낄 수 있는 곳들을 자세히 안내하자. 수준 높은 운동의 참맛을 찾는 사람들을 위한 품격 있는 가이드가 필요한 시점이다. 온 나라 곳곳에 맛있고 멋있는 스포츠교육을 체험해볼 수 있는 곳이 어딘지 알려주는 안내서, 스포츠 미슐랭(스슐랭) 가이드를 마련하자.

(서울스포츠, 2019. 10)

소크라테스의 김나지움

— 운동과 성찰이 함께 있는 배움터

One Page Writing

"짐"이 넘쳐나는 시대다. 피트니스짐부터 스포츠짐까지, 키즈짐부터 실버짐까지, 온갖 종류로 다양한 짐의 전성시대다. 짐은 무엇보다도 식스팩과 애플힙으로 대변되는 건강한 몸만들기의 대표적 장소가 된지 오래다. 하지만, 원래 김나지움은 신체의 훈련장에 그치지 않았다. 오늘날 체육관이라 부르는 그곳은 몸과 마음이 하나가 되어 보다 온전한 사람이 되도록 교육시키는 체육학교였다. 오늘날의 스포츠센터, 피트니스센터는 어떤 곳인가?

소크라테스와 운동의 접점

역사적 기록에 따르면, 소크라테스와 운동(체육, 스포츠 등 온갖 신체활동)은 접점이 없다. 그가 운동을 했다는 기록도 없지만, 툭 불거진 눈, 뭉툭한 코, 두툼한 입술, 땅딸막한 키, 불거진 배로 묘사되는 그의 외모는 운동을 잘 하거나 열심히 하는 사람과는 거리가 멀었다. 반면에 수제자였던 플라톤은 도시국가 대항전까지 진출했던 레슬링 대표선수였다. 플라톤의 이름은 평원처럼 어깨가 매우 넓어서 그렇게 지어졌다고 하는 이야기가 있을 정도다.

뜬금없이 왜 소크라테스인가? 우리의 체육장 體育場에 그의 정신이 절실한 시점이기 때문이다. 그의 정신은 무엇인가? 철학자 소크라테스는 애지자 愛智者, 즉 "지혜를 사랑하는 사람"이다. 애지자로서 그의 정신은 〈변론〉에서 언급한 "성찰 없는 삶은 살 가치가 없다"는 말에 담겨있다. 지혜를 사랑하는 사람은 성찰 있는 삶을 사는 사람이다. 지금 한국의 모든 체육장에는 우렁찬 구령, 짙은 땀 냄새, 뜨거운 열기와 함께, 속 깊은 생각, 즉 지혜가 반드시 있어야 할 때다.

어떤 지혜를 사랑하고 무엇에 관해 성찰해야 하는가? 운동하는 우리로서는 당연히, 운동에 관한 지혜이며 운동에 관한 성찰이어야겠다. 그런데 이 둘이 서로 다른 것이 아니다. 운동에 관한 지혜는 운동에 관해 면밀히 검토함으로써 생겨나는 것이다. 각자의 운동체험에 관해 깊게 생각함으로써 운동에 관한 현명한 깨달음을 얻을 수 있게 된다. 운동하는 것만으로는 저절로 지혜가 생성되지 않는다. 운동이라는 식자재에 성찰이라는 조리행위가 더해져야 지혜라는 요리가 만들어진다.

운동은 모름지기 식스팩 복근 만들려고, 스트레스 해소하려고, 허리살 빼려고 하는 것인데, 이것은 웬 말인가? 왜 운동하면서(피곤하게) 깊게 생각해서 현명한 깨달음을 얻어야 하는가? 머리를 너무 많이 써서 몸만 쓰려고 체육장에 왔는데 왜 여기서도 마음을 써서 생각을 하라고 하는가? 왜 지금 운동하는 사람에게 머리를 쓰라고 권장(종용?)하는가? 도대체 머리쓰기의 대명사인 소크라테스를 몸쓰기인 운동과 연결시키는 이유는 무엇인가? 이 둘의 접점은 어디인가?

김나지움은 교육이 이루어지는 학교

우리가 보통 "짐" gym 으로 부르는 단어의 출처는 "김나지움" gymnasium 이다. 체육활동을 하는 실내 체육장소를 통칭하면서, 체육관 또는 체육실이라고 불린다. 스포츠센터 가운데에서도 주로 신체를 단련하는 곳으로 알려져 있다. 요즘으로 말하면 피트니스장 또는 헬스장이다. 요즘은 GX나 스피닝이나 필라테스를 주로 행한다.

그런데, 김나지움은 교육기관의 명칭이기도 하다. 유럽에서는 우리의 인문계 고등학교에 해당하는 학교형태를 김나지움이라고 부른다. 김나지움은 고대 그리스에서부터 유래되었다. 그리스 시대의 남자 귀족들은 초등 및 중학교에 해당하는 팔라이스트라를 거쳐, 고등 및 대학교 수준의 "김나지움"에 진학했다. 김나지움에서는 체육활동이 교육과정의 핵심으로 다루어졌다. 체육이 중심이 되는 고등교육기관이었던 것이다.

그러나 19세기 영어권에서는 김나지움의 의미가 실내체육관으로 축소되었다. 훈육과 교육, 또는 단련과 교육이 동시에 이루어지던 곳에서, 교육은 쏙 빠진 채 훈육과 단련만이 남아버렸다. 신체와 정신, 몸과 마음, 육신과 영혼을 함께 통합시키려는 교육장에서 단지 신체, 몸, 육신의 발달만을 위한 곳으로 한정시켜버렸다. 김나지움이란 단어는 실용성 강한 미국으로 건너오면서 20세기에 완전히 신체의 단련장으로서 의미를 확고히 해버렸다(대표적으로 "골드짐"을 떠올려보라).

소크라테스와 운동의 접점은 바로 여기다. 〈국가론〉에는 소크라테스가 청년들의 교육이 이루어지던 김나지움에서 이루어지는 인문교육과 체육교육에 대해서 글라우콘과 나누던 대화가 실려있다.

"(소크라테스) 그렇다면 글라우콘, 음악과 체육, 이 두 가지 활동의 참된 목적은 우리가 통상적으로 알고 있듯이 전자는 정신의 훈육을 추구하고, 후자는 육신의 단련을 도모하는 것이 아니라네. (글라우콘) 그럼 도대체, 그 둘의 진정한 목적은 무엇이란 말입니까? (소크라테스) 그 두 가지 활동을 가르치는 교육자가 둘 모두를 통해 가장 염두에 두는 것은 바로, "영혼의 성장"이라네. 그리하여 글라우콘, 아마 어떤 신이 인간에게 두 가지 기예, 즉 음악과 체육을 주신 것 같은 생각이 드네. 몸과 마음에 적절한 긴장과 여유를 유지하면서 이 둘을 조화롭게 하나로 만들 수 있도록 말이지. (글라우콘) 예, 말씀을 들으니 그런 생각이 드네요.

당시 음악은 문학과 철학을 포함한 (거의) 모든 인문적 지혜라고 보아야 한다. 요즘같이 예술과 학술이 세분화되어 존재하지 않던 시대이기 때문이다. 특히, 음운과 곡조를 넣어서 노래(시) 형식으로 역사와 철학적 지혜를 전수하던 시기였기 때문이다. 소크라테스가 말하는 음악은 문학, 예술, 철학, 역사 등이 하나로 묶여진 "인문적 지혜"의 총칭이라고 불러도 틀리지 않다. 젊은이들이 배워야 할 가장 중요한 것이 체육활동과 인문지혜라고 특정한 것은 참으로 혜안이 아닐 수 없다.

비록 플라톤이 쓴 글에서지만, 이 대화만을 두고 볼 때 소크라테스가 운동과 하등 관련이 없다고는 말할 수 없게 되었다. 오히려, 소크라테스는 신체활동 즉 체육과 스포츠의 가치를 매우 중요시했음을 알 수 있다. 그는 참된 교육의 목적은 "영혼의 성장"이라고 보았고, 스포츠와 인문적 지혜가 통합적으로 하나로 가르쳐져야만 그것이 이루어질 수 있다고 주장했다. 몸과 마음을 조화시켜 하나로 만들 수 있는 필수 재료라고 보았다. 그에게 김나지움은 온전한 교육이 이루어지는 학교였다.

영혼의 성장을 위한 성찰 있는 운동

신체활동(체육)은 육신을, 인문지혜(음악)는 정신을 각각 다루는 것이 아니다. 소크라테스는 심신이원론을 배척했다. 몸과 마음은 분리될 수 없는 하나로 되어있으며, 체육과 음악은 둘이 하나가 되어서 온전한 사람으로 성숙시키는 데(즉 영혼을 성장시키는 데)에 함께 쓰인다고 보았다. 심신일원론과 통합적 교육을 강조했던 것이다. 그런데 이 통합은 저절로 이루어지지 않는다. 몸과 마음의 통합은 음악과 체육을 단순히 함께 가르치는 것으로 성취되지 않는다.

배우는 사람의 몸과 마음이 하나로 융합되도록 만드는 체계적이고 지속적인 노력을 가해야만 한다. 그것은 운동체험에 대하여 깊은 생각이 더해질 때에만 가능하다. 운동에 대하여 인문적 성찰이 있어야만 지혜가 생겨나며, 이 지혜로 인해서 우리의 영혼은 성장할 수 있다. 성찰 없는 삶은 살 가치가 없는 것처럼, 성찰 없는 운동은 할 가치가 없는 것이다. 그것은 신체의 단련도 제대로 가져다주지 못하겠지만, 무엇보다도 심신이 하나 되는 영혼의 성장을 이끌어 내주지 못하기 때문이다. 운동

"생각하는 백성이라야 산다"는 지혜의 말씀이 있다. 성찰 있는 운동이라야 한다. 육체만을 가꾸는 헤라클레스의 김나지움에서, 온전한 나를 가다듬는 소크라테스의 김나지움으로 거듭나자. 육체미 체육관에서 진선미 체육관으로 다시 서자. 우리 모두 "운동하는 소크라테스"가 되자. 각자의 운동체험에 속 깊은 생각을 더해보자. 가끔은 홀니스를 되찾는 영혼의 성숙에 관해 진지하게 생각해보자.

그러고 보니, 동네 스포츠센터(김나지움)에서 언제나 음악이 함께 흘러나오는 것은, 물론 음악뿐이지만, 각자의 운동이 온전한 것이 되도록 음악과 체육을 함께하라는 소크라테스의 조언을 무의식중에 실천하고 있는 것은 아닐까? (서울스포츠, 2019. 11)

스포츠 오디세이아

스포츠 자서전 읽기의 매혹 —

One Page Writing

우리 삶에도 네비게이션이 있는가? 화면에 나타난 경로를 그대로 따라가기만 하면 가고 싶은 그곳으로 데려다 주는 인생의 주행안내장치 말이다. 아무리 인공지능이 발달한다고 해도, 각자의 인생을 정확하게 안내해주는 인생의 항법장치는 준비되지 않을 것이다. 이때 어떤 삶을 살았는지를 적은 자서전이나 전기는 일종의 인생 항법장치 역할을 해준다. 내가 가고 싶은 장소에 이미 도착한 이가 힘들게 저어간 바닷길을 따라 항해해 보는 것이다. 내가 따르고 싶은 스포츠 인생 항로는 누구로부터 제대로 배울 수 있는가?

신화 속 영웅 스토리의 종말

불세출의 영웅이야기가 있다. 오디세이아다. 트로이전쟁을 승리로 이끈 후, 오디세우스가 부하들을 이끌고 천신만고 끝에 고향으로 돌아가는 10년간의 험난한 여정을 그린 모험기다. 3천 년 동안이나 읽히고 있는 최고의 스토리다. 수많은 컨텐츠를 만들어내고 있는 원형 스토리다. 만약 그 시대에 자동항해장치가 있었다면, 오디세우스는 배를 타고 그런 고생과 희생을 치루지 않아도 되었을 게다. 물론, 그랬다면 우리 인류의 문화도 엄청나게 재미없어졌을 테지만.

사람을 잡아먹는 키클롭스족의 외눈박이 거인 폴리페모스, 주문으로 오디세우스 일행들을 돼지로 만들어버리는 키르케, 달콤한 노래 소리로 꾀는 사이렌과 같은 마녀와 요괴들이 속속 등장한다.

속된 표현으로 산전수전은 물론 공중전까지 다 겪고, 죽은 자들의 세계까지 거치면서 지하전까지 겪어낸 후에 아내 페넬로페와 아들 텔레마쿠스가 있는 이타카로 돌아온다. 그리스 연합군의 장군으로 참전하여 집 떠난 지 20년 만에 간신히 귀향하여 우여곡절 끝에 다시금 왕으로서 삶을 산다.

우리는 신, 인간, 반신반인, 그리고 반인반수 등 상상을 초월하는 등장인물들과의 관계와 대결, 그리고 절묘한 지략과 지혜를 발휘하는 오디세우스에 매혹된다. 운이 좋아 3천년 동안의 최장기 스테디셀러가 된 것이 아니다. 오디세우스의 여정으로부터 우리는 삶의 거친 파도와 암초를 피하면서 인생의 항로를 순항하기 위한 지혜를 배운다. 오디세이아는 우리 각자에게 가야할 인생길을 안내하는 네비게이션 역할을 해준다.

스포츠 오디세이아의 출현

하지만, 오디세우스와 같은 영웅의 시대는 일찍감치 저물었다. 우리에겐 더 이상 신화 속 영웅들, 즉 테세우스나 페르세우스와 같이 신에 견줄만한 용기와 지략을 갖춘 영웅은 없다. 대신에 벤처사업가, 스포츠선수, 혹은 크리에이터 등이 새로운 영웅의 대열에 들어섰다. 사람들은 이들이 개척한 길, 이들이 가고 있는 길을 따라서 걷고 싶어 한다. 그들이 그려낸 지도의 안내를 받고 싶어 한다. 그 지도는 그들의 인생노정, 삶의 경로 그 자체다. 자서전에 그것이 상세히 기록되어있다.

그 중에서도 스포츠인(선수나 감독)의 자서전은 가장 폭넓은 인기를 얻고 있다. TV나 인터넷 등 다양한 언론매체의 무차별적 살포 때문에 시도 때도 없이 접할 수밖에 없는 스포츠 소식으로 스포츠인들은 남녀노소를 막론하고 세상 사람들의 주목을 가장 많이 받는 이들이 된다. 축구, 테니스, 야구, 농구, 수영 등 인기 종목의 선수와 감독들은 전 세계 수십억명의 주목을 받는다. 이들의 일거수일투족이 관심의 대상이 된다.

테니스 전설 안드레 애거시가 있다. 1986년 16살에 데뷔하여 2006년 36살에 은퇴할 때까지 20년간 테니스 코트를 종횡무진 누비던 천재다. 테니스 팬들에게는 보수적인 테니스계에 정면으로 대치되는 컬러풀한 테니스 복장, 자유분방한 테니스 경기스타일로 반항아적 이미지가 강하게 각인되어있던 스타였다. 그런데 자서전 〈오픈〉 출간이후 그에 대한 많은 오해들이 풀리고, 철없던 십대 중반부터 시작된 살벌한 프로테니스 강호생활에서 살아남은 그의 인간적 면모를 제대로 알게 되었다.

6살에 테니스를 시작하여 하루에 2천5백개, 일주일에 1만7천5백 개, 일 년에 1백만 개의 공을 치는 스파르타식 강훈련을 견뎌냈다. 13살에 중학교대신 테니스 전문아카데미에 들어가 프로에 데뷔할 때까지 훈련캠프 생활을 했다. 이후 짐 쿠리어, 마이클 창, 피트 샘프라스와 미국 십대 파워 4인방을 이루며 1990년대 테니스계를 풍미했다. 브룩 쉴즈와의 약혼, 마약 소동, 슬럼프, 스테피 그라프와의 결혼, 제2의 전성기, 불우청소년을 위한 학교 설립과 사회 공헌 활동의 시작, 그리고 최종 은퇴.

테니스 경기 중계, 신문과 인터넷 기사 등으로만 알고 있던 애거시는 아주 극히 일부분에 불과했다. 아버지의 종용과 아카데미에서의 생활, 철들기 전 뛰어든 프로세계, 너무 빨리 오른 세계 최고 자리, 사회경험의 미숙과 무지, 실패를 통한 성장, 반려자의 만남과 두 아이의 부모 되기 등이 고스란히 드러난다. 테니스의 가치와 삶의 의미를 점차로 깨달아 나가는 과정이 책을 읽는 동안 주마등처럼 그려진다. 다 읽고 난 뒤, 테니스계 오디세우스의 여정을 읽은 듯한 재미와 성찰을 얻게 된다.

신화학자 조셉 캠벨은 〈천의 얼굴을 가진 영웅〉에서 "영웅서사의 원형"에 대해 말했다. 영웅의 모험은 "출발―시련과 입문의 성공―회귀와 사회와의 재통합"의 단계를 거친다. 영웅은 세상의 문제를 해결하는 소명을 일깨운다, 온갖 험난함을 극복하고 사명을 이뤄 신적 지위를 얻는다, 그리고 다시 인간세계에 돌아와서 삶을 이어간다. 오디세이아는 이 원형의 가장 뛰어나고 인기 있는 작품이다. 스포츠 영웅들의 이야기도 전체적으로 이런 구조로 진행된다. 애거시세이아도 그렇다.

서양 스타들의 스포츠 오디세이아는 많다. 높은 평가를 얻은 볼만한 스토리로는 NBA 11승을 올린 농구감독 필 잭슨의 〈일레븐 링스〉, 토탈 사커의 구현자이면서 네덜란드 축구의 최전성기를 이끈 요한 크루이프의 〈마이 턴〉, 맨체스터 유나이티드팀을 25년간 이끌면서 난공불락의 독보적인 팀으로 만든 알렉스 퍼거슨의 〈나의 이야기〉가 뛰어나다. 만년 꼴찌팀을 어떻게 상위팀으로 키워냈는지를 들려주는 뛰어난 오클랜드 어슬레틱스 단장 빌리 빈의 전설적 스토리 〈머니볼!〉도 있다.

국내 유명 스포츠인들의 자서전도 여럿 소개되어있는 상황이기는 하지만, 내용의 재미와 글의 수준면에서 아직은 미흡하다. 전문작가들과 함께 공들여 깊은 성찰을 담은 코리안 스포츠 오디세이아는 잘 보이지 않는다. 그나마 박찬호의 〈끝이 있어야 시작도 있다〉, 박지성의 〈마이 스토리〉, 세계 최초 산악그랜드슬램을 달성한 박영석의 〈끝없는 도전〉, 1960, 70년대 한국농구의 마이클 조던이었던 신동파의 〈득점기계 신동파〉 등을 꼽을 수 있다.

일반인이 쓰는 미니 오디세이아

흥미롭게도 최근에는 국내에 이런 거대 영웅서사와 함께, 미니 개인서사들이 인기를 끌고 있다. 서른, 마흔 살이 넘도록 운동과는 담쌓고 지낸 스포츠 문외한들이 늦깎이로 스포츠에 입문하여 운동을 배워나가는 자기 이야기를 적은 소소한 책들이 널리 쓰여 지고 또 읽히고 있다. 좌충우돌, 천고난만하며 새로운 스포츠 신세계를 탐험하여 온갖 유혹과 장애물을 넘어 스포츠 애호가로 성장했다는 점에서 셀프 오디세이아의 주인공들의 이야기다.

스포츠천재들의 이야기는 큰 재미를 주는 것에 반해 거리감이 조금 느껴지는 단점이 있다. 하지만, 나랑 별반 다를 바 없는 일반인들의 스포츠 오디세이아는 옆집 언니나 누나, 또는 아저씨나 아줌마의 이야기라서 훨씬 더 친근감과 현실감이 느껴진다. 나도 오디세우스가 되기를 희망토록 해준다. 이미 베스트셀러 반열에 오른 〈마녀체력〉과 〈우아하고 호쾌한 여자축구〉는 각각 성인이 된 이후에 철인삼종경기와 축구를 사랑하게 된 여성들의 아기자기한 스포츠 오디세이를 재미있게 들려준다.

거대 스포츠 오디세이아는 남성들이 주역을 맡은 대하드라마인데 반해, 아쉽게도 아직까지 미니 스포츠 오디세이아는 여성 주인공들을 주된 독자로 하는 로코드라마 수준이다. 이 반대의 상황이 곧 우리 곁에 펼쳐질 수 있도록 기대하면서, 새로운 스포츠 오디세이아를 찾아 모험을 떠나보자. 축구, 야구, 농구, 테니스, 배드민턴, 수영, 스키, 등산 등 나의 스포츠 인생을 흥미롭게 이끌어주고, 최종 종착지에 도달할 때 해피 엔딩을 가져다줄 나의 스포츠 오디세이아를 찾아내자. (서울스포츠, 2019. 12)

시인의 게임
— 시가 열어주는 스포츠의 신세계 탐험

One Page Writing

스포츠는 다양한 양식으로 재현된다. 글자, 숫자, 그림, 영상, 또한 소리로도 재현된다. 스포츠는 어느 하나의 양식에만 속박됨 없이, 거의 모든 표현 양식에 충실한 표현의 기회를 허락하는 컨텐츠다. 그리하여 어떤 매체라도 잘 화합하여 전달되도록 한다. 문학, 미술, 음악, 건축, 영화 등 매체친화적 특성으로 독자와 청중과 관객을 사로잡는다. 시는 이 중에서도 스포츠와 가장 오랫동안, 가장 깊은 우정을 맺어왔다. 그런데 하기라는 양식과 몸이라는 매체에만 집중해온 우리에게 현실 속에서의 스포츠와 시는 다소 낯설다.

스포츠의 카나리아

스포츠와 시라니? 대다수의 우리에게는 당혹감부터 밀려온다. 일상에서도 시라고 하는 것은 낯설고 멀게 느껴지는 장르다. 교양 풍부한 소수에게만 허용되는 금단의 열매처럼 느껴질 정도다. 더욱이 스포츠와 시는 물과 기름처럼 서로 어우러지지 못하는 것으로 여겨진다. 활기차다 못해 거칠기까지 한 스포츠가 어찌 고상하고 정적인 포임과 한자리를 할 수 있는지. 프로스포츠 골수팬이자 스포츠채널 고정시청자인 대부분의 우리로서는 꿈에도 생각하지 못하는 조합인 것이다.

이것은 스포츠에 대한 큰 오해 중 하나다. 이 결합은 스포츠가 생겨난 때부터 있었다. 호머의 대서사시, 〈일리아드〉에 이미 권투나 달리기를 묘사하는 유명한 장면들이 있다. 에페이오스와 에우리알로스의 파트로클로스 장례식 경기의 권투 결전이 흥미진진하다. 그리스의 시인 핀다로스는 고대 올림픽경기와 우승자들에 대한 찬시를 많이 지었다. 로마의 대시인 베르길리우스의 서사시 〈아이네이스〉에도 노련한 챔피언 엔텔루스에 도전하는 젊은 다레스의 분투가 생생하게 그려져 있다.

스포츠에 대한 사랑이 최고조에 이른 현대에 우리는 다시금 스포츠와 시의 만남을 주선해야 한다. 스포츠가 지나치게 오락화, 상업화되어버렸기 때문이다. 스포츠의 순수성과 가치를 되찾아내야 하기 때문이다. 작금의 스포츠계는 오락성과 유희성을 혼동하고, 상업화를 선진화로 오해하고 있다. 광부들이 막장에서 일할 때 카나리아를 데리고 내려가는 이유는 사고의 예견과 대피를 위함이다. 스포츠의 타락화와 황폐화를 예방하기 위해서는 스포츠의 카나리아로서 스포츠시를 키워내야 한다.

월트 휘트먼과 로버트 프로스트

소설이 아메리카노라면 시는 에스프레소다. 소설이 2시간짜리 영화라면 시는 15초짜리 광고다. 소설이 10폭 병풍이라면 시는 한 폭 그림이다. 소설이 전문 全文이라면 시는 요약이다. 시는 짧은 문장과 단어로 강력한 인상을 남기며 우리의 인식과 정서에 파장을 만들어낸다. 어떤 스포츠문학평론가는 스포츠시가 성공적으로 쓰일 경우에는 "영혼의 움직임"을 만들어낼 정도라고 말했다. 간결하고 강력한 시어로 읽는 이로 하여금 전신체적 정서반응을 불러일으키도록 하기 때문이다.

스포츠시와 관련해서 가장 두드러진 이가 있다. 미국 시인이자 평론가인 도널드 홀이다. "야구는 시인의 게임"이라는 문구를 유명하게 만든 이다. 야구가 미국의 국민스포츠이고 본인이 야구팬이기 때문에 한 말이다. 나로서는 "스포츠는 시인의 게임"이라고 확대 천명하겠다. 모든 스포츠는 시를 탄생시킨다. 그만큼 일상적이며 강렬하기 때문이다. 시라는 것은 일상에서 소재를 삼는 것이며 정서의 분출 없이는 생겨나기 어렵다는 점이 스포츠와 닮아 있다.

1855년 초판이 나온 시집 〈풀잎〉의 저자 월트 휘트먼은 "내 자신의 노래"라는 시에서 "경주로 위에서, 또는 소풍, 또는 즐거운 베이스—볼base-ball 게임을 즐기거나…"라고 하면서 야구를 언급했다. 1840년대 중반 휘트먼은 뉴욕지역신문 저널리스트로서 일하면서 야구 기사를 즐겨 쓰기도 했다. 윌리엄 카를로스 윌리엄스는 "야구장에서"라는 좋은 시를 썼고, 로버트 프로스트는 명작 "자작나무"에서 "야구를 배우기엔 너무 벽촌이어서 스스로 마련한 놀이만이…"라고 적기도 하였다.

유명 시인들만 야구를 사랑한 것이 아니다. 에드 말코우스키라는 야구팬이 쓴 아래 시를 한번 읽어 보라.

마지막 안타

늦은 저녁 저 멀리
날아가는 공
곡선을 그리며 삼루를 넘어
파울선 조금 안쪽으로.
잔디를 감싸 안네.
꼼짝도 못한 좌익수
장갑은 천근만근 무거워
굵직한 무릎 위에 멀뚱히.
그리고 그것으로 끝

9회 말 마지막 공격 찬스. 일구일구 투수와 타자의 숨 막히는 대결 상황. 혼신의 투구와 혼신의 스윙. 삼루 파울라인 위로 호를 그리며 날아가는 타구. 뒤지고 있는 공격팀의 팬들이 "안타가 돼라, 안타가 돼라."고 속으로 외치는 마음. 아슬아슬하게 경기장 안으로 떨어지며 안타가 되고. 큰 환호와 함께 대역전극. 안타를 친 선수는 승리를 거둔 영웅이 되며, 수비팀 좌익수는 패배를 허용한 죄책감으로 허탈하다. 투수, 타자, 좌익수, 팬들 각각의 감정이 겨우 75자 속에서 진하게 느껴져 온다.

우리나라 시인의 스포츠 사랑

몇 해 전까지 떠돌던 항간의 소문에 의하면 우리나라는 단위 인구당 시인의 수가 세계에서 가장 많은 나라라고 한다. 시집이 항상 문학 부문 주간 베스트셀러 10위 리스트에 올라가 있는 극소수의 나라 중 한 곳이라고도 한다. 한국 사람이 그만큼 시를 사랑한다는 증거로 언급되는 이야기다. 사실일 수 있지만, 적어도 스포츠시와 관련해서는 아니다. 안타깝게도 그동안 스포츠는 한국 시인들의 주된 관심과 사랑을 받지 못해왔다.

미국의 유명 스포츠저널리스트인 조지 플림튼은 그동안 왜 시인들이 스포츠라는 문학의 소재에 기량을 좀 더 쏟지 않았는지 이해가 되지 않는다고 말했다. 그는 승리, 열망, 뛰어남, 아름다움 등 스포츠는 인생의 축소판이라는 생각을 들도록 만드는 중요한 소재들이 지천으로 널려있음에도 불구하고 시인들은 스포츠에서 영감을 얻지 못하고 있는 형편이라고 한탄했다. 전적으로 동감이다.

물론 스포츠시에 대한 시인들의 관심이 전혀 없었던 것은 아니다. 스포츠를 사랑한 시인들이 간헐적으로 자신이 좋아하는 종목에서 영감을 받아 스포츠시를 남겨놓은 것들이 있다. 영원한 럭

비인으로 존경받는 고 조병화의 "럭비를 하던 꿈"이 비교적 초창기의 스포츠시로 잘 알려져 있다. 원로 시인인 오세영도 본인이 실제로 즐겨 하고 자주 관람했던 테니스, 권투, 농구, 체조를 주제로 여러 편의 시를 발표하였다.

다행히 최근에 본격적인 스포츠시들이 소개되고 있다. 최영미는 〈돼지들에게〉에서 본인의 축구 열정과 사랑을 느낄 수 있는 축구시들을 소개해주었다. 김요아킴은 사회인 야구동호회의 체험과 느낌을 시로 옮겨 〈왼손잡이 투수〉라는 시집에 모았다. 서상택은 대한육상경기연맹에 파견되어 일하면서 육상을 사랑하게 되어 육상경기장, 육상경기, 그리고 육상선수들을 시어로 옮겨 〈육상경기장〉을 펴냈다. 이성부 시인은 등산시만을 모아 〈작은 산이 큰 산을 가린다〉는 시집을 선보였다.

최고의 시인들이 스포츠를 사랑하고 스포츠 애호가들이 시를 사랑하는 때가 우리나라에도 곧 올 것이다. 이때는 우리도 당당히 "스포츠는 시인의 게임"이라고 말할 수 있게 될 것이다. 스포츠는 체험하는 모든 당사자를 예비시인으로 만들기 때문이다. 스포츠 하는 우리는 이미 몸과 마음에 시적 체험과 시적 정서를 잔뜩 지니고 있다. 이 체험과 정서는 시어로 옮겨지길 조용히 기다리고 있는 중이다. 이번 주 5K 달리기 후에, 테니스 한 게임 후에, 수영 10랩 후에 시 한 편 적어보는 것은 어떨까? (서울스포츠, 2020, 1)

엑서사이즈와 이너사이즈

신체적 건강을 넘어 총체적 건강으로 —

One Page Writing

건강운동이라고 불리는 신체활동이 있다. 웨이트 트레이닝, 바디펌프, 바디컴벳, 필라테스, 발레핏 등 튼튼한 몸을 만들기 위한 운동이다. 엑서사이즈라고 한다. 체력증진과 체중감량 등 신체적 건강을 목적으로 하는 운동이다. 현대인의 빼놓을 수 없는 일상사 중 하나이다. 그런데 엑서사이즈는 피트니스나 다이어트의 작은 건강을 넘어서는 큰 건강, 즉 심신의 온전한 성장을 이루어 낼 수 있다. 그것은 어떻게 가능한가?

작은 건강과 큰 건강

세계보건기구 WHO 가 정의하는 건강 개념은 신체적, 정신적, 사회적 건강을 모두 포함한다. 그런데 체육에서의 주연은 신체적 건강이다. 체육을 "신체를 기르는 노력" 體育 이라고 하는 이유다. 피트니스 센터에서 관심 갖는 건강은 신체적 건강이다. 근력과 지구력을 길러주는 피트니스와 지방을 태워 살을 빼는 다이어트는 주 관심이 체중과 체력과 체형이다. 요즘 유행하는 표현을 빌어 말하면, 기승전 식스팩과 애플힙이다. 엑서사이즈는 신체적 건강의 목적을 위해 활용되는 운동이다.

"건강"이란 총체적 개념이다. 나는 신체적 건강은 작은 건강이라고 부르고 싶다. 신체적 건강을 넘어서서 정신적, 사회적 건강까지도 함께 이루어내는 온전한 건강이 큰 건강이다. 큰 건강은 "총체적 건강" whole health 이라고 부른다. 사람은 몸만으로 되어있지 않다. 사람은 몸과 마음, 육신과 정신, 또는 육체와 영혼으로 되어있는 존재다. WHO에서는 이런 점에서 신체적, 정신적, 사회적 건강을 언급한 것이다. 큰 건강은 지·덕·체 모두를 아우르는 총체적 건강이다. 전인적 건강이다.

그런데 사람의 몸과 마음은 말과 생각으로 구분할 수 있지만, 포장지와 내용물처럼 서로 분리할 수는 없게 되어있다. 현실적으로 우리에게는 몸(신체, 육신) 이외에는 없다. 그러니, 큰 건강은 결국 우리의 육신을 통해서 성취할 수밖에 없다. 정신적 건강과 사회적 건강도 결국에는 신체 안에서 얻게 된다. 작은 건강은 신체의 겉, 즉 표층만을 다루는 건강이며, 큰 건강은 신체의 안, 즉 심층에까지 다다르는 건강이다.

표층 엑서사이즈와 심층 엑서사이즈

이런 이유로 표층적 신체만을 초점으로 하는 운동노력을 표층 엑서사이즈라고 할 수 있겠다. 체중, 체력, 체형을 위한 표층 엑서사이즈는 작은 건강을 위한 신체운동이다. 작은 건강을 성취시키는 작은 엑서사이즈다. 물론 당연히, 일상인에게 작은 건강은 절대로 작지 않다. 벤치프레스 중량을 5kg 늘리고, 체지방률을 1% 줄이는 것은 결단코 쉬운 일이 아니다. 어떤 이에게는 보름, 아니 한 달도 더 걸리는 큰 과업이다. 다만, 지·덕·체를 아우르는 것에 비하여 체만 다루어서 작다고 말할 뿐이다.

이 작은 건강은 실제로 성취하기가 쉽지 않다. 대부분 실패로 그친다. 그래서 더 집착하게 된다. 피트니스와 다이어트 산업이 시들지 않고 번창하는 이유다. 일반인의 불안감을 자극하고 자괴감을 조장하여 체중을 줄이고 체력을 늘리고 체형을 갖추도록 만든다. 신체적 건강이 강조되지만, 총체적 건강에는 균열이 생긴다. 작은 건강만을 뒤쫓다 큰 건강을 놓친다. 작은 것을 탐해서 큰 것을 잃는 건강의 소탐대실 小貪大失 증후군이 만연한다.

지·덕·체 모두를 아우르는 온전한 큰 건강을 가져오는 엑서사이즈, 심층 엑서사이즈는 어떤 운동인가? 나는 이 운동을 "이너사이즈" innercise 라고 부른다(ex— 는 밖을, in—은 안을 나타내는 접두어다). 표층 엑서사이즈는 엑서사이즈, 심층 엑서사이즈는 이너사이즈로 구분한다. 이너사이즈는 엑서사이즈와 외형적으로 다른 운동이 아니다. 지덕체가 모두 체 안에 들어있듯이, 이너사이즈는 엑서사이즈 안에 들어있다. 모든 엑서사이즈는 가르치는 방식에 따라 이너사이즈화 될 수 있다.

요가가 대표적이다. 요가는 유연성과 체형 교정을 도모하지만, 원래가 심신의 합일을 위한 수련활동이었다. 총체적 건강을 지향하는 대표적인 건강운동이지만, 현실에서는 체중과 체력과 체형을 위한 운동에 그치는 사례가 대부분이다. GX나 PT는 물론, 필라테스나 에어로빅조차도 모두 엑서사이즈와 이너사이즈로서 기능할 수 있다. 강사와 회원의 의도와 태도에 따라 작은 건강만 얻느냐 큰 운동까지 얻어낼 수 있느냐가 결정된다.

이너사이즈는 어떤 운동인가? 인성과 인격과 인품을 함께 높이는 운동이다. 외면적으로 신체와 육신을 튼튼하게 만들어 나가는 과정에서, 내면적으로 자기 자신을 좀 더 나은 사람으로 성숙시켜나가는 운동이다. 외화내빈으로 그칠 경향이 높은 엑서사이즈를 넘어서, 안과 밖이 모두 튼실한 문질빈빈의 사람으로 만들어주는 운동이다. 육체미는 물론 인간미까지도 높여주며, 근력과 유연성에 더하여 현명함과 배려심을 갖추도록 해주는 운동이다. 튼튼한 몸에 덧붙여 참 좋은 사람으로 성장시켜준다.

이너사이즈가 큰 운동이라고 불릴 수 있는 것은 바로 이 때문이다. 엑서사이즈는 지방을 빼고 근육을 불려 체격이 커지도록 한다. 이너사이즈는 에고를 빼고 사랑을 불려 인격이 커지도록 한다. 전자는 덩치가 커지는 것이고, 후자는 영혼이 커지는 것이다. 전자는 외형이 확대되고, 후자는 내면이 확장되는 것이다. 안의 변화는 겉의 변화보다 더 강하고 근본적인 변화이다. 비포와 애프터가 완전히 다르다. 체구의 변화와 자아의 변화는 질적으로 다른 변화다.

이리하여 엑서사이즈는 작은 운동이라고 불릴 만하다. 엑서사이즈의 성공은 이두박근이 몇 센티미터 굵어지고, 허리둘레가 몇 인치 가늘어졌는지로 가늠된다. 인간은 유전적으로 신체적 발달에 한계가 있다. 그것을 넘어 인위적인 강제를 가한 치명적인 결과는 전신이 기괴할 정도로 기형적으로 발달된 근육을 지닌 사람의 사진에서 손쉽게 찾아볼 수 있다. 육체의 확장에만 초점을 맞춘 운동은, 그것이 내면의 심화(사람됨)에 영향을 미치지 못하는 한, 결국 작은 운동에 머무를 수밖에 없다.

현실에서 큰 운동은 작은 운동의 성취에 바탕을 둔다. "건강한 육체에 건전한 정신이 깃든다"는 말은 이점을 가리킨다. 그런데 "건전한 정신은 건강한 육체를 빛낸다." 작은 운동은 큰 운동의 권역 안에서만 가치를 지닐 뿐이다. 방향성 잃은 튼튼한 몸은 브레이크 없는 짐차일 뿐이다. 건강해진 몸으로 무엇을 어떻게 할 것인지는 건전한 사고와 태도에 의해서 결정되기 때문이다. 엑서사이즈는 저절로 이너사이즈화 되지 못한다. 그것에는 모종의 적극적 조처가 필요하다.

이너사이즈를 위한 운동의 인문화

그 조처는 인문적 지혜 더하기다. 엑서사이즈가 최대의 효과를 발휘하기 위해서는 과학적 원리가 필요하다. 운동생리학, 운동영양학, 트레이닝원리, 스포츠의학 등 과학적 지식의 처방으로 팔과 다리는 더욱 힘이 세지고, 심폐기능과 골격구조는 더욱 강화된다. 반면에 이너사이즈는 과학적 지식보다는 인문적 지혜가 근본 원리로 작용하는 운동이다. 사람의 마음, 정신, 영혼 등을 깊게 파헤친 문학, 예술, 철학, 종교, 역사적 지혜가 담겨진 시, 소설, 수필, 영화, 음악, 회화, 연극, 경전 등이 있다.

엑서사이즈를 해 나아가며 (단백질 파우더가 아니라) 인문적 지혜를 함께 섭취하면서 운동, 사람, 자아, 건강, 인생, 세계에 대해서 성찰하고 체험하고 적용해나가는 것이다. 엑서사이즈를 통해서 체험하는 심장의 멈출 것 같음, 허파의 터질 것 같음을 자신이 스스로 시로, 수필로, 노래로, 유화로, 사진으로, 조각으로 표현하면 금상첨화다. 타인의 체험이 인문적으로 표현된 작품들을 섭취하고, 자신의 체험을 인문적으로 손수 표현함으로써 엑서사이즈는 안으로 숙성되어 이너사이즈화 된다.

운동을 인문화시키자. 인문화된 엑서사이즈는 작은 운동이 큰 운동화 되고 작은 건강이 큰 건강화 되도록 돕는다. 이제 운동하면서 음악만 듣거나 영화만 보지 말자. 시도 읽고 회화도 보자. 피트니스 센터를 인문화하자. 엑서사이즈를 이너사이즈화 시키자. 피트니스 센터에 최신식 정글짐만 아니라 스포츠 라이브러리와 스포츠 갤러리가 시급히 필요하다. 건강운동의 공간을 작은 건강에 만족하는 토탈 피트니스 센터를 넘어 큰 건강을 성취하는 호울 헬스 센터로 바꾸어나가자. (서울스포츠, 2020, 2)

한 장 글쓰기

스포츠교육 에세이

• • •

2부

읽는 스포츠의 즐거움

한 장 글쓰기

스포츠교육 에세이

. . .

독서 선구안

One Page Writing

"보는 눈" 내가 좋아하는 단어 중 하나다. 좀 더 멋지게 "안목 眼目"이라고 쓸 수도 있다. 내가 가장 가지고 싶어 하는 것 중 하나다. 나는 안목, 즉 보는 눈을 가지고 싶다. 당연한 말이지만, 내가 가지고 싶은 것이 "안구"를 뜻하지는 않는다. 시력이 추락하여 앞이 안보이게 된 눈을 위하여 각막이나 눈알을 이식받고 싶은 것이 아니다. 내가 구하는 것은 시력이기보다는 통찰력에 가깝다. 안목이란 시력이기보다는 시각이고 관점이다.

스포츠가 출처인 게 분명한 단어가 있다. "선구안 選球眼". 공 고르는 눈. 좋은 공인지 나쁜 공인지, 야구의 타자가 가지고 있어야 하는 능력이다. 야구의 경우는 시력과 직접 연관을 가지고 있는 능력이다. 하지만, 일상의 장면에 확장되어 사용되며 시력보다는 시각의 의미로 자리 잡았다. 좋음과 나쁨, 유용함과 무용함, 적절함과 부적절함 등을 가려내는 능력을 뜻하게 된 것이다.

시각과 안목과 관점으로서의 선구안은 판단력을 의미한다. 진짜가짜를 가려내는 감식력이라고 해도 된다. 감식안 鑑識眼이라는 표현도 있지 않은가? 옳고 그름을 밝혀내는 분별력이라고 해도 맞다. 맞고 틀림을 알아보는 식별력도 맞고. 아무튼, 수준 높은 것과 수준 낮은 것을 구분할 수 있고 찾아낼 수 있는 인식능력을 전반적으로 일컫는다. 전문가 일수록 높은 수준으로 지니고 있는 역량으로 인정받는다.

전문가로서 내가 갖고 싶은 선구안이 하나 있다. 이름하여, "선북안". 조금 낯선 단어다. 가운데 글자 "북"은 book을 의미한다. 책을 가려내는 눈이다. 선서안 選書眼, 또는 선책안 選冊眼 이라고 해도 괜찮다. 좋은 책을 찾아내는 분별력이다. 가능성이 있는 책임을 알아채는 예견력이다. 외화내빈인 책을 분류해내는 감식력이다. 우량서와 불량서를 구분해내는 선별력이다. 진짜 책과 가짜 책을 가려내는 인식적 통찰력이다.

나는 이 안목을 가장 지니고 싶다. 내가 전문으로 공부하는 좁은 분야에 대한 선북안만이 아니라, 교수로서 성인으로서 교육학자로서 포괄적인 선북안을 지니기를 바란다. 그 이유는 두 가지다. 하나는 내가 부족한 자이기 때문이다. 그 부족한 것을 책을 통해서 보완하고 교육시키기 위함이다. 주변의 좋은 사람들과 일의 경험을 통해서도 그 미흡함은 채워지지만, 책만큼 아무 때나 어디서나 내가 마음먹은 대로 손을 뻗을 수 있는 것은 없다. 무엇보다도 가격대비 학습효과의 가성비가 최고다.

다른 하나는 부족한 다른 사람을 위해서다. 나는 50대 중반의 아저씨(할아버지인가?)로서 젊은이에게, 교수로서 학생에게, 교육학자로서 연구자나 일반인들에게 그들의 부족함에 대해서 채워주어야 하는 의무와 경우를 갖게 된다. 내가 원하던 원하지 않던 간에 그리되고 그리해야 한다. 그런데 더 부족한 내가 이들을 위해 무엇을 해줄 수 있을 것인가? 결국, 최선책은 이들을 위하여 각자의 필요와 부족에 최적합한 서적을 소개해주는 것이다. "말 한마디로 천 냥 빚을 갚는다"고 했다. 나로서는 "책 한권으로 천 마디 조언을 대신한다"고 말할 수 있다.

선북안 중에서도 나는 체육하는 사람이므로 "읽는 스포츠 선북안"을 갈고 닦고자 한다. 읽는 스포츠란 스포츠를 내용으로 하는 도서를 말한다. 많이 보는 운동기능 설명서는 가장 낮은 수준의 책이다. 여기저기 흩어져 있고 잘 모르고 있어서 그렇지 많이 있다. 소설, 시, 에세이, 자서전, 비평집, 철학서, 경영서, 여행서, 사진집 등 온갖 장르에 걸쳐 다양한 형태의 서적들이 우리 곁에 조용히 숨어 있다(개인적으로 읽는 스포츠 목록을 20여 년간 작성해 오고 있고 약 1천여 권이 분류되어있다).

읽는 스포츠 서적은 자신의 스포츠 체험에 대해서 뒤돌아서 음미해보도록 도와준다. 앞으로 하고 싶은 스포츠 체험을 적극적으로 실행할 수 있도록 동기와 용기를 북돋아준다. 무엇이 잘못되었고 무엇이 제대로 된 것인지를 조목조목 친절하고도 상세하게 이해할 수 있도록 도와준다. 축구, 농구, 골프, 등산, 요가 등 다양한 종목에 대해서 여러 수준의 책들이 나오고 있다. 나는 자신을 위해서, 그리고 주변인들을 위해서 좋은 책들을 제대로 선별해내는 힘을 키우고 싶다.

마음이 울적하거나 심란할 때, 또는 무엇인가 새롭고 다른 차원으로 도약하는 돌파구를 찾고 싶을 때, 믿음 가는 지인이 건네는 한 편의 글, 한 권의 책이 있다. 어두운 먹구름을 뚫고 내려 비치는 가늘지만 강력한 한 가닥 빛줄기가 된다. 빛은 저자가 뿜어주는 것이고, 그 지인은 구름에 틈을 열어주는 것이다. 배고픈 이에게 고기를 잡아주는 것이 아니고, 고기 잡는 방법을 알려주는 것이다. 스스로 할 수 있도록. 그리하여, 선북안을 갖춘 내가 갖고 싶은 나의 별명은 "책추남"(책 추천해주는 남자)! 이 별칭이 내 외모하고도 잘 어울리는 것은 덤. (월간최의창, 2019. 3)

여성의 스포츠 대반격

One Page Writing

　소비자. 관람자. 응원인. 우리나라 스포츠계에서 그동안 여성을 부르던 수식어들이다. 스포츠는 남성의 영역으로 간주되어왔다. 여자들은 그저 옆에서 응원하거나 구경하거나, 혹은 아예 무관심한 이들로 취급받아왔다. 여성들은 축구시합 자체보다는 축구선수, 또는 축구선수가 등장하는 드라마를 더 선호한 것으로 비쳤다.
　이런 생각은 이미 모두 지나간 옛것이 되었다. 남성의 독무대였던 스포츠 세계에 여성의 대대적인 진격이 시작되었다. 여성은 명실상부 스포츠판의 주관자, 참가자, 그리고 생산자가 되고 있다. 주요 시간대 스포츠뉴스의 캐스터는 모두 여성이다. 여성은 국제대회 금메달 획득의 큰 몫을 차지하고 있다. 그리고 백인천하의 피겨계와 골프계에서 최근 전대미문의 발자국을 만들고 있는 이들을 한 번 보라.
　일반 여성의 스포츠 참여도 증가 일로다. 그 이유가 건강과 미용에만 국한되지 않는다. 자신감과 도전심을 늘이고, 경쟁 자체가 주는 흥분감을 맛보기 위한 이유가 크다. 축구, 야구를 넘어, 복싱과 레슬링까지 금녀의 벽은 사라진지 오래다. 뿐만 아니라, 나이키 우먼스 레이스나 전국여성스포츠대회 등처럼 여성만이 참가할 수 있는 대회도 늘어난다. 조만간 여성만의 아시안 게임이나 여성만의 올림픽 경기가 만들어질 수도 있다.

읽는 스포츠에서도 여성의 관여는 눈에 띄게 늘고 있다. 김연아, 장미란, 미셸위 등 유명 선수들의 자서전은 이미 유행이 되었다. 일반인 여성 전문가들의 생생한 직접 체험기와 안내서들도 쏟아지고 있다. 여성의, 여성에 의한, 여성을 위한 스포츠 문헌은 마음과 몸의 반응들을 매우 세심하게 기술하며 소소한 것들까지 언급하는 섬세함이 매력이자 장점이다.

달리기는 여성들의 해방을 가장 깊은 수준까지 맛보도록 하는 종목이다. 남성중심 사회와 문화에 의해서 사회적, 개인적으로 소외받고 억압받은 자아를 자유롭게 만들어준다. 〈내 생애 가장 아름다운 달리기〉는 수필로, 〈나의 아름다운 마라톤〉은 소설로 그것을 맛보도록 해준다. 〈러닝 라이크 어 걸〉은 몸치, 운동치로 스포츠를 싫어하던 저자의 달리기 세계 입문기다. 젊은 여성의 발랄하고도 상큼한 필치로 운동혐오녀에서 달리기 매니아가 된 경위를 들려준다.

수 천 억 원대의 메가마켓으로 성장해버린 등산은 최근 여성이 발견한 새로운 스포츠 신대륙의 하나다. 남난희의 태백산맥 단독종주기인 〈하얀 능선에 서면〉이 군계일학으로 오래전부터 우뚝 서 있다. 〈핑크 히말라야〉는 유방암을 이겨낸 멋진 아홉 여성의 치유와 극복의 히말라야 등반기록이다. 아마추어의 마음으로 주변에 있는 산을 오르내리면서 산 사랑을 키워가는 에세이집 〈여자 서른 산이 필요해〉도 있다.

이밖에 〈하이힐을 신은 자전거〉와 〈자전거 다이어리〉는 자전거가 여성들의 건강과 행복을 어떻게 높여줄 수 있는지를 요모조모로 꼼꼼하게 알려준다. 〈오늘은 나를 바다로 데려가줘〉와 〈서핑에 빠지다〉, 그리고 〈그랑 블루〉는 각각 서핑과 스쿠버 다이빙으로 발견하는 바다의 즐거움과 신세계를 펼쳐 보여준다.

(독서신문 책&삶, 2014, 9)

스포츠 브랜드 전쟁

One Page Writing

　스포츠 명품계의 빅3라고 할 만한 회사들이 있다. 나이키, 아디다스, 푸마다. 이들 회사의 상표를 보지 않거나 광고를 듣지 않고는 하루, 아니 몇 시간조차 보낼 수 없게 되었다. 운동장과 체육관에서만이 아니라 일상의 곳곳에서도 선망 받는 문화 아이템이 되었다. 이들은 어떻게 스포츠 브랜드의 빅3가 되었나? 어떻게 전 지구를 하나의 시장으로 만들고 지구인을 고객으로 만들었나?

　"세 명이 함께 할 때에는 반드시 배울 사람이 있다"라고 논어에 쓰여 있던가? 이 3대 회사의 성장과정은 스포츠와 경영에 관심 많은 이들에게 좋은 사례(혹은 반면교사)가 된다. 회사가 처음 어떻게 시작되었으며, 어떠한 우여곡절 끝에 모습을 갖추었고, 어떠한 부침을 거듭하면서 새로운 전략과 노력으로 현재에 우뚝 서게 되었는지 알려준다.

　모든 것은 아디다스로부터 시작되었다. 〈운동화 전쟁〉은 아돌프 다슬러와 루돌프 다슬러 형제를 주인공으로 1920년대 문을 연 독일 기업 아디다스의 창업과 번성, 그리고 갈등과 결별의 이야기를 한 편의 영화처럼 보여준다. 아디다스는 동생 아돌프 다슬러의 제화기술과 형 루돌프 다슬러의 판매능력이 완벽한 시너지를 만들어내며 1940년대 중반까지 승승장구하였다. 하지만, 루돌프는 동생과의 불화로 1948년 푸마를 설립하며 독립한다.

한순간에 동지에서 적으로 변한 아디다스와 푸마는 1970년대 이후 각각 아들들이 경영권을 이어받게 되며, 올림픽과 월드컵을 주요 마케팅 전략기지로 활용하여 글로벌 기업으로 우뚝 성장한다. 특히, 푸마는 리더십 부족과 브랜드 인지도 하락으로 1980년대 회생 불가능할 정도의 경영난을 겪지만, 요헨 차이즈라는 귀재가 경영을 맡은 1990년대 이후 다시 뛰어오르게 된다. 〈푸마 리턴〉은 사망선고 받은 브랜드의 드라마틱한 재기를 흥미진진하게 전해준다.

나이키는 오레곤 대학 육상팀 코치 빌 바워만과 선수 잭 나이트가 합작하여 만든 미국기업이다. 독일산 러닝화에 만족하지 못하던 나이트는 일본 신발회사(오니츠카 타이거)를 통하여 달리기에 보다 적합한 새로운 기능이 덧붙여진 신발을 제작한다. 견본을 본 바워만은 그 즉시 동업을 제안하고 1964년 블루 리본 스포츠라는 회사를 시작한다. 1972년 나이키라는 이름으로 재창업을 하면서 독창적이고 진취적인 제품개발(에어 조단 시리즈)과 마케팅전략(Just Do It.)으로 오늘날 만인이 우러르는 〈나이키 이야기〉를 완성시킨다.

이 세 회사들은 스포츠의 상업화를 가속화시키고 타락시킨다는 비판도 받는다. 한 때 제3세계 어린이의 노동력을 착취하는 잘못된 방식으로 제품을 생산한 적도 있다. 하지만 이제는 기부, 후원, 교육 등을 통해서 스포츠를 통한 사회 및 국가 발전에 하나의 중요한 축을 만들고 있다. 축구공과 운동화를 생산해내는 것에 그치지 않고, 전 세계인의 삶 속에 행복과 사랑을 창조해내고 있다.

(독서신문 책&삶, 2014. 8)

그녀들의 축구사랑

One Page Writing

여성시대. 폐간된 잡지제목이 아니다. 장수하는 라디오 프로그램 제목도 아니다. 요즘의 우리나라 현상을 나타내는 표현이다. 남성의 시대는 가고 여성의 시대가 왔다. 신라 진성여왕 이래 처음으로 여성이 나라의 대권을 얻게 된 것이 그 징표다. 정치는 물론 경제, 사회, 문화, 교육, 그리고 군사까지 이미 여세남점 女勢男漸 은 본격화되었다.

스포츠 분야도 예외는 아니다. 선수와 감독을 넘어 심판은 물론이고 해설과 논평까지, 남자들의 전유물이라고 철석같이 믿고 있던 스포츠 세계의 본영 本營 에까지 그 영역을 확장하고 있다. 특히 눈에 띄는 분야는 축구다.

축구는 2002년 한일 월드컵 4강과 국내선수들의 해외리그 진출 러시 등으로 전 국민의 사랑을 듬뿍 받는 국민스포츠다. 그런데, 2002년 이후 옆에서 구경과 응원만 하던 여성들의 관여가 본격화되고 있다. 국내파 여성 축구국제심판이 등장해서 〈레드카드 주는 여자〉가 되어 〈겁없이 꿈꾸고 거침없이 도전하라〉고 격려한다.

4년마다 1달간, 전 세계를 열광의 도가니에 몰아넣는 월드컵은 한국 여성들의 싸커 본능과 풋볼 피버를 더욱 뜨겁게 달군다.

2010년 남아프리카공화국 월드컵을 맞이해 국가대표급 축구광 글쟁이 아줌마 둘이 내어놓은 축구 에세이가 있다.

〈국가대표 허벅지들〉은 꿀벅지, 금벅지를 연상시키는 제목과는 달리, 2010년 당시 주목받던 26인의 국내 축구선수들에 대한 저자의 개인적 소평 小評을 모은 책이다. 평범한 아줌마 저자 엄윤숙에게 축구는 그냥 유니폼 색이 다른 두 팀의 남자들이 하는 공차기 놀이에 불과했다. 그러다 소설 〈아내가 결혼했다〉와 2002년 월드컵이 모든 것을 바꾸어버렸다. 남성 해설가에게서는 찾아보기 어려운 세밀하고 발랄하며, 때로는 발칙하기까지 한 즐거운 선수평이다.

〈공은 사람을 기다리지 않는다〉는 시인 최영미의 축구사랑 이야기다. 남아공 월드컵 전후인 2010년과 2011년에 박지성, 이청용, 손흥민 등 해외파 선수들을 직접 찾아가 나눈 이야기들, 유럽의 유서 깊은 축구팀과 감독을 방문하여 나눈 대담과 소회를 자신의 사회비평적 의견과 함께 덧붙여 모아 낸 글들이다. 유럽 문화와 정신, 사회사에 밝은 저자의 식견이 담겨있어 교양의 맛도 느낄 수 있다.

우리 스포츠계는 중심축의 전환기에 있다. 올해 프로야구는 사상 처음으로 미디어 데이를 이화여자대학교에서 진행했다. 20대 열혈 여성 팬의 힘을 의식한 것이다. 과거 코페르니쿠스는 천체의 운행에 관해서, 움직이는 것은 태양이 아니라 지구라는 사실을 발견했다. 지금 한국 스포츠계는 남자를 중심에 놓고 여자가 움직이는 것 女動說이 아니라, 여성을 가운데 두고 남성이 궤도를 뛰어다니기 시작했음 男動說을 깨닫는 중이다. 스포츠팬인 그대, 당신은 천체의 변화를 감지했는가? (독서신문 책&삶, 2014, 7)

스포츠가 가르쳐주는 성공심리학

One Page Writing

근래 출판가의 베스트셀러 자리는 심리학 서적으로 가득 차 있다. 일상어가 되어버린 "힐링"이나 "행복"과 같은 주제를 다루며 인간심리를 세밀하게 파헤치고 북돋아주는 내용으로 되어있다. "모든 것은 마음의 작용" 一切唯心造 이라는 가르침은 불가의 선승으로부터 왔건만, 현대인은 심층심리적 분석과 정신분석학자의 조언에 귀를 더 쫑긋 세운다.

최근에 개척된 "수행심리학" Performance Psychology, 성취심리학 이라는 분야가 있다. 성공과 승리같은 목표 성취에 필요한 심리적 역량을 파악하고 개발하는 방안을 고민한다. 심리학의 다른 분야들과는 달리, 스포츠가 핵심연구 대상중 하나다. 스포츠가 인간의 그 어떤 활동보다도 목표성취지향성을 강하게 드러내는 활동이기 때문이다.

근자에 자기계발 분야에는 수행심리학 관점에서 집필된 외국 저작물들이 잇따라 번역되었다. 독자가 일상적으로 행하는 스포츠를 예로 들기 때문에 쉽게 이해할 수 있어 인기를 얻고 있다. 운동기량의 최상수행을 발휘하는 스포츠는 인간의 심리적 역량을 개발하는 시사점을 찾는 데에 큰 도움을 준다. 위대한 저술가나 뛰어난 사업가 등과는 달리, 박세리, 김연아, 추신수, 류현진은 바로 눈앞에서 자신의 수행력을 생생히 보여준다.

〈베스트 플레이어〉는 골프, 테니스, 사이클, 탁구, 달리기, 체스 등의 종목에서 최고의 성적을 올린 선수들의 사례를 분석해서 보여준다. 타이거 우즈나 안드레 애거시 등과 같은 극소수의 천재들이 아니라, 국가대표나 세계수준의 경기력을 보여준 선수들을 대상으로 살펴본다. 그리고 타고난 재능보다는 지속적인 노력과 계획된 훈련이 성공의 결정요인임을 과학적 근거에 기반하여 확인시켜준다.

〈재능은 어떻게 단련되는가?〉에서도 뛰어난 성과는 천부적 재능으로 성취되는 경우란 거의 없다고 말한다. 선천적 재능 때문이라고 보이는 것이 사실은 신중하게 계획된 연습 deliberate practice 의 결과다. 일반적 통념과는 달리, 재능이라는 것은 "과대평가"되어왔다. 대표적 연습방식으로 음악모델, 체스모델 및 스포츠모델을 제시한다. 일에서 성공하는 방법으로 스포츠 선수들이 운동수행에 필요한 체력과 기술을 연마하는 방식을 적용할 수 있다는 것이다.

〈탤런트 코드〉에서도 축구선수, 바이올리니스트, 스케이트 보더, 전투기조종사, 미술가와 같이 고도의 스킬을 발휘하는 사람들의 성취 비밀을 푸는 세 가지 "코드"에 대해서 말해준다. 그 비밀은 혼신으로 몰입해서 연습하기, 자신을 폭발시킬 점화장치 찾기, 그리고 훌륭한 스승을 찾기이다.

〈부동의 심리학〉은 특히 스포츠 선수들이 중압감이 최고조에 이르는 결정적 순간에 "얼어버리지" choking 않고 어떻게 최상수행을 보여주는지, 그리고 그것을 일상과 비즈니스에 어떻게 적용할 수 있는지를 알려준다. 절대 흔들리지 않는 강심장으로 경쟁에 이기고 승리를 쟁취하는 "부동" 不動 의 원리를 들려준다.

최고가 되고 싶은 그대여, 일과 삶에서 성공하고 싶은가? 그

비결이 무엇인지 알고 싶은가? 그렇다면, 경영 컨설턴트가 아니라 스포츠 선수를 찾아가라. 유명 강사의 성공특강이 아니라 최고의 운동경기를 관전하라. 스포츠는 성공심리학의 보물창고이며, 운동선수는 승리비결의 마스터이기 때문이다. (독서신문 책&삶, 2014, 6)

반지의 제왕 vs 코트의 마법사

One Page Writing

경기는 작전의 예술이다. 감독의 전술과 용병술이 승리를 일궈낸다. 모든 것은 감독에게서 시작되고 마무리된다. 그래서 세상은 스포츠 감독들로부터 리더십 기술과 승부의 묘수를 배우려 한다.

가로 15.24m, 세로 28.65m의 직사각형 코트 안에서 숨 돌릴 틈 없이 공격과 수비로 상대팀을 대적하는 농구감독들의 이야기가 가장 흥미롭다. 전설적인 두 명의 감독이 있다. 아마추어와 프로팀에 각각 한 명씩이다. 전자는 스포츠명문 UCLA 대학의 존 우든, 후자는 시카고 불스와 LA 레이커스를 이끌었던 필 잭슨이다.

우든 감독은 NCAA 농구결승전에 12회 올라서 10회 우승을 거머쥐었다. 한 시즌 88연승을 포함하여 1975년 은퇴할 때까지 미국 대학농구사상 최고의 승률을 놓치지 않았다. ESPN은 그를 20세기 가장 위대한 스포츠 감독으로 선정하였다. 2010년 타계한 이후에는 그의 농구, 삶, 리더십 철학에 대한 세상의 관심이 커져가고 있다.

잭슨 감독은 마이클 조던이 있던 시카고 불스에서 6회, 샤킬 오닐과 코비 브라이언트가 있던 LA레이커스에서 5회나 NBA 우승을 이루어냈다. 파이널에 13회 진출해서 11회를 승리로 이끌었다. 우승 팀에게 주는 반지가 두 손 열 개 손가락에 다 끼고도 남는 11개다. 가히 "반지의 제왕"이라고 불릴 만하다.

존 우든의 별명은 (대학이 위치한 지역명인) "웨스트우드의 마법사"였다. 그의 재임기간 동안 UCLA를 대학농구계의 절대강자로서 군림하도록 지도했기 때문이다. 카림 압둘 자바나 빌 월튼 같은 유명 선수들을 입학시키고 뛰어난 팀플레이어로 훌륭하게 키워냈다.

조련하기 힘든 맹수로 비유되는 슈퍼스타들을 한 팀으로 만들어내는 데에 있어서는 필 잭슨도 타의 추종을 불허한다. 혼자는 뛰어나지만 함께는 조직력을 발휘하지 못했던 세기의 선수들이 그의 휘하에서는 "어벤저스"나 "저스티스 리그"처럼 하나가 되어 시너지 효과를 생산해낸 것을 보라.

백짓장도 맞들어야 낫고, 구슬이 서 말이라도 꿰어야 보배다. 이 두 감독은 그 일을 견주기 어려운 출중한 수준으로 해냈다. 그러니 조직과 사람을 이끌어 성과를 창출해 내려할 때 이들의 철학과 조언에 관심을 갖는 것은 당연하다. 농구코트를 벗어나 경영, 행정, 정치 등 사회생활의 모든 장면에 유효적절한 도움을 줄 수 있기 때문이다.

〈리더라면 우든처럼〉에서 우든 감독은 농구와 삶의 여정에 필요했던 17가지 성공요소들을 기초토대부터 최고점까지 5단계 삼각형으로 형상화하여 〈성공의 피라미드〉로 제시한다. 또 잭슨 감독은 체계가 잡히지 않은 팀을 우승팀으로 바꾸기 위해 불교 및 노장사상, 아메리카 인디언철학으로 숙성시켜온 젠 마스터 리더십의 비결인 〈리더의 원칙 11〉을 들려준다.

놀랍게도, 각각 아마추어와 프로선수를 다루며 이들이 터득한 원칙과 방법은 전혀 차이가 없다. 우정, 근면, 열정, 자신감과 같은 자질을 바탕으로 협동과 배려를 중시하며 욕심을 버리고 팀을 위해 하나가 되는 것에 몰입할 수 있어야 한다는 것이다. 반지의 제왕과 코트의 마법사가 들려주는 리더십 특강은, 뻔한 일반론과 당위론에 그치지 않고, 구체적인 인물과 상황 속에서 그러한 원칙과 요소들이 어떻게 작동하였는지를 실제사례중심으로 생생하게 이해시켜준다. 제왕과 마법사의 이야기에 한번 귀기울여보자. (독서신문 책&삶, 2014, 5)

무술, 무예, 무도 이야기

One Page Writing

"아~오~오~옷!" 두 눈을 부릅뜨고 입술을 모아 내밀며 만드는 기묘한 소리. 그 순간 눈 깜박할 사이 바닥에 나뒹구는 건장한 사내들. 극장 가득한 환성. 〈정무문〉부터 〈맹룡과강〉까지, 어린 시절 이소룡은 모든 남학생들의 우상이었다. 〈와호장룡〉과 〈무협〉은 철들며 사라졌던 무술과 무림에 대한 동경을 다시 한번 일깨워주었다.

남자라면 누구라도 무예에 대한 로망을 간직하고 있다. 경지에 오른 권법과 검술로 절대 악당을 물리치고 약자를 구해내는 협객이 되고픈 열망을 마음 한쪽 편에 지니고 있다. 1970년대엔 이소룡, 1980, 90년대엔 성룡, 2000대에는 이연걸과 견자단이 멋진 액션을 선보이며 각 시대의 청춘을 사로잡은 무술영웅이 되었다.

무술은 동북아시아 삼국이 중심이다. 한국은 올림픽 스포츠인 태권도의 종주국이다. 일본은 검도, 유도, 아이키도를 발전시켰다. 중국은 소림권, 태극권, 당랑권을 비롯한 수십 가지 쿵푸의 총 본산지다. 무술은 살상과 격투의 수단에서 건강과 자기실현을 위한 운동이자 스포츠로 성장하였다. 대결과 생존의 기술 術에서 심신을 연단하는 기예 藝를 거쳐 깨우침에 이르는 큰길 道로 성숙해나가고 있다.

하는 무술의 세계만큼이나 읽는 무예의 세계도 흥미롭다. 이미 우리에게 친근한 무협지라는 소설 장르가 있다. 〈사조영웅전〉, 〈의천도룡기〉 등 무협소설의 지존으로 불리는 김용의 작품들은 드라마와 영화로도 널리 소개되었다. 정파와 사파의 대적을 근간으로 고수들이 펼치는 흥미진진한 무술대결의 파노라마를 보여준다.

무술의 역사를 소개해주는 책이 있다. 〈조선무사〉朝鮮武史 와 〈조선의 무와 전쟁〉은 조선시대 전쟁준비와 자기수련으로서의 무예를 자세히 알려주며, 무예가 중국이나 일본의 전유물이 아님을 확인시켜준다. 〈옛 그림에서 만난 우리 무예 풍속사〉는 서화를 중심으로 격검, 검무, 수박, 석전 등 우리 전통무술을 문화적으로 이해시켜주는 즐거운 책읽기도 가능하게 해준다.

무술의 최고 경지를 찾는 무예가들을 다룬 인물지 人物誌 가 있다. 〈고수를 찾아서〉는 무예의 정수를 발견하기 위해서 저자가 수십 년간 찾아가 만난 국내외 실존고수들의 철학을 들려준다. 〈조선의 협객 백동수〉는 조선의 무관이자 무예가였던 한 사람의 올곧은 생애를 생생히 보여준다. 〈무도의 전설과 신화〉는 서양인이 동양 삼국에 전해져 내려오는 무술과 무술가의 이야기를 모았다.

무도 수련 과정에 대한 개인적 체험과 성찰을 담은 에세이들이 있다. 〈노 검사가 말하는 검도와 인간의 도〉와 〈그 남자의 무술이야기〉는 무예가 자신을 발견하고 세계를 이해하게 돕는 통로가 될 수 있음을 노자, 장자, 반야심경 등 동양사상을 연결시켜 설명해준다. 〈검도하는 날의 단상〉과 〈칼과 그림자〉는 매일 매일의 검도수련 동안 느끼고 발견한 것들을 일기와 일기형식 소설로 아주 읽기 쉽게 전해준다.

그리고 무예의 정신과 철학이 깊이 있게 소개되어 오랫동안 무도의 고전으로 많은 이들에게 읽혀진 대표작들이 있다. 미야모토 무사시의 〈오륜서〉는 33전 무패의 전설적 실전무사의 무도철학이 담겨져 있다. 니토베 이나조의 〈무사도〉는 일본의 독특한 정신문화이자 윤리체계로서 무사도의 개념을 서양에 체계적으로 소개한 저서다. 오이겐 헤리겔의 〈활쏘기의 선〉도 무도의 정수를 맛볼 수 있는 고전이다. (독서신문 책&삶, 2014. 3)

준비에 실패하면
실패를 준비하는 것이다.

One Page Writing

한국은 스포츠가 한창이다. 수 많은 종류의 스포츠가 일 년 열두 달 한국인의 사랑을 받고 있다. 한국 스포츠는 한창인 만큼이나 막장이기도 하다. 작년과 올해 4대 프로종목에서 선수와 감독의 승부조작이 시즌별로 터졌고, 프로선수들의 음주, 폭행, 도박 등은 정기 뉴스로 등장하였다. 대학 감독과 코치들의 특기자 부정 입시 이슈는 일 년 주기로 재방송되고 있다.

시청률은 막장의 수위에 비례한다던가. 한국 스포츠는 그 어느 때보다도 인기를 누리고 있다. 사람들은 오로지 골인과 홈런, 3점 슛과 강스파이크에만 열광할 뿐이다. 한국 스포츠가 보여주는 탐진치 喰瞋癡의 부끄러운 모습에는 못 본 척 고개를 돌린다. 우승과 승률만이 중요할 뿐이다. 금메달을 따거나·신기록을 세우면 모든 것이 용납되어 버린다.

한국인이 이런 습성을 지니게 된 주된 이유는 올바른 스포츠, 제대로 된 스포츠의 본보기가 부족하기 때문이다. 이기는 것이 잘하는 것이고 좋은 것이며 올바른 것이라는 전례를 정치와 사회에서 너무나 많이 보아온 탓이다.

〈존 우든의 부드러운 것보다 강한 것은 없다〉는 지금 한국 스포츠에 필요한 하나의 전범적 지도자를 보여준다. 따라야 할 훌륭한 스포츠 철학과 지도방식의 멋진 사례를 소개한다. 스포츠에서의 성공, 나아가 인생에서의 성공에 대한 하나의 훌륭한 본보기를 보여준다.

열혈 농구팬들에게는 잘 알려진 존 우든은 미국 캘리포니아 UCLA대학의 전설적 농구감독이었다. 전무후무한 업적(전승 4시즌, 12년간 NCAA 우승 10회, 그중 7회 연속 우승 등)을 이루고 1975년 전성기에 명예롭게 은퇴한, "웨스트우드의 마법사"라고 불리던 이였다. 미국 최고의 스포츠전문방송국인 ESPN은 1999년 20세기를 마감하며 스포츠 전 종목을 망라해서 그를 "20세기 최고의 감독"으로 선정하기도 하였다.

이 책은 마치 〈논어〉 論語처럼, 자신의 농구철학들을 성장기의 스토리, 시합 사례, 선수 면담의 내용에 담아 간단한 경구들로 보여준다 ― "준비에 실패하는 것은 실패를 준비하는 것이다.", "자기 자신을 규율시키면 다른 사람을 규율시킬 필요가 없어진다", "명성보다는 인성에 더 많은 신경을 써라", "좋은 사람이 되는 것 자체가 바로 좋은 일을 하는 것이다."

1910년생으로 인디아나의 빈농 가정의 4형제 중 둘째로 태어난 존 우든은 농구장학금으로 대학에 진학하였고, 고등학교에서 영어를 가르치며 감독을 하다가 UCLA대학의 전임감독으로 부임하였다. 초기에는 평범하였으나 곧이어 자신만의 훈련 철학과 팀 운영 방식으로 UCLA를 농구명문으로 만들어놓는다. 1960년대와 70년대 카림 압둘 자바와 빌 월튼 같은 불세출의 농구선수들을 발굴하였으며 팀플레이어로서 키워놓았다. 존 우든은 2010년 100수를 누리고 세상을 떠났다.

평생을 아마추어 감독으로 살았던 그는, 무엇보다도 자신을 교육자로 생각하였다. 자신의 선수들은 제 일차적으로 학생이었고 선수는 그 다음이었다. 모두가 공부를 우선시 하도록 해서 농구를 마친 후에도 전문적인 직장생활을 할 수 있도록 지도하였다. 그에게 스포츠는 교사이며 체육관은 교실이었다.

존 우든은 자신이 이룩한 모든 것들의 밑바탕에는 1934년 스스로 규정한 성공에 대한 정의와 그것을 가시화시킨 "성공의 피라미드"가 있었다고 회고하였다. 우든의 정의에 의하면, 성공은 "마음의 평온이다. 이 마음의 평온은 자신이 될 수 있는 최고의 존재가 되기 위해서 최선을 다했다는 것을 스스로 앎으로써 갖는 자기만족감에서 직접적으로 생겨난다."

"성공의 피라미드"는 이러한 성공의 정의 그리고 근면, 우정, 충절, 협동, 열의를 토대로 하고, 그 위에 자제력, 민감성, 진취성, 의지력, 체력, 기능, 팀스피리트, 평정심, 자신감이 놓여져있으며, 최종적으로 이것들이 출중한 경쟁능력을 만들어내는 구조로 되어있다. 제작 후 80년이 지난 "성공의 피라미드"에 담겨진 핵심요소들은 오늘날에도 여전히 필요한 것들로 여겨지는 불변의 근본가치들이다. 성공에 대한 스포츠 감독 존 우든의 철학이 리더십 향상과 자기계발 분야의 새로운 주목을 받는 이유이기도 하다.

국내에서도 존 우든의 농구철학을 리더십과 연계해서 풀어낸 〈민첩하게, 그러나 서둘지는 마〉(2003), 〈우든의 리더십〉(2006), 〈인생코칭〉(2007), 〈리더라면 우든처럼〉(2011), 〈우든에게 배우는 리더십 개발방법〉(2011)이 연이어 출간되었다. 존 우든을 농구기술 훈련자가 아니라 일과 삶에서 지혜를 보여주는 리더로서의 면목에 주목한 읽는 스포츠 서적들이다.

가치관의 혼돈 속에서 갈팡질팡하며 순간의 선택만으로 살아가는 현대인에게 스포츠계의 명장들은 훌륭한 본보기가 될 수 있다. 올바른 운동 철학과 선수에 대한 사랑으로 팀을 이끌어가는 능력은, 조직 속에서 사는 우리 모두에게 긴요한 자질이라고 아니할 수 없다. 스포츠 감독은 훌륭한 리더의 빈곤에 허덕이는 우리 사회의 훌륭한 사표 師表가 될 수 있다. 나는 그 가운데에서도 존 우든을 최고로 추천한다. (서울스포츠, 2013. 8)

스포츠에서 선과 도를 찾다

One Page Writing

    스포츠의 세계는 기技의 세계다. 김연아의 트리플 액셀이나 박인비의 퍼팅 실력을 보라. 신기라고 아니할 수 없다. 그런데 역설적이게도, 한편에서는 현란하고 능란한 기의 스포츠에 열광하지만, 그럴수록 우리 마음의 다른 한편에서는 근원적이고 올바른 스포츠에 대한 상대적 동경도 커져만 간다. 기가 흥할수록 도道가 쇄하기 때문이다. 스포츠의 참된 정신을 멋있게 보여주는 도의 스포츠를 갈구한다. 기와 도가 하나로 된 스포츠를 희망한다.

    〈활쏘기의 선〉은 스포츠의 참된 도를 보여주는 최고의 읽는 스포츠 서적이다. 독일의 철학교수인 오이겐 헤리겔이 1920년대 일본에 머물며 6년간 일본 궁도 弓道를 배우면서 선의 정수를 터득해나가는 과정을 그린 체험기다. 1948년 독어판이 나왔는데, 영역본이 1953년 발간됨으로써 전 세계적인 베스트셀러가 되었다. 그 이후 60년간 이 책은 선에 관한 입문서로서, 그리고 스포츠의 도에 대한 안내서로서 맨 앞자리를 빼앗긴 적이 없다.

    동양 신비주의에 관심을 가진 헤리겔은 선 禪, zen의 본질을 깨닫고자 일본으로 간다. 깨우침을 몸소 체험하기 위하여 궁도를 수련하기로 한다. 헤리겔은 어렵게 아와 겐조 阿波研造라는 활쏘기 대가에게 사사를 받기 시작한다. "심혼을 담아서" 활시위를 당기는 데에만 일 년이 걸린다. 끊임없는 반복 훈련과 선문답같은 스승과의 대화를 이어가면서 서기, 당기기, 머물기, 놓기, 마무리의 단계를 완성하게 된다. 그 기간은 무려 6년!

> "그럼 어떻게 해야만 할까요?" 나는 조심스럽게 물었다.
> "올바로 기다리는 법을 배워야 합니다."
> "그것을 어떻게 배우죠?"
> "자신을 비워버림으로써 가능합니다. 조금의 망설임도 없이 자기 자신은 물론이고 자기가 지닌 모든 것을 놓아버려야 합니다. 남게 되는 것이라고는 아무런 목적이 담겨있지 않은 긴장뿐이어야 합니다."
> "그러니까, 무의식적이 되어야만 하는군요 — 의식적으로 말이죠?"

배움의 과정에서 헤리겔은 본인도 모르게 온몸과 마음으로 선의 체험들을 하게 된다. 호흡을 조절하는 것, 무심의 마음을 갖는 것, 현재에 집중하는 것, 무위의 상태에 놓이게 되는 것을 느끼게 된다. 그리고 가장 중요한 순간, 즉 활시위를 놓을 때에는 "내"가 아니라, 마치, "대나무 잎에 쌓인 눈이 스스로 떨어질 때처럼" "그것"이 그리 하는 것임을 깨닫게 된다. 이때 바로 "기예없는 기예"로서의 활쏘기, 즉 도의 활쏘기가 완성되는 것이다. "일사일생" 一射一生 one arrow, one life, 활 하나에 전 인생을 담아낼 수 있게 되는 것이다.

> 참된 진리를 얻어 진정한 자유를 얻는 것에 마음을 둔 사람은 기예 없는 기예로 향하는 길로 들어서야 한다. 그는 과감하게 모든 것의 바탕, 도의 근원 속으로 뛰어들 수 있는 용기가 있어야 한다. 그리하여 참된 진리에 따라 살며, 그곳에서 삶으로서, 그것과 하나가 되어야 한다. 그는 무엇으로도 깨트려버릴 수 없는 궁극의 진리를 대면하게 된다.

활에 관한 한 우리나라도 나름의 역사와 성취가 있다. 고구려 벽화에 드러난 맥궁의 모습을 보라. 중국은 우리를 동쪽 오랑캐,

즉 동이 東夷라고 불렸는데, 속뜻은 동쪽에 큰 활 大+弓을 쓰는 민족이라는 뜻이다. 고구려의 시조 고주몽이 그 대표적 예이지 않은가? 현대에 와서도 올림픽 경기에서 양궁선수들이 보여주듯 우리는 빼어난 활 실력을 자랑한다. 참으로 아쉬운 것은 활쏘기의 예와 법과 도를 널리 알려주는 고전이 없다는 점이다. 그나마 국궁의 깊은 철학과 방법을 소개해주는 〈활을 쏘다〉(2006)로 갈증을 달랠 뿐이다.

모든 스포츠는 도로 향하는 선 체험이 될 수 있다. 오래전 헤리겔은 궁도를 사례로 들어 그것을 보여주었다. 헤리겔 이후 스포츠 속에 담겨진 선의 특징을 찾아내고, 그것을 드러내고 활용하려는 시도들이 하나의 유행처럼 되었다. 여러 스포츠 가운데 골프는 〈젠 골프〉(2003), 〈초월의 길, 골프〉(2007), 〈골프에서 길을 묻다〉(2008)와 같이 대표 젠 스포츠라고 할 정도로 많은 주목을 받아왔다. 달리기 〈Zen and the Art of Running〉(2009), 농구 〈Hoops Zen〉(1993), 자동차경주 〈Buddha on the Backstretch〉(2009) 등도 있다.

소통없는 인간관계 속에서 자신을 찾기 위하여 참선과 절 체험같은 선불교적 방법이 인기를 얻고 있다. 스포츠의 활용은 단순히 스트레스를 날려버리고 근력과 지구력을 유지하는 데에 그치지 않는다. 스포츠의 어떤 차원에 주목하느냐에 따라 그것을 자기완성의 훌륭한 통로로 이용할 수 있다. 스포츠의 기적 차원을 넘어서, 스포츠의 도적 차원까지 도달할 수 있을 때, 그 사람이 행하는 스포츠는 바로 선이 된다. 올여름, 선과 도의 스포츠로 참나를 찾아보자! (서울스포츠, 2013. 9)

골프의 명심보감

One Page Writing

유명한 스포츠 작가인 조지 플림튼은 스포츠문학에 관한 한 가지 개인적인 이론을 펼친 적이 있다. 공이 작을수록 훌륭한 스포츠문학 작품이 많아진다는 것이다. 즉, 훌륭한 작품은 농구보다는 야구에, 야구보다는 골프에 넘쳐나며, 축구나 미식축구는 이들 종목에 비해서 적다는 말이다. 그는 이 주장을 "작은 공 이론" Small Ball Theory 이라고 불렀다. 그래서인지 골프는 스포츠문학(문헌)의 숲 속에서 가장 커다란 군락을 이루어냈다.

현대 골프서적의 새로운 고전이 되다

14세기경에 처음 시작되었다고 추정되는 골프는 현대의 다른 스포츠들과는 달리 비교적 오랜 역사를 지니고 있다. 남녀노소의 구분 없이 많은 이들이 참여하고 세계 각국에서 골고루 사랑받을 수 있음으로써 골프는 수많은 이야기들을 낳았다. 그 이야기들은 풍부한 글 소재가 되어서 골프를 내용으로 하는 다양한 문헌들이 태어나게 하였다.

골프 문헌에는 이미 고전이라고 불릴 만한 서적들이 여러 권 있다. 바비 존스의 〈골프론〉, 벤 호건의 〈모던 골프〉, 아놀드 파머의 〈마이 게임 앤 유어스〉, 그리고 마이클 머피의 〈킹덤에서의 골프〉가 대표적이라고 할 수 있다. 가장 최근 들어 고전의 반열에 올려진 문헌으로는 1992년 출간된 〈하비 페닉의 리틀 레드 북〉이 있다. 이 책은 현재 골프관련 서적 가운데 가장 많이 팔린 책으로 기록되어있다.

하비 페닉은 대중에게 드러나지 않고 언론에 떠들썩하게 노출되지 않은 채 조용히 유명한 프로골프선수들을 자신만의 방식으로 지도하던 텍사스의 골프선생이었다(그는 스스로 티칭 프로보다는 선생이란 표현을 선호했다). 1904년 미국 텍사스주 오스틴시에서 태어나 1995년에 세상을 떠났다. 1931년부터 1963년까지 텍사스 대학의 골프감독을 역임하였는데, 이 때 나중에 유명한 프로 골퍼가 된 톰 카이트, 벤 크렌쇼, 그리고 벳시 롤스 등을 가르쳤다.

〈리틀 레드북〉이란 책명은 그가 60년 동안 지니고 다니면서 생각날 때마다 골프의 지혜를 적어둔 빨간 겉장의 작은 노트북에서 힌트를 얻었다고 한다. 그는 자기 아들에게만 보여주었던 이 노트를 세상에 공개할 생각이 전혀 없었으나, 사람들에게 점차 소문이 나면서 나누어주기를 원하는 이들이 너무 많아져 출판까지 하게 되었다고 고백하였다.

독자는 혹시 〈채근담〉 菜根談 이나 〈명심보감〉 明心寶鑑 을 읽어보셨는지? 삶을 살아나가는 데 있어서 순금처럼 반짝이는 지혜들을 모아 놓은 명구선집들이다. 학식있는 이들을 위한 〈심경〉 心經 이나 〈근사록〉 近思錄 과는 달리, 훨씬 쉬운 표현과 가슴을 울리는 비유로 일반인들에게 널리 읽히는 동양의 고전들이다. 〈리틀 레드북〉은 바로 골프의 채근담이자 명심보감과 같은 위치에 있다고 할 수 있다. 그만큼 어렵지 않고 친근하게 골프의 정수를 깨달을 수 있도록 해준다.

- 레슨은 연습을 대신하기 위한 것이 아니라 연습한 진가가 나타나도록 하기 위한 것이다.
- 나쁜 그립은 좋은 스윙을 포기한다는 뜻이다.
- 골프는 항상 홀 컵에서부터 배우기 시작하여 티를 향해 후진을 하며 나아가야 한다.
- 퍼팅을 잘하는 사람은 누구와도 겨룰 수 있지만, 퍼팅을 못하는 사람은 절대 남을 이길 수 없다. 숲속에는 드라이버 장타 공들이 발에 차일 정도로 널려있음을 명심하자.

물론, 보기에 따라서는 흔하게 들을 수 있는 조언이나 금언에 불과할 수도 있다. 하지만, 이것이 골프를 70여 년간 해오고 가르쳐본 달인의 손을 거쳐 표현되면 그만한 무게감이 실리는 것이다. 더욱이, 각각의 지침에 흥미로운 실제 사례와 삶에 연결되는 비유가 함께 덧붙여질 때에 그 신뢰감은 몇 배로 증폭되는 것이다.

내용과 문체의 두 마리 토끼를 잡다

그 수를 셀 수 없을 만큼 많은 골프 서적 가운데, 〈리틀 레드북〉이 20년이 지난 지금까지도 많은 사람들의 사랑을 받는 이유는 두 가지라고 생각한다. 첫째, 이 책 속에 제시된 골프의 기술적 요령들이 실제로 티와 페어웨이와 그린에서도 효과적이기 때문이다. 둘째, 그 요령들이 따뜻하고 진솔한 방식으로, 특히 저자의 인간미와 원숙미가 물씬 풍겨나는 방식으로 기술되었기 때문이다. 이 책은 훌륭한 책의 두 요소인 내용과 문체를 모두 충족시키고 있는 것이다. 골프서적, 아니 어떤 스포츠서적도 이런 장점을 구비한 경우는 그리 많지 않다.

필드의 바다에서 골프와 인생에 대해 하비 페닉이 건져 올린 주옥같은 지혜들은 곧바로 〈골프를 한다면 당신은 내 친구〉(1993)와 〈여성을 위한 골프 레슨 110〉(1995)에서 좀 더 자세히 소개되었다. 이후에도 2권 더 출간되었지만, 모두 첫 번째 책만 한 성공을 거두지 못했다.

골프는 신사의 게임이요 품격의 스포츠라고 한다. 그런데, 필드에 나가보면 사정은 그렇지 못하다. 〈리틀 레드북〉은 골프의 기법적 차원과 심법적 차원을 하나로 잘 융합시켜 드러낸 읽는 스포츠의 전범이라고 할 만하다. 독서의 계절인 이 가을, 소파 옆에 두고 틈틈이 읽으면서 골프의 참맛을 되새기며 신사와 숙녀의 품격을 되살리기에 적합한 훌륭한 소품이다. (서울스포츠, 2013. 10)

달리기와 존재하기

One Page Writing

퀴즈 하나. 가을에 가장 어울리는 신체활동은 무엇일까? 파릇파릇한 하늘과 울긋불긋한 단풍 아래서 길 위를 내달리는 마라톤일 것이다. 퀴즈 둘. 가을에 가장 알맞은 정신활동은 무엇일까? 길 위에 낙엽이 휘날리는 이 사색의 계절은 사람들을 생각에 빠지도록 한다. 우리는 모두 철학자가 된다.

달리면서 철학하다

달리기와 철학하기. 가을에 적합하다는 것 이외에, 이 둘의 공통점이 한 가지 더 있다. 둘 다 인간의 기본적인 활동이라는 것이다. 사람은 어느 누구라도 뜀뛰기와 생각하기를 하지 않을 수 없다. 공통점은 여기가 끝이다. 이후에는 온통 다른 점투성이다. 전자는 움직이면서, 후자는 멈춰서 하는 일이다. 전자는 몸으로, 후자는 머리로 하는 일이다.

그런데, 달리기가 철학하기가 될 수 있음을 가장 명료하게 알려준 이가 있다. 러너들의 스승으로 불리운 조지 쉬언(1918~1993) 박사다. 러닝 붐이 일던 1970년대 전 세계의 달리기 마니아들에게 달리기 철학자로 추앙받던 전문의다. 단순한 뜀박질이 자기성찰을 위한 운동으로 승격되고, 생리적인 활동에 불과한 달리기가 존재론적 체험으로 승화될 수 있음을 깨닫도록 해준 본격적인 달리기 에세이스트다.

조지 쉬언은 사람이 달릴 때 독창적이고 진지하게 생각할 수 있음을 확인시켜 주었다. 달리기는 복잡한 기술이나 전술의 능란한 발휘가 필요하지 않은 자연적인 신체활동만으로 움직이면서 내면에 더욱 몰입할 수 있는 독특한 운동이다. 달리는 행위와 낱낱의 동작들을 걱정하지 않고 마음속에서 생각을 진전시킬 수 있는 최고의 스포츠다. 단순한 달리기 체험을 풍부한 인문적 교양으로 풀이해내는 그의 글은 평범한 러너가 발견할 수 없는 삶의 지혜로 가득하다.

그의 책 중에서 가장 유명한 〈달리기와 존재하기〉는 30여년이 넘도록 사랑받고 있다. 삶에 대한 깊고 진실한 성찰을 달리기를 하면서, 달리기를 통해서, 그리고 달리기에 빗대어 건져내는 그의 통찰력과 문장력에 필적할 만한 저작은 세월이 흘러도 찾기 어렵다. 헤밍웨이의 그것보다도 더 짧은 그의 독특한 문장 스타일은 묵직하게 다가와 읽는 이의 가슴에 깊은 울림을 던진다. 무뚝뚝한 경상도 사나이의 말투 같지만, 그만큼 진실함이 느껴진다.

달리기를 인문화하다

1970년대 미국은 삶의 질과 건강에 대한 관심이 높아지고 그것을 객관적이고 과학적으로 실현하고 실천하려는 분위기가 팽배해진 시기다. 달리기는 운동의 과학화가 가장 먼저, 가장 효과적으로 진행된 스포츠다. 트레이닝을 어떻게 해야 하며 왜 그렇게 해야 하는지, 음식은 무엇을 어떻게 섭취해야 하는지 생리학적, 영양학적 자료를 활용해서 최적의 신체 상태에서 최상의 운동효과를 올리는 데에 이용하였다.

그런데, 쉬언은 달리기가 영양조절과 연습횟수와 시간단축에 관한 것만이 아니라는 사실을 일깨워주었다. 달리기는 사람이 자기 존재성을 확인할 수 있는 최고의 운동이다. 그의 책 부제가 "총체적 체험" the total experience 이라고 되어있는 것은 이런 이유에서다. 달리기는 한 개인이 스스로 자기 존재를 확인하고 의미있게 만드는 중요한 체험이라는 것이다. 그리고 그는 철학, 문학, 예술, 종교, 역사 등 인문적 지식을 활용해서 달리기가 총체적 체험임을 여실히 보여준다.

> - 영혼의 목소리를 들으려고 할 때 달리기보다 더 좋은 방법을 알지 못한다. 몸이 영혼이 되고 영혼이 몸이 되기 때문에 달리기는 총체적 체험이 된다. 달리기는 예술이자, 예술 그 이상이다. 달리기는 다른 어떤 예술보다 더 심오한 사상과 관념을 제공한다.
> - 달리기가 끝나갈 즈음이면 명상은 관조로 바뀐다. 조금 전까지는 삼라만상의 의미가 무엇인지 따져보려고 했지만, 이제는 모든 것이 성스럽다는 사실을 깨닫게 된다. 내가 달리는 길은 말 그대로 성소 聖所가 되고 사원이 된다.

스포츠과학자들이 달리기를 과학화했다면, 조지 쉬언은 달리기를 인문화시켰다고 말할 수 있다. 그는 달리기 체험 안에 들어있는 다양한 의미들을 일반인들에게 친숙한 시와 소설, 음악과 미술, 기독교와 선과 실존주의와 역사적 사건들에 연계시켜 풀어냈다. 러너의 육체적, 심리적 건강이 아니라, 러너의 내면적, 영적 각성을 자극해주었다. 달리는 이로 하여금 자기 존재의 의미와 가치의 자각을 촉진시켰다. 그래서 〈달리기와 존재하기〉는 지금까지 달리기 철학의 바이블로 여겨지고 있다.

조지 쉬언 박사는 이밖에도 〈Dr. Sheehan on Running〉(1975), 〈This Running Life〉(1980), 〈George Sheehan on Running to Win : How to Achieve the Physical, Mental & Spiritual Victories of Running〉(1992) 등의 저술로도 사랑을 받았으며, 전립선암에 맞서 달리기를 계속하다 독자들의 곁을 떠났다. 그의 문장에 영감을 받고

위안을 얻은 많은 팬들은 1994년 〈쉬언 재단〉 georgesheehan.com 을 만들고 〈조지 쉬언 클래식〉이라는 마라톤 대회를 20회째 열고 있다. 그는 떠난 지 오래지만 그가 남긴 명문들은 여전히 러너의 세계에서 끝없이 인용되고 회자되면서 우리와 함께 있다. (서울스포츠, 2013. 11)

야구에 담아낸
아담의 실낙원 이야기

One Page Writing

최근 여의도 국회에는 4대강 사업이 문제고, 한반도 체육계에는 4대 프로스포츠가 문제다. 지난 2년간 축구, 야구, 농구, 배구에서 모두 승부조작이 발견되었고 관련자들은 처벌을 받았다. 인터넷에서는 스포츠도박이 만연해 있고 3대 경주스포츠(경마, 경정, 경륜)장에서는 한탕주의에 사로잡힌 배팅이 끊이질 않는다. 승부조작과 불법도박의 커다란 폭발음이 들릴 때마다 인간의 끝없는 탐욕과 어리석음에 망연자실 고개를 떨어뜨리게 된다.

야구천재와 스포츠 비극의 탄생

〈로미오와 줄리엣〉이나 〈햄릿〉이 고전명작의 반열에 오른 이유가 무엇일까? 무엇보다도 그것이 비극적으로 막을 내렸기 때문이다. 해피엔딩 보다는 새드엔딩이 훨씬 더 여운을 남기고, 이루어진 사랑보다 이루지 못한 사랑의 추억이 보다 더 애달픈 법이다. 보다 사실적이며 삶의 진실에 더 가깝기 때문이다. 로미오와 줄리엣이 결혼해서 아이들 낳고 행복하게 잘 살았다면 어떠했겠는가?

로이 홉스. 스포츠 소설의 주인공 가운데 가장 유명한 이름이다. 시골뜨기 투수로 꽃도 피우기 전에 불운의 총격으로 흔적 없이 사라져간 야구천재다. 십 수 년이 지난 후 새로운 기회를 되찾아내려는 그 순간, 또 다른 잘못된 선택으로 다시 나락으로 떨어지는 비운의 사나이다. 로이 홉스가 등장하는 버나드 맬러머드의 장편소설 〈내추럴〉은 미국 스포츠 소설 역사상 문학적으로는 물론 상업적으로도 가장 성공한 작품들 가운데 하나다.

열아홉 살 먹은 촌구석의 한 청년이 우연히 스카우터 샘의 눈에 띠어 시카고로 입단 테스트를 보러간다. 열차에서 당시 최고의 타자로 명성을 날리던 왜머를 만난다. 주변의 부추김에 즉석 대결을 하게 되고 왜머를 보기 좋게 삼진 아웃 시켜버린다. 이 때 정체모를 여자 헤리엇에게 유혹을 받고 이 여인의 호텔 방문을 여는 순간 로이는 복부에 총격을 받고 쓰러진다.

그렇게 사라진 로이는 누구의 주목도 받지 못하고 마이너리그를 전전한다. 16년이 지난 후 메이저리그 꼴찌팀 나이츠에 타자로 입단한 그에게 마지막 기회가 주어진다. 주전 타자 범프가 사고로 운명하자 구단주 팝은 로이를 내세우고, 로이는 팀을 우승으로 이끄는 견인차 역할을 해낸다. 그런데 로이는 자신의 오랜 슬럼프를 벗어나도록 해준 아이리스에게 마음을 붙이지 못하고, 팜므 파탈적 매력을 지닌 메모의 주위를 맴돈다. 결국, 메모를 앞세워 돈을 미끼로 승부조작을 제의하는 공동구단주 판사의 꾐에 넘어가게 된다.

하지만 로이는 시합당일 제정신을 차리고 이기기 위해서 최선을 다 한다. 그러나 그의 야구방망이 "원더 보이"는 힘을 잃고 승부는 미리 계획한 데로 패배로 끝난다. 이 일이 신문기자 맥스의 추적 기사를 통해 백일하에 드러나게 된다. 로이는 사건의 주동자 중 한명으로 몰리고 영구히 야구계에서 제명당한다. 하늘로부터 주어진 기회를 두 번이나 날려버리고 스스로 인생을 망쳐버린 것이다. 그리고는 처절하게 후회한다.

타워 계단을 내려오면서 그는 극도의 자기혐오와 싸웠다. 매번 코를 찌르는 자기혐오의 물결이 밀려올 때마다 그는 살면서 겪었던 몇 가지 일을 기억해냈다. 그는 이렇게 생각했다. "나는 과거 내 삶으로부터 배운 게 하나도 없기에 이제 또 다시 고통을 받을 수밖에 없어."……. 로이는 신문을 소년에게 돌려주었다. "이거 진짜 아니죠. 그렇죠 로이?" 로이는 소년의 눈을 들여다보면서 사실이 아니라고 말하고 싶었지만, 그럴 수 없었다. 그는 고개를 떨구고 두 손으로 얼굴을 감싸 쥐었다. 손가락 사이로 뜨거운 눈물이 쏟아져 내렸다.

인간은 실패할 수밖에 없는 존재

"내추럴" the natural 은 "타고난 천재"라는 뜻이다. 로이는 신의 선택을 받은 내추럴이었으나 헛된 욕망에 사로잡혀 스스로의 운명을 바닥으로 추락시켰다. 뱀의 유혹에 이끌린 죄의 대가로 에덴동산에서 추방된 아담처럼, 그는 자신의 낙원인 야구장으로부터 영원히 쫓겨나버렸다. 태초 이래 인간은 치명적 실수를 무한 반복하는 어리석음을 벗어나지 못하는 존재이다. 로이는 그러한 인간의 우둔함을 야구선수의 모습으로 극명히 보여준다.

〈내추럴〉은 스포츠 소설로서 작품성과 상업성을 동시에 인정받은 대표작품 가운데 하나다. 이 소설은 출간되자마자 1950년대 아메리칸 드림으로 대변되었던 성공적인 미국적 삶의 그늘을 잘 드러냈다는 평을 받았다. 미국인들이 가장 좋아하는 야구와 야구선수를 소설의 배경과 주인공으로 삼아 흥미로운 전개를 통해 그들의 관심과 사랑을 단번에 얻어냈다. 맬러머드는 데뷔작으로 미국 현대 소설의 주요 작가로 우뚝 선다. 이후 〈The Assistant〉, 〈The Fixer〉, 〈The Tenants〉 등을 포함 총 8권의 장편을 내놓았다.

잠잠하면 터지고, 잊을만하면 또 터지는 승부조작과 불법도박 뉴스를 볼 때마다 〈내추럴〉과 로이 홉스가 떠오르는 것은 우연이 아니다. 아마추어와 프로 스포츠를 막론하고 스포츠맨십과 페어플레이 정신이 사라져만 가는 우리 한국 스포츠의 현실에서 반면교사로 삼을만한 소설이며 인물이다. (서울스포츠, 2013. 12)

세상에서 가장 치명적인 매혹

One Page Writing

사람이 하는 가장 이해 못할 행위 가운데 하나를 뽑으라면 고산등반을 들겠다. 숨도 쉬기 어려운 수천 미터 높이의 고지대를 오로지 정상을 밟겠다는 목표 하나 만으로 오르는 의지. 채 10분도 서있지 않을 곳을 죽음까지 불사하면서 몇날 며칠을 걸려 다다르는 행위. 한라산 백록담에 가 본 것이 최고 등산인 나로서는 이해되지 않는 무모함이다. 동시에 감히 견줄 수 없는 경외스러움이기도 하다.

손에 땀을 쥐게 하는 조난 스토리

책읽기의 가장 큰 즐거움과 이로움은 간접체험이다. 내가 해 보지 못한 생각과 경험을 지은이의 글쓰기를 통해서 맛보는 것이다. 일반인이 평생 겪기 어려운 극한상황의 체험을 기록한 글일수록 그 전이력은 더욱 커진다. 조난이야기가 바로 그런 종류의 글이다. 망망대해에서 조그만 요트에 의지해 거대한 폭풍에 맞서 싸우는 상황이나, 히말라야 산속에서 세찬 눈보라와 극심한 추위를 견뎌내는 상황은 극한 상황의 체험을 마치 내가 겪는 것처럼 전달한다. 실제로 벌어진 일을 묘사한 것은 물론, 상상으로 지어낸 이야기마저 우리의 몸과 마음, 그리고 영혼을 송두리째 전율로 감싸 안는다. 그 감동은 우리의 정서와 기억에 지워지지 않는 자국을 남긴다.

등반 조난기는 많은 독자를 확보하고 있는 장르다. 전쟁이나 생존이 아닌 스포츠로서의 등반이 시작된 지난 이 백여 년 동안 세계의 지붕과 처마에서 벌어진 조난이야기들이 책으로 소개되어 왔다. 높은 산을 찾는 전문적 등반 인구가 폭증하면서 산에 관한 이야기를 읽고 싶어 하는 독자층도 무척 두터워졌다. 물론, 조난 상황이 아닌 성공적인 고산등반의 험난한 과정을 그린 산악저작물들도 있다. 그러나 우리에게 깊은 느낌과 울림을 전달해주는 산서 山書는 극한의 사고를 어떻게 헤쳐나갔는지 보여줌으로써 그 감동을 극대화한다.

〈희박한 공기 속으로〉는 근자에 발간된 조난 산서 가운데에서도 주목을 받은 책이다. 상업적으로 활동하는 전문가이드의 안내를 받아 에베레스트 the Big E에 오르는 등반대의 등정과 조난을 매우 현실적이면서도 긴장감 가득하게 회상하여 들려준다. 함께 정상에 오른 다섯 명 가운데 네 명이 사망하고 한 사람만 살아남은 최악의 등반사고를 실제 당사자로서 리얼하게 그려낸다.

〈아웃사이더〉 잡지의 외부취재기고자였던 존 크라카우어는 에베레스트 등산의 상업화를 탐사보도하기 위하여 등반대에 합류한다. 뉴질랜드 출신의 유명한 산악인 로브 홀이 운영하는 "어드벤처 탐사대"에는 에베레스트의 정상을 밟기 위해 1인당 65,000달러를 지불한 여덟 명의 고객들이 있었다. 아마추어라고 부르기 어려울 정도로 각자는 화려한 고산등반 경력을 지니고 있었다. 서넛은 이미 에베레스트를 등반한 경험도 있는 터였다. 다만, 정상에만 오르지 못했을 뿐이었다. 안내대장 로브 홀은 보조가이드와 함께 이들을 이끌고 정상으로 향하였다. 크라카우어는 자기 인생의 최고 열망 중 하나였던 산에 오른다는 기쁨도 잠시, "에베레스트를 오르는 일은 가장 먼저 고통을 참아내는 일이라는 사실을 곧바로 깨닫게 되었음"을 고백한다.

정상에 오른 희열도 잠깐, 등반대는 곧바로 하산의 두려움에 사로잡히게 된다. "충분한 의지만 있다면 어떤 멍청이라도 이 산을 오를 수 있지. 하지만, 문제는 살아서 내려오는 거야"라는 대장을 말을 상기하면서 산과 사투를 벌인다. 등반인원의 과밀에 따른 시간 지연, 예측불가한 급작스러운 날씨 변화, 지친 몸, 산소 부족과 두려움으로 인한 판단 실수 등 모든 잘못된 상황들이 하나둘씩 쌓여가면서 최악의 순간이 닥쳐온다. 손님 가운데 세 명이 정상등정에 성공하였으나 하산 도중 둘이 죽고, 두 명의 가이드도 모두 사망한다. 크라카우어는 천신만고 끝에 기적적으로 생환에 성공한다. 그리고 이 놀라운 생사의 스토리를 독자들에게 전달하게 된다.

등산 강국 한국에도 절실한 산악문학

자연탐험을 전문으로 하는 저술가인 존 크라카우어는 〈희박한 공기 속으로〉 이전부터 이미 이 분야에서 남다른 명성을 떨치고 있었다. 바로 전 해 인위적인 것을 버리고 야생의 자연 속에서 생을 마감한 한 도시 젊은이의 미스터리한 삶을 자세히 쫓아 쓴 〈Into the Wild〉라는 책으로 세상을 감동시키기도 하였다. 이후 히말라야의 악몽을 떨치고 일어나 〈Where Men Win Glory : The Odyssey of Pat Tillman〉(2009), 〈Eiger Dreams : Ventures Among Men and Mountains〉(2009), 〈Three Cups of Deceit〉(2011) 등의 책을 통해 다시금 세상 사람들에게 자연의 위대함과 가차 없음을 생생하게 알려주고 있다.

우리나라는 등산 강국이다. 적은 인구수에 비해 엄홍길, 허영호, 박영석, 한왕용, 김창호, 오은선 등 히말라야 14좌 등정과 극지탐험 등을 이룬 최고의 산악인이 많다. 그러나 산악문학은 그 수준에 미치지 못하고 있다. 등반가들의 저술과 외국 문헌의 번역도 꾸준히 이루어지고 있지만 일반인들에게까지 널리 읽히는 흥미롭고 수준 높은 작품은 드문 실정이다. 이들이 겪었던 생사를 넘나들고 자연과 하나 되는 놀라운 사건들은 당사자의 기억 속에만 저장해 두기에는 너무 아까운 희유체험 稀有體驗 이다. 일상인들과 함께 나눌 수 있는 기회가 절실하다. 우리나라의 산악문학도 등반 성과만큼이나 높은 수준으로 성숙되기를 바라는 마음 간절하다.

(서울스포츠, 2014. 1)

높이 10m, 시속 60km,
시간 1.4초짜리 성장통

One Page Writing

시간여행을 할 수 있는 기회가 주어진다면, 나는 한 치의 망설임도 없이 십대로 갈 것이다. 어리숙함과 꾀죄죄함이 가득했지만, 별이 빛나는 밤과 야구와 이소룡으로 한없이 행복했던 중고등학교 시절로 지체 없이 출발 버튼을 누를 것이다. 감성이 넘쳐흐르고 호기심과 호르몬이 그치지 않던, 하지만 가장 어설프고 갑갑하고 불안했던 어렸을 적, 그 때로 당장 되돌아갈 것이다.

회귀본능을 불러일으키는 청소년 소설

회귀본능이란 물고기와 철새에게만 있는 것이 아니다. 사람에게도 과거로의 회귀성향이 본능화 되어있다. 복고본능 復古本能 이라고나 할까? 그리고 돌아가고픈 그 때는 청소년시기일 경우가 많다. 최근 〈응답하라〉시리즈와 〈써니〉처럼, 그리고 1980, 90년대의 학창시절을 배경으로 한 영화들이 폭발적 인기를 얻은 이유도 바로 이것이다.

돌이켜보면 십대야말로 우리 삶에서 가장 아름다웠던 시절이다. 그런데 말만큼 그리 보내지 못한 연유로 그 순간순간을 다시금 살아내며 만끽하기 위해서 꼭 돌아가고 싶은 것이다. 〈다이브〉는 그같은 청소년 시절의 삶을 다이빙이라는 흥미로운 글감을 통해서 새콤달콤하게 맛보게 한다. 마치 독자인 내가 주인공 도모키가 되어 애벌레에서 고치를 거쳐 나비가 되는 것처럼 자기 생애 최고의 순간을 살아내는 것같이 느끼도록 해준다.

이 책은 스포츠를 소재로 한 청소년 소설 가운데서도 매우 독특한 위치를 차지한다. 일본 최고의 문학상인 나오키상을 수상한 (놀랍게도 다이빙 경험이 하나도 없을 뿐만 아니라 중년의 아줌마인) 에토 모리는 이 책으로 소학관 아동출판문학상까지 받았다. 5권짜리 인기 만화로는 물론이고, 청춘 아이돌인 꽃미남 하야시 켄토가 주인공으로 등장하는 영화로도 제작되어 주목할 만한 문화 현상을 창조해내기까지 한 작품이다.

소설은 미즈키사가 지원하는 미즈키 다이빙 클럽 MDC이 주된 배경이다. 대표선수 요이치를 제외한 대다수의 선수들이 좋은 성적을 거두지 못하자, 회사는 경영 악화를 이유로 클럽을 폐쇄하려 한다. 이때 여자코치인 아사키 가요코가 새로 영입되고 다듬지 않은 원석인 시부키를 합류시킨다. 그리고 막 다이빙을 시작한 "다이아몬드 눈동자" 도모키의 숨은 재능을 발견한다. 숨 막히는 선발대회를 거쳐 이들은 모두 올림픽에 출전하게 되며 클럽은 유지된다. 〈다이브〉는 이 세 명의 주인공과 친구들이 콘크리트 드래곤(다이빙대) 위에서 펼쳐내는 우정과 경쟁과 사랑의 흥미진진한 스포츠 드라마다.

높이 10미터, 시속 60킬로미터, 공중에 떠있는 시간 1.4초. 10m는 인간의 두려움이 극대화되는 높이라고 한다. 다이빙은 그 두려움의 정점에서 홀로 어려운 기술을 수행해내야만 하는 스포츠다. 어린 중학생 또는 고등학생에게 그 두려움은 최대로 증폭된다. 높은 다이빙대는 십대들이 당면해야 하는 힘든 현실의 은유다. 마음 가득한 두려움을 스스로의 힘으로 억누르고 눈앞에 놓인 힘든 과제를 해내야 한다. 그래서 스스로를 "다이빙을 계속하는 자, 그만두는 자, 계속하면서 새로운 것에 도전하는 자"의 어느 하나에 세워놓아야 하는 것이다.

〈다이브〉는 다이빙 문외한인 독자로 하여금 파이크, 트위스트, 리버스 기술과 시합방식과 채점방법들에 대해서 손쉬운 이해를 가능토록 해준다. 김연아로 인해서 우리 국민 모두 피겨 스케이팅 전문가가 된 것처럼 말이다. 특히, 마지막 올림픽 대표 선발전에서의 자세, 기술, 채점을 포함한 시합묘사는 손에 땀을 쥐게 하면서 실제로 시합장에 앉아있는 듯한 긴박감과 현장감을 느끼도록 해준다.

스포츠로 치유하는 청소년기 성장통

십대는 모순의 시기다. 한편으로는 많은 가능성을 품고 싹을 틔우지만, 다른 한편으로는 구속되고 억압받으며 지낼 수밖에 없는 시절이다. 그러니 아플 수밖에 없다. 성장통 成長痛 은 피할 수 없다. 스포츠는 그 통증을 완화시켜준다. 때론 완전히 치유해주기도 한다.

요즘 우리의 학교에는 스포츠가 만발이다. 체육수업 시간도 늘어나고 스포츠클럽 대회도 활발하다. 방과후엔 운동 프로그램이 인기 있고 토요일엔 토요스포츠데이가 운영된다. 학교폭력, 왕따, 우울증, 자살에 대처하기 위한 해결책이다. 더불어 청소년 읽는 스포츠가 특별히 도움이 된다. 등장인물들과의 동일시와 비교를 통해서 자신의 본모습과 이상을 찾아나가는 안내 역할을 해줄 수 있기 때문이다.

〈다이브〉와 함께, 최근 일본 청소년 스포츠소설의 삼부작이라고 할 만한 작품들도 있다. 〈한순간 바람이 되어라〉와 〈배터리〉다. 고등학교 400m 이어달리기와 중학교 야구를 각각 소재로 하였다. 모두 일본의 유명 문학상을 수상한, 문학적으로 뛰어남을 인정받은 작품들이다. 우리 세대 역시 그때 이런 스포츠소설이 있었다면 질풍노도의 사춘기에 많은 위로와 위안이 되었을 것이다. 지천명도 지난 요즈음 복고본능이 더욱 세차게 고개를 드는 것은 이 책들을 읽었기 때문일까? (서울스포츠, 2014. 2)

농구코트를 군림한 반지의 제왕

One Page Writing

하나면 족한 반지가 있다. 결혼반지다. 반면에 많을수록 좋은 반지가 있다. 돌반지다. 스포츠팀의 우승반지도 그렇다. 다다익선. 미국 프로스포츠에서는 월드시리즈, NBA 챔피언결정전, 또는 슈퍼볼 우승팀 선수들에게 수여된다. 최고의 팀들이 맞부딪치는지라 평생에 한 번 갖기도 어려운 것이 현실이다. 그런데, 그것을 11개씩이나 지니고 있는 반지의 제왕이 있다. NBA에서 시카고 불스를 6회, LA 레이커스를 5회 우승시킨 필 잭슨 감독이다.

스포츠 명장의 본보기를 세워놓다

필 잭슨은 농구계에서는 설명이 필요없는 존재다. 1967년 뉴욕 닉스에서 시작하여 1980년 뉴저지 넷츠에서 프로선수 생활을 마무리했다. 1983년 코칭에 발을 들여놓으며 1989~1998년 동안 시카고 불스에서, 2000~2011년(2004~2005년 시즌 제외)까지 LA 레이커스에서 감독생활을 보냈다. 뉴욕 닉스 선수시절에 건진 우승 반지가 2개 더 있으니, 사실 그의 반지는 총 13개다.

감독으로서 그는 기록의 사나이다. NBA 역대 최다 우승 감독이며, 한 팀을 5회 이상 우승시킨 감독도 보스턴 셀틱스의 레드 아워백을 제외하곤 유일하다. 감독으로서 20시즌을 보냈는데, 1155승 485패의 승률 70.4 퍼센트로 역대 최고 승률을 기록했다. 특히 단 한 번도 플레이오프 진출에 실패한 적이 없었고, 플레이오프에서도 229승 104패로 승률 68.8 퍼센트의 최고 기록을 가지고 있다.

경기한 시합의 3분의 2 이상을 이긴 것이다. 한 마디로, 이기는 법을 아는 사람인 것이다. 프로농구 중에서는 견줄만한 감독이 없고, 아마추어로 눈길을 돌려도 존 우든 감독 이외에는 상대가 될 만큼의 기록을 지닌 이가 보이지 않는다. 이런 기록은 다른 프로 종목에서도 거의 찾아보기 힘들다. 가히 프로농구감독의 제왕을 넘어서 스포츠감독의 황제라고 부를 수 있을 정도다.

〈일레븐 링즈〉는 1945년생으로 이제 고희를 맞은 필 잭슨감독의 회고록이다. 주로 감독으로서의 경력에 초점을 맞춘 한 스포츠인의 회고담이다. 그는 어린 시절과 학창시절을 짧게 들려준다. 대학과 프로선수시절의 이야기도 길게 하지 않는다. 어떻게 코치로 데뷔하였으며 22년간 두 개의 최고팀을 이끄는 감독생활을 보냈는지를 자세하게 알려준다. 그러면서, 스코티 피핀, 마이클 조던, 샤킬 오닐, 코비 브라이언트, 데니스 로드맨 등 당대 최고의 선수들과 함께 어떻게 11개의 절대반지를 얻게 되었는지를 생생하게 보여준다.

"젠 마스터"의 농구철학을 들려주다

우승 횟수와 승률만 있었다면 필 잭슨도 여느 유명 감독들과 다른 점이 없었을 것이다. 하지만, 필 잭슨은 독특한 철학으로 자기만의 감독세계를 구축한 이다. 인디언 부족이 있는 노스 다코타 출신이며 목회자를 부모로 둔 덕택에 어려서부터 종교적이며 초월적인 사고방식에 익숙해져있었다. 1960년대 대학 시절에 철학과 심리학에 심취하게 되었고 인간의 내면세계와 자기성찰에 대한 믿음을 갖게 된다. 그리고 불교와 노장사상에 대한 관심을 꾸준히 유지하면서 마초적이고 서양식 합리주의에 물든 백인남성의 전형적 모습에서 벗어날 수 있게 된다.

잘 알려진 그의 별명은 "젠 마스터" zen master 禪師 다. 최고기량을 지닌 자존심 강하고 톡톡 튀는 선수들을 하나로 뭉쳐내어 조화롭게 이끌어 최선의 결과를 만들어낸 리더다. 그는 이 일을 하는 데 있어서 형제애가 핵심이었음을 말한다. "반지" 링 는 모든 선수를 하나로 묶어주는 원이었으며, 서로에 대한 위대한 사랑이었다고 말한다. 물론 재능, 창의력, 판단력, 강인함도 꼭 필요하지만, 어떤 팀이든 가장 필수적인 요소인 사랑이 없다면 다른 요소들이 있어도 다 소용이 없다고 주장한다.

그는 이러한 놀라운 결과를 이끌어낸 자신의 리더십에 담긴 핵심적 지혜를 11가지로 압축해서 설명해준다. "안에서부터 이끌어라, 자기중심적인 생각을 접어라, 선수각자가 자신의 운명을 발견하도록 하라, 자유에 이르는 길은 아름다운 시스템이다, 재미없는 일을 경건한 일로 바꾸어라, 한 호흡 = 한 마음, 성공의 열쇠는 측은지심이다, 득점판이 아니라 정신에서 눈을 떼지 말라, 때로는 회초리도 꺼내 들어야 한다, 미심쩍을 땐 아무 것도 하지 말라, 반지는 잊어라". 간단해보이지만, 농구인생 60여년과 수많은 우승경험이 남긴 보석같은 지침들이다.

그리고 마지막으로 챔피언이 되기 위한 승리의 진언을 다음과 같이 전해준다. 무위의 위를 말한 노자를 떠올리게 된다. 반지의 제왕이 들려주는, 깊이 음미해볼만한 성공의 금언이다. (서울스포츠, 2014. 3)

> 챔피언이 되려면 아주 절묘한 균형 잡기가 필요하며, 온갖 의지를 다 발휘한다 해도 성취할 수 있는 것이 한정되어 있다. 리더가 할 일은 자기 자신을 비우고 올바로 경기할 수 있게 계속 선수들을 격려하면서 성공에 필요한 가장 이상적인 여건들을 조성하기 위해 전력투구하는 것이다. 그러나 어떤 시점에서는 손에서 모든 것을 내려놓고 농구의 신들에게 자기 자신을 내맡길 필요가 있다. 성공의 열쇠는 있는 그대로의 현실에 자신을 맡기는 데 있기 때문이다.

3부

한국 스포츠 4.0

한 장 글쓰기

스포츠교육 에세이

나의 체육 버전

One Page Writing

　지난 두어 해 나는 한국체육의 가까운 미래를 지칭하는 표현으로 "한국체육 4.0"이라는 용어를 자주 쓰고 있다. 한국전쟁까지의 1.0, 88서울올림픽까지의 2.0, 2018 평창동계올림픽까지의 3.0, 그리고 이후부터의 4.0 버전. 급격한 변화를 거쳐, 이전과 이후가 서로 다른 수준과 모습으로 되었기 때문에 버전 넘버를 달리 붙인 것이다. 그 사이 사이에 약간씩의 업그레이드가 된 1.2, 2.3, 3.7 등이 있었음은 물론이다. 현재는 아직 3.0이지만, 큰 차원에서의 변화가 불가피한 4.0 버전으로 업그레이드되는 경계기이다.

　한국체육 전체를 이런 식으로 규정지을 수 있다면, 한 개인의 수준은 어떠한가? 한국체육과 같은 성격의, 하지만 스케일 다운된 "최의창체육"은 그 버전이 몇 쯤 되는가? 한 인간으로서 55년의 인생을 보내고, 그중 본격적인 체육과 인생을 36년간 보내고 있는 나 개인의 경우는 어떠한가? 지금 나의 체육은 버전 몇인가? 공자님도 15세 지어학부터 70세 종심소욕불유구 버전까지 나누어보신 적이 있었지 아마.

　결론부터 이야기하자면, 나는 현재 4.0 단계에 있다(고 판단한다). 체육을 하였지만 본격적이지 않았던 대학입학 전까지는 0.0의 단계다. 1982년 대학 입학 때부터 "최의창체육" 1.0이 시작되었다. 줄곧 공부만 해서 1992년에 박사학위를 마쳤으니 대략 1980년대라고 하자. 이후 한국체육과학연구원을 거쳐 1998년 건국대학교에 채용될 때까지 대략 1990년대를 2.0이라고 하자. 거기서 2008년까지 십년을 고스란히 보냈으니 대략 2000년대를 3.0이라고 하자, 이후 서울대학교로 옮겨온 2018년 지금까지 2010년대를 4.0이라고 부르자. 각 버전에 해당하는 각 시기는 대략 십년으로 가름하였다.

버전 1.0 때에는 체육에 관련된 기초 및 전문지식을 습득하는 시간이었다. 특히 스포츠교육학이란 학문에 관심을 두고, 교육철학과 교육사회학의 관점으로 석사와 박사학위를 취득한 시기였다. 버전 2.0은 귀국 후 서양에서 배운 신학문을 연구와 실천에 적극적으로 소개하고 적용하던 때였다. 현장개선연구, 질적 연구, 반성적 체육수업, 반성적 교사교육, 스포츠교육학 등등. 우리 분야에 신지식의 소나기를 퍼부었다. 버전 3.0은 그동안 공부해온 한국적, 동양적 관점에 기반하여 나 자신이 추구하는 체육교육철학과 수업방법론을 본격적으로 소개하고 적용하였다. 인문적 체육교육과 하나로 수업을 연구로 검증하고 학교현장에 적용하려고 애썼다. 최근의 4.0 버전은 스포츠 교육의 개념을 확장시키기 위한 이론적 탐구와 스포츠 리터러시, 운동소양, 운동향유력, 인문적 코칭, 홀리즘같은 개념을 구안하고 정련시켜왔다.

이 긴 시간동안 진행된 "최의창체육"의 각 버전에 관한 철학과 방법은 고스란히 저술에 반영되었다. 버전 1.0은 〈체육교육탐구〉와 〈체육교육과정탐구〉, 버전 2.0은 〈스포츠교육학〉과 〈체육전문인교육〉, 버전 3.0은 〈인문적 체육교육과 하나로 수업〉과 〈가지 않은 길 1, 2, 3〉, 버전 4.0은 〈코칭이란 무엇인가?〉와 〈스포츠 리터러시〉에 정리되었다(그리 활발하지는 않지만, 각 버전은 무용교육 분야로도 적용되어 검증되고 있는 중이다).

1980년대 버전 1.0은 서양 스포츠교육학 습득, 1990년대 2.0은 서양 스포츠교육학 전파, 2000년대 3.0은 인문적 체육과 하나로 수업 실천, 그리고 2010년대 지금 4.0은 스포츠 리터러시의 개발로 특징지어진다. 현재 버전의 "최의창체육"은 스포츠 리터러시 개념을 활용하여 학교체육, 생활체육, 전문체육을 모두 아우르는 (또는 포괄하는) 새로운 스포츠교육과 스포츠교육학의 모습을 뚜렷이 만들어나가려고 한다. 스포츠 티칭과 스포츠 코칭의 인위적 구분을 없애고 코칭으로 포용하면서 스포츠교육의 영역을 확장시키려고 한다. 이를 바탕으로, 우리 국민들의 인식구조에 생활체육지도라는 좁은 개념이 아닌 "스포츠교육"이라는 광의의 개념이 자리잡을 수 있는 개념적 기반을 마련하고자 한다. 스포츠교육학과 스포츠교육전문가의 위치가 더욱 확고히 자리 잡혀질 수 있도록 하는 학문적 기초를 다듬으려고 한다.

　은퇴까지는 앞으로 십 년을 남겨놓고 있다. 2020년대가 되면, 지금까지의 추이대로라면, 나의 체육은 버전 5.0으로 진화되어야 할 것이다. 그러나 그것은 나의 희망이다. 현실은 4.3이나 4.7 등으로, 탈바꿈 수준의 업그레이드가 아니라 성능이 약간만 개선되는 것에 그칠 수도 있다. 최근에는 공부의 진전 속도와 질 향상이 제자리에서 맴돌고 있음을 느낀다. 나의 바람은 5.0까지 마무리해 놓는 것이다. 그래야 뒤 이은 이를 위해 무엇인가 든든한 토대를 만들어 놓을 수 있기 때문이다.

　체육에 발을 들여놓은 이상, 나이에 상관없이 이미 누구나 각자 자기 체육의 한 단계에 와 있는 것이다. 그러니 한 번 진지하게 물어보시라. "지금 나의 체육은 버전 몇인가?"(그리고 다음 버전의 모습은?) (월간 최의창, 2019.1)

스포츠의 교양화

One Page Writing

우리에게 익숙한 글귀가 있다. "스포츠의 생활화." 운동하는 것보다 먹고사는 것이 훨씬 더 급하게 꺼야만 했던 발등의 불이었던 시기에 고안된 슬로건이다. 스포츠가 경제적, 시간적 여유있는 소수의 사람들에게만 가능했던 시절부터 들어왔던 표현이다. 밥 먹고 차마시듯 일상생활의 일부분으로 만들라는 것이다. 거의 모든 사람들이 한 가지 정도의 스포츠는 해보았고 하고 있는 지금에도 여전히 체육의 확성기에 실려 들려오는 문구다.

문화체육관광부와 국민체육진흥공단은 1980년대부터 40여 년간 이 구호를 우려먹고 있다. 당연히 국민들은 아무 맛도 못 느낀다. 그리고 더 이상 어떤 맛도 나오지 않는다. 이제는 바꾸어야 할 때가 되었다. 2010년대 들어오면서 벌써 바뀌었어야 했다. 2019년 현재 스포츠가 생활화 되어야 한다는 주장을 이해 못하거나 반대하는 이는 없을 것이다. 모든 국민들이 각자의 생활 속에서 스포츠가 다반사, 일상사가 되었으면 좋겠다고 생각한다. 나 혼자만의 착각이 아니다. 신체활동에 대한 국민여론 조사를 살펴보라. 곧바로 확인된다.

그런데, 내가 바꾸자고 하는 이유는 단지 구호로서의 효과가 시효만료 되었기 때문만은 아니다. 이 슬로건 밑에 깔려있는 사고 방식이 이제는 생명을 다했기 때문이다. 1990년대 〈제 1, 2차 국민 체육진흥5개년계획〉 개발에 직접 참여한 이로서 하는 말이다. 이 때는 스포츠 참여와 관련된 모든 것이 부족했다. 시설과 기회, 프로그램과 지도자 등 어떤 것도 준비되어있지 않았다. "생활체육"이란 표현이 국민들 사이에 소개되고 조금씩 안착되어가는 시기였다. 모든 측면에 있어서 양이 문제였고, 질은 전혀 생각할 수 없었다. 이 구호는 전적으로 양적인 측면에서 이해되고 해석되었다.

스포츠가 각자에게 일상화, 생활화되려면, 시설이 많아야하고 그것도 가까운 근린장소에 있어야 한다. 배울 수 있는 프로그램이 내가 원하고 내게 잘 맞는 것이 아주 다양하게 있어야 한다. 자주 배울 수 있으려면 경제적으로도 그리 부담되지 않아야 한다. 스포츠라는 것, 유희적 신체활동이라는 것 자체가 국민들의 생활과 인식 속에 거의 존재하지 않았던 시절이었다. 그래서 여러 인프라를 양적으로 많이 확보하는 것이 급선무였다. 스포츠의 생활화란 이런 맥락에서 고안되었다. 운동을 자주, 많이, 쉽게 할 수 있게 하자는 것이다.

이제는 국민체육 진흥에 있어서 스포츠 체험의 질적 차원에 대한 고민이 함께 진행되어야 한다. 양적 확보, 특히 스포츠의 생활화라는 측면에서의 성과는 이미 10년 전에 거의 완성되었다. 이제는 하라고 독려하지 않아도, 하지 말라고 극구 저지해도 누구든 가능한 한 운동을 하려고 한다. 모두가 운동을 자기생활화하려고 애쓴다. 그런데, 단지 그것뿐이다. 그 정도 수준에 멈춘다. 그 뒤 (또는 위)를 넘어서려고 하지 않고, 그 뒤(또는 위)에 무엇이 있는지도 관심이 없다. 최근의 구호인 "스포츠7330"도 표현은 더 간명하나 이같은 사고방식의 연장선상에 놓여있을 뿐이다. 일주일에 3일 이상 1회에 30분씩 운동을 하자는 것이다. 그저 양적으로 어떻게 생활화하는 것인지 알려줄 뿐이다.

　먹고사는 것이 해결되었는데도, 아직 혼분식 애용이나, 분식의 날(매주 수요일)같은 행사나 표어를 고집하는 이는 바보로 취급될 것이다. 먹는 것이 넘쳐흐르고 너무 먹어서 문제가 발생한지 이미 한참 지났음에도 여전히 "든든히 먹자, 많이 먹자"는 이야기를 하는 이는 정상인으로 간주되지 못할 것이다. 최소한의 양이 확보되면 이제는 양과 질을 함께 고민하면서 섭식을 해야 하는 것이 정상적 생각이고 현명한 행동이다. "스포츠는 밥이다"라는 가장 최근의 표현도 역시 이런 양적 생활화의 사고방식에서 벗어나지 못한 캠페인 카피다. 밥같이 매일 먹어야 한다는 말이다. 그런데, 요즘 세대에 누가 밥을 매일 매번 매끼 먹는가? 그냥 밥먹기가 중요한게 아니라, "식사"가 중요해진 요즘이다.

　식사란 무엇인가? 물론 밥 먹는 일을 한자어로 옮긴 말이다. 그런데, 그냥 말만 옮긴 것에 그치지 않는다. 이 단어에는 밥 먹는 일이 입에 풀칠하는 일, 또는 배를 채우는 일에 그치지 않음이 담겨져 있다. 식사라는 단어에는 가치가 담겨져 있다. 신체를 유지할 목적으로 공복을 면하기 위해서 음식을 섭취하는 일에 그치지 않는다. 자신의 심신을 최적의 상태에 놓이도록 고민하면서, 다른 사람들과의 만남과 소통의 기회로 사용하고, 최상의 문화적 체험을 위한 공간과 시간으로 활용하는 것도 담겨져있다. 한마디로, 식사는 문화적 행위다. 사람을 더욱 사람답게 만들어주는 활동인 것이다.

　이제 배를 채우는 행위 수준에서 스포츠를 이해하는 단계를 넘어서자. 그냥 하는 것, 기술을 능숙하게 발휘하는 노력으로서의 스포츠의 생활화를 지양하자. 이제 스포츠를 문화적 행위로 바라보고, 문화적 활동으로서의 스포츠를 장려하는 홍보문구를 마련하자. 스포츠의 질적 차원을 습득하고 익숙해지는 방향에서 스포츠의 생활화를 일구어내자. 호구지책 수준의 생활에서 문화향유 수준의 생활로 업그레이드 하자. 국민총생산 3만 달러에 가까워오는, 세계 경제 10위권 내에 있는, 올림픽 2회 개최국가로서의 위신과 위상을 고려한 새로운 시각을 갖자. 새로운 방향돌림을 위한 새로운 스포츠 진흥의 표어를 찾아내자.

"스포츠의 교양화." 내가 제안하는 새로운 구호다. 스포츠선진국 한국의 위치에 걸맞는 새로운 슬로건이다. 스포츠를 교양화시키자는 말이다. 스포츠가 실행하는 사람의 교양으로 역할할 수 있도록 만들자는 것이다. 교양이란 무엇인가? "교양"이란 표현은 복잡한 해석을 요구하는 수준 높은 개념이지만, 그런 학문적 해설은 지금 이 자리에서 필요하지 않다. 단순하고 알기 쉽게 소개되어야 한다.

"교양" 敎養은 영어로는 culture, 독일어로는 Bildung에 가장 가깝다. 타고난 본성이 아니라, 생후에 획득된, 교육과 경험으로 학습된 자질을 말한다. 지식과 태도와 행실의 전체 영역에 모두 쌓여지는 인간적 자질을 말한다. "스포츠를 교양화 시키자"는 말은 "스포츠의 의료화"와 "스포츠의 오락화"에 비추어서 생각해야 한다. "스포츠를 생활화시키자"는 슬로건의 밑바탕에는 운동을 통한 건강과 여흥의 추구가 자리 잡고 있다. 운동을 생활화해서 "몸도 튼튼, 마음도 튼튼"하게 만들자는 것이다. 그리고 운동을 일상화해서 일과 학업으로 쌓인 스트레스를 해소시키자는 것이다. 그러기 위해서는, 스포츠가 치료효과를 내어야 하고 유락여흥으로 활용되어야 한다.

교양은 치료와 여흥과는 다른 것이다. 교양은 내면을 살찌우고 외양을 가다듬는 것이다. 물론, 교양은 우리를 건강하게도 만들어주며 여흥적 체험을 가져다주기도 한다. 하지만, 그것을 넘어서 좀 더 넓고 깊고 높은 자기성장을 도모하는 것이 교양이다. 스포츠의 교양화란 스포츠를 함으로써 육체를 강건하게 하고 정서를 맑게 하는 작용, 그 이상의 도모에 관한 것을 말한다. 육체와 정신과 영혼을 하나로 만들 수 있는 교육적 효과를 추구하는 노력이다. 예를 들어, 우리가 잘 아는 YMCA의 로고인 역삼각형은 좌우의 변들은 신체와 정신, 그리고 상단의 변은 영혼을 의미한다. 심과 신과 영이 하나된 상태 wholeness를 나타낸다. 교양은 온전한 사람을 만들어준다.

교양이란 사람을 이렇게 온전한 상태로 만들어주는 자양분, 또는 에너지 같은 것이다. 다행히도 인간은 누구나 이 자양분이나 에너지를 축적하고 처리하여 행복한 삶을 영위하는 일에 사용하도록 하는 내적인 기재를 타고난다. 아쉽게도 그동안 우리는 스포츠를 이런 용도로 활용하지 못했던 것이다. 스포츠는 각자각자의 온전성을 되찾도록 해주는 컬쳐, 빌둥을 쌓도록 돕는 유기비료 역할을 할 수 있다. 우리 한국체육은 이제 스포츠의 이 기능에 주목해야만 한다. 스포츠가 우리 국민의 삶에 새로운 차원, 상위의 단계를 덧붙여주려면 말이다.

스포츠의 교양화를 위해서 필요한 조처는 무엇인가? 그것은 "스포츠 리터러시"를 함양하는 것이다. 스포츠 리터러시는 운동소양 運動素養을 말한다. 운동을 내용으로 하는 기능적, 지식적, 태도적 측면의 기본적 자질이다. 각각 능소양, 지소양, 심소양이라고 한다 能, 智, 心素養. 스포츠를 교양화 한다는 말은 스포츠를 실행할 때 스포츠 리터러시를 쌓는 것을 목적으로 해야 한다는 말이다. 건강과 여흥을 완전히 버리라는 말이 아니다. 그것들은 이차적인 것으로 생각하라는 말이다. 일차적인 목적으로 운동소양을 쌓도록 하라는 말이다. 능지심 소양을 갖추는 것을 스포츠 참가와 스포츠 진흥의 지향점으로 삼으라는 조언이다.

우리의 살림살이는 표층과 심층(외층과 내층)의 두 층으로 되어있다. 통상적으로 생활 living 과 삶 the Life 이라고 구분한다. 스포츠는 이 두 층의 살이 모두를 살찌울 수 있는 거름이 될 수 있다. 지난 세월 "스포츠의 생활화"라는 구호는 표층의 삶을 풍성하게 만들어주었다. 이제는 심층의 삶도 풍요롭게 만들 수 있는 경작법 전환이 필요할 때다. "스포츠의 교양화"는 이를 위한 새로운 만트라다. (월간최의창, 2018, 12)

스포츠 리터러시 센터

One Page Writing

　오랜만에 보는 맑은 하늘이다. 그리 진하지 않은 푸른 색 하늘에 눈이 약간 시리다. 기분 좋은 찌푸림이 눈가에 옅게 만들어진다. 좋은 느낌이 가슴께로 퍼져난다. 작은 구름조각들이 여기 저기 흩뿌려져 느리게 흘러간다. 문득 생겨나는 질문 하나. "저 아이들은 어디로 흘러가고 있는 것일까?" 그리고 즉시 이어 뒤따르는 질문 한 개 더. "나는 어디로 가고 있는가?"

　자기 일에 어느 정도 안정이 찾아왔을 때, 한 번 쯤은 던져보는 질문일거다. 또는 동일한 답을 구하지만, 보다 가치지향적인 형식으로 던져질 수도 있다. "앞으로 어디로 가야할 것인가?"라고. 이런 물음이 머릿속에 떠올라야만 한다. 그것이 정상이다. 원하는 것을 성취하였을 때, 그것을 어느 정도 누리고 난 뒤, 이제 그 다음은 무엇인지, 어디인지 스스로의 마음에서 솟구쳐 올라와야 하는 질문이다.

　내 삶의 진행방향, 내 일의 향방 向方이 무엇을, 어디를 향하고 있는지 스스로 확인해야 한다. 교사로서 정해진 삶, 교육과정이 가리키는 일만 따라서 해내면 되는 것이 아니다. 학교에서 맡은 학생부장, 교무부장, 수석교사, 교감 그리고 교장으로서의 직무를 거쳐 가는 삶이 모두가 아니다. 2015개정교육과정을 재구성해서 주어진 교과서로 열심히 거꾸로 수업을 실행하는 것이 전부가 아니다. 체육선생도 다르지 않다. 체육교과라고 예외는 아니다.

역량중심 체육교육과정을 잘 이해하고 해석해서 다양한 교과역량을 아이들에게 습득시키면 다가 아닌 게다. "나는 무엇을 위해서 이런 일을 하고 있는가? 내가 (아이들과 함께) 도달하는 곳, 목적해야하는 지점은 어디인가, 그리고 무엇인가?"라는 질문을 끊임없이 던져야만 한다. 그리고 "내가 지금 서있는 지점은 어디인가?"도 물어야만 한다. 또한 "나는 지금까지 어떤 길 위를 걸어왔는가?" 역시 자문해야만 한다.

내가 걷는 학교체육의 길은 어떤 길인가? 어떤 학교체육의 길을 걸어왔는가? 검토해보아야 할 시점이다. 체육교사로서 학교체육의 어떤 길을 걸어가고 싶은가? 심각하게 물어보아야 할 시점이다. 내가 지금 걷고 있는 학교체육의 도로명은 "학교체육 3.0"이다. 88서울올림픽이후 체육교사임용시험이 도입된 이후 시점부터 개통된 길이다. 점점 넓어져온 진흥일로의 탄탄대로다. 최근 학교체육진흥법의 통과와 학교체육진흥회의 설립으로 최정점에 올랐다.

산이 높으면 골이 깊은 법. 여러 가지 나아진 점들이 얻어졌지만, 이런 저런 문제점들도 생겨났다. 지난 10년 사이에 새로이 시작한 프로그램들과 사업들을 열심히 현장에 전파하고 정착시키는 데에 혼신의 힘을 다하고 있다. 다만 그 일에 온정신을 다 쏟아서 집중하므로 제3의 시선으로 전체를 침착하게 바라볼 수 있는 여유가 없다. 허리를 수그리고 머리를 파묻은 채 골똘히 바둑판만 뚫어져라 쳐다본다. 훈수자적 시각을 가질 수 없다.

학교체육4.0의 길이 곧 시작된다. 아니 시작되어야 한다. 한국체육4.0이 시작되는 시점이기 때문이다. 소위 말하듯, 판이 바뀌고 있다. 세계체육의 판이 바뀌면서, 우리가 원하던 원하지 않던 옛 판이 흔들리고 새판이 짜여 지고 있다. 체육의 대륙들이 이동하면서 우리도 변화하게 되는 것이다. 스스로 바뀌지 않으면 떨어져(찢겨져, 떼여져)나간다. 한국체육의 새 길이 시작되는 지점에서, 학교체육도 새 길을 닦아내야 하는 것이다.

그 새로 나는 길에 어떤 표지판들이 만들어져야 하는지는 구구절절이 이야기할 필요 없다. 중요한 것은 그 방향이다. 지향처다. 나로서는 그것이 최고 관심사다. 학교체육3.0에서 원했던 바, 학교체육 활성화 또는 학교체육 내실화, 즉 체육관, 잔디운동장, 수업시수, 체육교사 등의 양적 증가가 이루어졌다. 적어도 확보되어가고 있는 중이다. 학교체육4.0은 그 연장선상에 놓여서는 안 된다. 그것은 새판이 아니라 구판이다. 더 나은 지향점을 향해야 한다.

그렇다고 수업 잘 하는 것으로 만족해서는 안 된다. 물론 이것도 매우 중요한 목표인 것은 틀림없지만, 이것에 안주해서는 안 된다. 체육수업을 제대로 하는 것과 체육 프로그램을 제대로 운영하는 것도 상당부분 자리를 잡아가고 있다. 세세한 부분들을 따지면 이런 평가가 이른 감이 있다고 생각될 수도 있으나, 전반적으로 틀린 평가는 아니다. 그리하여 이제는 학교에서 체육의 제 자리 찾기를 넘어서서 체육의 학교 중심되기 쪽으로 고개를 돌려야 한다.

학교란 곳이 체육이 하나의 핵심문화가 되는 곳, 아니 핵심문화인 곳으로 바꾸어나가야 한다는 말이다. 교과의 하나인 것에서 벗어나, 학교라는 곳을 움직여나가는 풍토와 문화의 핵심으로 자리 잡도록 해야 한다. 학교체육이 "학교의 체육"에서 "체육의 학교"라는 의미로 이해될 수 있도록 만들어야 한다. 체육이 중심인 학교 말이다. 학교체육3.0과 4.0의 차이는 바로 이 차이다. 단역이나 조연에서 주역으로 자리 매김하자는 것이다.

이 대전환을 위한 지렛대는 무엇인가? 무엇으로 이러한 대반전을 도모할 것인가? 여러 아이디어가 있을 수 있을 것이다. 나는 "스포츠 리터러시" sport literacy 로서 그것을 이룰 수 있다고 생각한다. 학교체육은 스포츠 리터러시 運動素養 를 바탕삼아 나아갈 때, 학교의 주역으로 화할 수 있다. 학교의 문화와 풍토를 변화시키는 동인으로서 기능할 수 있다. 나는 지금, 그러기 위해서라면 학교체육은 스포츠 리터러시를 지향해야 한다고 주장하는 것이다. 그렇다. 학교체육4.0을 위해서는 학교가 "스포츠 리터러시 센터"로 변모되어야 한다. 체육교과만 변해서는 부족하다. 학교 자체가 온통 변하여 스포츠 리터러시를 제대로 함양하고 스포츠를 마음껏 향유하는 곳이 되어야 한다는 말이다. 학교라는 시스템을 작동시키는 운영체계에 스포츠 리터러시가 디폴트로 붙박혀 있어야 한다. 이것은 체육수업을 내실화시키는 것만으로는 힘들다. 스포츠 클럽을 활성화시키는 것을 더해도 어렵다.

정규수업, 창의적 체험활동, 방과후 활동, 토요스포츠데이, 스포츠클럽 전체를 스포츠 리터러시 지향적으로 만드는 것은 필수적이다. 거기에 학교의 행사, 공간과 시설 등을 스포츠 리터러시를 중시하는 방향으로 이끌어가는 것이 더해져야 한다. 체육교사만이 아니라, 다른 모든 교사들과 교장과 교감, 직원들까지도 스포츠 리터러시에 대한 이해와 애정, 그리고 향유력을 갖추어야만 한다. 학교생활 자체가 스포츠 리터러시를 기르는 생태계로서 작동할 수 있어야 한다. 한 아이를 키우기 위해서는 온 마을이 필요하다. 서양교육의 모태이자 이상, 현대 민주주의 교육의 모범을 보인 아테네는 생활환경 자체가 바로 그같은 교육의 장이었다.

> 길거리를 걸어갈 때 아이는 일찍이 세계가 알고 있던 가장 훌륭한 예술작품이 길 이쪽저쪽에 줄지어 늘어서 있는 것을 보게 된다. 매일 매일 그는 말솜씨가 뛰어나고 경험이 풍부한 인사들이 정치적 쟁점에 관하여 토론을 벌이는 것을 들을 수 있고, 때로는 그 쟁점의 결정에 자신이 한 몫을 담당할 수도 있다. 봄이 되면, 그는 디오니소스 극장의 지정석에 앉아서 연례행사로 개최되는 비극시 경연대회의 비극 공연을 아침부터 밤까지 관람할 수 있다. 분명히, 역사상 어느 시대도 청소년들에게 이토록 풍부하고 다양한 열정을 불러일으키지는 못하였다. 그야말로 삶이 곧 진정한 교육이었던 적이 일찍이 단 한 번이라도 있었다면, 이 당시의 아테네가 바로 그런 경우였다. (W. Boyd, 서양교육사)

스포츠 리터러시를 기르기 위해서는 전 학교(동일한 논리로 온 동네, 온 사회, 온 국가)가 동원되어야 한다. 학교(동네, 사회, 국가)가 스포츠 리터러시 센터가 되어야 한다는 말의 근거는 바로 이것이다. 학교체육4.0의 지향점은 바로 "스포츠 리터러시 센터로서의 학교"를 구축해나가는 것이다. 이 점에서 아테네의 청소년들이 다닌 중등교육기관의 이름이 "김나지움"이었던 것은 결코 하찮은 우연이 아니다. 김나지움은 아테네판 스포츠 리터러시 센터라고 말할 수 있다.

다시, 길 위에서 하늘을 바라본다. 여전히 조각구름들은 제 갈 길들을 가고 있다. 바람에 밀려서 나아가며 조금씩 모양을 바꾼다. 센 바람에 순식간에 흩어지기도 한다. 하늘에 뜬 구름이 부럽기는 하지만, 이것만큼은 안 부럽다. 나는 바람에 의해서 형체가 변하거나 아예 사라지는 그런 존재는 되고 싶지 않다. 나는 학교체육4.0 도로 위를 흔들림 없는 발걸음으로 뚜벅뚜벅 힘차게 걸어내어 끝내 그 목적지에 도달하고 싶다. 같이 걸어갈 길벗들과 함께. (월간최의창, 2019, 3)

학생선수 유감

One Page Writing

　최근 문화체육관광부에서 출범시킨 스포츠혁신위원회가 시·도 장학사들과 간담회를 가졌다. 혁신위원장은 "학생 선수는 선수이기 전에 학생이고, 학습권은 메달이나 성적 등 다른 어떤 것과도 바꿀 수 없는 인권"이라고 하며, "학생 운동선수의 학습권 보장이 반드시 지켜져야 할 핵심가치"라고 강조하였다.
　참으로 지당한 말씀이다. 심석희 선수의 (성)폭행 폭로로 점화된 한국 스포츠혁신의 불길이 들불같이 타오르는 현 시점에서, 학교 엘리트체육과 학생 운동선수 제도에 대한 개혁이 문제해결의 출발점이자 원천임을 다시금 확인시켜준 것이다. 체육교육전문가로서 두 손 들어 환영한다.
　그럼에도 불구하고 아쉽게도, 나로서는 한 가지 유감스런 것이 있다. "학생선수"라는 표현이다. (무의식적 관례가 분명한데) 등록된 운동선수인 학생들을 "학생선수"라는 표현으로 지칭하는 것이다. 이 단어는 정확하지 않을 뿐만 아니라, 스포츠혁신위원회가 깨부수려고 하는 구습(적폐)이 그대로 보존되고 계승되는 잘못된 표현이다.
　"학생선수"라는 단어는 미국에서 들어온 용어다. 1980년대 중반 대학 다닐 적에 영어책에서 "student-athlete"라는 용어를 처음

보았으며, 교수님께서 단어 그대로 학생선수로 옮기는 것을 들었고 줄곧 나도 그렇게 썼다. 학령기에 있는 초·중·고등학생, 그리고 특히 대학생 운동선수들에 대한 표현으로서 꽤 적절하고 좋은 단어라는 생각을 하면서 말이다.

그런데 나중에 알고 보니 이 단어는 평범한 단어가 아니었다. 원래부터 일상적으로 사용되는 단어가 아니었다. 생겨난 독특한 사연이 있었다. 미국대학스포츠연맹 NCAA이 자신들의 법적인 책임을 없애기 위해서 (마치 유전자 조작처럼) 인위적으로 탄생시킨 "법률적 용어"였던 것이다.

1950년도 미국 콜로라도주에 위치한 덴버 대학의 미식축구선수였던 Ernest Nemeth가 춘계훈련 시 심각한 부상을 당했고, 대학에 손해배상을 청구했다. 자신은 대학으로부터 축구라는 직무를 수행하도록 "고용된" 직원이라고 주장했다. 학생의 신분이 아니라 직원이기 때문에 당연히 학교로부터 부상에 따른 보상을 받아야 한다는 것이었다. 3년 후 콜로라도주 대법원은 네메스가 직원임을 인정하였다. 네메스가 받은 지원(장학금, 기숙사, 식사 및 캠퍼스 내 직무)들은 미식축구 기량에 근거해서 받았으므로, 미식축구를 하다 입은 부상은 당연히 직원으로서의 업무 중 발생한 상해라는 것이다.

이 사건으로 NCAA는 회원 대학교들이 이 이슈와 관련해서 완전히 무방비 상태에 놓였다는 사실을 깨닫게 되었다. 그래서 당시 NCAA 위원장이었던 Waller Byers는 "우리는 "학생-선수" student-athlete 라는 용어를 만들어내었고, 곧 바로 모든 NCAA 규정에 꼼꼼히 반영하였다. "players"나 "athletes"같은 단어들을 의무적으로 대체하는 용어로서 해석하도록 하였다"고 회고했다. 그리고 1956년 이 규정에 근거한 첫 번째 장학금을 받는 학생선수들이 생기면서 〈뉴욕 타임즈〉에서 중간 대시(—)를 빼고 "student athlete"

라는 표현을 공식적으로 사용하기 시작했다.

이후 이 단어는 프로선수 professional athlete가 아니라, 대학생으로서 운동선수를 겸하고 있는 선수학생들을 지칭하는 일상 언어로 쓰이게 되었다. 학생과 선수의 중간에 위치한 이런 범주를 새롭게 만듦으로써 선수들이 직원이 아니라 학생으로 인정받도록, 그래서 회원 대학교가 중요한 의무로부터 면책될 수 있도록 법률적 보호 장치를 마련한 것이다.

이런 출생의 비밀이 있었던 것이다. 사용되기 시작한 시간이 오래 지났고, 또 태평양을 건너오면서 이런 얼룩진 과거는 다 씻겨나가 버리고 그냥 중립적인 단어로서 사용된 것이다. 그리고 지금의 한국에 있어서는 아예 그냥 우리말처럼 쓰이고 있는 중이다. 최근 스포츠개혁과 관련해 운동선수 학생들에 대한 언급이 자주 되면서 이 용어는 눈에 띄게 사용빈도가 늘어났는데, 들어보면 이 같은 문제의식 없이 말하고 쓰는 것을 확인할 수 있다.

체육 전공하는 학자나, 학교의 체육행정가나 체육교사나, 문화체육관광부의 실무자들도 이런 배경과 정확한 의미에 대해서는 그다지 의식하지 못하는 것 같다. 하지만, 만약 진정으로 운동선수 학생들을 위한 올바른 교육과 제도의 전면적 혁신을 희망한다면, 아무 생각없이 관습적으로 쓰이는 말들에 대한 재검토가 그 첫걸음일 것이다. 폭력, 비리, 갑질 등등 우리가 바꾸고자 하는 것들도 모두 당연시되어버린, 무의식화 되어버린 관행들이지 않은가? "낯익은 것 낯설게 하기"가 인식전환과 현실개선의 전제조건이지 않은가?

스포츠교육을 공부하는 나로서는 그 중에서 "학생선수"라는 일상어에 대하여 곰곰이 생각해보고 좀 더 올바른 용어, 정확한 표현 찾기를 촉구하는 것이다. 개인적으로 나는 "선수학생"이 좀 더 정확하고 올바른 표현이라고 본다. 좀 더 훌륭한 표현인지는 잘 모르겠지만, 학령기에 있는 우리 학생들, 공부가 아니라 운동이 본업이 되어버린 학생들을 가리키는 데에 더 정확한 기술어라고 본다(공부가 학생의 본업이라는 생각도 고정관념일 수 있지만, 지금은 이것까지 자세히 논할 때는 아니다).

교육부나 교육청에서 채택한 모토로 "공부하는 학생선수, 운동하는 일반학생"이 있다. 이 모토는 잘 만들어진 것으로 여겨져서 대체적으로 환영받고 있다. 선수들은 공부를 안 해서 문제고, 학생들은 운동을 안 해서 문제인 작금의 한국 학교에 가장 적절한 표어로 인정받고 있다. 공부와 운동, 학생선수와 일반학생을 극명하게 대비시켜 각 대상들이 서로 채워야 하는 부족한 것이 무엇인지 명료하게 드러낸다. 읽는 사람의 뇌리에 각인시킨다.

한국 학교에서의 "학생선수"는 의미상으로도 미국 NCAA에서 의도한 그런 지위에 놓인 학생들과 흡사하다. 운동이 (거의) 본업인 미국 대학선수들처럼, 우리 초·중·고등 및 대학의 학생선수들은 정말로 운동이 본업이나 마찬가지 상황이다. 지난 50여 년간 꾸준히 본업화되었다. 학생이라는 신분은 교육체계상 입어야만 하는 행정적 겉옷에 불과했다. 학력과 상급학교 진학자격을 갖추기 위한 형식상의 허울로서만 기능하게 되었다.

그런데, 상식적으로 말하여, 학생선수와 일반학생의 대비는 어법적으로 완전히 일치하는 대비는 아니다. 즉, "선수학생과 일반학생"으로, 아니면 "학생선수와 학생학자"로 대비시키는 것이 문법적으로 옳은 단어 배합이다. 우리가 어떤 한 사람이 주업과 부업을 동시에 할 때, 주업은 뒤에 부업은 앞에 위치시키는 것이 일반적이다. 개업의인데 소설을 쓰는 사람은 "작가의사", 초등교사인데 연극을 하는 사람은 "배우교사"라고 부른다.

그러므로 우리가 운동선수로 뛰는 학생들에 대해서 "학생선수"라고 부르는 행위는 학생은 부업이고 선수가 본업이라는 생각을,

비록 전혀 의도하지도 않고 의식하지도 않았지만, 여전히 떨쳐버리지 못하는 처사다. 우리 학생들은 운동을 (부업으로) 하는 선수학생들과 운동(이라는 부업)을 하지 않는 일반학생들뿐이다. 우리 학교에는 선수가 본업이고 학생이 부업인 "학생선수"들은, 행정상으로, 전혀 존재하지 않는다. 지금 우리가 원하는 것도 바로 이런 상태다.

물론, 이상적으로, 우리는 이런 구분조차도 원하지 않으며, 이런 구별조차도 필요치 않은 상황으로 나아가고 싶다. 그냥 "학생"이지 무슨 선수학생이며 일반학생인가? 일반학생들도 스포츠클럽이나 지역리그 등에 속해서 시합을 나가면 모두 선수로서 간주되는 시대가 곧 올 것인데 말이다. 구분이 있다면, 운동을 열심히 하는 학생과 그렇지 않은 학생이 있을 뿐이다. 선수학생과 일반학생도 여전히 이 구분을 진하게 긋는 단어의 한계를 극복하진 못하지 않는가?

옳은 말이다. 나로서는 다만, 무엇인가 더 나아진 상태를 추구한다고 하면서, 그 상태를 묘사하는 어휘나 표현들이 그것을 반영하지 못하는 한 가지 중요한 사례에 대해서 말하고자 하는 것이다. 한마음으로 실천하는 지금의 노력들이 잘못되었다고 지적하는 것이 아니라, 놓치고 있는 어떤 것에 대해서 언급하는 것이다. 좀 더 잘할 수 있도록 하기 위한 응원이자 격려의 차원이다. 비난이 아니라.

단어 하나 가지고 이런 호들갑이냐고 할 수도 있다. 하지만, "말 한 마디로 천 냥 빚을 갚는다"는 말을 들어보았을 게다. 참으로 맞는 말이다. 반대로, 말 한 마디 때문에 만 냥 빚이 생길 수도 있다. 인생 경험이 있는 이라면 누구도 부정 못할 것이다. 단어 하나로 국민의식이 바뀔 수 있다. 최근 스포츠개혁의 담론장에서 비중 높은 단어인 "학생선수"가 가능한 빨리 "선수학생"으로 교체되기를 희망한다. 전자는 빚을 승계하는 단어, 후자는 빚을 청산하는 단어이기 때문이다. (월간최의창, 2019, 4)

세븐

One Page Writing

"쎄븐". 가장 충격적으로 본 영화중 한편의 제목이다. 가톨릭에서 극악으로 멀리하는 7가지 악함, 즉 칠죄종 七罪宗 을 모티브로 삼은 범죄영화다. 칠죄종 seven capital vices (교만, 질투, 인색, 분노, 탐욕, 음란, 나태)에 대응하는 추구해야할 7가지 선함은 칠추덕 七樞德 이라고 한다. 칠추덕 seven cardinal virtues (신중, 정의, 자비, 강건, 절제, 순결, 온유)을 모티브로 한 영화는 아직 나오지 않았다. 할리우드에서 선함은 악함보다 흥행력이 떨어진다. 대형영화사들은 이미 알아차렸던 것이다.

뭐, 영화이야기를 하려는 것이 아니다. 독자의 호기심을 끌기 위한 미끼다. 또 다른 세븐에 대해서 말하기 위한 관심 끌기 문단일 뿐이다, 송구스럽게도. 내가 말하고 싶은 다른 7가지가 있다. 한국 스포츠에서 향후 주목해야 할 어젠다들이다. 우리가 최소한 이삼십년은 주목해야하는 세계 스포츠계의 7가지 거대동향 七大流 이라고 부르고 싶다. 내가 한국체육4.0이라고 부르는 새로운 판을 이끌어나가야 한다고 확신하는 주요 견인 단어들이다. 물론, 나 개인적 선호와 한계 내에서의 파악이자 선정이다.

"Health, Humanity, Inclusion, Integrity, Integration, Sustainability,

Technology" 건강, 인간성, 공존, 공정성, 융합학, 지속가능성, 기술공학가 그 일곱이다. 외우기 쉽게 1ST, 2H, 3I로 부르고 있다. 21세기 세계 스포츠계에 한국 체육이 당당한 리더로서 온전히 인정받기를 희망한다면 반드시 주목하고 노력을 기울여야 할 이슈들이다. 메달 수와 경기력 순위를 뜻하는 Podium이나 Performance는 들어가 있지 않다. 진정한 국제체육계 리더로서 지향해야할 가치이며 실천해야할 덕목이다.

"건강"은 당연히 최대 관심사다. 보다 활발한 일상생활, 그리고 신체활동을 통해서 온 몸과 마음을 건강하게 만드는 것이 사회적, 국가적, 또는 전 인류적 중대사로 떠올랐다. 아주 어려서부터 운동습관을 들이는 것이 최선의 방책이라는 진리가 점차 자리를 잡아가고 있다. 의료나 복지 분야만이 아니라 체육계에서도 최대화두가 되었다. 운동 physical activity 이 가장 저렴한 현대판 만병통치와 불로장생약으로서의 기능을 지니고 있음이 속속들이 증명되고 있다.

"인간성"의 회복을 도모하고 있다. 현대인은 지극히 개인주의적, 이기주의적이 되었고, 타인에 대한 비정하고 무감각한 태도가 제2의 습성이 되어버렸다. 사랑, 배려, 공감같은 기본적 인간성의 매몰이 심화되어버렸다. 스포츠를 통해서 인의예지라는 기본 인성을 되찾고 높이려는 시도가 강조된다. 개인적 수준과 인류적 수준의 노력이 진행된다. 신체적 접촉과 선의의 경쟁이 아날로그적 심성을 풍요롭게 키워주는 효과를 지니고 있음이 확인되고 있다.

"공존"이 더욱 필요로 되어가고 있다. "모두 함께함"의 가치가 스포츠를 통해서 실현되도록 노력하고 있다. (재산, 권력, 명예 등을) 가진 이와 못 가진 이들이 함께 하고, 피부색이 다른 사람들이 함께 하고, 남녀노소와 장애인과 비장애인이 함께 하며, 저개발국가와 선진국가가 함께하여 공존하고 공영하는 지구를 만들어나가는 데에 스포츠가 중요하고도 결정적 역할을 해낼 수 있다는 믿음이 커져가고 있다. UN, UNESCO, EU 등의 주요 어젠다가 되고 있다.

"공정성"의 추구를 강조하고 있다. 스포츠로부터 물질, 명예, 권위 등 많은 것을 얻을 수 있게 되면서 그것을 차지하기 위하여 수단과 방법을 가리지 않는 행위들이 빈번해지고 교묘해지며, 뻔뻔해지는 상황이 되었다. 스포츠의 순수성과 공정함을 유지하고 인권을 드높이기 위한 법적, 행정적, 인간적 조처들이 시급하고도 절대적인 상황이다. 많은 나라들에서 국가적 차원에서 클린 스포츠를 위한 적극적 조처가 필요한 중대사로 간주하고 있다.

"융합화"로 가치를 더 높이고 있다. 스포츠를 단지 게임으로 즐기는 것에서 멈추지 않고, 문학, 예술, 종교, 철학, 경제, 산업, 의료 등 우리 생활의 모든 분야와 융합하여 새롭게 발전시키고 있다. 스포츠가 내용이 되기도 하고 맥락이 되기도 하면서 sport as content or context 서로 윈윈할 수 있는 방식으로 새로운 장르를 탄생시킴으로써 우리의 삶을 더욱 풍요롭게 만들어주는 최상의 촉매제, 최고의 장터가 되고 있다.

"지속가능성"의 중요성이 더욱 커져가고 있다. 전 지구적으로 환경에 대한 우려가 높아지며, 스포츠가 환경오염과 보전에 어떤 긍정적, 부정적 영향을 미치는지 예의 주시되고 있다. 메가스포츠 대회로 인한 이산화탄소 배출량 급증과 막무가내 스포츠 시설 개발로 인한 환경훼손 심화를 막는 것이 필수가 되었다. 환경이 파괴되면 스포츠계도 필멸되기 때문이다. IOC와 FIFA의 핵심 어젠다가 되었다.

"기술공학"(과 과학)의 활용이 극대화되고 있다. 디지털 테크놀로지의 발달은 제4차 산업혁명이라는 표현까지 만들어내면서 AI, VR을 활용한 스포츠와 E-sports의 끝없는 확장을 이끌고 있다. 유전과학과 뇌과학의 발달로 신체능력의 한계를 넘길 정도로 극대화시키며 더 나아가 유전자 도핑이나 신체변형까지도 불사하면서 새로운 윤리적 문제까지 생겨나고 있다. 스포츠를 가장 빠르게 변화시키고 있는 요인이다. 긍정적인 활용이 절실히 요청된다.

이 7가지 거대 흐름의 징후는 이미 대소 규모와 다소 빈도로 우리에게 느껴져 왔고 보여져 왔다. 부정적인 방향으로의 징후들이 드러나고 그것들에 대한 처방이나 해결의 형태로 모습을 드러내고 있는 중이다. 최근 들어 특히 가장 크게, 가장 자주 확인된 것은 공정성에 대한 것이다. 폭력이나 도박이나 성폭행에 대한 뉴스는 거의 일상사가 되어버렸다. "스포츠 4대악"이라는 고유명사까지 만들어졌을 정도니.

올림픽 대회, 아시아 경기대회, 세계선수권 대회 등을 거의 격년제로 치루고 있는 메가 스포츠 이벤트 선진국이지만 환경오염과 훼손의 불명예도 점차로 높아지고 있다. 2018 평창동계올림픽의 가리왕산 훼손 논란은 아직도 현재진행중이다. 테크놀로지의 폐해는 크게 느껴지지 않으나 금지약물 복용과 규정위반 용기구 사용에 대한 신중한 태도가 요청되고 있는 중이다. 금전적 이득과 사회적 권력을 얻기 위해 비인간적 행위, 스포츠맨십을 저버리는 행동이 급증하고 있다. 부정적 팬덤으로 사회적 약자와 다른 의견을 지닌 그룹에 대한 포용력과 존중심을 소실하는 사례가 많아지고 있다.

21세기 들어 한국 스포츠가 규모도 커지고 형태도 다양화되고 관여자도 많아지면서 국내적, 국제적으로 발전에 발전을 거듭해오고 있다. 하지만 성장속도와 규모에 맞먹는 일탈과 부정의 결과물, 부산물들도 생겨나고 있다. 한국의 문화와 풍토로 인하여 우리만의 독특하고 폐쇄적인 특징도 생겨났다. 국제체육계에서 인정하는 스포츠 강소국으로서 리더십을 발휘해야하는 위치로 발돋움하고 있으나, 실상은 그러한 자격과 역량을 지니고 있는지 냉정하게 돌아보게 된다.

우리 한국체육이 단순히 국제스포츠계에서 높은 기량만 보여주는 배우(광대?)에 그쳐서는 곤란한 시점이다. 국제무대에서 제작과 연출 역할을 해낼 수 있어야만 한다. 스포츠 트렌드를 창출해내고 스포츠 시장을 이끌어나가야 한다. 세계의 흐름을 파악하고 반영하면서, 우리의 스포츠를 만들어내어 나가야 한다. 한국체육을 올바로 세워 나가는 것이 바로 그것을 이루어내는 최적의 방법이다. 한국적 스포츠로 한국체육4.0을 일으켜나가야 한다.

최근 영국이 〈Sporting Future : A New Strategy for an Active Nation〉, 호주가 〈Sport 2030〉, 미국이 〈National Physical Activity Plan〉, EU가 〈Work Plan for Sport〉, WHO가 〈More Active People for A Healthier World〉, UNESCO가 〈Quality Physical Education〉을 마련한 바탕도 바로 이것들이다. 주요 선진국과 국제단체들의 비전과 정책에 이 7대 흐름들이 고스란히 담겨져 있다. 한국체육4.0의 향후 20~30년을 견고히 떠받쳐줄 7개의 든든한 기둥들 七大柱로 삼기를. 영화 세븐은 비극으로 마무리됐지만, 한국스포츠 세븐은 쿠키 영상까지 딸려있는 해피엔딩이기를. (월간최의창, 2019, 4)

루두스 아니마 메아

진리는 나의 빛, 운동은 나의 숨 —

One Page Writing

무릇 나정도 나이 먹은 중년 아저씨라면 세상의 진리 두어 가지쯤은 깨치고 있기 마련이다. 여기저기서 주워들은 것이 아니라, 산전수전의 세상살이를 통해서 스스로 찾아낸 것 말이다. 나의 한 가지는 "모든 일에는 밸런스가 중요하다"는 것이다. 좀 더 멋있게 표현하면, "최고의 선은 균형이다." 당연히, 현실과 맥락 속의 조화를 중요시여기는 아리스토텔레스의 "중용" 中庸 원리 수준의 깨우침은 못된다. 노자 도덕경의 "있음과 없음, 어려움과 쉬움 등은 서로의 균형적 관계 속에서 존재한다" 有無相生 難易相成 長短相較 高下相傾 音聲相和 前後相隨 는 존재론적 깨달음은 더욱 못된다.

밸런스란 적절한 균형을 말한다. 정의의 여신 테미스가 들고 있는 저울처럼 50:50의 기계적 균형도 있고, 태극 문양처럼 음과 양의 관계가 만들어내는 역동적 균형도 있다. 어떤 경우이던 적절한 균형이란 어느 한쪽으로 치우치지 않고 그 상황, 그 상태를 온전하게 만들어주는 균형이다. "더도 말고 덜도 말고, 딱 알맞은 만큼" 둘 또는 그 이상의 요인들이 치우치지 않는 조화를 만들어내는 상태를 말한다. 어느 한 쪽이 매우 못 미치는 것, 또는 너무 지나치는 것은 좋지 않다. 어떤 경우에든 사람에게 있어서는 재능과 인성, 지성과 감성, 자신감과 겸손함, 적극성과 소극함 등이 적절하게 잘 어우러져 있어야 한다. 사람을 벗어나 사회, 자연, 우주의 경우에 있어서도 마찬가지다.

최근에 유행하는 단어가 있다. 많이 알려진 "워라밸"이다. 알고 있듯이 "워크 라이프 밸런스"의 축약어다. 일과 생활의 균형, 근로와 휴식의 균형을 말한다. 지나치게 일 중심으로 돌아가는 생활, 일에 파묻혀 개인생활이 없는 지경을 회복하라는 권고다. 하루 10시간 이상 일하고 밤늦게까지 업무를 처리하는 과노동의 삶에서 멀어지라는 경고이자 명령이다. 행복해지기 위해서 일을 하는데, 그 일이 행복을 다 잡아먹어버리는 현대인의 역설적인 생활을 경계하는 말이다.

이 균형의 원리는 내가 일하는 곳에서도 필요하다. (뻔한 가명이라 다들 어딘지 아시겠지만) 내 일터는 관악대학교라는 곳이다. 여기는 연구하는 것이 일이다. 공부가 일이 되어버린 곳이다. 교수들은 종신권과 명예 때문에, 학생들은 학점과 장학금 때문에 열심히들 일에 몰두하는 곳이다. 물론 외부에 비춰지는 대의와 스스로 생각하는 명분은 "진리추구"다. 사회는 대학에 새로운 지식을 요구하며, 대학은 세상을 위해서 참된 지식을 만들어낸다. 사실, 우리는 그런 일을 한다. 그래서 교훈도 "베리타스 룩스 메아"다. "진리는 나의 빛"이라는 뜻으로, 진리추구가 내가 삶을 살아가는 원리다. 어두운 나의 삶의 길을 진리의 빛으로 비춰 나간다는 취지다.

직장인에게 당장 워라밸이 필요하다면, 관악인에게는 바로 "스스밸"이 필요하다. 스스밸은 "스터디 스포츠 밸런스"의 축약어다. 물론 내가 짜 맞춘 단어다. 워라밸에 담긴 의미를 집어내어 관악에 거주하는 이들에 맞추어 재단한 표현이다. "연구와 운동의 균형"이 필요하다는 것이다. 공부하는 것과 놀이하는 것을 잘 섞어서 관악생활을 이루어가야 한다는 말이다. 공부만 하다가는 건강도 해치고 문약 文弱 해져서 제대로 된 연구와 교육을 못하게 될 가능성이 높다(관악인들에 대한 일반인들의 통념도 바로 이렇게 형성되어있으며, 내 개인적 관찰도 이와 크게 다르지 않다).

우리 국민의 신체활동 참여율이 점차로 높아지는 것이 지난 20년간의 추세다. 건강과 여흥, 그리고 자기성장을 위하여 신체활동에 적극적으로 참여하는 비율(사람 수)이 점차로 늘어나고 있다. 이미 참여하고 있는 이들은 참여시간이 증가하고 있다. 한국, 아니 세계 최고의 브레인을 자랑하는 관악인들의 체육참여율은 얼마나 될까? 조사통계가 없어서 확신할 수 없지만, 분명히 국민 평균치를 훨씬 못 미칠 것이다. 정확하고 철저한 조사가 필요한 시점이다. 우리나라를 위해서도, 그리고 세계의 학계를 위해서도 신체활동 참여의 양적 증가와 질적 향상은 반드시 적극적으로 권장되어야 한다. 아니, 강제시켜야 할 수도 있다(주 52시간 이하 근무처럼, 월 52시간 이상 운동?).

운동(스포츠를 포함한 다양한 유희적 신체활동)의 본질은 "놀이"다. 요한 호이징가는 "호모 루덴스"라는 표현으로 생각하는 인간과 도구 만드는 인간을 넘어, 인간이 본질적으로 놀이하는 존재임을 우리에게 확인시켜주었다. 인간의 문명과 문화는 바로 이 놀이 본능의 결과물이다. 프리드리히 실러는 "유희충동"의 아이디어를 통해서 인간이 인간으로 되는 유일한 길은 (여러 형식의) 놀이를 통해서만 가능하다는 주장을 펼쳤다. 이들이 이야기하는 놀이는 신체활동만을 이야기하지 않지만, 그 대표적 형태가 바로 (현대에는 스포츠라는 표현으로 대표되는) "운동" ludus 이다.

"스스밸"은 관악인에게만 해당되는 것이 아니다. 특히 우리 한국의 모든 청소년에게는 스스밸이 필요하다. 우리의 초중고등학생들은 공부를 일로 삼고 있는 또 다른 그룹이다. 관악인보다 더 했으면 더 했지, 절대로 덜 하지 않다. 대부분의 관악인들은 스스로 그리하고 있지만, 대부분의 청소년들은 피치 못하게 그리하고 있다는 점이 다를 뿐이다. 과학고나 외고 등 더 좋은 상급학교, 그리고 세칭 일류대학에 진학하기 위해서 공부를 생활로 삼고 있다. 이들에게도 공부와 운동의 균형 원리가 적용되어야만 하겠다. "일반인은 워라밸, 청소년은 스스밸"이라고 외치고 싶을 정도다.

"공부만 하고 놀지 않으면 잭은 바보가 된다"는 영국 속담은 잭은 물론이고 질에게도 적용된다. 그리고 현대 한국의 철수와 영희에게도 고스란히 적용된다. 놀이결핍에 의한 공부부진은 남녀를 가리지 않는다. 공부하는 틈틈이 운동하라는 주문이 아니다. 공부와 운동을 반드시 병행하라는 것이다. 보조나 곁다리로 운동을 채워 넣으라는 것이 아니다. 공부의 보조로서의 운동, 그것은 예전의 개념이다. 현대의 개념은 공부와 운동의 병행이다. 미래에는 운동의 보조로서의 공부가 될지도 모른다. 본말과 주부가 바뀌는 현상이 발생할지도 모른다. 아니, 틀림없이 그리된다. 추세가 그렇다.

당연히 나부터 그런 밸런스를 찾아야겠다. 꾸부정해지는 어깨와 깊게 굽어가는 등, 그리고 일자로 뻗은 목은 바로 오랫동안 공부와 운동의 균형을 제대로 찾지 못한 관악인인 내가 만든 나의 모습이다. 허리주위로 든든하게 내장을 감싼 지방 벨트가 상당히 두터워져버린 것은 말할 것도 없다. 옆 창문에 비친 노인처럼 보이는 중년의 저 늙수그레한 사나이는 과연 누구인가? 스스로 놀란다. 한숨만 내쉰다. 은퇴 가까워질수록 운동 열심히 하라던 선배님의 조언을 따르자. 젊었을 때는 공부 많이 했으니, 나이 들어서는 운동을 그때 못했던 만큼 소급해서 맞춰 해도 된다고 웃으시며 말씀하셨다. 지금 현재의 스스밸이 아니라 인생 전체의 스스밸을 찾으라는 권유로 들린다.

이를 위하여, 관악캠퍼스의 거주민으로서 관악대학교 당국에 강력히 촉구한다. 스스뱰의 원칙이 지켜질 수 있는 캠퍼스를 만들어주기를. 교수든, 학생이든, 직원이든 여기서 생활하는 모든 사람들이 일과 생활, 연구와 운동, 공부와 스포츠의 균형이 충분히 지켜질 수 있도록 노력해주기를. 공부와 놀이가 하나가 되어 관악의 삶이 더욱 행복한 것이 될 수 있도록 최적의 환경을 조성해주시기를. 사람에게 있어 유희가 본능인데 그것을 억제하면 그 대가는 당연히 클 것이다. 반대로 본능을 적절히 충족시켜주면 그 효과도 크다. 운동이 뇌기능을 향상시켜주며, 우울증도 감소시키고, 행복감을 더해준다는 뇌과학의 최근 연구결과들을 들먹거릴 필요조차 없다.

스스뱰이 실질적으로 강조되고 있음을 만인이 확인할 수 있도록 하는 조처가 필요할지 모른다. 일례로 학교의 비전이나 목적, 특히 관악대학교의 교훈에 그 점이 드러나야 할 것이다. 심각히 한 번 고려해보시기를! (물론 조크다. 그렇기는 하지만, 적어도 새로이 생긴 스포츠진흥원의 표어 정도는 할 수 있지 않을까?). 현재의 교훈은 그것대로 그대로 두고, 공부와 운동이 함께 중요함을 강조하는 문장이 추가되어야 할 것이다. 내가 생각해놓은 것은 이렇다.

베리타스 룩스 메아, 루두스 아니마 메아
VERITAS LUX MEA, LUDUS ANIMA MEA

"진리는 나의 빛, 운동은 나의 숨"이란 뜻이다. 참된 진리를 찾되, 숨을 쉬어가며 찾자. 지구상에 숨 쉬지 않고 살 수 있는 생명체는 하나도 없다. 관악 계곡에서 생활하는 거주민이라고 예외는 아니다. 일과 운동의 균형을 촉구하는 스스뱰의 원리가 적용되는 범위는 관악인이나 청소년의 경우에만 그치지 않는다. 한국 어디든, 한국인 누구든 마찬가지다. (월간최의창, 2019. 8)

우즈 vs 페더러, 박태환 vs 윤성빈

One Page Writing

궁금증을 자아내는 제목이다. 나는 이 제목으로 무엇을 의도하는가? 어떤 내용을 적으려고 하는가? 우즈와 페더러, 그리고 박태환과 윤성빈은 어떤 점에서 서로 비교되는가? 그것도 "vs"라고 할 정도로 대립적인 관계에 있는가? 궁금하지 않을 수가 없다.

한 쪽 끝에 타이거 우즈가 있다. 우즈는 어떤 선수인가? 2살 때부터 골프채를 휘두른 골프 천재다. 그것도 밥 호프가 진행하는 지상파 프로그램에서 자기 어깨 높이까지 오는 긴 클럽으로 말이다. 크게 될 나무는 떡잎부터 알아본다던가. 우즈는 아버지의 특별계획 하에 걸음마를 떼자마자 골프를 시작했다. 이후 줄곧 뉴스거리를 만들면서 제 나이 또래의 골퍼들과는 비교되지 않는 수많은 기록을 세웠다. 그는 스탠포드 대학에 입학하기 전부터 골프계에서 이미 유명해진 상태였다. 그리고는 대학을 마치지 않고 곧바로 프로에 진출해서 골프계의 판도를 새롭게 바꾸어놓았다.

다른 쪽 끝에 로저 페더러가 있다. 어렸을 때 축구를 좋아했고, 스쿼시도 했고 스키, 레슬링, 수영, 스케이트보드도 좋아했다.

농구와 핸드볼과 탁구와 배드민턴도 했다. 물론 테니스도 배웠다. 특히, 학교에서는 축구선수로도 뛰었다. 운동을 좋아했던 그는, 테니스 코치를 했던 어머니의 무관심(다른 편에서 보면, 개방적 태도)하에 무수히 다양한 종목들을 섭렵했다. 페더러가 테니스에만 집중하게 된 것은 중학교 때인 12세부터였다. 이것도 빠른 것 아니냐고 할 사람도 있을 수 있고, 실제로도 어느 정도 빠르다고 할 수 있다. 하지만, 세계 수준으로는 이미 늦은 나이에 접어든 연령대다. 테니스계에서 조차도.

박태환과 윤성빈의 비교도 이런 맥락에서 한 것이다. 박태환은 오로지 수영만 했던 선수다. 5살에 처음 천식을 고치기 위해서 수영을 시작한 이후 2008 베이징 올림픽대회에서 금메달을 따고, 이따금씩 출전하는 최근에 이르기까지 수영이외의 운동은 거의 하지 않았다. 반면에, 2018 평창동계올림픽 대회 스켈레톤 금메달을 목에 건 윤성빈은 그 반대편에 있다. 초등학교 시절부터 축구도 하고 육상(단거리, 높이뛰기)도 하고, 배드민턴도 하고, 농구선수로도 학교와 시와 도를 대표했다. 고등학교 3학년이 돼서야 난생 처음으로 썰매 스포츠를 알게 된다. 전심전력으로 노력한 덕분에 입문한지 5년 5개월 만에 세계 랭킹 1위에 오른다.

(인생의 다른 영역에서도 마찬가지겠지만) 스포츠 분야에는 "빠르면 빠를수록 좋다"는 철칙이 있다. 어떤 운동에 입문하는 최적의 시기가 언제인지를 묻는지에 대한 정답처럼 여겨진다. "Head Start" 남보다 빠른 시작 라는 용어가 만들어진 이유도 이런 것이다. "어떤 운동(영역)에 남들보다 뛰어나고 싶다면, 가능한 빨리 어렸을 때부터 시작하라. 한 살이라도 적을 때 시작하라." 이런 조언이 일반화된 것이다. 다다익선 多多益善 이라는 표현을 차용하면, 조조익선 早早益善 이라고나 할까(어리면 어릴수록 좋다는 면에서 소소익선이 더 적합할까)? 어린만큼 당연히 연습의 기간도 더 늘어

날 것이고, 운동신경이 고착화되지 않을 때에 보다 정확한 기능을 체득시킬 수도 있다는 장점이 있을 것이다.

사실, "운동능력 발견 및 개발"sport talent identification and development 분야의 지배적 이론은 바로 "조조익선" 모형이다. 실제로 많은 스포츠 선진국(또는 메달강국)에서는 재능의 조기발견을 중요시하고 그에 따른 육성계획을 정책적으로 지지하고 있다. 우리나라는 그것이 매우 극단적으로 진행되고 있는 국가 중 하나다. 국가적으로도 그렇고, 개인적으로도 그렇다. 문화체육관광부와 대한체육회는 초등 저학년부터 "꿈나무선수, 청소년대표선수, 후보선수, 국가대표선수"의 4단계 직선적 선발육성 체계를 운영한다. 학부모는 자녀들이 아주 어렸을 때부터 한 종목에 특화시켜 올인한다. 세계 최강국인 여자 프로골프가 그 대표적인 예다. 초등학교 이전이나 저학년부터 시작한다.

하지만, 빠르다고 다 좋은 것은 아니며, 빨리 시작한다고 모두 성공하는 것은 아니다. 급할수록 돌아가라는 옛말도 있지 않은가? 우리는 그동안 숨 가쁜 경쟁의 고속도로 위에서 최저속도를 시속 100km로 맞춘 채 내달려왔다. 지나친 과속과 가속은 차체에 큰 부담을 준다. 보이는 크고 작은 사고는 물론, 보이지 않는 심각한 손상을 남긴다. 굵은 기록을 짧게 남기면서 물러난다. 쉽게 망가지며, 결국은 폐기처분된다. 이것은 단순한 비유가 아니다. 이른 등장은 이른 퇴장을 예비한다. 사실 우리는 너무도 자주 보아왔다. 시상대의 영광이 오래가지 못하는 경우가 대부분임을 너무 잘 알고 있다.

최근 우리의 스포츠 조급증(및 스포츠 조숙증)을 경계하면서, 스포츠 재능의 발견과 개발에 있어서는 조기전문화보다는 만기전문화에 대한 고려가 더욱 많이 주어져야 함을 강조하는 목소리가 높아진다. 베스트셀러 〈스포츠 유전자〉의 저자 데이빗 엡스타인은 〈Range : Why generalists triumph in a specialized world〉 즉, "폭넓음 : 전문화가 지배하는 세상에서 종합론자가 승리하는 이유" 쯤으로 번역될 수 있는 새 책에서 타이거 우즈같은 조기전문화 모델보다는 로저 페더러같이 어렸을 적에는 다양한 체험을 많이 하도록 추천한다. 조기전문화, 그리고 이어지는 도를 넘는 지나친 전문화(하이퍼스페셜라이제이션)는 득보다는 실을 더 많이 가져다준다는 사실을 음악, 스포츠, 미술, 경영 등 다양한 분야의 사례와 연구결과를 들어 설득력 있게 소개한다. 한 가지 큰 것을 아는 두더지와 작은 것 여러 개를 아는 여우의 이야기는 정답이 아니라는 것이다.

> 하나의 커다란 직소퍼즐을 구성하는 작은 조각들을 따로 떼어놓고 보는 것은, 아무리 그 그림이 고화상도 화질이라고 하더라도, 우리 인간에게 주어지는 거대한 도전들을 파악하는 데에는 부족합니다. 열역학법칙에 대해서 파악한지 아주 오래되었지만, 우리는 산불이 번지는 향로 向路 를 예측하지 못합니다. 세포들이 작동하는 방식은 알고 있지만, 그 세포로 만들어지는 한 인간이 어떤 시를 쓰게 될지는 예측할 수 없습니다. 개개의 부분들에 대한 개구리 시력같이 단시안적 관점은 충분하지 않습니다. 건강한 생태계는 생물학적 다양성을 필요로 합니다.
> 지금 이 순간에 조차도, 역사상 전례 없는 전문화를 만들어 내어놓는 사람들의 조처들 속에서도, 폭넓음의 징조들은 보여집니다. "그 어떤 도구도 전능하지 않다. 모든 문을 다 열 수 있는 마스터키라는 것은 존재하지 않는다"고 말한 역사학자 아놀드 토인비의 말에 따라 사는 사람들이 있습니다. 이들은 한 가지 도구에 천착하지 않고 도구통 전체를 모으고 활용하는 사람들입니다. 이들은 이 초고도로 전문화된 세상에서 폭넓음이 가진 힘을 보여주는 사람들입니다. (Epstein, 2019, p. 267)

한 가지만을 평생 동안, 그것도 매우 어린 나이부터 시작한다고 최고 수준의 성공이 보장되는 것도 아니며, 그것이 오랫동안 지속될 수 있는 것도 아님을 보여준다. 최고는 선수로서 중년 단계에 될 수도 있으며, 늦게 시작해도 가능하며, 오히려 그런 경우가 보다 더 의미 깊게 오랫동안 최고의 자리를 누릴 수 있는 가능성도 높다는 것이다. 늦게 시작하였다고 하더라도, 기본바탕이 쌓여있고 훈련과 연습이 의도적, 계획적, 체계적으로 진행되면 습득속도가 매우 빠르다. 신체적으로 발달된 상태라서 부상의 위험도 적으며, 인지적으로도 성숙한 단계라서 이해와 적용의 가능성도 높아진다.

스포츠가 아닌 다른 경험들, 또는 다른 스포츠 종목들의 경험들이 축적되어 최종 스포츠의 숙달과 경기에 직접적, 간접적 도움을 준다. 엡스타인은 결코 헛되이 버리게 되는 이전 경험들이 없음을 세밀한 예를 들어서 알려준다. 페더러는 다양한 스포츠를 해본 것, 특히 축구를 전문적으로 해본 것이 테니스 선수로서 너무 많은 도움을 주었다고 고백하였다. 운동능력개발 전문가들은 이것을 "맛보기단계" sampling 이라고 부른다. 다음은 다양한 종목들을 이리저리 맛보면서 자기에게 가장 잘 맞는, 자기가 가장 흥미있어 하는 한, 두 종목을 선택하는 "전문화단계" specialization 로 넘어간다. 이후 최종적으로 한 종목을 직업적으로 선택하는 "투자단계" investment 에 다다른다. 우즈는 시작부터 투자단계였으나, 페더러는 이 세 단계를 골고루 거쳐 최종단계에서 테니스에 투자한 것이다.

엡스타인 자신도 전문화가 본질적으로 나쁘다고는 생각하지 않는다. 다만, 맛보기단계를 거치지 않은 전문화, 그리고 지나치게 과도한 전문화가 가진 문제점들에 대하여 과학적 근거와 실제적 사례를 들어 경계심을 높여준 것이다. 그리고 의도적 연습방식을 채택하고 이전 경험의 교육적 활용 가치를 높임으로써 늦게 시작하는 것, 다른 우회 경로를 통하는 것 등이 갖는 한계를 충분히 극복할 수 있다는 새로운 사실에 눈 뜨게 만들어준 것이다. 그는 이런 경험을 가진 이들을 (과도전문가에 견주어) "제너럴리스트"

generalist, (일단 "종합론자"라고 옮기도록 하겠다. 이 표현도 어색하기는 하지만, "종합가" 또는 "일반가"는 더 어색하다) 라고 부른다. 다양한 경험과 지식을 두루두루 가진 전문가를 뜻한다.

이 의견에 동의한다. 특히, 우리나라 선수나 코치들에게 필요한 관점이라고 확신한다. 우리나라는 조기전문화와 초고도전문화의 대표적 국가이며, 표면적으로는 매우 성공한 국가 가운데 하나다. 하지만, 그 부작용이 만만치 않으며, 얼마 전부터 나쁜 소식들이 봇물 터지듯 쏟아지고 있는 상황이다. 다양한 스포츠 경험 또는 다양한 체험을 지닌 제너럴리스트로 키우지 못하고, 지나친 조기전문화로 하이퍼스페셜리스트로 가득한 한국체육계가 당면해야 하는 피할 수 없는 현실이 되었다. 그리고 앞으로의 미래도 될 것이다.

내가 진단하는 한국체육 초고도전문화 상태의 증거는 "삼중 전문화"다. 우리 선수들은 세 겹으로 된 전문화의 벽안에 갇혀있다. 첫 번째 층의 전문화는 운동전문화다. 일상생활은 접어두고 운동만 하는 것이다. 하루 24시간을 운동으로 보낸다. 운동이 생활, 생활이 운동이 된 경우다. 겉보기에 좋게 들릴 수도 있겠지만, 현실은 그렇지 못하다. 일상인들처럼 생활을 영위하면서 운동을 그 한 부분으로 해야 하는 것이 정상이다. 노는 것, 공부하는 것, 일하는 것 등등의 하나로서 운동하는 것이 아니다. 사는 것으로서의 운동하는 것이 되어버렸다. 이것은 운동과 생활의 괴리를 가져다주면서, 선수들로 하여금 일상생활과 사회생활로부터 격리되도록 만드는 단서를 제공한다. 운동에만 과몰입하도록 만든다.

두 번째 층의 전문화는 종목전문화다. 선수들은 운동만 하는데, 더 나아가 한 가지 종목에만 모든 것을 쏟아 붓는다. 페더러나 윤성빈같이 샘플링의 기회를 갖지 못하거나, 아예 생각조차 않는 것이다. 한 우물만 판다. 물론 현실적으로 이럴 수밖에 없는 데에는 시간과 비용도 고려해야 하는 등 여러 가지 이유가 있겠지만,

효율성이 가장 큰 진짜 이유다. 한국인 특유의 "올인정신"의 발휘인 것이다. 그것도 아이의 자발적 선택보다는 부모의 욕심으로 시작되는 경우가 많다. 일찍 실패하거나 포기하면 그나마 다른 방향으로 발을 내디딜 수가 있지만, 이미 성장하거나 자리를 잡은 후에 손을 놓거나 탈락되어야 하는 경우는 선택지가 없어지게 된다. 다른 종목들을 이해하지도 못하고, 그 종목들의 좋은 점들도 배우지 못한다. 우리는 다른 문화를 여행하고 배움으로써 자기 문화를 더욱 잘 이해하고 발전시킬 수 있다

세 번째 층의 전문화는 기능전문화다. 한 종목 중에서도 그 종목의 기술과 전술적 측면, 즉 시합기능적 차원에만 몰두하여 최고기술자가 되는 것이다. 농구의 단위 기술들과 시합전술에 숙달되어 눈을 감고도 슛을 넣을 수 있을 정도가 된다. 하지만, 그것뿐이다. 농구를 전술, 시합, 경기, 대회로서만 체험하고 이해할 뿐이다. 농구가 갖는 인간의 문화로서의 다양한 측면들, 즉 역사, 경제, 교육, 예술, 정치, 철학 등등의 차원의 의미와 지식에 대해서는 들은 적도 없고 아는 바도 없게 된다. 선수와 감독들에게 농구는 그냥 게임일 뿐이다. 농구인은 농구기능인일 뿐이다. 농구문화인이 아니다. 문화로서의 농구에 대해서는 전혀 알지도 못하며, 알려고도 하지 않는다. 온전한 농구를 이해하거나 체험하지 못한다.

내 생각에 농구 제너럴리스트는 이런 삼중전문화를 극복할 수 있는 사람이다. 농구 스페셜리스트는 그냥 선수일 뿐이다. 농구 우즈일 뿐이다. 농구 페더러는 아니다. 세계 최고선수는 어떤 종목이든 개념상 1명뿐이다. 많이 잡아야 2, 3명뿐이다. 모든 선수가 다 세계 최고가 될 수는 없다. 하지만, 일류선수는 될 수 있다. 개념상 여러 명(수십, 수백 명)이 가능하다. 대부분의 선수들은 일류선수 레벨에 들어있다. 적어도 기능상으로는 그렇다. 다만, 현재 한국의 선수(와 감독들)은 하이퍼스페셜리스트인 경우가 거의 대

부분이다. 오해하지 않기를. 나는 지금 이들을 당장 제너럴리스트로 만들어야 한다는 주장을 펼치는 것이 아니다.

삼중전문화(또는 삼중과도전문화 triple hyperspecialization)는 생활과 운동의 괴리, 운동과 운동의 괴리, 그리고 기능과 문화의 괴리를 만들어낸다. 이 괴리(분리)들은 사실 통합되어야만 하는 것들이다. 그래야 그것을 배운 선수들을 보다 온전한 운동선수로 성장시키고, 보다 온전한 스포츠를 발휘하게끔 만들어준다. 나는 개인적으로, 이러한 괴리들이 현재 한국스포츠와 한국스포츠인에게 넓게 전염되어 있다고 믿는다. 이 괴리가 너무도 깊을 뿐만 아니라 꽤 오랫동안 만연되어서 우리는 그것을 삶의 한 조건, 우리의 일부분으로 받아들이는 수준까지 되어버렸다. 이 괴리가 불편하거나 안 맞는 것이 아니라, 오히려 편안하고 잘 맞는 상태까지 되어버렸다. 변화와 개선이 불필요하고 불편한 단계로 되어버렸다.

스포츠 선수 육성에 있어서 (T형 인재를 만드는) 제너럴리스트적인 접근에 대해서 진지하게 생각해보아야 할 때가 무르익었다. 한국체육 혁신의 주문이 강력하게 밀려오는 이때에 더욱 그렇다. (I형 인재를 만드는) 하이퍼스페셜리스트적 접근은 소수를 대상으로 특정 종목들에 한정해서 진행되어야 할 것이다. 모든 스포츠선수와 모든 종목들에 대한 이같은 접근은 이미 견고해질 데로 견고해진 삼중괴리(격리)를 더욱 강화시킬 뿐이다. 그로부터 발생하는 문제들을 더욱 심화시킬 뿐이다. 이제는 이 분리를 메꾸어주는 방안을 강구해내어 강력히 실천해내야 하는 때이다(이런 접근은 어렸을 적에는 여러 스포츠 종목의 체험들을 많이 하면 좋다는 점에서 다다익선 모형이라고 불러도 틀리지는 않을듯하다).

내가 보기에는, 현재 한국체육에서 주장되고 진행되는 혁신은 인권과 학습권, 더 나아가 복지의 차원들에 초점이 맞추어져있다. 물론 그것들도 필요하다. 그 위에 덧붙여져야 하는 차원은 "교육"

이다. 제안된 스포츠혁신을 실제로 실행해나갈, 즉 실지로 올바로 스포츠를 지도하고 운영하는 스포츠전문인력(선수, 코치, 감독, 행정가, 교사, 강사 등)을 어떻게 길러낼 것인가를 강구해내야 한다. 제너럴리스트로서의 스포츠전문인을 어떻게 키워낼 것인가? 그 철학적 기반과 실천적 모형은 무엇인가? 등의 문제들에 대한 고민을 신중하게 던져야 한다. 그것은, 본질적으로, 스포츠교육에 대한 질문이다. 올바른 스포츠교육은 무엇인가? 올바른 스포츠전문인 교육은 어떤 것인가? 등을 묻는 것이다.

미야모토 무사시 宮本武藏라는 일본의 유명한 무사가 있었다. 1584년 태어나서 1645년에 세상을 떠난 이다. 13세부터 시작하여 29세까지 60여 회의 실전대결을 펼쳐 단 한 번도 패하지 않은 전무후무한 이다. 그는 29세에 은퇴하여 초야에 머물며 그림을 그리고 도자기를 굽는 조용한 삶을 보내다가, 삼십년이 지난 60세에 자신의 검법철학과 원리를 요약한 〈오륜서〉 五輪書를 집필하였다. "니텐이치류" 二天一流라는 검법의 종지와 정수를 담은 책으로서 거의 400년이 다된 지금도 널리 읽히고 있는 책이다. 13세에 프로세계에 입문하고 30세 이전에 은퇴한 미야모토 무사시야말로 대표적인 현대 한국 운동선수의 모습, 또는 과거판 하이퍼스페셜리스트의 화신이라고 할 수 있다.

무사시는 오륜서에서 자기 검법을 수련함에 반드시 따라야 할 원칙을 9가지로 정리하고 있는데, 우리가 귀 기울여 들어볼 필요가 있다. 1) 나쁜 생각을 마음에 떠올리지 말 것, 2) 니텐이치류의 도를 성실히 추구할 것, 3) 여러 분야의 기예들을 폭넓게 익힐 것, 4) 다양한 직업들에 대해서 잘 알고 있을 것, 5) 영리적인 거래관계에 분별력 있게 신중할 것 6) 모든 것들에 담겨있는 진리를 감지할 수 있는 능력을 키울 것, 7) 눈에 보이지 않는 것들을 알아차려 낼 것, 8) 아주 사소한 것들이라도 절대로 간과하지 말 것, 9) 쓸모

없는 활동에 관여하지 말 것. 스포츠교육의 원칙들로서 다른 것들도 주목할 만한 것들이지만, 특히 3) 과 4)의 원칙이 직접적으로 오늘 우리의 관심과 일맥상통한다고 말할 수 있다. 그는 니텐이치류만 갈고 닦으라고 하지 않는다. 그에 대한 원칙은 1개, 즉 전체의 1/9(2번)에 불과하다. 초고도전문화의 원조라고 할 만한 이가 후대에 남긴 조언은 종합론자의 그것이라고 보기에도 전혀 무리가 없다.

참으로 놀라운 깨달음 아닌가? 무사시는 엡스타인이 오늘날 과학적 데이터와 실제 사례를 가지고 증명해보인 것을, 자신의 개인적 경험, 그 경험에 대한 성찰, 그리고 인생의 연륜으로부터 얻어내고 있다. 한 가지에 정통하기 위해서는 다른 것들을 습득하고 공부하는 것은 선택이 아니고 필수임을, 스스로 체득한 지혜로서 알려준다. 엡스타인도 선수로서 하는 다양한 체험들과 빙 둘러 돌아가는 것이 나쁘기만 한 것이 아니며, 더 나아가 긍정적인 도움을 줄 수도 있다고 말한다. 다만, 그는 스포츠 제너럴리스트가 갖추어야 하는 자질의 총합, 총체를 한 단어로 줄여서 무엇이라고 말하지는 않는다. 그것을 함양하는 방안에 대해서도 언급이 없다. 그의 주된 관심은 스포츠교육이 아니었기 때문이다.

만약 내게 묻는다면, 나의 대답은, 예상하겠지만, "스포츠 리터러시"이며 "인문적 접근"이라는 것이다. 지난번 글의 제목이 "코치 불기"임을 상기해보라. 코치는, 군자처럼, 제너럴리스트여야 한다. 우리에겐 타이거 우즈와 박태환도 있어야겠다. 하지만, 대다수의 뛰어난 선수들(그리고 감독들)은 로저 페더러와 윤성빈처럼 키워야 한다. 아쉽지만, 이에 대한 설명은 또 다른 기회를 필요로 한다. 이번 글은 여기까지다. (월간최의창, 2019, 8)

한국체육 4.0
— 인간화, 교육화, 문화화

One Page Writing

1

S사의 N5. 내가 지금 쓰고 있는 핸드폰이다. 한참 전에 구입했다. 정확한 날짜가 기억나지 않아, 인터넷에서 찾아보니 출시일이 2015년 8월 20일이었다. 나오자마자 샀으니 5년 된 것이다. 요즘 TV에서는 갓 출시된 N10의 현란한 광고가 한창이다. 어서 빨리 새것으로 바꾸라고 세차게 유혹한다. 그런데, 나는 지금의 내 핸드폰을 바꾸어야겠다는 충동이 그리 들지 않는다. 늙은 것이다. 새로 나온 전자기기에 그리 혹하지 않는 것은 분명, 나이를 한참 먹은 징후다. 지금 가진 구형으로도 충분히 만족하거나 불편하지 않게 된 것은, 또한 이것이나 저것이나 별반 다를 것이 없다는 마음의 평정을 갖게 된 것은, 틀림없이 나이듦의 증거다.

멋진 새 버전에 마음이 움직이지 (심쿵하지) 않은 이유는 또 있다. 우선, 불편하지 않기 때문이다. 지난 5년간 지금 기계에 익숙해져서 필요한 기능을 (비록 몇 가지뿐이지만) 모두 숙지한 상태이기 때문이다. 자판이나 앱의 위치 등이 모두 손에 익어 눈 감고도 쓸 수 있기 때문이다. 게다가, 지금으로도 충분하기 때문이다. 현재의 버전도 내가 운용할 수 있는 범위를 넉넉히 넘어서 있다. 액정화면의 크기도 충분하다. 부족한 것이 있다면 고작 메모리 용량 정도다. 인터넷, 이메일, 사진기, SNS 등의 핵심 기능들은 현재 내 수준으로도 과분하다. 더 빠른 속도, 더 많은 기능이 불필요하다.

물론, 초고속도와 초대용량을 기본으로 하는 5G 시대에, 나처럼 4G로 만족하는 태도가 나쁜 것은 아니다. 아직도 폴더폰을 사용하거나, 010번호를 가지고 있지 않은 분들도 여전히 있다. 아예, 핸드폰 자체를 사용하지 않는 분들도 극소수지만 있다. 우리의 실제 삶에는 1G(또는 0G)부터 5G까지 다양한 세대와 버전이 공존하는 것이다. 새로운 것은 이전 것을 단번에, 완전히 사라지게 만들지는 못한다. 다만, 뒤로 물러서게 만들고 서서히 기억 속에서 희미하게 만든다. 눈에서 멀어지게 하고 마음에서도 멀어지게 만든다. 조금씩, 천천히.

자 그렇다면, "지금 내가 쓰고 있는 체육은 버전 몇인가?" 핸드폰처럼 내가 매일 쓰고 있는 체육에도 동일한 질문을 던질 수 있을 것이다. 내가 쓰고 있는 버전, 얼리 어댑터들이 쓰고 있는 버전, 그리고 나이든 이전 세대가 쓰고 있는 체육의 버전은 각각 어떤 것인가? 뭐, 이런 뜬금없는 질문을 던질 수 있을 것이다. 이 질문은 체육하는 당사자들에게 쓸모없는 질문이 아니다. 오히려, 당연히 그리고 반드시 주기적으로 물어져야 하는 질문이다. 새로운 시대와 새로운 문화, 무엇보다도 새로운 세대들을 위한 새로운 체육을 항상 준비해야 하기 때문이다.

2

내가 이런 질문에 본격적 반응을 하게 된 것은 최근이다. 먼저 거시적 차원에서 이전과 이후, 현재와 미래를 구분하는 한 가지 방식으로 "버전"(또는 세대)을 사용하는 사회적 관례가 자극이 되었다. 제4차 산업혁명, 정부4.0, 5G 등등. 그리고 체육과 스포츠 분야에서의 변화를 이런 방식으로 과감히 표현하는 사례를 보게 되었다. 과학기술과 문화(스포츠 포함)의 융합현상에 대한 전문가인 앤디 미아가 2017년 내어놓은 〈스포츠 2.0〉 (Sport 2.0 : Transforming sports for a digital world) 이란 책이 계기가 되었다. 이 책의 부제는 "디지털 세상을 위한 스포츠 혁신하기"이다. 한편으로는 현재 진행되고 있고 앞으로 펼쳐질 디지털 세상 속에서 새로운 스포츠(체육)가 어떻게 혁신되어야 하는지, 다른 한편으로는 디지털 스포츠로 인해서 향후 미래세계의 문화가 어떻게 변화할 수 있는지를 매우 구체적이고 실증적으로 알려주고 있다.

책 제목의 체육(스포츠) 버전 숫자가 2.0인 것은 저자가 이 아이디어를 "Web2.0"에서 차용해왔기 때문이다. 웹2.0은 디지털 세상이 이전과는 다른 완전히 새로운 모습으로 탈바꿈했음을 상징하고 함축하는 용어다. 웹1.0은 생산자가 데이터를 창출하고 관리하는 주체가 되는 디지털 세계를 의미한다. 반면에 웹2.0은 생산자가 소비자가 되고 소비자가 생산자가 되는 상호작용을 통해서 콘텐츠가 재생산되며, 이것이 네트워킹을 통해서 끊임없이 성장해 나가는 세계다. 누구나 데이터를 생산하고 교환할 수 있는 사용자 중심의 인터넷 환경을 말하며, 위키피디아나 블로그 등이 여기에 해당한다.

앤디 미아는 맨 몸과 운동공간과 운동용구 중심으로 진행되는 단순한 스포츠 세계는 이미 저물어 가는 중임을 알려준다. 디지털 테크놀로지가 스포츠 세계에 본격적으로 침투해 들어와 긍정적 변화와 영향을 만들어내는 디지털 스포츠 시대가 움틀거리고 있음을 보여준다. 올림픽이 하나의 좋은 예인데, 21세기 디지털 세계 속에서 올림픽은 전 세계의 일류회사들이 자사의 최첨단 기술을 멋지게 선보이고 싶어 하는 최고의 "쇼케이스"가 되었다(인공지능의 도움을 받아 개인맞춤형 데이터의 생산과 소비가 중심이 되고 있는 "웹3.0" 세계에 대한 논의와 사례가 이미 진행되고 있지만, 앤디 미아에 따르면 체육 분야는 이제 겨우 2.0수준에 진입하고 있다고 진단한다).

이런 맥락에서 내가 쓰는 체육의 버전, 내가 처해 있는 한국체육의 버전에 대한 구체적 관심이 생겨났다. 그런데 여기저기를 둘러봐도 이 궁금증을 해결해주는 답변을 찾지 못했다. 그래서 나 스스로 찾아보고, 다소 서투르나마, 나는 내가 처해있는 우리 한국체육이 지금 4.0 버전으로 진입하는 단계에 있다고 판단하게 되었다. 현재까지 한국체육은 3.0의 마지막 단계, 또는 보는 이에 따라서는 진작 벗어나고 있는 단계다. 지난 평창동계올림픽이 중요한 시점이 되었다. 3.0의 마무리(3.8?)와 4.0의 조짐(3.9?)이 느껴지는 시점 말이다.

한국체육1.0은 구한말부터 1950년대까지로 스포츠 자체가 소개되고 소수만이 참여할 수 있었던 태동의 시기다. 한국체육2.0은 1960년대부터 1980년대까지로 전쟁 이후 혼란스러운 사회 속에서 국민적 통합과 자존감을 높여주던 걸음마 시기다. 한국체육3.0은 88서울올림픽 이후부터 2019년 현재에 이르기까지 생활체육 확산과 국제스포츠계 강국으로 부상한 시기이다. 조금 여유 있게 가늠한다면, 최근 우리는 한국체육3.0의 최극성기의 정점을 지나 하향 곡선에 놓여 있다고 할 수도 있다(물론, 나는 이것보다는 좀 더 비관적인 입장에서 이 글을 쓰고 있다).

한국체육이 본격적 시작은 3.0 버전부터다. 스포츠에 대한 우리의 기억과 이야기들이 많이 쌓이기 시작하였고, 많은 사람들이 스포츠와 관련한 혜택을 누리게 되었으며, 또 우리의 스포츠가 세계적 수준으로 발돋움하기 시작한 것이 바로 이때부터였기 때문이다. 1988 서울올림픽대회, 2002 한일월드컵대회 등 국제대회를 유치하고, 국제스포츠대회에서 금메달 성적이 더 빈번해지고, 국내 생활스포츠가 점차 체계화되고 안정화되어가는 시기가 바로 이때다. 박찬호, 박세리, 김연아, 박태환, 최근의 박인비, 손흥민 같은 세계적 선수들이 연이어 등장하여, 한국체육은 가히 황금기라고 해도 과언이 아닐 정도다. 한국교육이 국제학업성취도시험인 PISA에서 높은 점수를 받아 세계적 수준임을 인정받고 있듯이, 한국체육 역시 국제스포츠 강국들에 대한 비교조사연구 SPLISS를 통해서 세계적 수준임이 확인되고 있다.

3

그런데 상승일로에 놓인 줄로만 알았던 한국체육 전반에 걸쳐 어둠의 징조들이 빈번히 보이고 있다. 지나치게 과열되고 도를 넘은 메달 확보 욕심, 수지타산 재보지 않고 앞뒤 안 가리는 국제대회 유치 경쟁, 눈덩이처럼 불어나는 승부조작, 음주도박, 폭력폭행 등의 문제, 경기단체 운영의 사조직화와 비합리화 등의 이슈들이 주시간대 저녁뉴스의 고정 메뉴로 등장할 정도로 타락했다. 한편으로 한국체육은 뛰어난 성과로 모두를 즐겁게 만들었지만, 다른 한편으로는 부정적 영향으로 모두를 나락으로 빠트리고 있다. 전세계 스포츠가 "올바름"과 "공정성"의 화두를 앞에 두고 고민하는 가운데, 한국체육도 스스로의 모습을 돌아보고 환골탈태 수준의 변화를 도모해야 하는 때가 닥쳤다.

한국체육3.0이 흥성시대를 지나 망쇠시대에 접어들고 있음을 알려주는 결정적 사건이 있었다. 2019년 1월 새해 벽두에 온 국민을 경악케 한 국가대표 코치의 (성)폭력 사건이다. 이후 정부 주도의 스포츠혁신위원회와 대한체육회 산하의 스포츠시스템혁신위원회가 근본적 개선을 위해 이전과는 차별되는 노력을 기울이고 있다. "근본적" radical 이라는 것은 "뿌리 차원"이라는 의미도 담고 있다. 기존 관행의 뿌리 수준까지 뽑는 혁신적, 근본적 접근을 취한다는 말이다. 문제들이 새롭게 발견되고 그 규모가 커지고 있다. 불협화음이나 부작용도 더욱 밖으로 거세게 드러난다. 이런 연유로 그동안 잘 작동해온(또는 잘 작동해왔다고 믿은) 3.0 버전의 유효기한이 다하였다. 한국체육4.0을 기대하고 예약하고 추구해야만 하는 단계에 도달한 것이다.

그렇다면, 한국체육4.0은 어떤 모습을 띠어야 하는가? 어떤 특징을 갖춰야만 하는가? 이것이 우리가 지금 고민해야 하는 중요한 이슈다. 한국체육4.0은 3.0의 부족한 부분과 잘못된 부분을 극복하는 것으로 출발점을 삼아야 한다. 그 위에 앞으로의 시대와 사회와 사람들이 원하는 부분들을 더하는 것으로 완성할 수 있다. 3.0은 어떤 모습인가, 어떤 특징을 지니고 있는가? 이 질문으로부터 시작해야 하겠다. 3.0은 지금 마무리 단계에 놓여 있어서 전반적 모습을 그리고 커다란 특징을 잡아내는 것이 가능하다. 나는 간략하게 3가지 모습과 특징(건강화, 오락화, 산업화)만 들어보겠다.

우선 건강화다. 지난 체육은 건강에 큰 도움이 된다는 사실이 강조되었다. 운동(스포츠 및 엑서사이즈)이 신체적 건강을 위한 만병통치약, 또는 만병예방약으로 인정되었다. 운동은 의사의 처방전에 약방의 감초가 되어버렸다. 의사가 내리는 기본처방이 된 것이다. 신체적 건강에 반드시 필요하고 큰 도움이 되는 처방전과 예방약이 된 것이다. 사람들은 한국체육3.0에 있어서 건강한 삶을 북돋우는 풍토와 경향을 크게 일으켰다. 그 이전에는 체육은 단순히 체력 중심이었다. 근력, 즉 힘이 좋아지도록 만드는 운동이었다. 한국사회 전반에 불어닥친 건강제일주의는 몸짱 신드롬이나 건강한 몸에 대한 과도한 집착과 단단하면서도 날씬한 신체만을 추구하는 몸 문화가 만연하도록 만들었다. SNS가 주요 매체가 되어 체육이 육체과시주의, 몸매지상주의, 외모제일주의의 온상이 되었다.

다음은 오락화다. 체육은 오락으로 전락(해석에 따라서는 진화?)해버렸다. 사람들의 말초신경계를 자극하고 아드레날린을 강하게 분비시키며 정서적 흥분감을 급상승시키는 하는 놀이와 보는 놀이로 변해버렸다. 상대와의 신체적 경쟁활동을 통해서 대적욕구와 스트레스를 동시에 해소하며 카타르시스를 맛볼 수 있는 엔터테인먼트로 바뀌어버렸다. 새로운 프로 스포츠가 인기를 끌고 경륜, 경정같은 내기 스포츠가 합법화되며, 인터넷상의 e-스포츠가 활성화되었다. 경쟁의 긴장감이 유발하는 신경계의 민감성이 최대로 활성화되면서 느끼게 되는 짜릿함의 극대화가 수시로 이루어질 수 있는 오락장이 되어버렸다. 담배나 술, 마약 같은 대부분의 오락물처럼 중독성 있는 향정신성 기호품이 되어버린 것이다. 그것도 매우 강한 중독성을 지녀서 중독에 걸린 것조차 느끼지 못하는 그런 고순도의 오락물이다.

마지막은 산업화다. 체육은 단지 건강 활동이나 오락 활동에 머물지 않고, 사회의 경제활동에 주된 기여를 할 수 있는 영역이 되었다. 동네 태권도장이나 수영장 수준에서 머물던 체육 경제활동 수준이 운동복, 운동화, 운동용품의 대량 상품화를 시작으로, 테크놀로지와 연결시켜 디지털화하여 체험 방식이 다양화되었으며, 대규모 체육시설을 최첨단화하는 수준으로까지 확장되었다. 한국체육2.0과는 비교할 수 없을 정도로, 국민들의 체육 관련 경제활동이 매년 높은 단위로 증가하였고, 대기업조차 큰 관심을 가지고 접근하면서 이 분야의 성장 가능성에 대한 기대가 크게 고조되었다. 그러나 지나친 산업화(경제화)로 체육의 순수성이 실종되고 자본주의 사회 내 상업주의의 폐해를 보여주는 다른 분야의 전철을 밟고 있는 조짐 또한 여기저기서 발견되고 있다.

보는 사람에 따라 건강화, 오락화, 산업화가 한국체육3.0의 전체 모습을 가장 잘 드러내 보여주는 강력한 특징들이 아닐 수도 있다. 인정한다. 이 특징화는 내 사견이자 판단이다. 하지만, 이것들이 주요 특징이 아니라고 쉽게 단정해 버리기도 어렵다. 그만큼 지난 30여 년간 한국체육의 드라이브 요인, 즉 주요 성장동력으로 역할해온 점은 부인할 수 없기 때문이다. 한국체육2.0 시대에 태어난 나 역시 체육을 본격적으로 사용하기 시작한 버전은 3.0이며, 그리고 그것과 함께 살아왔으며, 또 미흡하나마 3.0을 직접 만드는 데에 기여해온 장본인이기 때문에, 그 경험을 바탕으로 한 지금의 특징화가 그렇게 터무니없거나 틀리거나 잘못된 방향은 아닐 것이다.

4

그럼, 한국체육4.0은 어떤 특징을 지니고 있는가(또는 지녀야 바람직한가)? 3가지 특징이 두드러진다. 그것은 인간화, 교육화, 문화화다. 한국체육3.0의 세 가지 특징들이 담고 있지 못한 부분들, 그리고 그것이 낳은 부정적 부분들에 대한 보완과 처방이 가능한 내용들이다. 한국체육4.0은 최소한 이 세 가지 방향으로 스스로를 만들어나가야만 한다. 그래야만, 보다 나은 한국체육, 외화내빈의 속빈 강정 수준을 벗어나서 내실외실 內實外實 한 한국체육, 세계체육을 이끌어나갈 주요 대안으로서의 한국체육으로 당당하게 스스로를 자리매김할 수 있다(고 나는 확신한다).

우선, 인간화다. 체육은 신체는 물론이고, 전체로서의 인간을 나아지게 만들어야 한다. 사람은 심신으로 된 존재다. 영육으로 되어있는 존재이기도 하다. 지정의, 또는 지덕체로 되어있다고도 한다. 나는 사람을 우리가 일상적으로 사용하는 다양한 측면, 차원, 영역을 종합하여 5가지 성향을 지닌 존재로 본다. 체성, 지성, 감성, 덕성, 영성이 그 오성 五性 이다. 각각에 대한 부연 설명은 불필요하다. 단어들 자체가 분명히 드러내준다. 인간이란 이 오성이 하나로 되어있는 생명체다. 그런데 날 때부터 지니고 태어나는 이 다섯 가지 본성들은 서로 강하게 연결이 되어있지 않다. 체육은 바로 그것들을 하나로 연결시켜주는 활동이다. 체성을 주목하고 집중하는 것만으로는 오성일체가 되기 어렵다. 다른 측면(차원)들에 대한 적절한 조처들이 필수적이다.

한국체육4.0이 인간화의 방향성을 추구한다는 말은 무슨 뜻인가? 무엇보다도, 육체중심, 신체제일, 건강우선의 사고방식에 대한 견제적 노력을 실천해야 한다는 것이다. 체육은 당연히 사람을 나아지게 만들어야 하지만, 사람의 몸만, 신체만 나아지는 것에 머물러서는 부족하다. 사람의 전인적 총체성을 추구해야 옳다. 국민 한 사람 한 사람이 체성, 지성, 감성, 덕성, 영성의 전인적 총체성 wholeness 을 찾아가는 평생의 노정으로서 한국체육이 기능해야 한다. 국민 각자가 자신이 지닌 온전성을 되찾아 보다 온전한 자기, 보다 행복한 자신을 이루어나가는 것에 본질적으로 도움이 되어야 한다. 나는 이러한 "자기성장"의 큰일을 하는 체육이야말로 근본적인 수준에서의 진정한 "국민복지"라고 생각한다.

다음은 교육화다. 오락의 수준을 넘어서서 교육의 수준으로 도약하는 한국체육이 되어야 한다. 오락과 교육을 구분하는 어떤 명확한 선이 있는가? 절대적 선은 아니더라도 있다고 할 수 있다. 교육은 진정한 자기를 성장시키는 활동이다. 감각이나 감정이나 당장의 욕구에 따른 즉흥적인 반응이 오락이라고 할 수 있다. 반면에 교육은 우리 각자 자신의 바깥쪽과 저 안쪽 깊은 곳이 모두 조응하며 성숙해지는 변화를 말한다. 신체활동(운동, 스포츠)이 움직임 욕구를 채우는 것과 보는 것 수준에서 충족시키는 정도로는 여흥에 그친다. 더 낮은 수준으로는 유흥이며 향락으로까지 치달을 수 있다. 교육은 그 반대 방향으로의 달음질이다. 나의 오성을 보다 온전한 것으로 만들어주는 활동이다.

한국체육4.0이 교육화의 방향성을 추구한다는 말은 무슨 뜻인가? 체육의 체험자들이 보다 온전한 존재로 성장할 수 있도록 한다는 것이다. 특히 자기중심적 사고에서 벗어나, 타인과 사회와 자연과 세계를 함께 생각할 수 있도록 돕는 프로그램이자 환경을 제공한다는 말이다. 오락이 오로지 자신의 달콤한 감각만을 추구하는 지독한 자기지향적, 자기충족적 행위라고 한다면, 교육은 그 지향과 중심과 목적이 나 이외의 다른 것으로 향하도록 만드는 지난한 타자중심적 자기형성의 행위라고 할 수 있다. 교육받았다는 것은 이기심을 덜어내었다는 것, 이타심을 담아 넣었다는 것을 의미한다. 체육이 단순한 개인 소유물의 수준을 벗어나, 역사와 사회 속에 뿌리를 둔 공동체의 소산물임을 깨달아야 한다. 우리의 체육은 모든 사람들이, 모든 존재들이 함께 행복해질 수 있는 "공동행복"의 장으로서 역할해야 한다.

마지막은 문화다. 산업으로서의 체육은 재화의 생산과 재생산, 그리고 그것을 통한 경제활성화의 도구며 수단내지는, 기껏해야 그것이 진행되는 통로 혹은 펼쳐지는 마당을 벗어나지 못한다.

산업은 노동 즉, 일과 관련되어 있고, 또 돈과도 관련이 높다. 문화는 산업과는 관련이 적다. 문화로서의 체육은 체육이 지닌 본래의 가치에 충실한 활동이자 현상이다. 체육의 본래 정신은 "놀이"다. 요한 호이징가가 이야기한 "유희"다. 인간의 문화, 문명은 인간이 먹고사는 것에 당장 필요치 않은, 하지만 호모 루덴스로서 본능적으로 지닌 유희충동을 발휘해서 만들어놓은 것이다. 이중 체육은 가장 대표적인 것에 속한다. 놀이적 활동은 노동과는 큰 관련이 없다. 오히려 그 반대편에 있다. 문화화는 체육의 유희적 성격이 다시 회복되고 복원되어야 한다는 의미다.

한국체육4.0이 문화화의 방향성을 추구한다는 말은 무슨 뜻인가? 문화는 음악, 미술, 무용, 영화, 건축, 연극, 문학, 애니메이션, 패션, 디자인이다. (체육활동을 대표하는) 스포츠와 엑서사이즈는 문화인가? 당연히 문화다. 우리 일상생활의 중요한 한 부분이고, 노동과는 직접 관련 없이 실천되고 사랑받는 활동이기 때문이다. 물론 부모님들의 걱정대로 돈이 되지도 밥이 되지도 않는, 그런 분야들이다. 하지만, 인간의 유희충동을 가장 훌륭하게 반영하여 그것을 표출함으로써 형성되고 풍요로워지는 그런 활동이다. 문화란 그런 것이다. 체육의 문화화는 체육을 돈과 일과 노동과 생산성에 결부시키기만 해서는 안 되는 일임을 확인시켜준다. 체육이 가치, 교양, 품위, 품성, 덕, 수월성 등에 보다 직접적인 연관을 맺고 있음을 상기시켜 준다. 체육이 상품소비가 아니라 "문화향유"의 장이 되어야 함을 분명히 해준다. 산업은 상품에, 문화는 작품에 관심을 둔다.

한국체육4.0의 세 가지 특징들을 간단히 소개하였다. 한국체육은 2050년까지 향후 약 30년간 보다 인간화되고, 보다 교육화되고, 그리고 보다 문화화되도록 힘써야 한다. 물론, 한국체육3.0에서도 이 측면들은 존재하였다. 하나도 없었다는 것은 사실이 아니다. 하지만, 건강화, 오락화, 산업화의 강렬한 빛에 가려져 그림자 속에 숨어 들어가 자라지 못하고 왜소한 모습으로 위축되어있었다. 전경이 아니라 배경으로 밀려나 있었다. 이제 한국체육4.0에서는 전면에 드러나야 한다. 최소한 동등하게 강조되어야 한다. 인간세상의 특성상, 그리고 체육의 본성상 3.0의 세 특징들이 완전히 사라질 수는 없다. 아니 오히려, 4.0에서 더욱 융성하게 될 수도 있다. 그만큼 기본이 다져져 있기 때문이다. 이것은 또한 한국체육4.0의 성립을 위해서는 부정적이다. 그 위력이 감퇴되어야 하고 그 세력이 축소되어야만 한다.

5

자, 이 세 가지 특징을 종합하여 한 단어로 묶어서 불러보자. 각각의 특징들을 자기 자리에 맞추어 놓아 마치 3조각 모자이크처럼 그것이 만들어내는 하나의 모양을 지칭해보자. 한국체육4.0을 한마디로 이름지어보자는 것이다. 한국체육4.0은 어떤 체육인가 (체육이 되어야 하는가)? 내가 오래전부터 선택해온 단어가 있다. "진선미 체육" 眞善美 體育 이 그것이다. 참되고 올바르고 아름다운 체육을 지향하자는 뜻이다. 한국체육3.0은 "다대고 체육" 多大高 體育 이라고 부를 만하다(외적인 휘황찬란함만을 쫓아 겉만 번드르르하고 속은 텅 비어있는 체육이 되어 "백치미 체육"이라고도 부른다). 물론, 많고 크고 높은 것을 지향하는 다대고 체육은, 아무리 거부해도 인간과 사회의 속성상, 여전히 추구될 것이다. 우리로서는 진선미 체육이 이전과는 달리 보다 강조되고 실행되고 보상받도록 최선을 다해야 할 것이다.

인간화, 교육화, 문화화된 한국체육은 체육의 양적 차원을 보전, 진흥하는 것에 그치지 않고, 체육의 질적 차원을 더욱 드러내어 전파하는 것에 힘쓴다. 이러한 가치들은 "교육"에 의해서 전수되고, 유지되며, 발전된다. 한국체육4.0을 위해서는 "스포츠교육"에 대한 새로운 관심이 필요한 이유다. 다대고 체육이 지배적인 상황에서 진선미 체육의 가치가 인식되고 인정받기 위해서는 한국체육에 관여하는 모든 이들이 새롭게 스포츠교육을 받아야 한다. 우리가 그동안 받아온 스포츠교육은 한국체육3.0을 위한 것이었다. 한국체육4.0을 위한 스포츠교육은 한국체육3.0을 위한 그것과는 달라야 한다. 새로운 스포츠교육에 의해서만 한국체육4.0이 제대로 구동될 수 있을 것이다.

이처럼 우리는 스포츠교육 안에서 인간을 총체적으로 바라봄으로써 현재 한국체육의 가장 큰 병폐(적폐)로 떠오른 인권문제를 바로 보고 시정해나갈 수 있다. 선수나 사람을 우승과 메달 획득을 위해 신체적 기량만을 발휘하는 머신으로 더 이상 간주할 수 없도록 이끌 수 있다. 교육을 통하여 나를 넘어 타인과 사회, 공동체와 생태계, 눈에 보이는 우주와 그 너머의 세계에 대한 인식과 포용에 눈 뜨게 할 수 있다. 또한 체육이 단지 시합이나 경기 잘하기에 그치지 않고 다른 생명체들과 함께 살아가는 사회이자 생태계임을 확연히 깨닫게 만든다. 스포츠가 현재의 무료함이나 쾌감을 위한 오락에 그치지 않고, 우리가 사회적, 역사적으로 전수받고 계승해온 인류의 유산임을 알아차리도록 만든다.

인간화, 교육화, 문화화로 이루어진 진선미 체육에 대한 강조는 한국체육4.0만의 과제가 아니다. 전 세계 체육계가 희원하는 최고 우선 가치다. 세계 체육계도 지난 동안의 체육현장이 많은 성취를 이루었음에도 불구하고, 부정적이고 타락한 방식과 방향으로 경도되어가는 현실을 개선하려고 노력하고 있다. 개별 국가는 물론, IOC, UNESCO, EU, FIFA 등 많은 국제단체에서 인간성 회복, 다인종 공존, 공정성, 지속 가능성 등과 같은 가치들이 스포츠를 통해서 실현될 수 있도록 공동의 노력을 기울이고 있다. 이 가치들은 인간화, 교육화, 문화화 된 체육 속에서만 실천되고 실현될 수 있다. 따라서 한국이 향후 세계수준의 진정한 선진체육국가로서 우뚝 서고자 한다면, 메달 색깔과 입상등수보다는 진선미의 가치에 보다 주목하는 한국체육4.0(그리고 그를 위한 스포츠교육)을 만들어내야만 한다.

한국체육4.0을 선택해야 한다고 해서 한국체육3.0을 전부 버리는 것은 아니다. 3.0에서 좋은 것들은 더욱 발전시키고, 새로운 컨셉과 기능들을 더하여 4.0을 만드는 것이다. 현재는 "뉴트로"가 대세다. 옛것과 새것이 멋지게 조화되도록 하는 문화사회적 트렌드다. 한국체육4.0도 이같은 뉴트로의 결과물이다. 예전 것이 편하다고 시절과 효용이 지난 것을 지나치게 고집하면 집착으로 변질될 수 있다. 변화의 수용은, 그것이 부분적이든 전면적이든, 전혀 나쁜 것이 아니다. 오히려 바람직하다. 만약 내가 한국체육4.0을 선택하지 않으면, 한국체육4.0이 나를 선택하지 않게 될 것이다. 그래도 괜찮을까? 진지하게 물어보아야만 하는 시점이다.

여기까지가 내가 향후 30년간 펼쳐졌으면 하는 한국체육4.0의 모습이다. 길게 적어내려 왔으나, 아니나 다를까, 제목의 묵중함에 걸맞는 수준의 흥미로운 내용을 담아내지는 못했다. 능력부족이다. 이 작업은 더 훌륭한 내용으로 한국체육4.0을 그려내는 다른 분들에게 맡기는 것이 좋겠다. 그분들의 글을 기다리자. 내 깜냥은 여기까지다. 나도 이참에 한 번 N10이나 좀 알아보러 집 근처 동네 대리점에 들러보아야겠다. 아차, 집사람님으로부터 윤허를 먼저 받아야 하지. 내 N5 핸드폰이 어디 있더라? (월간최의창, 2019. 9)

하나로

One Page Writing

내가 좋아하는 단어가 몇 있다. "사랑", "인간", "도", "인문" 등등. "하나로"도 그 중 하나다. 알 만한 이들은 이미 다 알고 있는 사실이다. "하나로 수업"이라는 체육수업 모형을 제안하고 실천해 온 세월이 20년 가까이 되었다. 청장년의 체육교사들은 대부분 들어본 용어가 되었다. "하나로 코칭"이라는 단어도 사용해왔다. 많이 알려지지 않아서 그렇지만. 아무튼, 내가 최애하는 단어 가운데 하나가 바로 "하나로"다. 예전에 문 닫은 이동통신사 이름에도 사용되었고, 아직 잘 나가는 대형마트 이름으로 널리 알려진 단어이기도 하다.

내가 이 단어를 사용한 이유는 이 수업의 정신과 철학이 "통합적 체육"이었기 때문이다. 1990년대 후반까지도 운동기능 위주로 가르쳐지던 체육수업(및 스포츠지도)에 인문적 지혜와 서사적 체험을 덧붙이는 것이 이 모형의 주된 특징이었다. 온전한 스포츠 whole sport 배움을 통하여 체육수업에서 지덕체가 하나된 전인 whole person 을 가르치기 위해서는 스포츠기능만으로는 가능하지 않다는 것이 근본 문제의식이었다. 원칙상 운동만으로도 가능할 수는 있지만, 현실에서는 운동만으로 가능한 전인교육은 (거의 불가능한) 여러 조건들이 충족되어야만 한다.

나는 통합적 체육의 접근을 잘 나타내는 가장 적합한 용어를 물색하였다. 우리말 단어를 고집하였다. 그리하여 찾아낸 것이 "하나로"였다. 운동기능, 인문적 지혜, 서사적 체험 등등을 모두 하나로 통합해서 함께 가르치는 체육이라는 의도를 가장 잘 드러내 주었다. 중요한 모든 것을 하나로 모았다. 순우리말이었고 쉬웠다. 무엇보다도, 입으로 소리내기가 부드러웠다. 기존 서양 직수입 체육수업 모형들인 스포츠교육 모형, 이해중심게임수업 모형, 개인사회적 책임감 모형 등등 보다 더 우리 것 같은 느낌을 강하게 주었다. 적어도 나에게는.

다행히, 사람들 사이에서도 회자되는 이름이 되었다. 수업모형 자체에 대한 선호는 둘째 치더라도 그 이름만큼은 체육교사들 사이에 의식되기 시작했다. 근 20여년 되었지만, 아직도 불리는 이름이다. "하나로"라는 단어에서 느껴지는 친화력과 친근감이 한 몫을 했다고 믿는다. 물론, 체육을 가르치는 이 같은 방식에 대한 호불호는 여전히 체육교사 개인의 선택으로 남아있지만 말이다. 이것이 내가 그동안 하나로 수업 모형의 명칭유래에 대하여 공개적으로 밝힌 이유다. 통합적 체육수업 접근임을 드러내기 위하여서라고.

그런데, 이 단어를 선택한 보다 근본적이며 속 깊은 이유가 더 있다. 나는 우리 세계 또는 우리 인생(삶)이 한 방향으로 향해야 하는 최고의 가치가 무엇인지 조금 일찍이 알게 되었다. 궁극적 원리(보기에 따라 여러 원리들 중 한 가지)에 대해서 파지한 것이다. 공부와 삶의 체험이 그것을 가르쳐주었다. 그것은 합치, 일치, 합일 등으로 표현되는 것이다. 우리는 모든 중요한 것들이 "하나로" 一体 되는 상태를 추구한다. 서로 다른 것들이 하나가 되는 상태를 가장 이상적인 상태로 간주한다. 인간은 모든 것들이 하나로 융합되어 일체를 이루는 것을 지향한다.

우선 간단한 예를 들어보자. "지행일치" 또는 "언행일치"라는 표현이 있다. 아는 것과 하는 것이 하나로 되는 것이 추구된다. 또는 말과 행동이 하나로 되는 것이 추구된다. 생각하고 말하는 것, 즉 머릿속에 들어있는 것과 실행하는 것, 즉 행동으로 보여 지는 것의 괴리가 대부분의 상황이기 때문에, 이것들이 합치되는 것이 바람직한 것으로 강조되고 격려된다. 이때의 "하나로"된다는 것은 서로 다르지 않고 일관성이 있다는 것이다. 일종의 합치상태다. 하나로 된 상태다.

더 나아가, "지덕체합일"(심신합일)의 경우가 있다. 전인교육에서 강조하는 점이다. 사람의 지성과 덕성과 체성이 하나로 일치하여 "전인" 全人이라고 하는 상태가 되는 것이다. 지, 덕, 체 어느 한 쪽이 편중되게 비대해지거나 왜소해지는 것을 경계하고 균형 있게 되는 것을 추구한다. 각각 따로따로 분리되어 있는 것이 아니라, 서로 강하게 연결되어(하나가 되어) 지성과 체성과 덕성이 일관성 있게 표출되는 상태다. "홀니스" wholeness 가 갖추어진, 호울 퍼슨의 상태다(홀니스를 갖춘 스포츠의 경우에는 기와 도가 하나로 된 호울 스포츠라고 한다).

한 개인의 수준에서 이렇게 하나로 된 상태가 바람직하게 여겨짐을 알 수 있다. 좀 더 큰 수준으로 나가보자. 종교에서는 신과 인간의 합일을 추구한다. 인간이 신과 하나로 된 상태를 최종적으로 희망하면서 신앙과 믿음을 깊이 해나가는 것이다. 힌두교에서는 "범아일여" 梵我一如 가 궁극의 진리로서 추구된다. "신과 나는 하나다." 또는 "신과 나는 같다."라는 뜻을 담고 있다. 신과 내가 서로 다른 존재가 아님을, 머리로 이해하는 것을 넘어서, 온몸과 마음으로 깨닫는 것 moksha, 해탈 을 가리킨다. 깨닫는 순간이 바로 하나 되는 순간이다.

마찬가지로 불교에서는 비록 절대적 신을 상정하지 않지만, 부처라는 신적 수준에 맞먹는 존재를 가정하고, 모든 중생들이 다

부처가 될 수 있는 불성을 지니고 있다고 말한다. 수행을 통해서 범부에 불과한 우리는 모두 부처가 될 수 있다. 즉, 내가 바로 부처다. 바로 이런 깨우침을 얻게 되는 그 때가 내안에 있는 자아와 부처가 하나 되는 순간이다. 참나와 헛나가 하나가 되어서는 헛나가 참나로 바뀌는 순간인 것이다. 우리 각자는 자신 안에 들어있는 진짜 자아를 찾아서 그것과 하나가 되는 것을 삶의 목표로 삼는다.

기독교에서는 유일절대자를 상정한다. 하나님과 독생자인 예수를 따르는 것이 구원받을 수 있는 유일한 길임을 강조한다. 무작정 그를 따르는 것이 아니라, 그의 말씀을 따라 그와 하나된 상태가 될 수 있도록 모든 바람과 노력을 기울이면서 그렇게 한다. "내가 부처다"라고 주장하는 불교처럼 "내가 예수다"라고 하지 않는다. "예수와 같아지고 싶다"는 것이지 "예수가 되고 싶다"가 아니다. 예수는 오직 한 분이다. 인간인 나는 신이신 예수가 될 수 없다. 다만, 그분의 모습을 닮고 싶다, "그 분의 말씀과 하나로 된 삶을 살고 싶다"는 말이다.

설명하다보니, 너무 거창하게 되어버렸다. "하나로"라는 단어 안에 들은 근본적인 의미를 설명하기 위해서는 피할 수 없다. 원래 그런 이면적 의도를 배경으로 이 단어를 선택하였기 때문이다. 사실 "하나로 수업"에도 이런 다소 거창한 의도는 반영되어있다. 하나로 수업의 목표는 "기능, 지식, 태도를 하나로", "하기, 읽기, 쓰기, 보기, 듣기를 하나로", "학교공부와 일상생활을 하나로", "서로 다른 사람들을 하나로"이다. 이 4가지 목표는 각각 "자신과 하나되기", "체육과 하나되기", "세상과 하나되기", 그리고 "타인과 하나되기"를 도모하는 것이다.

스포츠를 제대로 배움으로써, 배우는 이들은 이 4가지와 온전히 하나 되는 체험을 추구하도록 한다는 것이 하나로 수업의 근본

원리인 것이다. 체육교육에서 추구해야할 것으로서 "체육, 자아, 타인, 세상"과 하나 되는 것 이상으로 더 중요한 것이 어디 있겠는가? 인생의 가장 핵심적인 것들이 이것들 말고 무엇이 있겠는가? 근력, 지구력, 건강, 협동심, 뇌기능? 물론, 현실적으로 볼 때, 학교 체육 수업시간 내에 이런 어마어마한 목표의 성취가 완전히, 또는 어느 정도라도 가능하다고 주장하는 것은 억지다. 현실적으로는 많은 부분 실현하기가 어렵다. 이것이 냉정한 현실이다(우리나라에 국한된 문제는 아닐 것이다).

다만, 낮은 수준, 짧은 순간, 적은 아이들도 하나됨을 체험하지 못하리라고 단정하는 것 또한 옳지 않다. 우리는 현실적으로 누군가는 조금이라도 짧은 순간이나마 이 4가지 중 어느 하나라도 하나됨을 맛볼 수 있음을 인정해야만 한다. 그리고 그것이 조금 더 많은 아이들이, 조금 더 높은 수준으로, 조금 더 오랫동안 지속될 수 있도록 최선의 노력을 기울여야 한다. 하나로 수업은 이것을 가능토록 하는 것을 주된 목표로 삼는 체육수업 모형인 것이다. 학교 운동장에서만이 아니라, 스포츠센터나 운동부연습장에서도 이루어내야 한다고 주장한다.

내가 좋아하는 "하나로"라는 단어가 뜻하는 좀 더 깊은 의미, 우리의 모든 사고와 실천이 모아지는 구심원리로서의 "하나로"에 대해서 알아보았다. "하나가 되는 것" 또는 "하나로 되는 것"이야 말로 우리 삶을 이끄는 궁극가치로서 손색이 없다. 하나가 되는 대상이 무엇이든지 간에, 우리는 가장 이상적인 상태를 하나가 된 존재 一者 또는 하나인 존재로 간주해야 한다. 우리의 교육적 노력과 체육적 노력은 하나로 되어가는 존재로 이끄는 데에 모아져야 한다. 현대사회에서 가장 인기 있는 수행법의 하나, "요가"라는 말뜻 자체가 "하나됨" union 이다.

하나가 된 상태는 어떤 상태일까? 일심동체, 혼연일체의 상태

말이다. 불가, 특히 중도사상에서는 원융무애 圓融無碍 라고 표현한다. 모든 사물들이 일체가 되어 서로 융화하여 장애가 되지 않는다. 서로 다르지 않고 연결되어 있으며, 그래서 하나라고 할 수 있다. 이사무애, 사사무애라고 표현되기도 한다. 현상과 본체는 사법계 事法界, 이법계 理法界, 이사무애법계, 사사무애법계의 사법계 四法界 로 나뉘어져 있다. 차별적인 현상계는 사법계, 평등한 본체계는 이법계, 현상과 본체가 서로 융합되어 하나되어 나타나는 이사무애법계와 사사무애법계다.

이런 복잡하고 수준 높은 설명구조는 이해하기 너무 어렵다. 조금 더 쉽게 설명하는 뉴에이지 영성에서는 이런 상태를 "물아일체"같은 표현을 사용하여 환상적 또는 환각적으로 그려내고 있다. 또한 신비주의나 밀교 등에서 언급하는 변형된 의식 상태와 유사하게 이해하여 설명하고 있다. 이슬람 수피교의 수사들이 춤추고 노래 부르며 제자리를 빙글빙글 수없이 돌면서 몰아지경의 의식 상태로 몰입하는 것을 설명하기도 한다. 소승불교에서 강조하는 "마음 챙김" mindfulness 으로 몸과 마음이 일체된 상태를 기술하기도 한다.

여전히 무슨 말인지, 어떤 상태인지 이해하기가 쉽지 않다. 나는 "하나가 된다"는 말을 이렇게 이해하기로 하였다. "하나가 된다"는 말은 "하나가 되고자하는 것들이 서로 연결이 강해진다"는 의미이다. 연결의 수준과 강도에 있어서 단계가 있으나, 제일 낮은 수준과 강도도 하나된 상태라고 할 수 있다. 반대의 경우도 마찬가지다. 무도에서 유단자라고 했을 때, 1단에서 9단까지를 모두 유단자라고 하는 것과 같다. 1단도 유단자요, 9단도 유단자인 것이다. 무도와 마찬가지로, 우리는 꾸준한 수행과 수련을 통해서 하나됨의 단수도 높아지게 된다.

예를 들면 이런 것이다. 나는 사람에게는 체성, 지성, 감성, 덕성, 영성의 5가지 본성(요인)이 있다고 보는데, 이것들이 서로 연결이 되어가는 수준과 강도가 바로 온전히 하나된 사람, 즉 전인으로의 성장을 일러준다. 5가지 본성들이 서로 떨어져 각각 있거나, 한두 개, 두세 개, 서너 개, 또는 너덧 개가 연결이 되는 것, 그리고 연결의 강도가 약, 중, 강으로 이어지는 것, 또 그리고 그 이어짐이 단기, 중기, 장기간으로 머무는 것, 각각을 의미한다. 다시 예를 들자면, 전인 1단에서 전인 5단으로 완숙되어가는 것이다. 당연하지만, 전인의 최종단계가 실제로 몇 단까지 있는지는 나도 잘 모른다. 각각의 단계에서 두드러진 심신의 상태가 구체적으로 어떤지도 잘 모른다.

내가 애정하는 "하나로"라는 단어에는 이 같은 여러 겹의 생각들이 들어있다. 그냥 단순히, 운동기술과 인문적 활동을 하나로 체험하는 것으로부터, 배우는 이의 지, 덕, 체를 하나로 잇는 것을 포함하여, 더 나아가 나 개인과 신적 존재와의 하나됨을 도모하는 것까지, 아주 낮은 차원에서 아주 높은 차원까지 다층적인 의미를 내포하는 단어다. 그리고 우리가 교육과 인생 속에서 추구해야 하는 한 가지 궁극원리를 드러내주는 용어다. 교육과 인생에서 중요한 모든 것들이 하나로 뭉쳐지게 해야 하며, 하나된 상태로 이끌어내야 한다는 점을 강하게 일깨워준다.

요즘 우리 주변을 돌아보면, "하나로"의 원리가 절대적으로 필요한 상황들로 둘러싸여 있다. 남과 북이 하나로, 여와 야가 하나로, 보수와 진보가 하나로, 부자와 서민이 하나로, 정규직과 계약직이 하나로, 전문직과 서비스직이 하나로, 구세대와 신세대가 하나로, 교사와 학생이 하나로, 부모와 자녀가 하나로 될 날을 오매불망, 학수고대한다. 〈예기〉에서 희구하는 "대동" 大同은 바로 가장 큰 하나 됨의 상태, 세상 모든 것이 구분없이 온전하게 하나된 상황이다. 끝 모르게 파편화되어가는 우리 사회의 일체화를 촉구하기 위해서도 반드시 요청된다. 하나로의 쓰임새가 이리 포괄적이고 긍정적이다. 이러니, 내가 어찌 하나로 라는 단어를 좋아하지 않을 수 있겠는가? (우리체육, 2019, 12)

깊은 그리움

One Page Writing

　가을이 무르익어 갑니다. 태풍 때문이기는 하지만, 유난히 올해 방문이 잦은 가을비님입니다. 지금도 관악산 정상이 멀리 보이는 통유리 큰 창문에는 빗물들이 다닥다닥 이슬방울처럼 맺히고, 힘이 다한 녀석들은 미끄럼을 타며 주르륵 아래로 떨어지고 있습니다. 구름인지 안개인지 모를 짙은 회색빛 연기가 산 정상을 온통 가리고 있습니다. 연구실 주변은 쥐죽은 듯 어떤 소음도 없습니다. 참으로 조용합니다. 네, 그렇습니다. 가을이 확실합니다. 실내에서 느껴지는 서늘한 온도가 더욱 성큼 다가온 가을을 확인시켜줍니다.
　문득 좋은 글을 읽고 싶은 마음이 솟아납니다. 긴 글 말고 짧은 글이 당깁니다. 짧지만 강력한 문장. 강력하지만 은은한 글. 정찬이 아니라 맛난 간식을 먹고 싶은 충동 같은 것입니다. 마음의 별식에 대한 욕구가 강렬히 솟구칩니다. 날씨로 인해서 센티해진 것일까요? 중년 아저씨의 감성에도 아직은 약간의 불씨 같은 것이 남아있는 것일까요? 이럴 때 제가 찾는 몇 사람의 저자가 있습니다. 오늘은 생텍쥐페리입니다.
　많은 사람들의 사랑을 받고 있는 〈어린 왕자〉의 저자이지요.

어른을 위한 동화라고 불리우며 주옥같이 아름다운 문장들을 담고 있는 책이지요. 하지만, 오늘은 그 책이 아닙니다. 출처가 어딘지 불분명하지만, 영어번역으로 많이 들어보았을 문장입니다. 영어 문장을 눈으로 훑다가, 문득 제가 직접 옮겨보고 싶은 강한 충동이 생겼습니다. 이렇게 옮겨보았습니다(충동이란 자연발화는 대게 후회라는 잿더미를 남기는데 지금도 예외는 아니네요).

If you want to build a ship,	그대 만약 배를 짓고 싶다면,
don't drum up people to collect wood and	사람들을 불러 나무를 그러모으고
don't assign them tasks and work,	각자 과업과 일을 나누어 주기보다는,
but rather teach them	그 분들이 바다의 끝 모를 무한함을
to long for the endless immensity of the sea.	깊이 그리워하도록 가르쳐주세요.

    통상적으로 "배를 만들게 하고 싶다면, 배 만드는 법을 가르치는 대신 무한한 바다에 대한 그리움을 갖게 하라"고 번역되고 있습니다. 전달하고자 하는 바가 바로 느껴집니다. 매우 단도직입적입니다. 그렇기는 해도, 생텍쥐페리가 보았다면 많이 아쉬워할, 아니 약간 화를 냈을 법할 그런 옮기기 일 것입니다. 〈어린 왕자〉같은 글을 쓴 분이 이런 식으로 말을 했을 리가 없지 않겠습니까? 명령조나 훈계조로 말이죠. 그런 점을 상상하면서 한 번 부드럽게 경어체로 옮겨보았습니다.
    교육학을 공부하고 교육자로서 일하는 사람으로서 참으로 진리라고 생각합니다. 강력하고도 은은합니다. 아니, 부드러움 속에 부동의 견고함이 느껴집니다. 독자분도 그리 느끼지 않으십니까? 무릇, 문장이란 이런 부드러움 속에 강함을 지니고 있어야 하는 것 같습니다. 마음을 울리는 강도가 강력하며 지속력도 장기간이 됩니다. 무엇보다도, 세대가 바뀌어도 변함없는 참된 지혜의 말입니다. 읽는 이로 하여금, 삶과 일 속에서 중요한 것과 더 중요한

것이 무엇인지 잊지 않도록, 자각하도록 도와줍니다.

저는 교사로서 아이들이 국어든, 수학이든, 과학이든, 체육이든 교과를 잘 알도록 만들고 싶어 합니다. 학생들이 교과라는 배를 짓도록 돕고 싶은 것이죠. 그러면, 아이들이 배를 만들 수 있도록 자재를 모으고 선박을 건조하는 방법에만 집중하여 그 방법을 가르칩니다. 학생들에게 국어나 수학이나 과학이나 체육의 지식과 기술을 더 많이, 정확히 알려주는 것입니다.

그러나 교사로서 그 와중에 잊지 말아야 하는 것은, 아이들로 하여금 바다에 대한 끝없는 동경심을 불러일으킬 수 있도록 해야 한다는 점입니다. 학생들이 자신이 배를 만드는 이유가 무엇인지 잊지 말고, 바다를 알고 싶어 하는 마음이 사라지지 않도록 조심해야 합니다. 교과를 배우는 것은 그 교과를 통해 우리 삶과 세상에 대한 동경심을 끝없이 솟구치게 만들기 위함임을 잊지 말아야 하는 것입니다.

저는 교육의 방식과 관련해서 "고기를 잡아주는 것", "고기 잡는 방법을 알려주는 것", 그리고 "고기를 왜 잡는지 알도록 하는 것"에 대해서 설명한 적이 있습니다. 처음 두 가지에 대해서는 여러분도 한 번은 들어보았을 것입니다. 고기를 잡아주지 말고, 고기 잡는 방법을 알려주어서 스스로가 지식을 찾아내도록 하는 것이 교육자에게는 더욱 중요하다고 말이죠. 그런데, 그보다 한 단계 더 나아가서, 끊임없이 스스로가 지식을 찾아낼 수 있도록 만들어주기 위해서는, 내가 왜 이 지식을 알아야 하고 배워야 하는지를 자기 자신이 납득하도록 돕는 것입니다.

가장 근본적인 차원에서 우리는, 고기를 왜 잡는지 스스로 이해해야지만, 그것이 어떤 방법이던 고기를 잡는 방법을 배우고 싶어 할 것이고, 그것이 어떤 고기이던 잡은 고기를 소중히 하게 될 것입니다. 교사가 학생들에게 최종적으로 기대하는 것이 바로 스스로 고기를 잡을 수 있는 상태가 되도록 돕는 것입니다. 물론, 생존을 위해서 배를 곯지 않기 위해서 잡는 것이겠지요. 그런데, 삼시세끼 굶지 않고 먹기 위해서만 고기를 잡는다는 본능적 수준에만 머물러 있는 고기잡이는 부족하고 때로는 위험합니다. 결국에 학생들은 자기 스스로 고기 잡는 다양한 이유를 찾아내야만 합니다.

생텍쥐페리의 문장은 이 사태를 정확하게 표현해줍니다. 명령조의 딱딱한 명제가 아니라, 평범하고 따뜻한 시어로서 우리에게 들려줍니다. 물론, 배를 짓기 위해서는 건조작업이 당연히 필요합니다. 이런 실제적 노력과 실행 없이 배가 현실의 배로 만들어질 수 있겠습니까? 당연히 그럴 수 없습니다. 하지만, 힘든 육체적 작업과 바쁜 현실적 건조과정에 정신을 잃어버려서는 안 됩니다. 왜냐하면, 배를 만드는 이유는 그것을 활용하기 위함이기 때문입니다. 끝이 없어 보이는 저 바다에 배를 띄워 바다의 무한함을 체험해보고 싶기 때문입니다.

배를 짓는 실제적 작업은 중요합니다. 하지만, 배를 짓는 이들에게 더 중요한 것은 바다의 끝 모를 무한함을 깊이 그리워하는 마음을 잊지 않는 것입니다. 만약 배를 만들기 시작할 당시에 그런 것을 지니고 있지 않았다면, 생텍쥐페리는 조언합니다, 바다의 끝 모를 무한함에 대한 깊은 그리움을 "가르쳐 주세요"라고. 이것을 지니고 있지 않고서는 배를 완성시키지 못할 수도 있고, 완성된 배를 어찌 사용할지 모를 수도 있기 때문입니다. "왜 배를 만들어야 하는지" 알지 못하기 때문입니다.

그러나 이런 가르침은 좀처럼 쉬운 일이 아닙니다. 어찌 보면, 비행가이고 작가인 생텍쥐페리가 교육의 가장 핵심을 찔렀다고도 할 수 있습니다. 제가 (스포츠)교육학을 전공하고 지난 35년간 지치지 않고 공부를 계속하게 된 것도, 지금 되 돌이켜 보면, (스포츠)교육학적 전문지식을 완전히 알고 싶다는 지식욕심보다는, (스포츠)교육이라는 망망대해에 대한 호기심을 지니고, (스포츠)교육이 무엇인지에 대해서 더 잘 알고 싶은 마음을 키운 것이 바로 진짜이유였습니다. 반평생을 바쳐서 그 호기심을 채우려고 했지만, 저는 아직도 그 망망대해 한 가운데는커녕 해안을 겨우 막 벗어난 상태일 뿐입니다.

물론 처음에는 이론적 지식에 대한 욕심이 앞섰습니다. 이론에 정통하면 만사가 형통할 것이라 생각했습니다. 나무를 그러모아 배 바닥부터 차곡차곡 만들어나가기를 배웠습니다. 하지만, 역시 교육의 "끝 모를 무한함"에 대한 "깊은 그리움"을 놓치면 이런 기법이나 잡식은 무용해집니다. "다 알았다"고 생각하는 순간, 무한함의 끝을 보았다고 생각하는 순간, 그리움은 사라지게 됩니다. 다행히도, 저는 배를 만드는 방법을 배우는 도중에 깊은 그리움이 생겨났습니다. 그리고 그 그리움은 아직 제게서 떠나가지 않았습니다.

그렇다면, 이 깊은 그리움은 어떻게 가르칠 수 있을까요? 바다의 끝 모를 무한함을 일깨워 주어야만 그에 대한 그리움, 그것도 얕은 수준이 아닌 깊은 수준의 갈망이 솟구칠 것입니다. 어떻게 그렇게 할 수 있을까요? 바다를 보여주지도 않은 상태에서, 말이나 사진이나 영상으로 보여준 상태에서도 그런 수준의 깊은 동경심이 생겨날 수 있을까요? 직접 바다를 보아야지만 생겨나지 않을까요? 직접 본다고 해도, 그런 깊이의 동경이 솟구쳐 오를 수 있을까요? 또한, 바다까지 어떻게 데리고 갈 수 있을까요?

결국, 이 인용문은 교육의 핵심을 건드리고 있다고 인정해야 합니다. 체험하지 못한 것, 알지 못하고 있는 것에 대해서 어떻게 해서든 그것을 그리워하고 갈망하게 하고 찾아내고 소유하고 싶도록 만들어야 한다는 점 말입니다. "견물생심" 見物生心 이라는 만고 불역의 진리가 있지요? 눈으로 보아야 마음이 생긴다는 것이죠. 경험해보아야만 알게 된다는 말도 되고요. 그런데, 이 인용문은 이 진리에 정면으로 대척되는 원리를 이야기하고 있습니다. 도저히 현실적으로 실현되기 어려운 일입니다.

결자해지 結者解之 라고 했지요. 결국 생텍쥐페리로부터 해결의 실마리를 찾아야 되지 않을까 합니다. 〈어린 왕자〉에서 유명한 두 개의 인용문으로 어떻게 해보도록 하겠습니다.

> 어린 왕자가 말했지. "사막이 아름다운 건 말이지, 자신의 어딘가에 샘물을 숨겨놓고 있기 때문이야. 이 세상에서 가장 아름다운 것은 눈으로 보거나 손으로 만지거나 할 수 없어. 그것들은 오로지 가슴으로 느낄 수만 있을 뿐이야."

삭막한 사막이 아름다울 수 있을까요? 사진으로 보는 사막, 또는 관광객에게는 혹시 그럴 수도 있을 것입니다. 하지만, 그곳에서 사는 사람에게도 그렇게 생각될까요? 그럼에도 그 메마른 곳에서도 어딘가에 샘물이 감추어져있다는 발견이 사막이 견딜만한 곳, 더 나아가 아름다운 곳으로 생각될 수 있다는 것입니다. 이 아름다움은 인지적이거나 감각적인 것은 아니라고 하는 것이지요. 그것은 마음의 감동으로서만 느낄 수 있다고 합니다.

> 여우가 말했어. "내 비밀은 이거야, 아주 간단해. 사람이 세상을 올바로 볼 수 있는 이유가 무엇이냐고? 바로 가슴(마음, 심장)을 가지고 있기 때문이야. 가장 중요한 것은 눈으로는 볼 수 없어."

여우도 같은 말을 하고 있습니다. 가장 중요한 것은 눈으로는 볼 수 없고 가슴으로만, 마음으로만, 심장으로만 느낄 수 있다고 말이죠. "깊은 그리움"도 같은 것이라고 생각됩니다. 우리가 눈으로 볼 수 있는 바다는 한정되어있지요. 우리는 바다 전체를 한 눈에 다 담을 수 없습니다. 그러나 상상할 수는 있지요. 마음으로 느낄 수 있고 가슴으로 느낄 수 있지요. 바다가 어디엔가 감추고 있는 낙원의 섬을 말이죠. 무변대양 無邊大洋 어딘가에 그 섬이 존재하고 그것에 대한 깊은 그리움을 키워나갈 수 있는 것이죠. 하지만, 그 섬이 우리의 시야에 포착되는 것은 아닙니다. 마음의 눈으로 보고 가슴으로 느껴내는 것이죠.

스포츠를 가르치는 우리는 바로 이것에 주목해야 한다고 생각합니다. 우리는 경기를 즐기고 시합을 잘하기 위해서 기술을 익히고 전술을 연습합니다. 하지만 우리가 동경하도록 가르치는 것은 승리하는 것, 등수 안에 드는 것, 메달권에 드는 것입니다. 끝이 없는 스포츠의 무변대해의 무한함을 깊이 사랑하고 희구하도록 가르치지 않습니다. 중요한 것을 가르치기는 하지만, 더 중요한 것을 가르치지는 못합니다. 가치 있는 것을 가르치지만, 더 가치 있는 것을 가르치지 못합니다. 눈에 보이고 손에 만져지는 것 넘어서 있는, 오로지 가슴과 마음으로 느끼는 더 중요하고 더 아름다운 것은 놓쳐버리고 맙니다.

어떻게 그러한 간절한 그리움을 가질 수 있도록 가르칠 수 있을까요? 그러한 그리움을 가지게 된 사람으로부터 배워야만 할 것입니다. 그것은 사람만이 가지고 있는 것이며, 사람으로부터 제일 잘 배울 수 있습니다. 그렇지만 그런 분은 흔치 않습니다. 그래서 우리는 스포츠인의 자서전을 읽습니다. 스포츠 에세이를 읽습니다. 이 책들 속에 야구와 농구와 축구와 수영과 태권도와 골프와 다른 여러 스포츠들의 끝 모를 무한함이 쪼금쪼금씩 숨어 적혀져 있기 때문입니다. 이미 그런 그리움을 느껴본 이들로부터의 경험담을 살짝살짝 들을 수 있기 때문입니다.

보이지 않고 느낄 수만 있는 것에 대한 깊은 동경심과 희구심은 바로 이런 간접체험을 통한 간접교수로 전수되는 것입니다. 어린 왕자와 여우는 이미 그것을 알고 있었던 것이죠. 우리가 읽는 스포츠를 가까이 해야 하는 이유는 바로 이것입니다. 자서전, 에세이, 시, 소설 등 스포츠 문학에 대해서 귀를 쫑긋 세워야 하는 이유이기도 합니다. 최고의 배움은 직접체험을 통한 직접교수로 전달받는 것입니다. 다만, 이것이 이루어지지 못할 때에는 읽는 스포츠가 대신할 수 있습니다. 읽는 스포츠의 매혹은 바로 여기에 있는 것입니다. 간접체험 중에서도 가장 직접적 체험에 가깝도록 (때로는 그것을 능가하도록) 도와주는 매체입니다.

안드레 아가시가 있습니다. 1980년대 후반과 1990년대, 그리고 2000년대 초반까지 테니스 코트에서 이름(악명?)을 날렸던 천재입니다. 지금은 라파엘 나달, 노박 조코비치, 로저 페더러의 시대가 되었지만, 이들이 호령하기 전까지 그 전 세대 중에서 가장 늦게까지 챔피언으로 남아있던 테니스 틴파워의 선두였습니다. 다만, 지나친 자유분방함과 고약한 성질머리로 인해서 명성에 비해서 평판, 특히 동양인의 관점에서의 평판은 좋지 않았습니다. 저도 그런 선입견을 오랫동안 유지했고요.

그런데, 〈오픈〉이라는 그가 직접 쓴 자서전을 다 읽고 나서는 오해를 풀고 아가시를 이해하며 새롭게 보게 되었습니다. 당시 세계 최고의 독일 여자선수, 그리고 반듯하고 성실한 플레이로 사람들의 존경과 사랑을 한 몸에 받던 스테피 그라프가 그를 남편으로 선택한 이유도 수긍하게 되었구요. 아가시의 개인사와 테니스 세계를 더 많이, 그리고 깊이 체험할 수 있었습니다. 테니스 시합중계나 동네 코트에서의 플레이에서 보고 느꼈던 것과는 좀 더 다른, 하지만 좀 더 진실한 테니스의 세계도 엿보게 되었습니다.

필 잭슨이 있습니다. NBA 결승전 총 11회 우승의 신화를 일군 전무후무한 미국 프로농구 감독이죠. 시카고 불스팀으로 6회, LA 레이커스팀으로 5회를 거머쥐었습니다. 1번도 하기 힘든 우승을

11번이나 일궈냈습니다. 물론 좋은 팀에서 훌륭한 선수들과 함께 이뤄낸 일이지만, 역시 최종적으로는 감독의 힘인 것입니다 우승이란 것은. 그는 몇 권의 책을 썼는데요, 그 가운데 가장 최근의 자서전격인 〈일레븐 링스〉가 있습니다. 농구를 잘 모르는 저이지만, 이전부터 필 잭슨의 책을 좋아해서 그의 리더십과 농구철학을 살펴보기 위해서 읽어보았습니다.

대학 농구부원이던 한 제자는 책을 읽고 이렇게 말하였습니다. "제 자신이 몸담고 있고, 또 애정을 갖고 있는 농구라는 세계에 숨겨진 아름답고 성스러운 장소를 소개받은 느낌입니다. 농구라는 것을 좀 더 깊게 알아보고 싶어지게 만든 이 책이 많은 동행들에게 읽혀졌으면 합니다." 정말로 책을 잘 읽은 것입니다. 필 잭슨을 직접 만나서 이야기를 듣지 못했지만, 그의 삶과 일과 농구사랑이 담겨진 자서전이 농구에 대한 "깊은 그리움"을 생겨나게 만든 것이죠.

공교롭게도 아가시는 자기 책의 말미에 "저는 책이라는 마술을 늦게 발견했습니다. 제 자식들이 제발 피했으면 하는 제가 저지른 많은 실수 중에서도 이것이 거의 최고라고 생각합니다"라고 적고 있습니다. 테니스 아카데미에 십대 초에 입학해서 정식학교를 제대로 다니지 않은 아가시가 때늦게 가정을 갖고 정상적인 성인의 삶을 영위하는 데에서 발견한 가장 큰 깨달음이 책을 사랑하는 마음입니다. 여러 종류의 책이 있겠지요.

필 잭슨도 그의 더 유명한 책 〈신성한 농구대〉에서 "내가 우리 선수들의 마음을 보다 넓히기 위해서 사용하는 한 가지 방법은 시즌 중에 읽을 책들을 나누어주는 것입니다"라고 분명하게 이야기하고 있습니다. 시즌 전이나 후에 평온한 시간이 아니라 시즌 중이라는 점이 중요합니다. 시점과 시각을 더욱 넓힘고 다르게 생각할 수 있도록 만들어 농구를 더 잘 할 수 있게 돕기 때문이겠지요.

스포츠의 끝없는 무한함에 대한 깊은 동경심과 그리움을 심어주기 위해서 읽는 스포츠의 중요성과 효용성을 강조해서 말씀드렸습니다. 그렇기는 해도 최고의 교사는 역시 사람입니다. 그 선생님이 교수, 코치, 부모, 선배 어느 분이던, 자신이 좋아하는 스포츠의 도와 정신을 온전히 구현하고 있는 분을 찾아서 그분께 배우시길 간절히 청하세요. 그런 분이 주변에서 찾아지고 게다가 읽는 스포츠까지 덧붙이면 더할 나위 없는 훌륭한 항해를 시작할 수 있겠지요. 다만, 그런 선생님을 찾기 전까지는 우리의 항해를 스포츠문학이라는 지도에 의지하는 것도 나쁘지 않습니다. 물론, 도중에 난파당하거나 길을 잃지 않으려면 정확한 지도를 고르는 안목이 필요하겠지요.

사람이 자신의 선생님에게 가질 수 있는 최고의 존경심과 동경심을 보여주는 훌륭한 사례가 한 가지 있습니다. 이천 오백년 전, 안연이 바라보았던 공자의 모습입니다.

> 저희 선생님의 도가 높으심은 우러러 보면 볼수록 높고 높아 끝닿은 곳이 없고, 송곳으로 뚫으려 하면 할수록 더욱 단단하고 단단하여 도저히 뚫고 들어갈 수 없습니다. 얼핏 보면 바로 앞에 계신듯 하다가도 홀연히 뒤에 계셔서 선생님은 참으로 파악해내기 어렵습니다. 선생님은 문장으로 저희의 지경을 넓혀주시고 예절로 저희의 마음을 가다듬어 주십니다. 제가 배움을 그만두려 해도 도저히 그만둘 수 없습니다. 저는 저의 재능을 다하여 열심히 배우려고 하나 선생님은 멀리 우뚝 서 계시며, 그 높은 경지에 가까이 가려고 해도 도저히 선생님의 발끝에도 미치지 못합니다.

공자의 특별했던 제자 중 한 명인 안연이 스승님인 공자에 대해서 언급하고 있는 논어의 한 구절입니다. 제자들에게 있어서 학문과 도의 총체적 본보기, 구현체인 공자의 끝 모를 무한함에 대한 "깊은 동경심"을 이것보다 더 절절하게 옮긴 것을 보지 못하였습니다. 만약 있다면, 플라톤의 〈향연〉에서 소크라테스를 흠모하던 알키비아데스가 주연 자리에서 자신에게 관심을 주지 않는 소크라테스에게 애증에 사로잡혀 반술주정 상태로 그를 묘사하는 부분일 것입니다. 인류역사상 공자와 소크라테스는 단 한명씩만 존재했습니다. 이런 (스포츠)교육자를 어느 스포츠센터에서 찾을 수 있겠습니까? 진천선수촌에서는 찾을 수 있을까요?

안연은 공자를 통하여 학문과 도에 대한 깊은 동경심과 진심어린 갈망을 갖게 되었습니다. 공자는 안연에게 그런 마음을 어떻게 심어주었을까요? 훌륭한 자질을 지닌 안연은 날 때부터 이미 자질과 능력을 지니고 있었을 수 있을 것입니다만, 공자라는 스승을 만난 이후에야 진정한 그리움을 불러일으키게 된 것입니다. 한문으로 된 원문에는 제가 한글 풀이본에서 느껴내지 못한 안연의 간절한 그리움이 온전히 담겨져 있을 것입니다(안연이 병을 얻어 젊은 나이에 공자보다 먼저 세상을 등지자, 공자는 "하늘이 나를 버리는구나!"하며 깊은 탄식을 했다고 합니다. 그 스승에 그 제자의 대표적 사례라 아니할 수 없습니다). 저는 아직 그것의 전모를 파악할 독해력과 심안과 가슴을 가지지 못한 상태입니다. 공자도 안연도 지금 여기 없으니, 저로서는 다시 책으로 눈을 돌릴 뿐입니다.

지금 창문 밖은 비가 그치고 먹구름이 엷어지고 안개가 사라지고 있습니다. 관악산의 정상이 조금씩 그 모습을 드러내주고 있네요. 창문에 맺힌 빗방울 이슬도 모두 떨어져버리거나 날아가버렸습니다. 저는 제 안에 다시 깊은 그리움이 조금 더 성장해진 것을 느낍니다. 체육과 공부와 일과 삶과 사람들에 대한 깊은 그리움이 충일해지는 것이 느껴집니다. 문득 고개를 돌려 지금은 다른 곳으로 떠나신 우리 선생님의 사진을 한 번 올려다봅니다. 창문에 매달렸던 그 많은 빗방울들이 어디로 갔나 했더니, 얼마쯤은 지금 제 두 눈으로 옮겨져 오고 있네요. 처음으로 공부의 바다를 동경하기 시작했던 청년시절이 불쑥 떠오르며, 또 다른 깊은 그리움이 세차게 밀려옵니다. (월간최의창, 2019. 10)

4부

영혼 있는 체육

한 장 글쓰기

스포츠교육 에세이

자유교양체육

One Page Writing

"위대하고 강력하고 현명한 도시 아테네의 시민, 나의 친구여,
엄청난 액수의 돈과 명예와 명성을 쌓았으면서
지혜와 진실과 영혼의 성숙에는 거의 신경을 쓰지 않는 것이 부끄럽지 않소?"
〈소크라테스의 변론〉

 나이 먹어가는 징후일 것이다. 그것도 좋지 않은 징후. 눈앞에 펼쳐지는 세상일 대부분이 궤도 이탈이나 정상 일탈로 보이니 말이다. 자꾸만 기본이 어쩌니, 원칙이 저쩌니 지적하는 게 말이다. 이것이 옳으니, 저것이 옳으니. 예전엔 이랬고 또 그 이전엔 저랬고. 지혜로워지는 기미라면 좋겠으나, 꼰대스러워지는 조짐이라면 큰일이다.
 노안이나 백내장으로 인한 것 같으면 다초점 렌즈나 간단한 수술로 고치련만, 관점과 판단의 문제이니 교체하기 난감하다. 사고방식의 걱정되는 이 부분만 도려내어 바꾸어보려고도 해보지만, 수술하러 개복하였으나 암이 너무 진전되어 포기하고 다시 덮는 상황을 마주한다. 늙은 댕댕이에게는 새로운 기술을 가르칠 수 없다는 서양 속담이 괜히 생긴 것이 아님을 확인한다.
 사정이 이래도, 내 눈에 곪아 보이는 부분에 대해 할 말은 해야겠다. 지금 우리 체육에 퍼져있는 종양에 대해서. 체육만이 아니다, 한국 사회 전반에 같은 증상이 번져있다. 체육은 단지 그 썩은 염증이 눈앞에서 터져난 부위에 불과하다. 대부분 그 근본병인으로 사

회적 병폐나 제도의 실패, 또는 집단적 문화를 탓하고 있다. 개인적 일탈이기도 하지만, 그것을 조장하고 용인하는 온상으로서 사회와 문화부터 뜯어고쳐야 한다는 빅 처방이 힘을 얻고 있다.

옳은 지적이며 좋은 주장이다. 나로서는 그것에 교육적인 주장을 한 가지 덧붙이고 싶다. 하버드 칼리지의 학장을 지낸 해리 루이스가 쓴 〈Excellence without Soul〉이란 책이 있다. 내 주장의 핵심을 멋지게 담아낸 책 제목이다. 한국어로 "영혼 없는 최고"라고 옮길 수 있겠다. 미국의 아이비리그 사립대학들과 빅 텐 공립대학들의 몰락에 대해서 정확한 분석과 신랄한 비판을 가한다. 제목 그대로 영혼은 사라지고 두뇌만 남은 곳, 정신은 사라지고 성과만 추구하는 곳으로 변질되었음을 절절히 알려준다.

우리 체육계(사회 전체)가 그런 상황이다. 최고와 최상을 뒤쫓지만 그 과정에서 정신과 영혼을 내쫓는다. 결과가 과정을 송두리째 정당화시킨다. 1등만 성취하면 방법은 용인되고 목적만 달성하면 수단은 묵인된다. 올림픽과 세계선수권대회에서 메달을 딴 유명한 선수와 코치들, 수억에서 수십억의 몸값을 자랑하는 고액 연봉 프로선수들을 떠올려보라. 이들 가운데 "인품과 기량을 함께 지닌" 이들(영혼 있는 최고)은 얼마나 될까?

어떻게 기량과 영혼을 함께 갖추도록 할 수 있을까? 선인들의 희망이었던 "재덕겸비" 才德兼備를 스포츠 장면에서 어찌 이루어낼 수 있을까? 일상의 장면에서도 불가능에 가까운 성취를 경쟁과 승리의 살벌한 전쟁터에서 일구어내는 것이 가능하기나 할까? 스포츠선수는 오락과 게임의 전문가들인데, 인품과 덕성을 요구하는 것은 무리가 아닐까? 이 둘은 물과 기름처럼 섞이기 어려운 관계, 한 쪽이 내려가면 다른 쪽이 올라가는 시소관계이지 않은가?

그런데 이 맥락에서 이야기하는 "영혼"이란 어떤 종류의 것일까? 서양에서 말하는 죽은 후의 혼령은 아닌 것이 분명하다. 동양에서 설명하는 혼백도 아닐 것이다. 여기의 영혼은 죽음 이후에 존재하는 어떤 실체에 대한 언급이 아니다. 보다 본질적인 것, 보다 중요한 것에 대한 비유적인 표현이다. 껍데기와 알맹이, 겉과 속, 표층과 심층이라고 할 때, 알맹이, 속, 심층에 해당하는 것을 말한다.

"얼이 빠졌다", "정신이 나갔다"할 때의 얼이나 정신을 말한다. 마인드가 아니라 스피릿으로서의 정신, 움직이는 동물을 살아있는 존재로 만드는 생명기운을 말한다. 가치 있는 것을 가치롭게 만드는 실질을 말한다. 우리의 체육은 그동안 "Excellence"는 있지만 "Soul"은 빠져버린 영혼 없는 최고, 허울만 있는 텅 빈 스포츠를 추구해온 것이다. 그러니 외화내빈은 당연한 결과이고, 결국 내우외환에 골머리를 앓고 있는 것이다.

소크라테스는 아테네 시민들에게 행한 마지막 변론에서 서두에 인용한 말로 이 점을 꾸짖는다. 서양에서 가장 발달한 민주주의, 뛰어난 문화국민들이 외양의 치장만 추구하고 내면의 충실은 나 몰라라 한 것에 대한 강한 질책을 던진다. 그럼에도 불구하고 깨닫지 못한 아테네 시민들은 소크라테스를 유죄로 판결한다. 이천 오백년 전이지만, 우리는 그때로부터 한 발짝도 나아가지 못했다.

소크라테스는 평상시 아테네 시민들에게 "너 자신을 알라"고 충고하였다. 소크라테스에게 있어서 "자기 자신을 아는 것"은 다름이 아니라, "영혼"을 아는 것이다. 그는 우리 자신을 부르는 말로 영혼만큼 적절한 표현이 없다고 하였다. 나를 아는 것은 체형이나 체격, 체질이나 체중을 아는 것이 아니다. 외모나 아이큐나 취향을 아는 것도 아니다. 나에게 있어 가장 중요한 자신의 본질, 자신의 영혼을 깊이 아는 것이다.

소크라테스는 또한 "성찰 없는 삶은 살 가치가 없다"고 하였다. 이때 하는 성찰 역시 자신의 영혼을 깊이 알기 위한 자세한 반추, 더 잘 알도록 돕는 세밀한 돌아봄이다. 그는 아테네 시민들에게 자기 영혼 돌보기, 즉 자아를 돌보는 노력을 게을리 해서는 안 된다고 조언했다. 자신의 그림자가 아니라, 자신의 실체를 살펴 성찰해야 하며, 그 실체는 바로 각자의 영혼이었음을 강조하였다. 어리석게도 아테네 시민은 이 충언을 받아들이지 않았다.

총체적 난국에 처한 우리 한국 체육에 가장 부재한 한 가지가 바로 "영혼"(철학)이다. 인권도 없고 체계도 없고 제도도 없고 정의도 없지만, 그 무엇보다도 "철학"이 보이지 않는다. 한국체육에는 철학이 없다. "영혼 있는 최고"를 추구하는 새로운 한국체육을 찾아나가는 데에 철학의 중요성을 잊지 말자. 영혼에 필요한 산소는 철학의 숨쉬기로 공급된다. 이천오백 년 전 아테네인들에게 던져진 소크라테스의 일갈一喝은 그 많은 메달을 거두었으면서도 영혼의 성숙에는 조금도 관심 갖지 않는 현재의 한국체육인들에 너무도 적확한 꾸짖음이다.

"영혼 있는 체육"을 갖기 위해서 필요한 것은 무엇인가? 성찰하는 체육적 삶을 사는 것이다. 자기 자신에 대해서 반성하고 자신의 운동에 대해서 숙고하는 것이다. 자신과 체육과 운동에 대해서 철학하는 것이다. 우리 체육에게 지금 절실히 필요한 것은 철학이다. 라이프 없는 운동 좀비가 되어버린, 스피릿 빠진 스포츠 인공지능이 되어버린, 우리 체육에 철학이 강력히 요청된다. 철학하기가 바로 생명 찾기요, 영혼 찾기다.

몸말이 대표 언어, 유일 언어가 되어버린 우리에게 철학하기를 위하여 문자언어와 입말이 시급한 시점이다. 대화를 나누고 글을 읽고 쓰면서 자신과 운동에 대해서 철학할 수 있게 되기 때문이다. 몸으로 아는 것은 자기만 알 수 있을 뿐이다. 다른 이와 생각과 느낌의 교류가 일어나야 한다. 내가 느끼고 생각하고 행동한 것을 다른 이들과 교환하면서 그것의 의미와 가치와 정오正誤를 확인할 수 있게 된다. 성찰하는 삶은 대화하는 삶이다. 자기 자신을 알기 위해서는 대화해야만 한다. 몸으로만이 아니라, 말과 글로서도.

한국체육에 절실한 말과 글의 대화를 가능토록 해주는 것은 무엇인가? 루이스의 책에는 "자유교양교육에 미래는 있는가?"라는 부제가 달려있다. 사실, 내가 말한 한국체육에 필요한 철학은 바로 "자유교양교육" Liberal Education 이다. 선수와 코치를 지덕체가 온전히 조화로운 사람으로 성장시키는 교육이다. 동서양을 막론하고 고대와 현대에서 가장 훌륭한 교육의 전형으로 인정받아왔다. 능력과 영혼을 함께 육성할 수 있는 최고의 교육이다. 루이스의 책은 미국 대학교육에서 이런 전통이 사라지고 있다는 한탄이다.

나는 우리 한국체육이 "자유교양체육" liberal physical education 이 되기를 간절히 희망하는 것이다. 사람의 몸이나 기술만을 최고조로 발달시키는 것이 아니라, 신체와 기량을 숙달시키되 그것이 마음과 정신, 즉 영혼의 뛰어남까지도 담보하는 그런 체육이 되어야 한다. 기량 최우선주의의 병폐를 체육 전반에 걸쳐 종류별로 매일 목도하고 있는 지금 우리 한국에는 얼과 정신이 담긴 진짜 체육이 절실히 필요하다.

운동만 열심히 한다고 해서 영혼을 찾을 수 있는 것이 아니다. 자유교양체육을 위해서는 인문적 지혜가 특별한 도움이 된다. 스포츠를 소재로 하는 문학, 예술, 종교, 역사, 철학적 작품들을 읽고 보고 듣고 쓰고 말하고 생각해야 한다. 축구를 배우면서 축구 소설과 시, 감독의 자서전, 축구 회화와 조각, 대륙별 축구의 역사, 축구전문가의 비평서를 감상해야만 한다.

그래야만 우리의 기량 속에서 영혼을 찾아내고, 또 기량 안에 영혼을 담아낼 수 있게 된다. 자유교양체육이란 인문적 지향을 띤 체육이다. 영혼을 키워내는 것은 인문적 지혜이기 때문이다. 그리고 인문적 지혜는 철학적 성찰의 나무가 길러내는 맛난 열매다.

(월간최의창, 2019. 5)

스포츠교육사

— 왜 우리에겐 스포츠교육진흥원이 없는가?

One Page Writing

    2015년 생활체육지도자와 경기지도자로 불리던 자격증 명칭이, 2가지만 있던 체육지도자 종류가 6가지로 세분화되는 체육지도자 자격제도의 개편과 함께, "스포츠지도사"라고 변경되었다. 각각 생활스포츠지도사와 전문 스포츠지도사로 이름만 살짝 바뀌었다. 체육이 스포츠로, 지도자가 지도사로 달라진 것 이외에, 사실 자격제도의 지향성과 내용면에서 실질적으로 변한 것은 없다. 철학이나 개념적 차원의 변화는 더더욱 의도되지 않았다. 자격연수의 방식을 개선하고, 자격증의 종류를 세분화하는 것이 그 이전 십여 년 전부터 진행된 개정작업의 주요 의도였기 때문이다. 명칭과 종류라는 옷만 살짝 바꿔 입은 것이다.

    한 가지 위로가 되는 점은 다만, 체육지도자보다는 스포츠지도사가 훨씬 더 좋게 들린다는 게다. 한번 소리 내어 다시 읽어보라. "체·육·지·도·자" 그리고 "스·포·츠·지·도·사" "자"者 보다는 "사"士가 훨씬 더 품위 있게 들리지 않는가? 그 당시 나로서는 "놈"이라고 불리다가, 갑자기 "님" 또는 "씨"라고 불리는 기분이었다. 그리고 명칭 변경을 허용하였을 때, 문화체육관광부에서는 이같은 지위적 상승을 의도하였다고 볼 수 있다. 지난 1980년대 초반 국민체육진흥법에 의한 체육지도자자격 제도가 시작되고 30년 만에 처음으로 대대적인 구조적 개선이 이루어졌다. 그러니 지위상승의 희망에 대한 호응이 없어서야 되겠는가.

88서울올림픽 개최 전후 2000년대 이전 체육의 사회적 지위와 이후 2018 평창동계올림픽을 준비하는 시점 우리 체육의 사회적 지위는, 하늘과 땅 정도는 아니더라도, 제주시와 백록담의 표고차만큼은 달라졌다. 체육지도자 자격증의 변경은 바로 이러한 변화와 차이를 반영하는, 나름대로의 올바른 개선으로 환영받기도 하였다. 물리치료사, 기능사 등은 모두 "사"士 자 직군에 해당한다. 의사, 교사, 간호사 등의 "사"師 직군에는 미치지 못하지만, 그래도 "사"로서 좀더 높은 직위로 인정받는 직군에 진입했다는 자부심같은 것을 주게 만드는 효과를 발휘해주었다. 간호원이 간호사로 바뀔 때, 즉 "원"員에서 "사"師로 높여지는 것과 같은 효과가 생겨난 것이다.

일종의 직위상의 플라시보 효과를 가져다주었다. 진짜 약을 투여하지 않았지만 심리적으로 증상이 사라진 것처럼 느껴지게 만드는 위약효과 말이다. 증세가 일시적으로 호전된 듯 보이지만, 실제로는 곧바로 다시 이전 증상이 나타나고 병인도 그대로 남아 있게 된다. "사"자 직명을 가짐으로써 사회적 지위가 높아진 듯 느껴지지만, 실질은 변경 없이 포장만 바뀐 것이므로 현실에서의 사실적 변화는 없다. 사회적 대우가 상승했다는 착각, 또는 착감錯感에서 벗어나야 한다. 나는 지금 우리가 "지도사"라는 직명에 만족해서는 안 된다고 주장하고 싶은 것이다.

"스포츠 가르치는 직업"을 "지도사"라는 직명에 한정시켜 부르는 것은 온당치 못한 처사다. 우리가 하는 일은 지도 수준을 넘어 교육 수준으로 인정되어야 한다. 스포츠지도사라는 직명은 "스포츠교육사"라는 명칭으로 바뀌어야 한다. (건강운동관리사는 제외하고) 현재 지도사로 되어있는 5종의 직명은 각각 생활스포츠교육사, 전문 스포츠교육사, 장애인스포츠교육사, 유소년스포츠교육사, 노인 스포츠교육사가 되어야 한다. 이들이 실제로 수행하는 일의 종류가 운동기술 지도의 수준을 넘어서 스포츠문화 교육의 수준에서 이루어지기 때문에 그럴 자격을 갖는다.

스포츠지도사와 같이 문화체육부장관 명의로 발급되는 자격증을 받는 가장 가까운 이웃의 예를 살펴보라. 2013년부터 "문화예술교육사" 자격증이 발급되고 있다. 이들이 하는 일은 그 내용과 성격상 스포츠지도사들이 하는 일과 다르지 않다. 이들은 문화예술 영역(미술, 음악, 무용, 연극, 영화, 국악, 사진, 만화 애니, 디자인, 공예)에 속하는 기예들을 사람들에게 가르쳐주는 일을 하고 있다. 이들이 주로 하는 일은 춤과 움직임을 가르치는 것, 악기와 노래를 가르치는 것, 그림을 지도하는 것, 연극을 지도하는 것 등 등 소위 "실기" 實技를 가르치고 전수하는 일을 담당한다.

물론 문화예술교육지원법 상에 명시된 업무범위에 대한 좀 더 형식적인 설명이 있다. 문화예술교육사는 (문화예술교육관련 교원 이외에) "문화예술교육에 관한 기획, 진행, 분석, 평가, 교수 등의 업무를 수행"하는 사람이다. 그렇다고 해도 우리가 알고 있고 볼 수 있는 대부분의 일은 주로 지도하는 일이다. 실제로도 가르치는 일을 제일 많이 수행하며, 다른 일들은 실기를 가르치는 일을 제대로 해내기 위해서 필요로 되는 일들이다. "교사"도 다른 일도 많이 하지만 가르치는 일 때문에 그런 명칭을 부여받았듯이, "교육사"도 결국은 지도하는 일이 핵심이기 때문에 그 이름이 걸맞은 것이다.

이와 유사한 종류와 등급의 "평생교육사"라는 자격증도 있다. 2000년부터 부여되었다. 평생교육법 상에 명시된 바에 의하면 평생교육사는 "평생교육의 기획, 진행, 분석, 평가 및 교수업무를 수행"하는 사람이다. 문화예술교육사와 전혀 다름이 없다(평생교육법의 세부 내용들을 참조했기 때문에 당연히 그렇다). 그래도 가장 많이 하는 일은 학령기를 넘긴 사람들이나 학교 밖 교육을 받는 이들을 대상으로 온갖 종류의 내용들을 가르치는 일이다. 학교로만 부족한 평생교육의 필요를 학교 밖에서 올바로 진행되도록 돕는 국가적인 노력을 현장에서 실천하는 것이다. 이전에는 사회교육전문요원이라고 (낮은 수준으로) 불렸다.

왜 우리에게는 "스포츠교육사"가 없는가? 문화예술보다도 사람들에게 인기도 더 높고 더 많은 유용한 효과를 낳아주는데. 평생교육의 내용 중에서 가장 오랫동안 국민들에게 사랑받고 즐거움을 선사하는 컨텐츠인데. 문화예술교육사나 평생교육사가 되기 위해서 갖추어야만 하는 자격요건을 충족시키지 못하기 때문인가? 받아야만 하는 교육내용과 수준이 훨씬 미흡하거나 못 미치기 때문인가? 담당하는 일의 성격은 매우 흡사한데, 왜 한쪽은 지도사라는 명칭, 다른 한쪽은 교육사라는 이름을 갖고 있는 것인가? 교육사가 지도사보다 훨씬 더 높다고 할 수 있을 정도의 사회적 대우와 금전적 대가를 받고 있다는 확연한 증거는 아직 보이지 않는다. 사회적으로 이미 자리를 잡은 스포츠지도사가 오히려 더 인정과 대우를 받고 있는 경우도 많다.

그럼에도 불구하고, 지도사와 교육사는 엄연히 인식적으로 (그리고 개념적으로) 차이가 나는 직역명이다. 지도와 교육은 위계적 지위로 차별화되는 활동이다. 교육학적으로 "지도" instruction 와 "교육" education 은 저차원적 가르침과 고차원적 가르침으로 이해된다. 지도는 단순하고 일차원적인 전달과 교수활동이라면, 교육은 입체적인 전수와 교수활동이다. 현장경험과 어느 정도의 전문지식과 기술을 지니면 할 수 있는 것이 지도활동이라면, 특별한 현장실무 훈련과 체계화된 전문지식, 그리고 기량을 숙달해야만 수행가능한 것이 교육활동이라고 할 수 있다. 강습과 수업, 강사와 교사의 차이를 만들어내는 그런 구분이다.

나는 스포츠지도사는 스포츠교육사로 명칭을 변경해야 한다고 확신한다. 스포츠교육사가 담당해내는 역할에 대한 재인식을 바탕에 두고, 자격 자체가 그에 따라 철저히 재개념화되어야 한다. 스포츠교육사는 운동기능지도사에 그쳐서는 곤란하다. 교육이라는 활동에 걸맞도록, 스포츠 경기를 잘 하도록 돕는 테크닉 코치를 넘어서 운동문화를 전수하는 스포츠 문명의 대리인이 되어야 한다. 테니스 시합기능만을 가르치는 수준이 아니라, 스포츠 문화의 한 영역으로서 테니스의 기술, 지식, 정신까지 총체적으로 지도하고 전수하는, 교육적 차원의 활동으로까지 가르쳐내는 전문인으로 재인식되어야 한다. 법규상에서 원하는 형태로 좀 더 형식적으로 기술하면, "스포츠교육에 관한 기획, 진행, 분석, 평가, 교수 등의 업무를 수행하는 사람"이다.

문화예술교육사나 평생교육사의 이름이 이렇게 된 것은 바로 사람의 일평생 동안 문화예술과 성인교육이 너무도 중요하기 때문이다. 국민 개개인의 삶을 보다 가치롭고 풍요롭게 만들기 위해서는 필수불가결한 활동이기 때문이다. 스포츠(및 여타 신체활동 모두)도 그런 중요성을 가진 교육의 영역이자 내용이다. 현대 생활, 한국 사회 속에서 이것을 부정할 사람은 아무도 없을 것이다. 우리 삶 속에서 스포츠는 그 중요성을 더 크게 획득해나가고 있다. 개개인의 삶 속에서는 말할 것도 없고, 건강, 경제, 산업, 문화 등 모든 영역에서 스포츠의 가치는 확산되어가고 있는 중이다. 2000년대 들어 "교육"이라는 특별한 높은 수준의 조처를 필요로 하는 대상이 되어버린 것이다. 다시 말해, 국민교육의 중요 대상이자 통로로서 자격을 갖추었다는 말이다.

이렇듯 스포츠 가르치는 일을 맡는 이들이 교육사로 불릴 수 있으려면, 그에 맞는 자격과 자질을 갖추어야 할 것이다. 당연한 준비조건이다. 스포츠교육사가 하는 스포츠교육이란 "신체활동을 즐길 수 있도록, 그 체험이 자기 성장이 되도록, 그래서 행복한 삶을 살 수 있도록 돕는 노력"이다. 간단히 말하여, 사람들에게 스포츠 리터러시를 길러주는 일이다. "스포츠 리터러시"(운동소양 및 운동향유력)는 지도 수준의 낮은 전달활동이 아니라, 교육 수준의 높은 전수활동으로 성취된다. 운동소양교육자로서 스포츠교육사는 배우는 이들에게 운동기량만이 아니라 올바로 스포츠를 하고 알고 느끼며 향유할 수 있도록 가르치는 이다.

자격증 개명은 개인의 이름을 바꾸는 것처럼 간단치 않다. 하지만 개명으로 그 개인의 인생이 달라지듯이, 개칭으로 자격증의 지위나 소지자의 대우에는 긍정적 변화를 기대할 수 있게 된다. 이름이 달라지면서, 그 이름의 소지자는 자기의 이름에 걸맞게 생각하고 행동하며 자세를 가다듬게 된다. 바꿔서 좋아진다면, 정당한 법적 절차를 거쳐서 바꾸어야 한다. 직역 職域도 마찬가지다. 스포츠지도사도 명찰을 바꿔 달음으로써, 스포츠교육사로서의 수준 높은 마음가짐과 사고방식을 지니게 되며, 또한 그에 합당한 레벨의 행실과 실천을 펼쳐나갈 수 있게 된다. 스포츠교육사는 국민교육의 수행자로서 우리 한국의 새로운 평생교육자 역할을 해낼 것이다. 높은 스포츠 리터러시를 지닌 스포츠교육사들을 제대로 길러내는 것은 당연히 국가의 몫이다.

문화예술교육진흥원과 국가평생교육진흥원을 만들어 운영해 온 것이 바로 그 증거다. 그런데 왜 스포츠교육진흥원은 없는가? 국민의 운동소양을 드높이기 위한 질 높은 스포츠교육을 체계적으로 펼쳐내기 위한 국가의 책임을 수행하는 기관은 왜 아직도 만들어지지 않고 있는가? 이전의 국민생활체육회(현 대한체육회 생활체육팀)나 국민체육진흥공단에서는 스포츠지도를 교육으로 개념화하지 않고 교육적으로 실천하는 데에는 관심도 개념도 없다. 건강이나 경쟁이나 여흥이나 산업의 맥락과 목적으로만 진흥하려고 한다. 교육의 목적과 맥락에서 스포츠를 가꾸어보려 한 시도나 노력은 전혀 없다. 문화체육관광부에서 스포츠 진흥에 대한 개념전환이 필요한 시점이다. 우리에겐 왜 스포츠교육진흥원이 없는가? 이 질문을 진지하고 심각하게 물어야 할 때다.

(월간최의창, 2019, 6)

코치불기

운동소양 가득한 문질빈빈의 스포츠교육자 —

One Page Writing

군자 ^{君子}. 이십대와 삼십대의 사람들에게는 그다지 울림이 없는 단어일 것이다. 오히려 케케묵은 구시대의 유산같이 느껴질 지도 모르겠다. 그렇지만, 사십대 이후나 오십대 중반 내 나이 즈음 되는 이(특히, 남자)들에게는 일평생 되고자 노력해야 하는 이상이었다. 한 개인으로서 성인이 되어 현실을 살아가는 가장 훌륭한 사회인의 모습으로서 군자를 추구하도록 독려 받았고 교육받았다. 더욱이 조직을 이끄는 이상적 리더로서의 본보기로서도 존중되었다. 심지어는 한 지역이나 온 나라의 정치적 지도자가 따라야 하는 최고 리더로서의 전범 ^{典範}으로 추앙되었다.

21세기 5G 세대를 사는 한국인에게 유교문화의 최고 인간상이었던 군자는 더 이상 추구되어야 하는 이상으로 강조되지 않는다. 류현진이나 손흥민 같은 스포츠 스타, 봉준호나 요요마같은 문화계 스타, 스티브 잡스나 손정의 같은 IT기업가들이 가장 되고 싶은 인물의 최우선 순위에 놓인다. 그 순위 명단에 공자나 맹자가 그렇게 희망하고 이황과 이이가 간절히 바라던 군자는 없다. 군자는 멸종된 부류, 또는 사라질 위기의 천연기념물 같은 존재다. 한때는 너무도 유용했지만, 그 용도를 다한 시한 만료된 개념이다. 공중전화처럼. 적어도 그 효용성이 낮아져 거의 아무도 실행하지 않는 개념이다. 손편지처럼.

그런데 나는, 우리나라 현재와 장래 스포츠 코치의 역할을 고민하는 현 시점에서 군자의 이상을 떠올린다. 시대에 역행하는 일인 줄 알면서도. 우리 한국 체육계에서 절실히 필요한 스포츠 코치(좀 더 확대해서 순전히 코치만이 아니라, 스포츠지도자 그룹 전체를 가리키는 것으로 보아도 무방하다)의 이상으로서 "군자"를 생각한다. 대세를 거스르는 줄 알면서도.

지금 우리 한국 스포츠계에 요구되는 시대의 큰 인물상은 누구인가? 스포츠 인권을 중심으로 펼쳐지는 스포츠 적폐와 스포츠 비리를 일소해버릴 수 있는 정의로 가득 찬 시민 리더인가? 스포츠는 권리며 복지며 인권임을 강조하면서 사회적 정의 회복과 인간적 권리의 확보를 최우선으로 추구해나가는 민주적 리더인가? 그렇다. 하지만, 이것만이 아니다. 행정적, 제도적, 정치적 일을 제대로 해내는 스포츠 리더로서의 코치가 현시점에서 당연히 요청된다. 그렇지만, 이것은 반쪽이다. 더 본질적이며 더 기본적인 다른 반쪽에 대한 자질을 지닌 코치도 필요하다. 각각의 자질에 능한 여러 사람들이 이 두 자질을 각자 보완하면서 한국 체육계를 완성시켜나가야 한다. 퍼즐 수 십 개를 모아서 음양으로 이루어진 하나의 태극문양을 완성시켜나가듯 말이다.

이상적인 상태는 각 퍼즐이 각자 안에 든 음양의 자질을 모두 최고조로 발달시키는 것이다. 필요할 때 음과 양을 적절히 최대한 발휘할 수 있도록 스스로를 발전시키는 것이다. 사람 안에 이 두 가지가 모두 들어있기 때문에, 대부분의 경우에 노력과 교육을 통해서 가능하다. 현재 우리에게 요청되는 스포츠 코치는 인간에 대한 기본 이해, 인권에 대한 민감성을 지닌 것과 동시에, 코칭의 기본적이며 근본적인 측면에 대한 철저한 인식과 이해를 지닌 이다.

물론, 스포츠경기력은 필요한 정도까지 이미 지니고 있다는 것을 가정하고 말이다. 지도종목에 대한 기술수준 없이 코치가 되는 것은 (거의) 가능하지 않으니 말이다.

더 근본적이면서도 기본적인 자질은 어떤 자질인가? 이것은 "군자로서의 코치"라고 하는 생각과 어떻게 연결되어있는가? 단도직입적으로 말해서, 이것은 내가 "운동소양"이라고 부르는 자질이다. 이것은 스포츠에 관련된 자질이면서 동시에, 인간으로서의 기본적 소양과 연결된 자질이다. 그래서 이 자질을 잘 갖추면, 개념상으로도 실제적으로도, 스포츠 자질과 인간적 자질이 동시에 함양되고 갖춰진다. 일석이조, 일거양득의 효과를 얻을 수 있다 (지면 제한 상 다른 곳에서 한 자세한 설명들을 참조하시기 부탁드리자).

운동소양 sport literacy 은 스포츠(통칭해서 운동)를 다양한 방식으로 향유할 수 있는 자질이다. 예를 들어, 축구를 기술과 전략을 갖춰 시합을 수행하는 것에 그치지 않고, 보는 것, 듣는 것, 말하는 것, 그리는 것, 쓰는 것, 응원하는 것 등 온갖 방식으로 즐기는 능력이다. 수없이 다양한 방식으로 향유할 수 있음을 알고 인정하고 장려하는 자질이다. 축구코치는 축구소양을 지니고 있어야 한다. 축구기량만 갖추고 있어서는 곤란하다. 이것이 코치로서 기본이자 근본이다 아까도 언급했지만. 그이는 축구기량과 축구소양을 함께 갖추고 있어야 한다. 그래야 축구를 제대로, 올바로, 온전히 향유할 수 있으며, 선수들도 향유할 수 있도록 가르칠 수 있다.

축구를 단순히 11명의 선수들이 상대팀의 골문을 향해서 공을 집어넣는 것을 목적으로 떼로 움직이는 경기라고만 이해하고, 그것만을 지도하는 코치는 한국 스포츠에 더 이상 최고의 코치로서 인정받을 수 없다. 인정받아서는 안 된다. 그것은 특수훈련 일뿐

코칭이 아니다. 특수훈련일 때 모든 비인간적인 행위가 용납된다. 목적달성을 위하여 모든 수단과 방법이 정당화된다. 이미 스포츠 선진국에 진입해있는 우리 스포츠가 후진적 스포츠 리더에 의해서 굴러간다면, 막다른 골목이나 도로변 궁창에 도달할 뿐이다. 우승과 메달과 상금과 각광이 넘치게 쏟아져도 빛바랜 영광일 뿐이다. 금은동 스포츠가 아니라, 진선미 스포츠가 추구되어야 할 시점이다.

축구소양을 바탕으로 하지 않은 축구기량은 단순 기술에 불과할 뿐이다. 이 기술은 경기장 이외에는 아무런 효력을 발휘하지 못하는, 제한된 기술일 뿐이다. 일상생활에서의 적용이나 다른 영역에의 전이를 기대할 수 없는, 단순 축구기능으로 그치고 만다. 그러나 축구소양이 받쳐주는 축구기량은 일상생활과 다른 영역에 옮겨지는 효용성을 갖는다. 일과 삶이 하나로 뭉쳐질 수 있는 연습이 되어있고, 기초가 다져져 있기 때문이다. 축구소양이란 것이 축구만이 아니라, 인간과 일상을 위해 필요한 소양까지도 함께 갖추도록 하기 때문이다.

운동기량과 운동소양을 함께 갖춘 이를 "스포츠 군자"라고 하고 싶다. 이것이 내가 지금 우리에게 필요한 스포츠 코치를 희망할 때 군자라는 개념을 떠올린 이유다. 일반적 의미에서 군자는 문文이 강하게 드러나는 전문성을 가진 사람으로 여겨지지만 본래는 그렇지 않다. 문무를 함께 지닌 전문인이 군자의 원래 의미다. 이론과 실제, 학문과 일상, 이상과 현실, 지식과 행동, 머리와 가슴 등 서로 보완되는 두 가지 자질과 측면을 균형 있게 지니면서 현실 속에서 시의적절 하게 발휘하는 전인적 인간이 바로 군자의 원래 모습이다. 선진 유학에서는 군자의 이런 모습을 조망하였던 것이다.

공자가 언급한 군자의 여러 특징 중에서 가장 두드러지는 것이 있다. 〈논어〉(위정)에 "군자불기" 君子不器 라는 유명한 표현이 나온다. 바로 옮기면 "군자는 그릇이 아니다"이지만, 당연히 글자 그대로의 뜻은 아니다. 〈논어집주〉에 적은 주자의 해설을 보면 잘 설명되어있다.

선생님께서 말씀하셨다. "군자는 하나의 용도에만 국한되는 기술자가 아니다." 말씀의 뜻은 즉, 용도라는 것은 각기 해당되는 세부적으로 적합한 쓰임이 있어서 서로가 통할 수 없는 것이다. 덕을 이룬 군자는 그 몸에 갖추어지지 않은 바가 없다. 그러므로 군자는 그 쓰임처가 두루 통하지 않음이 없는 전인적 존재이며, 특별히 한 가지 기술, 기예에만 국한되는 재능만 가진 기능인에 머무르지 않는다.

운동기량만 가득한 코치는 한 가지 기술 기예에만 국한되는 재능만 지닌 기능인이다. 군자코치는 그 쓰임처가 두루 통하지 않음이 없는 전인적 존재다. 그는 축구대결이 벌어지는 운동경기장에서만 쓸모 있는 글레디에이터나 전투지휘관이 아니라, 일상생활과 다른 영역에서도 두루 쓰일 수 있는 온전한 사람이다. 그릇코치(소인코치)와는 다르다. 군자코치는 불기다.

군자코치가 갖추어야 하는 온전한 자질을 압축적으로 드러내주는 표현이 있다. "문질빈빈" 文質彬彬. 질은 바탕, 문은 꾸밈을 말한다. 각각 성품과 재능을 의미한다. 공자에 의하면, 질이 문을 압도하면 일상에 파묻힌 이요, 문이 질을 압도하면 책만 아는 이다. 문과 질이 모두 갖추어져야 올바른 군자라고 할 수 있다. 질은 사람의 심성적 차원, 문은 사람의 재능적 차원의 자질과 역량을 뜻한다. 스포츠 코치에게 있어서 각각 운동소양과 운동기량과 일치한다. 군자코치는 문질빈빈하다. 운동소양으로 문질빈빈 해진다.

공자와 비슷한 주장을 한 서양 철학자가 있다. "철학자—왕" philosopher—king 이라는 개념을 내어놓은 플라톤이다. 이상국가를 건설하기 위해서는 철학자가 왕이 되어야 한다는 것이다. 정치인이나 행정가가 아니라 철학자가 말이다. 문질빈빈한 군자의 모습을 플라톤식으로 표현한 것이다. 나라를 올바로 이끌고 국민을 행복하게 하는 국정을 펼치는 리더(지도자)는 행정력만으로는 안 된다. 마찬가지로, 코치는 경기력을 강조해서 승리를 쟁취해야 하는 일차적 임무가 있지만, 스포츠의 정신을 온전히 구현해내도록 애쓰면서 정당한 방식으로 그 일을 도모해야 한다. 진선미 스포츠를 실현해내면서 다대고 스포츠를 지향해야 한다.

현실을 너무 모르는 이론가의 넋두리인가? 목구멍이 포도청이고, 발등에서 타들어가는 불을 꺼야하는 스포츠코치의 사정을 하나도 모르는 대학교수의 혼잣말인가? 그렇지 않다. 서양 외국에서 이미 언급되고 실천되는 것들을, 동양적 사고와 우리 사정에 맞는 개념과 어휘로 풀어 적은 것에 불과하다. 우리 스포츠 현장에도 이미 군자코치들이 실재하고 있다. 다만 유명 스포츠인의 몰락에 대한 언론의 무차별적 보도로 코치 그룹 전체가 그런 것처럼 매도되어 이들이 부각되지 않을 뿐이다. 전혀 존재하지 않거나 아주 극소수인 것처럼 축소, 왜곡되어지고 있다.

스포츠 코치는 닮고자 열망하는 큰 바위 얼굴이 있어야 한다. 문질빈빈한 군자불기의 이상적 모습이 그런 얼굴 중 하나다. 그 얼굴은 잘 생김(운동기량)이 최선이 아니다. 선수라면 외모만으로도 충분하다. 하지만 코치는 외모보다는 풍모다. 얼굴 전체에 드러나는 품격과 기운(운동소양)이다. 운동기량은 코치의 핵심이 아니다. 운동소양이 정수 精髓 다. 코치가 되면 기량보다는 소양이 더 중요하게 작동한다. 특수한 기술보다는 전반적 소질이 더 효력을 발휘한다. 기술 지도를 하되, 전술과 팀 전체를 조망하면서, 올바른 방향으로 이끌어가면서, 현명한 판단을 내릴 수 있게 하는 것은 그 사람의 사람됨이며 교양이다.

이 중요한 자질을 개인이 알아서 갖추라는 것은 국가의 직무 유기다. 스포츠 코치는 국가의 주요 전문 인력이다. 이들의 자질은 중요한 국가 자산이다. 국가관리가 필수적이다. 교육계, 의료계, 심지어 연예계를 보더라도 사람이 희망이고 미래다. 우리 스포츠도 코치가 미래다. 국가여, 스포츠 코치에 투자하라. 선진 외국처럼 스포츠 코치의 교육과 양성을 위한 교육기관과 시스템을 마련하고 지원하라. 우리의 스포츠 코치들이 문질빈빈의 군자코치로서 성장할 수 있도록, 그리하여 우리 선수들이 세계가 열광하는 멋진 스포츠를 펼쳐내는 스포츠 BTS로 자라도록 돕는 운동소양 가득한 스포츠교육전문가가 되도록 조처하라. 코치는 불기임을 명심하라! (월간최의창, 2019, 7)

스포츠교육의 세 가지 모습

— 습득, 개발, 성숙

One Page Writing

1

"스포츠교육"이란 생소한 단어가 자주 쓰여지고 있는 요즘입니다. 간단히 보면 "스포츠를 가르치는 행위, 활동"을 말합니다. 어떤 때에는 학교체육에 대해서 사용하고, 또 어떤 때에는 생활체육의 장면에 대해서 이야기합니다. 그리고 또 어떤 경우에는 엘리트 스포츠를 다룰 때에 언급되기도 합니다. 스포츠훈련이나 스포츠과학이란 단어는 이제 익숙해져있습니다만, 스포츠교육이란 단어는 아직까지 전공자분들을 제외하고는 대체로 낯선 단어임에 분명합니다. 사실은 전공자들조차도 스포츠교육의 개념이나 실체에 대한 뚜렷한 이해를 갖거나 개념정의를 찾기 어려운 실정입니다.

저는 이번에 "스포츠교육"에 대해서 한 번 생각해보려고 합니다. 스포츠교육이란 어떤 것, 어떤 활동을 말하는지, 제 나름의 관점으로 복잡하지 않은 수준에서 살펴보려고 합니다. 결론을 미리 말씀드린다면, 스포츠교육은 한 가지 모습이 아니고 세 가지 모습임을 보여드립니다. 이 세 가지가 모두 스포츠교육이라고 불릴 수 있는 것들입니다. 그리고 그중의 하나가 (최후로, 최고로) 가장 바람직하게 추구되어야 하는 모습임을 말씀드리려합니다. 스포츠교육이란 스포츠를 교양으로서 자신의 몸과 마음에 심어 가꾸어 성숙하게 키워내는 노력임을 알려드리고자 합니다.

2

우선, 교육이란 단어를 먼저 살펴봅니다. 그런데, 교육이란 단어조차도 쉬운 단어는 아닙니다. 모두가 각자의 관점에서 교육의 모습을 그려냅니다. "교육"이란 단어는 참으로 다양하게 쓰이고 있습니다. 예절교육, 운전교육에서부터 전문교육, 교양교육을 거쳐 인생교육, 인간교육에 까지 적용되는 용어입니다. 모든 것이 교육이고, 교육 아닌 것이 없는 상황에 까지 이를 정도입니다. 심지어는 그냥 아무런 무게감 없는 단어가 되어버린 느낌까지 있습니다. 아무런 활동에나 교육이라는 이름이 남용되고 있는 듯합니다.

이런 형편이지만 그래도, 저는 교육을 세 가지로 나누어보았습니다. "습득"으로서의 교육, "개발"로서의 교육, "성숙"으로서의 교육입니다. 우리는 보통 이 세 가지 커다란 모습으로 교육이라는 단어를 써서 그 의미를 규정하고 있습니다. "교육"이란 무엇인가를 가르치고 배우는 활동을 의미합니다. 그리고 그 활동이 긍정적이거나 사회적으로 인정받는 가치를 지녔음이 가정됩니다. 그래서 절도교육이나 질투교육같은 것은 (단어 자체는 사용할 수 있을지 모르나) 인정받지 못합니다. 이런 것들은 포함되지 않습니다.

가장 먼저, 교육은 "습득" 習得의 개념으로 사용됩니다. 간단한 수준의 무엇인가를 행동적으로나 인지적으로 새롭게 배우고 익히게 되면, 우리는 그러한 활동에 교육이라는 명칭을 부여합니다. 가장 간단한 수준에서 요리교육과 안전교육 등을 떠올려보세요.

샌드위치를 만드는 방법을 익히거나, 지진이 났을 때 대피하는 요령을 알게 됩니다. "3대 영양소"나 "화산"같은 간단한 이론적 개념을 알게 되기도 합니다. "배영"이나 "자전거 타기"같은 운동기능을 익히기도 합니다.

교육은 "개발" 開發 의 개념으로도 사용됩니다. 교육이라는 말이 가장 많이 적용되는 경우입니다. 없거나 잠재된 자질이나 재능을 최대화시키는 노력을 가리킵니다. 우리가 학교교육에 교육이라는 말을 붙일 때 (현실적 관점에서) 이런 개발로서의 교육을 의도하고 목표합니다. 사고력, 창의력같은 인지적 능력, 협동심이나 시민정신같은 정의적 능력, 농구력이나 축구력같은 신체적 능력을 최고 수준으로 향상시키는 가르침과 배움을 의미합니다.

그리고 교육은 "성숙" 成熟 의 개념으로도 사용됩니다. 질적으로 숙성되는 상태로 진전하도록 돕는 노력을 의미합니다. 습득이 넓게 만들기, 개발이 높게 만들기로 비유될 수 있다면, 성숙은 깊게 만들기로 표현될 수 있습니다. 새로운 것을 덧붙이기, 새로운 것을 더 쌓기, 그리고 기존의 것을 파고들기라고 할 수도 있겠습니다. 완전히 없던 새로운 것을 배우기보다는 이미 알고 있는 것, 할 수 있는 것을 더욱 다양하게 해석해낼 수 있도록 하는 가르침과 배움입니다.

	교육			스포츠		
	개념	사례	결과	개념	결과	지도자질
(스포츠)교육1	습득	요리교육, 운전교육	정보, 기능	장기	운동기	체험지
(스포츠)교육2	개발	학교교육, 전문교육	지식, 재능	능력	운동력	학문지
(스포츠)교육3	성숙	인생교육, 인간교육	지혜, 안목	교양	운동안	서사지

습득으로서의 교육은 정보나 기능을 전달하고 전달받는 행위입니다. 배우는 이의 몸과 마음에 새로운 것들을 가져다 넣는(붙이는) 것입니다. 배우는 이로 하여금 기억하고 숙달하여 머리와 손발에서 자동적으로 발휘되도록 돕는 활동입니다. 어떤 것은 길게 암기하고 수행할 수 있으나, 또 어떤 것은 그리 오래가지 못합니다. 그래서 지속적으로 갈고 닦아야만 합니다. 가장 단순하고 표층적인 모습의 교육이라고 할 수 있습니다. 그렇다고 가치가 없는 것은 결코 아닙니다.

　개발로서의 교육은 복합적 개념(지식)이나 통합적 재능을 몸과 마음속에서 불러일으켜 키워내는 행위입니다. 단순 암기나 기능 훈련으로는 생겨나지 않는 중급, 또는 고급 수준의 지식과 역량을 배우는 이에게서 키워내는 활동입니다. 공교육이나 사교육에서 모두 강조되고 있는 수준의 재능입니다. 가만히 정적으로 누워있는 지식이나 죽어있는 형태가 아니라 현장에서 활용될 수 있도록 펄펄 살아있는 모습의 지식(역량)으로 가지고 있는 재능을 목표로 합니다.

　성숙으로서의 교육은 모르거나 없던 것을 갖추게 되는 것이 아니라, 기왕에 알던 것, 이미 있던 것에 대해서 새로운 통찰, 새로운 시각, 새로운 이해를 갖게 되도록 힌트를 주고 자극을 주는 것을 말합니다. 그래서 넓이나 높이보다는 깊이라는 비유가 적합합니다. 일과 삶 전반에 포괄적인 적용이 가능한 그러한 지식, 무언가 가시적이고 물질적인 성과를 만들어내지는 않지만 새로운 관점으로 인식의 변화와 그에 따른 행위의 변모를 가져다주도록 하는 가르침과 배움입니다. 성숙으로서의 교육의 결과로 얻어지는 지혜와 안목은 이런 최고 수준의 배움에 붙이는 이름입니다.

3

이제 스포츠교육에 이러한 생각을 한번 접목시켜보겠습니다. 습득으로서의 스포츠교육, 개발로서의 스포츠교육, 그리고 성숙으로서의 스포츠교육을 생각해봅니다. 각각의 스포츠교육의 모습은 비교적 분명합니다. 여기서 "스포츠"는 모든 종류의 신체활동을 포괄적으로 부르는 종합명칭입니다. 단순히 농구나 축구같은 스포츠종목만이 아닙니다. 엑서사이즈, 댄스, 게임, 무술 등등이 함께 포함되어 있는 의미에서의 스포츠(운동, 또는 체육활동 전반)입니다.

우선, 습득으로서의 스포츠교육은 운동기능을 배우는 것입니다. 그리고 그에 관련된 정보들을 새롭게 알게 되는 것입니다. 농구교육을 받으면 농구의 기술과 전술들을 배워서 게임을 할 수 있게 됩니다. 체력교육을 받으면 피하지방량을 줄이고, 근력과 지구력을 높일 수 있게 됩니다. 발레동작들을 배워서 토슈즈를 신고 발끝으로 서서 피루엣이나 아라베스크 동작을 할 수 있게 됩니다. 룰을 알아서 시합장에 가서 응원을 할 수 있게 됩니다. 축구의 역사나 프로팀의 역사를 기억하게 됩니다.

개발로서의 스포츠교육은 스포츠에 대해서 보다 전문적인 지식과 식견을 가지게 되는 것을 돕는 활동입니다. 농구경기를 오랫동안 해오고 심판, 위원장, 행정가 등을 거치면서 운영 면에서의 지식을 쌓습니다. 농구에 대한 과학적 지식을 얻고 선수들을 기르는 체계적 코칭방식을 배우게 됩니다. 선수나 코치의 경험위에 농구라는 시합을 훨씬 더 잘 할 수 있는 과학적 전문지식을 덧붙이게 됩니다. 세계 농구계의 동향에 대해서 좀 더 잘 이해하고 관계자들과 친분을 쌓을 수 있게 됩니다. 농구의 전문가로 인정받을 수 있도록 만드는 가르침과 배움입니다.

성숙으로서의 스포츠교육은 스포츠에 대한 철학이 깊어지고 안목이 생겨나며 판단력이 다듬어지도록 하는 교육입니다. 고난도 기술이나 전략을 새로이 배우는 것이 아닙니다. 국제농구기구의 임원이 되는 것도 아닙니다. 농구를 이해하고 체험하는 눈과 귀와 머리와 손발이 새롭게 재구조화되는 교육입니다. 습득과 개발로서의 농구에 대한 이해와 체험을 넘어서도록 하는(또는 더 깊게 파고드는) 지혜를 키워내는 그러한 교육입니다. 극단적으로 표현할 경우, 농구인 것과 농구가 아닌 것을 구분하지 않는, 모든 것을 농구적으로 꿰뚫을 수 있는 통찰력을 갖추도록 하는 교육입니다.

순전히 구분하기 위해서 각각의 스포츠교육으로 얻어지는 자질에 대해서 이름을 붙여본다면 이렇게 할 수 있을 듯합니다. 습득으로서의 농구교육은 "농구기" 籠球技를 갖춰주고, 개발로서의 농구교육은 "농구력" 籠球力을 높여주며, 성숙으로서의 농구교육은 "농구안" 籠球眼을 길러줍니다. 물론, 우리는 각각의 농구교육을 따로, 독립적으로 실행하는 것은 아닙니다. 모든 농구교육은 이 세 가지 차원의 농구교육이 동시에 진행됩니다. 다만, 거의 모든 경우에 습득 수준에서의 농구교육으로 마무리되는 것이 현실입니다.

학교수업이나 스포츠클럽, 또는 생활체육 교실이나 좀더 나아가 동호회 농구클럽을 한 번 돌아보십시오. 거의 전적으로 습득으로서의 농구교육이 진행됩니다. 농구교육이 진행되는 상황과 맥락 상, 그 이상으로 진행되기도 어렵고 그것을 희망하지도 않습니다. 게임을 할 수 있도록 적당한 기술 수준으로 학생과 회원들을 가르쳐서 자유 경기든, 3:3이든, 5:5든 즐겁게 농구를 할 수 있도록 도와주는 것이 주된 목표이면서 최종 기대입니다. 가능한 많이 기술 연습하고 실제 게임하도록 하는 것이 최고의 교육입니다.

여기에 잘못된 것은 하나도 없습니다. 농구를 무엇 때문에 배우겠습니까? 하지만, 농구에는 이것만 있는 것이 아니지요. (프로팀들은 물론이고) 학교 대표팀이나 수준 높은 동호회에서는 농구를 보다 높은 수준으로 분석하고 이해하고 실행하는 노력을 기울입니다. 농구의 경기력을 높이고 분석력을 높이기 위해서 연구결과나 전문지식을 배웁니다. 팀의 수행력을 높이기 위하여 경기자체를 스스로 분석하여 교정할 수 있도록 새로운 분석시스템과 기술들을 찾아서 지속적으로 배웁니다.

개발로서의 농구 가르치고 배우기에는 끝이 없습니다. 경기력은 그 최고 높이를 알 수 없는 고산입니다. 오르면 오를수록 그 끝이 보이지 않는, 그 실체와 전모가 파악되지 않는 미지의 존재입니다. 그러므로, 계속해서 새로운 지식과 기술이 찾아지고 경기력의 우위를 찾아내기 위해서는 높은 수준의 농구교육을 계속 받아야만 합니다. "농구학" Basketballogy 이라고 하는 분야까지 생겨날 정도입니다(이 점에서는 다른 스포츠종목이나 분야의 경우도 마찬가지 상황입니다. 축구, 야구, 골프 등은 이미 학회가 설립되어 있습니다). 트레이닝론, 영양학, 멘탈 트레이닝 등 농구에 대한 과학적 접근이 농구교육에 가장 직접적으로 큰 도움이 되어줍니다.

그런데 말입니다. 농구의 대가들은 농구는 이것이 전부가 아니라고 이구동성으로 이야기합니다. 농구는 게임하기와 이기기가 전부인 운동에 불과하지 않다고 말합니다. 농구는 자기와 인생을 더욱 깊게 이해하고 바라볼 수 있도록 해주는 체험이며 과정인 스포츠라고 말합니다. 농구를 깊게 들여다보면 볼수록, 저희의 인생을 비춰주는 수정구슬처럼, 농구하는 이는 자신의 참모습을 정직하게 비춰볼수 있게 됩니다. 농구시합 속에 삶이라는 인생시합이 고스란히 담겨져 있음을 조금씩 깨닫게 됩니다.

농구를 통해서 인생도 자신도, 그리고 그 외의 나머지 것들도

(인생과 자신이외에 나머지 것들이 있다고 한다면 말입니다) 모두 꿰뚫어볼 수 있는 인식능력(?)을 갖추게 되어가는 것입니다. 이것은 저절로 되는 경우란 것이 거의 없습니다. 직접적 교육을 받아야 됩니다. 또한 간접적 교육도 받아야만 합니다. 전자는 연수라던가 세미나라던가 대화라던가 하는 과정 속에서 지도자의 가르침을 직접 눈과 귀와 몸으로 듣고 보고 깨우지는 것입니다. 후자는 생활과 경기 중에 스스로 보고 듣는 것으로 자신을 교육시키는 경우입니다. 농구안은 이렇게 길러집니다.

성숙으로서의 농구교육에서는 "지혜의 농구"를 배우는 것입니다. 오락농구나 경쟁농구가 아닌, 지혜농구를 배움으로써 농구의 깊이를 더욱 진하고도 강하게 파고들어갈 수 있게 되는 것입니다. 제 편견일 수 있지만, 농구종주국인 미국의 경우를 들어서 이야기한다면, 유소년 농구클럽 감독은 습득교육을 이야기하며, 프로농구팀 감독은 개발교육을 강조하는 반면, 아마추어 대학농구팀 감독들이 지혜농구를 추구하는 것 같습니다.

UCLA의 명감독 존 우든은 〈존우든의 부드러운 것보다 강한 것은 없다〉라는 농구철학서에서 삶과 인생을 위한 학습장으로서의 농구장을 잘 드러내줍니다. 그리고 듀크대학의 명감독 마이크 슈셉스키는 〈마음으로 이끌어라〉에서 선수학생들의 삶의 교육을 위한 준비로서 농구를 지도하는 하나의 좋은 본보기를 보여줍니다. 이 두 감독의 공통점은 농구가 큰돈을 벌어 유명해지는 효과적인 통로로 그치는 것이 아니라, 사람들에게 농구의 가치를 알려주고 그것을 통해 보다 나은 사람, 보다 좋은 사회가 될 수 있도록 가르치고 배우는 교육의 장이라는 것을 잘 알려주는 것입니다. 이들은 농구기와 농구력을 넘어 농구안을 지도하려고 합니다.

4

이제, 이런 기초적 이해를 가지고 한 걸음 더 나아가보도록 하겠습니다. 습득으로서의 스포츠교육을 통하여 배운 농구는 내게 어떤 존재일까요? 조금 무겁게 들리는 질문입니다. 습득의 농구교육은 내게 농구를 어떤 상태로 남겨주나요? 농구가 내게 어떠한 것이 되도록 하나요? 습득농구교육은 내게 "농구기"를 갖추도록 해준다고 하였습니다. 나는 농구의 기능을 잘 발휘할 수 있게 됩니다. 농구는 내게 하나의 특기가 됩니다. 저는 이것을 "장기" 長技 라고 부르겠습니다. 장기자랑 할 때 보여줄 수 있는 본인이 가진 자랑할 만한 남다른 재주가 되는 것입니다.

개발로서의 스포츠교육을 통해서 배운 농구는 내게 어떤 것을 남겨줄까요? 저는 앞에서 "농구력"이라는 표현을 했는데요, 이것은 다시 "능력" 能力 으로서의 농구를 갖추게 되는 상태를 말합니다. 능력은 기능이나 재주보다는 고단위의 개념입니다. 기능만 가지고 있는 상태를 벗어납니다. 또는 단순 지식을 많이 가지고 있는 상태를 넘어섭니다. 능력으로서의 농구력은 그것이 자신의 자본으로 활용될 수 있는 수준의 고급 능력입니다. 몸으로 보여주는 능력이던 머리로 발휘하는 능력이던 모두 여기에 포함됩니다.

요즘 유행하는 표현으로는 "역량"이라는 단어가 적합합니다. 농구선수로서 직업을 가지거나, 농구해설가로서 활약하거나, 농구전문 기자나 저술가로서 전문적 이해를 돕거나, 또는 농구관련 사업이나 산업에 종사하거나 등의 재능을 발휘하는 수준을 말합니다. 농구력을 지닌 이들은 농구기만 지니고 있는 사람이 주된 소비자가 되는 농구전문 상품의 생산자들로서 활약할 수 있게 됩니다. 단적으로 말해서, 농구가 양적, 외형적으로 발전하도록 만드는 재능을 지닌 능력자들이지요.

성숙으로서의 스포츠교육을 통해 배운 농구는 내게 어떤 것을 남겨줄까요? "농구안"을 생기게 만드는 기초재료는 무엇일까요? 저는 그것을 "교양 敎養"이라고 부르고자 합니다. 농구교양이 쌓여 나가야만 농구안이 생겨날 수 있습니다. 농구를 교양으로서 배우고 길러나가야만 우리는 농구기, 농구력을 넘어서 농구안을 자신의 몸과 마음 안에 장착하게 되는 것입니다. 농구를 장기로서, 또는 능력으로서만 갖춰서는 농구안은 생겨나지 않습니다.

농구를 "교양"으로서 내 몸과 마음에 갖춘다는 말은 무슨 뜻일까요? 지식백과에서 교양의 말뜻을 찾아보니, "문화에 대한 폭 넓은 지식", 또는 "학문, 지식, 사회생활을 바탕으로 이루어지는 품위"라고 나옵니다. "지식, 정서 도덕 등을 바탕으로 길러진 고상하고 원만한 품성"이라고도 나오네요. 교양은 지식, 품성, 품위 등의 모습으로 설명되고 있습니다. 물론, 만족스럽지 않은 정의이고 설명입니다. 문자적 단어 설명이 우리 각자가 생각하는 "교양"의 의미나 세세한 뉘앙스까지 담아내지 못하는 것은 어쩔 수 없이 받아들여야 할 것입니다.

저는 이렇게 생각해봅니다. 교양은 사회적 존재로서 사람이 타인들과의 원만한 공동생활을 영위하기 위해서 기본적으로 갖추고 있어야 하는 (특히 문화적) 지식, 행동, 그리고 태도입니다. 이것은 사회마다 시대마다 크게 또는 약간씩 다른 모습으로 지속적으로 변합니다. 하지만, 그 시대 그 사회, 그리고 그 문화 속에서 전반적으로 어느 정도의 고정성을 가지고 인정되는 사고방식, 행동양식, 마음가짐입니다. 주로 상식, 매너, 덕 등으로 표현됩니다. "교양있는"의 영어표현은 "cultured, learned, literate" 등입니다. "문화를 많이 접한, 많이 배운, 글에 밝은"이라는 뜻들을 내포하고 있는 것을 엿볼 수 있게 해줍니다.

자 그럼, 농구가 교양으로 배워져야 한다는 말은 무엇을 말하나요? 두 가지 의미로 이해될 수 있습니다. 첫째, 현대 사회에서 농구를 할 수 있고 알고 있는 것이 상식으로서 누구나에게 필요한 일이라는 말입니다. 스포츠는 이제 일상이 되었고 상식이 되었습니다. 이것은 아무도 거부하지 못하는 자명한 사실(팩트!)입니다. 신문과 방송에 스포츠뉴스란이 독립되어 있습니다. 대학에 스포츠학과가 있습니다. 올림픽경기와 월드컵경기는 전 세계에서 가장 시청률이 높습니다. 거의 모든 사람들이 기회만 되면 스포츠를 배우고 싶어 합니다. 그러니 상식이며, 또 그래서 교양이라고 하는 것입니다. 처음만난 외국 사람과도 그 나라의 축구나 야구선수, 또는 PL나 MLB팀에 대해서 대화가 가능합니다. 그만큼 국제적 상식이 되어있기 때문입니다.

아는 것만이 아니라 기본적으로 할 수 있는 것조차 교양이 되었습니다. 초중고 남학생들 사이에 축구를 못하는 것은 상식이 부족한 것, 기본이 부족한 것입니다. 사업을 하는 분들에게 있어서 골프를 못치는 것은 상식이하의 태도이며 매너 부족의 행동으로 취급받는 지경입니다. 성인이 되어서도 수영, 달리기, 보드 등 스포츠 종목 하나 즐겨하는 것이 없는 사람은 회사생활과 사회생활에 있어서 교양이 부족한 사람으로 간주되고 있습니다. 이제 스포츠는 상식이며 기본입니다(고대 그리스와 근대 유럽에서, 그리고 현대 상류계층에서 그런 것처럼 말입니다).

둘째, 농구를 배우되 그것이 나의 전인격과 하나가 될 수 있도록 배워야 한다는 말입니다. 지식백과 단어설명에 언급되었듯이, 교양이란 품성, 품위 등과 직접적으로 연결되어 있습니다. "사람이 교양이 없네"라는 평가는 아는 것이 부족하다는 점도 있지만, 매너와 함께 품위를 갖추지 못했다는 뜻이 담겨져 있는 것입니다. 농구코트에서 함부로 침을 뱉거나 험한 말을 하는 것은 교양이 없는 것입니다. 기본적으로 지켜야 하는 행위들을, 시합을 하고 경기를 한다는 명분과 이유 하에 무시하거나 파괴해버리는 행동과 태도입니다. 일상이 아니라 농구경기장이라고 예외로 생각하는 것입니다.

스포츠가 지닌 "격리성"은 일상과는 다른 맥락과 장소에서 벌어지는 특징을 말합니다. 스포츠의 유희성이 강조될 때에는 긍정적 특징이지만, 지나치게 강조되어서는 일상과의 완전한 격리가 발생하는 잘못이 벌어집니다. 모두가 인정하는 "스포츠는 삶의 축소판"이라는 금언은 스포츠의 격리성 보다는 유사성이 보다 더 큰 특징임을 일깨워줍니다. 스포츠는 우리 생활의 모든 것이 투영되는 맥락입니다. 그래서 우리가 스포츠에서 배우는 것이 우리 일상에서 전이될 수 있는 것입니다. 명감독들이 입을 모아 말하는 것도 바로 이러한 스포츠의 일상성입니다.

그러니, 스포츠는 그것을 배우는 사람의 전인격과 강하게 연결되어 있습니다. 실제로 오랫동안 배우고 실천하면서 그렇게 됩니다. "그 사람의 운동스타일을 보면, 그 사람이 어떤 사람인지 대략적으로 알 수 있다"는 말은 그렇게 나온 것입니다. 농구경기 한 게임을 통해서 그 사람의 전부를 파악할 수 있는 단서를 찾을 수 있는 것입니다. 테니스 한 게임하고 나면 첫 만남의 사람도 어느 정도 감을 잡을 수 있게 됩니다. 우리는 우리도 모르는 사이에 이미 농구를 교양으로 습득하거나 개발해온 것입니다.

중요한 것은 우리가 농구를 교양으로 "성숙"시켜야 한다는 것입니다. 교양은 성숙으로서의 교육으로 얻어지는(또는 그것을 위하여 필요한) 내용물입니다. 그런데, 저는 "교양으로 습득하거나 개발해온 것"이라는 표현을 썼습니다. 이때의 교양은 사실, "장기로서의 교양"과 "능력으로서의 교양"(즉 수준이 좀 낮은 단순한 교양들)을 말하는 것입니다. 이런 교양들은 배우는 이의 전인격과 하나 되는 데에는 부족한, 하나 되는 데에 실패한 교양들입니다.

사실 교양으로 불러서는 안되지만, 저는 지금 (전인격화된 교양인) "교양으로서의 교양"을 강조하기 위해서 이같은 복잡한 방식의 표현을 잠깐 사용하는 것입니다.

사실, 교양이란 것이 중세 귀족사회부터 시작되고 근대에 정착된 상류문화의 산물이기는 합니다. 하지만 이미 계급사회가 표면적으로는 사라지고 모든 사람들이 평등한 문화를 누리는 민주사회 내에서는 예전의 편협하고 엘리트주의적 교양의 의미는 이미 폐기된 지 오래입니다. 교양은 있는 사람만이 갖추고 누리는 무엇이다라는 생각은 오해이면서 거짓인 명제가 되어버린 것이지요. 이런 교양은 전인격화된 교양이 아니고, 악세사리로서의 교양수준에 불과하지요.

교양은 민주시민, 더 나아가 인간으로서 누구나가 갖추어야 하는 것, 누구든지 가질 수 있는 것입니다. 현대사회에서의 교양은 그런 뜻으로 진화하였습니다. 사람으로서의 품위를 더해주는 것입니다. 귀족과 평민, 양반과 상놈을 구분해주는 계급차별적 권력이 아닙니다. 사람을 좀더 사람답게 만들어줄 수 있는 가치재가 된 것입니다. 현대사회를 살아가는 보통사람으로서 기본적으로 갖추어야 하는 권리같은 것입니다. 그리하여, 배우는 사람의 전인격화된 농구, 교양으로서의 농구도 이같은 보통사람으로 성숙하는 데에 반드시 필요한 것이라는 말입니다.

5

전인격화된 교양으로서의 농구는 어떻게 가르칠 수 있을까요? 참으로 지금까지 듣도 보도 못한 내용입니다. 장기(특기)로서의 농구나 능력(전문)으로서의 농구는 어떻게 가르치는지 잘 알고 있습니다. 전자는 많은 현장 훈련과 실전 경기 경험을 하도록 하는 방법이 최고입니다. 이런 스포츠교육을 잘 하기 위해서는 선수경험과 지도경륜이 최고의 자질입니다. 실기경험과 지도체험이 가장 큰 교육밑천이 됩니다.

후자는 현장경험에 덧붙여서 전문지식을 많이 알고 있어야 합니다. 스포츠과학적 지식과 체계적 교수지도법적 지식이 반드시 함께 하여서, 현장체험을 뒷받침해주어야만 합니다. 선수 경험없이 전문적 지식과 실습만으로도 충분할 수 있습니다. 능력으로서의 농구교육을 잘 하기 위해서는 농구력을 최대한 키워줄 수 있어야 하며, 농구력은 경기력만이 아니라, 해설력, 분석력, 사업력 등 등 다양한 내용으로 포함되어 있습니다. 선수출신이 아니라도 가능하지요.

그런데, 교양으로서의 농구교육은 어떻게 잘 해낼 수 있을까요? 제가 가진 "비법"(?)은 인문적 지혜를 많이 섭취하고 체험하도록 하는 것입니다. 농구를 가르칠 때, 배우는 이에게 농구가 단순히 장기나 능력으로 머물지 않고, 교양으로 숙성되어 자신의 전인격에 꽃을 피워줄 수 있도록 도움을 주기 위해서는 인문적 지혜가 반드시 필요합니다. 장기로서의 농구교육에는 경험지 經驗智, 능력으로서의 농구교육에는 학문지 學問智가 필요한 반면, 교양으로서의 농구교육에는 서사지 敍事智가 필수적입니다.

농구교육의 인문적 접근은 농구를 내용으로 한 시, 소설, 회화, 조각, 영화, 연극, 디자인, 건축, 음악, 종교 작품들(서사지)을 농구 경기방법을 익히면서 함께 감상하고 음미하도록 지도하는 것입니다. 서사지라고 하는 것들은 바로 우리가 보통 인문학의 범위에서 다루는 내용들인데, 학술적 논문이나 주장, 이론적이고 개념적인 논설 등이 아닙니다. 이것은 문학, 예술, 종교, 역사, 철학적인 감상과 성찰을 통해서 얻어진 결과물들(주로 작품들)입니다. 인문적 체험과 성찰의 산물들이지요.

저는 최근에 "성숙으로서의 교육, 교양으로서의 스포츠"를 도모하는 스포츠교육의 아이디어로서 "스포츠 리터러시"를 제안한 바 있습니다. 스포츠 리터러시는 운동소양과 운동향유력을 뜻합니다. 스포츠 리터러시를 위한 스포츠교육은 운동소양을 키워서 운동향유력을 기르는 것을 목표로 합니다. 운동을 다양하게 즐길 수 있도록 전인적인 측면의 교양을 깊게 할 수 있기를 기대합니다. 교양으로서의 농구를 농구소양이라는 용어로 개념화하고, 성숙으로서의 농구교육을 농구향유력 함양이라고 표현하였습니다. 스포츠교육으로서 농구를 가르치는 목적을 "바스켓볼 리터러시"를 기르는 것이라고 주장하였습니다.

이 때 제가 마음에 두고 있었던 것은 바로 이런 장기나 능력이 아니고 교양으로서의 농구라는 생각입니다. 습득이나 개발이 아니고 성숙으로서의 농구교육이었습니다. 농구를 교양으로서 배우게 될 경우에는, 아니 그 경우에 한 해서만, 농구배우기는 성숙의 과정으로 전개될 수 있습니다. 성숙이라는 것은 말 그대로 자라는 것이고, 안쪽으로 자라고 질적으로 자라는 것입니다. 농구를 좀더 깊게 알게 되는 것이며 할 수 있게 되는 것입니다. 그러면서, 자신의 전인격적 성숙과 함께 하는, 아니 그것을 돕고 촉진하는 과정이 되는 것입니다.

스포츠교육이 전인교육 全人敎育이 되는 경우는 바로 이런 경우일 것입니다. 농구를 통해서 손발과 가슴과 머리가 온전하게 하나로 성장하는 것 말입니다. 습득이나 개발의 교육으로는 온전한 전인교육이 어렵습니다. 손발 따로, 머리 따로, 가슴 따로 활달하게 움직이는 미숙인이 될 뿐입니다. 성숙으로의 교육이 이루어져야만 지덕체가 하나 된, 온전한 하나 된 사람으로서 철이 들게 됩니다. 스포츠는 전인교육을 해낼 수 있는데, 오로지 교양의 성숙으로서의 스포츠교육이 실천되는 경우에만 그 일이 가능합니다.

6

 이리하여, 요약이 되겠습니다만, 스포츠를 가르치는 것은 그것이 교양이 되도록 전달하는, 성숙을 꾀하면서 지도하는 활동이라는 것입니다. 물론, 운동을 그냥 기분전환과 스트레스 해소를 위한 오락으로서 습득시키는 것도 스포츠교육입니다. 또한 스포츠에 관한 전문지식과 기능을 개발시키는 것도 역시 스포츠교육입니다. 그렇기는 해도, 최상의 스포츠교육은 배우는 스포츠가 교양으로 나의 몸과 마음속에 녹아들어가, 즉 나의 일부분이 되어버려 나를 한 인간으로서 더 성숙하게 되도록 만들어주는 것입니다. 습득, 개발, 성숙(장기, 능력, 교양) 이 세 가지는 항상 있을 것인데 그 중에 제일은 성숙(교양)이라고 할 수 있습니다.

 너무 어려운 주문인 줄 잘 알고 있습니다. 물건에도 급수가 있듯이, 스포츠교육에도 급수가 있다면, 지금 이야기한 순서대로, 3등급, 2등급, 1등급 스포츠교육이라고 할 수도 있을 것입니다. 3등급이라고 무조건 좋지 않은 것은 아니지요. 지금 당장 그것이 필요하고도 충분하다면, 그것이 최적이며 최고입니다. 다이소에서 산 후라이팬이라고 누구에게나 아무 때에나 쓸모없는 것은 아니지요. 어떤 재료, 어떤 기름, 어떤 온도로 요리하느냐에 따라서 사용자에게 최상의 요리를 제공해줄 수 있기 때문입니다.

 그렇기는 해도, 우리로서는 최고급 품질이 있다는 것을 염두에 두어야 합니다. 내 재정과 기회가 준비되어있고 그것이 반드시 필요한 상황이라면, 좋은 상점에 가서 최상품을 사서 그것으로 요리를 해도 나쁘지 않을 것입니다. 맛은 물론이고 몸에도 좋은 결과를 낳을 것입니다. 그러면 정신과 정서도 한결 나은 기분과 상태가 되지 않을까요? 우리의 경험에 따르면, 틀림없이 그럴 것입니다. 1등급 스포츠교육은 우리의 몸과 마음(그리고 영혼)까지도 온전한 상태가 될 수 있도록 숙성시켜주는 힘이 있기 때문입니다.

    그리하여, 궁극적으로 말씀드리자면, 스포츠는 교양화 되어야 합니다. 스포츠교육은 스포츠 교양의 성숙화 과정이 되어야 합니다. 스포츠교육에 대한 인문적 접근으로 그 과정이 보다 더 충실히 실천되고 실현될 수 있습니다. 인문적 접근은 스포츠 리터러시를 함양하는 과정입니다. 그러므로 스포츠교육은 스포츠 리터러시를 기르는 과정이자 노력이 되겠습니다. 제가 보기에, 근본적인 수준에서, 스포츠교육은 바로 운동소양 성숙시키기입니다. 우리에게 필요한 것은 "스포츠교양화"라는 아이디어에 대한 좀 더 깊은 철학적 성찰입니다. 이것은 다음 글의 몫입니다. (월간최의창, 2019, 12)

> 온전한 것이 올 때에는 부분적으로 하던 것이 폐하리라 내가 어렸을 때에는 말하는 것이 어린아이와 같고 깨닫는 것이 어린아이와 같고 생각하는 것이 어린아이와 같다가 장성한 사람이 되어서는 어린아이의 일을 버렸노라 우리가 이제는 거울로 보는 것같이 희미하나 그때에는 얼굴과 얼굴을 대하여 볼 것이요 이제는 내가 부분적으로 아나 그 때에는 주께서 나를 아신 것같이 내가 온전히 알리라 그런즉 믿음, 소망, 사랑 이 세 가지는 항상 있을 것인데 그 중에 제일은 사랑이라 (고린도전서 13 : 10-13)

문질빈빈론

스포츠교육자가 갖추어야 하는 것 —

One Page Writing

1

한국 사회에 2000년대 들어 "스포츠교육자"라고 부를 수 있는 직업군이 가시화 되었다. 스포츠교육자로서의 정식자격증을 지닌 사람들만 세어도 그 수가 엄청나다. 국가(교육부)에서 주는 체육교원자격증을 지닌 학교의 체육선생님이 그 대표적이다. 국가(문화체육관광부)에서 배부하는 (전문 및 생활) 스포츠지도사가 또 다른 대표적 인물들이다. 스포츠지도사는 겨우 30여년 조금 더 되었지만, 그 숫자는 100여년에 가까운 체육교사에 버금간다. 그만큼 인기가 있다.

이외에도 대한체육회 소속 종목별 체육단체들에서 발급하는 민간자격증으로 인정받는 종목코치들이 있다. 필라테스, 요가 등 건강을 위한 체조나 GX, 피트니스를 지도하는 엑서사이즈 전문가들도 있다. 각종 자격증을 가지고 온갖 종류의 신체활동을 지도하는 사람들은 그 수가 수십 만 명이 넘는다고 추산된다. 보는 사람에 따라서는 여기에 춤을 가르치는 무용지도자들까지도 포함하기도 한다.

이들이 모두 스포츠교육자다. 스포츠라고 불리는 신체활동의 범주에 포함되는 수많은 신체활동을 다양한 목적으로 여러 장소와 각종 기구를 사용하여 남녀노소 모두를 대상으로 지도하는 것이다. 스포츠의 범주에는 정말로 온갖 종류의 신체움직임 활동이 모두 포함된다. 한 예로, 나는 신체활동의 종류를 7가지로 크게 분류하고 있다. 영어로 표현되는 이 7가지 신체활동은 movement, exercise, martial arts, sport, leisure, dance, play 등이다. 각각에는 또한 세부적으로 나누어지는 하위 신체활동들이 있다.

신체활동 가르치는 일을 하는 이를 모두 스포츠교육자라고 부른다. 물론 스포츠교육자들은 신체활동만을 가르치지는 않는다. 이론이라고 부르는 지식의 측면들도 매우 중요한 교육내용이다. 학술적으로 인정된 전문지식들이다. 다만, 주된 교육내용이 신체활동(이하 스포츠, 운동 혼용)이기 때문에 스포츠교육자라고 부르는 것이다. 그리하여, 체육교사도 스포츠교육자, 수영강사도 스포츠교육자, 야구코치도 스포츠교육자이다. 퍼스널트레이너도 스포츠교육자, 요가강사도 스포츠교육자, 무용 강사도 스포츠교육자이다.

88서울올림픽을 치러내고 평창동계올림픽까지 마친 지난 30년의 세월은 스포츠교육자의 양산시대라고 해도 틀리지 않다. 스포츠에 대한 국민적 관심, 그리고 정부의 체육진흥정책이 맞물려서 대한민국의 경제성장과 맞먹는 (내가 보기에는 그것을 뛰어넘는) 스포츠성장을 이루어내었다. 가장 뛰어난 업적을 성취한 엘리트스포츠의 경우 이미 국제스포츠계에서 허투루 보지 못하는 그런 수준으로 자라나있다. 생활체육도 엄청난 발전을 이루었고, 학교체육도 점차로 안정되어가고 있다. 나는 이같은 눈부신 성취에 스포츠를 직접 지도한 사람들, 즉 스포츠교육자의 공헌이 가장 중요했다고 생각한다.

2

"스포츠교육자"라는 전문인들은 어떤 일을 하는 사람들인가? 당연히 "스포츠교육"을 하는 이들일 것이다. 스포츠교육은 어떤 일인가? 앞에서 계속해서 스포츠교육은 "스포츠를 지도하는(가르치는) 일"이라고 하였다. 스포츠를 가르치는 일은 어떤 일인가? 그것은 당연히, 신체활동을 지도하는 일이지 않은가? 할 줄 모르던 운동기능을 스스로 발휘할 수 있도록 가르치는 일말이다. 야구 배팅을 더 잘 하고, 수비를 더 잘하고, 야구시합을 더 잘 할 수 있도록 말이다.

하지만 이것이 전부인가? 아니, 왜 이같은 질문을 하는가? 이것이 전부가 아니란 말인가? 나는 "전혀"아니라고 주장한다. 스포츠교육은 스포츠 지도를 넘어서는 일이다. 스포츠교육은 단순히 운동기능을 가르치거나, 약간의 과학적 지식을 전달하거나 등에 머무는 종류의 일이 아니다. 스포츠교육은 스포츠, 운동, 신체활동의 "총체"(전부, 전체)를 배우는 일이다. 기능과 게임은 한 부분(측면, 차원) 이다. 정신과 안목이 다른 부분(측면, 차원)이다. 이 두 부분(측면, 차원)이 하나로 되어 총체, 전부, 전체를 이룬다. 스포츠교육은 부분이 아니라 총체를 가르치는 노력이다.

스포츠지도는 기능과 게임의 측면만을 인정하는 용어다. 스포츠교육은 정신과 안목의 측면도 포함하는 용어다. 이런 이유로 나는 스포츠지도사라는 표현에 만족하지 못한다. 나는 스포츠지도사라는 자격증 명칭도 "스포츠교육사"로 바뀌어야 한다고 확신한다 **指導士에서 教育師로!**. 스포츠교육자들 가운데 현재는 체육교사가 사회적으로 가장 인정받고 있다. 체육교사가 사회적 존중을 받는 이유는 체육을 교육적으로 지도하고 있기 때문이다. 학교라는 교육장에서 교육적 자질을 충분히 지닌 채 아이들의 전인적 교육을 수행해내고 있다고 신뢰받기 때문이다. 강사나 코치처럼 단순히 운동기술 전달의 작업에 그치지 않고 말이다. 현재로서는 스포츠교육자라는 타이틀에 걸맞는 일을 하고 있다고 인정받는 유일한 그룹이다.

하지만 직업명이 무엇인가에 상관없이 이들은 모두 동일한 활동을 하고 있다. 그것은 신체활동(운동기능)을 지도하는 일이다. 내가 지적하고 싶은 것은 이것이다. 우리는 지금까지 단순한 운동지도 활동으로 여겨온 것을 스포츠교육 노력으로 새로이 간주하여야 한다. 왜냐하면, 우리의 운동 가르치기라는 활동은 원래부터가 스포츠교육 활동이며, 교육적인 활동으로 진행되어야만 하는 가치로운 활동이기 때문이다. 스포츠 가르치기는 겉보기에는 평범한 활동처럼 보이나, 그 안을 들여다보면 속 깊은 의미가 담겨진 비범한 활동이기 때문이다.

그 깊은 의미가 무엇인지 살짝 알아보자. 한 걸음 더 나아간 질문을 던져보자. 기능 차원만이 아니라, 스포츠의 총체를 가르치는 일로서의 스포츠교육은 어떤 일인가? 나는 스포츠교육을 이렇게 정의하고 있다. 스포츠교육은 "신체활동을 즐길 수 있도록, 그 체험이 자기 성장이 될 수 있도록, 그래서 행복한 삶을 살 수 있도록 돕는 노력"이다. 운동을 지도함으로써 "운동향유, 자기성장, 공동행복"을 누릴 수 있도록 가르치는 것을 스포츠교육이라고 한다. 그냥 운동을 가르치는 모든 활동이 전부 스포츠교육이기는 하지만, 그것은 겉모습만을 그리는 개념정의다. 속모습까지 드러내는 개념정의는 바로 위에서 이야기한 그 내용이다. 스포츠가 교육적으로 가르쳐지는 것으로 인정받으려면, 운동을 다양한 방식으로 즐기며, 당사자가 전인적으로 성장하고, 타인과 함께 행복한 생활을 누릴 수 있도록 되어야 한다.

이같은 의미의 스포츠교육은 현실에서는 3가지 수준에서 진행된다. "습득, 개발, 성숙"이라는 수준들이다. 없던 기능이나 몰랐던 지식을 얻게 되는 수준, 잠재된 능력이나 역량을 최대한으로 발달시키는 수준, 그리고 인간으로서의 지혜를 깊이 숙성시키는 수준이다. 각각 기능습득, 능력개발, 교양 성숙 수준이라고 요약할 수 있다. 또는 각각 기능증진, 역량발달, 심성함양이라고도 부를 수 있다. 이것들은 각각 배우는 이들의 표층, 내층, 심층에 자리 잡는 배움들이다. 몸과 마음의 겉에서부터 시작하여 조금씩 안으로 들어가서 깊은 속까지 속속들이 배움이 녹아들어간 상태를 나타내 준다.

좀 더 풀이하면 이렇다. "신체활동을 즐길 수 있도록, 그 체험이 자기 성장이 될 수 있도록, 그래서 행복한 삶을 살 수 있도록 돕는 노력"으로서의 스포츠교육은 현실에서는 기능습득, 능력개발, 교양 성숙의 수준에서 진행된다. 각각 표층적 스포츠교육, 내층적 스포츠교육, 심층적 스포츠교육으로 부를 수 있겠다. 각각을 단계로 상정하고 발달적 관계로 볼 수도 있다. 가장 이상적인 상태나 최종적 도달 기대치를 기준으로 놓고 볼 때에, 3급 스포츠교육, 2급 스포츠교육, 1급 스포츠교육이라고도 할 수 있다. 현실적으로 말하여, 우리는 3급에서 시작하되, 2급을 지향하며, 최종적으로 1급에 도달할 수 있도록 스포츠교육을 진행시켜야한다. 스포츠교육자는 이런 다양한 (단계적) 스포츠교육을 펼쳐낼 수 있는 자질을 갖추어나가야만 한다. 이런 수준의 자질을 단기간에, 또는 대학시절에 모두 갖출 수는 없다. 처음부터 완벽히 갖추고 시작할 수도 없다. 스포츠교육자로 일하는 과정에서 평생토록 스스로 3급 스포츠교육자에서 1급 스포츠교육자로 커 나갈 수 있도록 애쓰고 노력하는 길밖에는 없다.

3

자, 그럼 이제 이런 질문을 던져보자. 이처럼 종합적이고도 총체적인 성격의 일을 잘 해내기 위해서 스포츠교육자는 어떤 몸과 마음의 상태를 지니고 있어야 하는가? 스포츠교육자의 자질은 어떠해야 하는가? 온갖 종류의 훌륭한 역량과 덕목들이 떠오른다. NCS에서 스포츠전문가들에게 요구하는 자질을 시작으로 하여, 교육부에서 제정해놓은 체육교사역량 표준까지. 유럽의 ICCE에서 만든 코치역량 표준에서부터, 캐나다의 NCCP에서 요청하는 코치자질과 미국의 NASPE에서 제작한 스포츠코치 국가표준까지. 이 외에 피트니스나 헬스 부문에서 요청하는 다양한 스포츠교육자의 자질과 역량은 너무도 많고 포괄적이다.

나로서는 그것들을 모두 열거하거나 소개할 지면도 시간도 없다. 능력도 부족하고 관심도 미약하다. 나는 이런 자질들의 공통점을 찾아, 그것들을 하나로 묶고, 다시 나누어 가장 근본적인 수준에서의 자질론을 간단히 이야기하겠다. 이 짧은 지면에서 할 수 있는 일이란 그 정도다(사실 본격적이고 복잡한 수준의 논의는 내가 쓴 다른 논문이나 글들에서 이미 진행되었다. 특히, "철인군자론"이나 "스포츠전문인교육").

스포츠교육자의 자질에 대한 내 생각은 "문질빈빈론" 文質彬彬論이라고 한다. 〈논어〉"옹야" 雍也 편에서 소개되는 개념이다. "선생님께서 말씀하셨다. 질이 문보다 앞서면 조야해지고, 문이 질보다 앞서면 가식적이 된다. 문과 질이 함께 가득해야 군자가 될 수 있다." 質勝文則野 文勝質則史 文質彬彬 然後君子. "군자"를 염두에 두고 공자가 한 표현이지만, 이 특징은 군자라고 하는 이상적 인간상에만 해당되는 것이 아니다. 모든 인간, 모든 전문인의 자질에 고스란히 적용될 수 있는 일반론으로 손색이 없다. 훌륭한 인간이 갖추어야 할 자질과 뛰어난 전문인이 지녀야할 자질이 서로 달라야만 하는 이유가 어디에 있는가?("빛날 빈 彬"은 수식, 무늬 등 외관과 내용이 겸비되어 훌륭함의 사전적 의미를 가지고 있는 단어다.)

"문" 文은 문자적으로 글 솜씨를 의미하거나, 문양 즉 외면적 모양을 뜻한다. 이런 의미가 군자가 지니고 있는 외현적으로 발휘될 수 있는 재능 전체를 의미하는 것으로 확장된다. "질" 質은 본바탕을 뜻하며, 외현적 능력과 구분되는 내면적 인성을 표현한다. 공자에 의하면, "질승문"의 상태는 거친 상태다. 바탕은 훌륭하나 배움이 없는 상태로서, 뛰어난 인간성의 바탕에도 불구하고 배운 바가 없어 그것을 법도와 인륜에 맞게 표현할 수 있는 능력이 결여되어있다. "문승질"의 상태는 가식적인 생태다. 겉치레가 화려하나 내면의 진실성이 뒷받침되지 못한 상태다. 외양의 겉꾸밈에만 치중하고 내면을 충실히 하는 데에 소홀하다. 공자가 문이 질을 앞서도, 질이 문을 앞서도 안 된다는 것은 바로 이런 점을 가리킨 것이다.

"문질빈빈"이란 바로 문과 질이 모두 밝게 빛나며 넘쳐흐르는 상태를 말한다. 겉모습과 속내용이 모두 충실하고 일치하는 상태다. 재능과 덕성이 합치하는 상태다. 그런데 이것과 정반대의 상태가 있을 수도 있다. "문질빈빈" 文質貧貧의 상태다. 문과 질이 모두 빈약하고 빈곤한 상태다. 문도 질도 모두 없거나 부족한 상태다. 빈은 빈이되 완전히 다른 빈이다.

그리고 이 두 종류 문질빈빈의 양 극단 사이에 중간 상태가 있을 수 있다. "문빈질빈" 文彬質貧과 "문빈질빈" 文貧質彬 의 상태다(문질빈빈은 원래 문빈질빈의 구조로 된 사자성어다). 전자는 외양은 뛰어나되, 내면이 부실한 상태다. 후자는 외양이 부실하되, 내면이 뛰어난 상태다. 구분을 위해서 내외가 훌륭한 상태를 문질빈빈1 文質彬彬과 내외가 빈약한 상태를 문질빈빈2 文質貧貧라고 하자.

내면이 외양보다 훌륭한 상태를 문빈질빈1 文貧質彬, 외양이 내면보다 뛰어난 상태를 문빈질빈2 文彬質貧이라고 부르자. 이것이 내가 나의 스포츠교육자 자질론을 문질빈빈론이라고 부르는 이유다.

예전의 이런 말씀을 조금 현대적으로 풀이한다면 이렇게 될 수 있을 것이다. 나는 사람이 갖는 자질을 근본적으로 두 차원으로 분류한다. "능력" 能과 力 과 "심성" 心과 性 의 차원이다(능력은 능과 력의 조합어이고, 심성은 심과 성의 결합어다). 능과 력(기능, 지능, 체력, 사고력, 창의력, 상상력 등)은 무엇을 실질적으로 수행해내는 데에 직접적으로 활용되는 실질적 자질이다. 심과 성(협동심, 인내심, 열성, 감수성 등)은 그 일을 자신의 스타일로 실행해나가도록 해주는 마음의 바탕이다. 문질빈빈의 관점에서 볼 때, 대략적으로 능력은 문에, 심성은 질에 해당한다고 말할 수 있다(나는 개인적으로 같은 것으로 간주한다). 그리하여, 스포츠교육자는 능력과 심성이 모두 뛰어난 이(문질빈빈1), 능력과 심성이 모두 부실한 이(문질빈빈2), 심성이 뛰어나나 능력이 부실한 이(문빈질빈1), 능력이 뛰어나나 심성이 부실한 이(문빈질빈2) 로 나누어질 수 있다.

		문	
		彬	貧
질	彬	문질빈빈1	문빈질빈1
	貧	문빈질빈2	문질빈빈2

당연히 현실의 스포츠교육자들은 이렇듯 단순하고 깔끔하게 4그룹으로 분류되지 않는다(이 4그룹의 관계를 좌우열로 나누어 표로 만들면 4개의 칸이 생기는데, 이런 표를 사간표 四間表라고 부

른다). 실제로는 이보다 복잡한 상태와 수준에 속하는 사람들이 많다. 있거나 없거나 둘 중의 하나가 아니다. 그럼에도 불구하고, 명료한 사고를 위하여 모든 스포츠교육자는 이 사간표의 어느 칸에든지 분류되어 위치지어질 수 있다. 그럼으로써 내가 현재 어떤 지점에 있으며, 어떤 지점으로 나아가고 싶은지를 판단하고 결정할 때에 유용한 지도와 나침판으로서 활용할 수 있다.

스포츠교육자 우리는 (거의) 모두 문빈질빈1이나 문빈질빈2의 어느 지점에 서있다. 문질빈빈2에 머물러 있는 이들도 있을 것이다. 그리고 문질빈빈1에 도달해 있는 분들도 없다고는 할 수 없다. "재덕겸비"한 이들은 우리 주변에 실제로 있다. 능력도 뛰어나고 심성도 훌륭한 분들이 말이다. 그렇지만, 그리 많다고는 자신 있게 말할 수 없다. 그들조차도 최종적인 수준(불교적으로는 무상정등정각 無上正等正覺의 문질빈빈에 놓여져 있는 상태는 아니다. 최고의 문질빈빈을 갖추신 이들은 우리가 성인 聖人이라고 부르는 분 정도이기 때문이다. 그리하여 문빈질질1 그룹에 속한 분들도 (거의) 모두 여전히 더욱 절차탁마해야하는 상황에 놓여있는 이들이다.

이런 연유로 우리같은 평범한 일상의 전문인들에게 문질빈빈의 구비에 있어서 "마침"이란 적용되지 않는다. 오로지 계속된 자기계발의 과정만이 있을 뿐이다. 결국, 문질빈빈2에서 시작하여 문빈질빈1 또는 문빈질빈2를 거쳐서 문질빈빈1로 진전되는 스포츠교육자의 전문성 함양 노력은 평생에 걸친 노력일 수밖에 없는 지난한 과정이다. 중간중간 정착역은 있을지언정 최종 도달지점, 종착역은 없는 여정이다.

능력과 심성은 어떤 전문인에게 있어서도 가장 근본적인 자질의 두 차원이다. 문질빈빈의 아이디어는 3급 스포츠교육을 펼치는 스포츠교육자가 지녀야 하는 최소의 자질, 2급 스포츠교육자가 갖추어야 하는 최소의 자질, 그리고 1급 스포츠교육자가 연마해야하는 최소의 자질이 무엇인가에 대한 전반적인 모습을 파악하는 데에 조금의 도움이 될 수 있다. 아무리 세분화된 "컴피턴씨"들을 나누어 분류한다고 하더라도, 스포츠교육의 현장에서는 (일상의 삶에서도!) 이 두 가지 근본자질을 넘어서지 못하기 때문이다.

4

누군가 "도대체 교사, 강사, PT들에게 이런 높은 수준의 자질을 요청하는 것 자체가 지나친 요구요 부당한 청구다"라고 되묻는 소리가 들린다. 단순한 이의제기 같지만 가만히 들어보면 이것은, "이들은 그냥 월급쟁이로서 즐겁게 운동을 할 수 있도록 기능을 가르치고 요령을 습득시켜 습관을 들이도록 해주면 되는 정도의 업무만 수행하면 되는 것 아니냐"는 주장이다. 스포츠교육의 성격에 대한 근본적 문제의식 수준에서의 이견이다. 우리가 지금 해오고 있는 것은 (아까 말한 3등급, 아주 높이 잡아도 2등급) 스포츠지도 수준이면 충분하다는 것이다. (내가 말하는) 스포츠교육의 수준까지 갈 필요가 없다는 생각이다.

하지만 다시 말하건데, 스포츠지도도 스포츠교육이다. 다만, 낮은 수준의 스포츠교육일 뿐이다. 나의 주장은 스포츠교육을 낮은 곳에 머물게 하지 말고, 더 높은 곳으로 이끌어 올리자는 것이다. 낮은 곳에 임하여야 하는 것은 하나님의 사랑뿐이다. 우리들은 저 높은 곳을 향해 끝없이 나아가야한다. 운동지도가 교육의 수준으로 상승할 때에, 오로지 그 때에만, 우리의 삶(과 일)은 행복하고 의미 있는 것으로 될 수 있다. 순간적인 쾌감과 감각적인 쾌락은 우리를 저 낮디낮은 곳으로 끌어내려 나락으로 떨어트릴 뿐이다. 스포츠교육은 우리의 삶을 저 높디높은 곳으로 실어 올려주는 에스컬레이터 역할을 해주어야 한다.

스포츠교육자가 이런 뜻깊은 일을 감당할 수 있는 이가 되려면 그는 문질빈빈1의 (군자라기보다는) "빈자" 彬子 가 되어야 할 것이다. 예전 사람인 나는 좀 더 선호하는 표현이 있다. 문과 무의 두 가지 도를 두루 갖춘 문무겸전 文武兼全 의 "빈자" 斌子 라는 표현이다 (혹시 그래서 원빈과 현빈도 이런 예명을?). 스포츠교육자는 결단코 문질빈빈2의 빈자 貧者 가 되어서는 안될 것이다. (월간최의창, 2020, 1)

운전은 인격입니다

— 가르치는 방법의 다차원성과 중층성

One Page Writing

1

내게는 다른 사람들은 잘 모르는 큰 고민이 한 가지 있다. 드러내놓고 밝히기 참 어려운 고충이다. 수 십 년 동안 전심전력으로 공부하고 연마하였으나, 아직도 그 전모를 파악하지 못하고 있는 주제다. 더욱 난감한 것은, 그간의 성과에 비추어보건대, 그 주제에 대한 온전한 이해에 도달하는 것이 앞으로도 영원히 가능하지 못할 것 같다는 사실이다. 무슨 겸손의 말씀이 아니다. 지난 30년 동안의 공부와 수련이 겸허히 내려준 최종 결론 같은 것이다. 내가 지닌 역량으로는 마스터, 또는 요해 了解가 어려운 이슈란 말이다. 도대체 나를 불편하게 만드는 이 주제는 무엇인가?

나의 난공불락 이슈는 "방법"이다. 무엇인가를 해내는(해결해내는) 메쏘드에 관한 것이다. 특히, "가르치는 방법"에 관한 것이다. 어떻게 가르칠 것인가? 잘 가르치는 방법은 무엇인가? 더 나아가, 가르친다는 것은 어떤 행위인가? 등의 질문들에 대해서 나는 연구와 탐구, 그리고 궁구까지 더했으나 아직까지도 대강조차 간

파헤내지 못하고 있는 것이다. 나는 스포츠교육학을 전공하는 교수다. 그리고 스포츠교육학 공부에는 "가르치는 방법"에 관한 내용이 핵심중의 핵심이다. 그런데, 그것에 대해서 이 나이(50대 중후반)가 되도록 잘 모르고 있는 것이다. 그 무수한 세월들을 도대체 무엇으로 보냈다는 말인가? 참으로 한심할 따름이다. 스스로 한숨이 절로 날 뿐이다.

내가 지닌 문제의 심각성은 "체육을 잘 가르치는 방법"이 어떤 것인지에 대해서도 잘 모르며, 실제로 그 체육을 잘 가르치는 방법을 능숙하게 구사하지도 못한다는 점이다. 스포츠교육학 전공 교수라면 필수적으로 지녀야 하는 분야에 결핍되어있는 이러한 이중의 무능력이 나를 괴롭히는 것이다. 참으로 누구에게 밝히기 어려운 고민이 아닐 수 없다.

2

"가르치는 방법" teaching method 이 뭐가 그리 어려운 문제일까? 교육학 서적의 반은 가르치는 법에 대해서 다루고 있을 텐데. 이렇게 하면 잘 가르칠 수 있고, 원하는 효과를 얻을 수 있다고 주장하는 내용들이 넘쳐나는데. 하지만, 돈 잘 벌수 있다고 주장하는 책을 수십 권을 읽는다고 부자가 될 수 있는가? 상대방의 마음을 사로잡는 백발백중의 묘법을 다룬 베스트셀러를 열 번 읽는다고 연애의 달인이 될 수 있는가? 백이면 백, 모두 어렵다. 혹시나 성공하는 이도 있을 테지만, 극소수일 공산이 크다.

이것은 그 설명서, 또는 매뉴얼에 적힌 내용이 진실이 아니기 때문에 그럴 수도 있다. 잘못된 방법이기 때문에 마스터하기가 가능하지 않은 경우다. 제대로 된 방법이 아니기 때문에 그것을 따라 한다고 하더라도 원하는 결과를 얻을 수 없다는 말이다. 그렇다면, 제대로 된 방법을 기술한 방법서를 그대로 따라한다면 잘 가르칠 수 있게 되는가? 나는 그것조차도 어렵다고 말하고 있는 중이다. 특히, 나를 괴롭혀온 방법은 내가 아무리 노력해도 몸과 마음에 녹아들어 숨쉬고 걷듯이 자연스럽게(자동적으로) 펼쳐낼 수가 없는 그런 방법이다. 물론 나는 제대로 된 방법을 숙달하고 구사하려 애쓴다는 전제하에서 말이다.

올바른 방식으로 된 방법(가르치는 방법을 포함한 모든 방법들)을 숙달하는 것은 결코 쉬운 일이 아니다. 아주 쉽고 간단해 보이는 방법조차도 그렇다. 우리는 걷고 숨 쉬는 일을 쉽고도 편히 하지만, 걷기 전문가나 요가 전문가의 입장에서 전 인류 대부분은 제대로 잘 걷고 있지 못하며 제대로 숨쉬기를 하지 않고 있는 형편이다. 이들이 보기에 대다수의 우리가 건강하지 못한 것은 올바른 호흡법과 보행법을 익히지 못했기 때문이다. 어떤 방법을 올바로 습득하고 제대로 숙달하는 것은, 그것이 어떤 것이던 간에, 쉬운 일이 아니다.

그렇다고, 내 고민과 고충이 위로를 받는 것은 아니다. "원래 그런 것"이라고 하면서, 그냥 이대로 이 상태를 가만히 받아들일 수는 없는 노릇이다. 방법이란 것의 전모, 특히 가르치는 방법의 정체를 상세하게 파악하는 것은 내 책무다. 나는 스포츠교육학 전공교수이지 않은가? 내가 받는 월급의 대가로 해내야 하는 일이며, 현장의 사람들이 내게 기대하는 일이다. 그 일을 얼마나 잘 하느냐는 나의 능력에 따른 것이지만, 그 일을 반드시 해야 한다는 것은 지상명령이다. 회피할 수가 없는 일이다. 다행히도, 내 경우 이 주제와 관련해서는 직업적 책무감보다 학문적 호기심이 먼저 일어났다. 나는 적어도 자발적으로 파고들었던 것이다. 이 짧은 글은 "가르치는 방법"의 대강의 모습을 그려보려는 시도다(여기에서는 가르치는 내용을 스포츠, 운동, 체육 등에 한정하여 이야기하도록 하겠다).

3

내가 공부하고 실천해본 바에 의하면, (스포츠를) "가르치는 방법"(이하 "방법")은 크게 "기법과 심법"의 두 종류로 나누어진다. "기법" 技法은 테크닉이라고 할 수 있는 것인데, 글자나 그림 등으로 명시적으로 표현될 수 있는 방법이다. 배드민턴 라켓잡는 법, 테니스 서브 넣는 법, 축구공 차는 법, 농구 슛 던지는 법, 그리고 단위기능들을 묶어서 삼각공격이나 복식경기 전술 등을 수행할 수 있도록 가르치는 방법들이다.

기법이 몸이 주관하는 방법의 측면이라면, "심법" 心法은 마음이 관여하는 측면이다. 학습이 미진한 학생들에게 어떻게 뜨거운 격려와 따뜻한 미소를 건네줄 것인지, 지도원칙을 유지하기 위하여 어떻게 단호함과 유연함을 적용할 것인지, 하루하루 지쳐가는 가르치는 일 속에서 어떻게 배우는 이들에게 지속적인 열정을 유지할 것인지 등에 관한 방법들이다. 가르치는 상황에서 교사나 코치나 강사의 정신적, 심리적 측면이 어떻게 활용되어야 하는가에 대한 방법론적 노하우와 관련되어 있다(통상적으로 온화함, 유머, 개방성 등 소프트 스킬이라고 부르는 자질들과 관련되어 있다).

물론, 기법과 심법은, 편의상 따로 배우더라도, 실제 연습이나 지도 상황에서는 함께 발휘된다. 방법의 서로 다른 부분들을 다루기 때문에, 말할 때는 구분시켜 생각할 수 있지만, 현실 상황에서는 분리시켜 따로따로 떼어서 다룰 수는 없다. 예를 들어, 청소년들에게 농구드리블을 가르칠 때에 기법과 심법은 따로따로 구사되지 않는다. 드리블 기능을 전달하는 기법을 펼쳐낼 때에 강사나 코치가 그것을 구사하는 스타일이나 방식이 심법이다. 이 측면은 가르치는 당사자 개인의 성향이나 성품이나 성격(즉 사람됨의 측면)이 매우 관여되는 테크닉이라는 의미에서 나는 영어로 "퍼스닉" personique 이라는 조어를 사용하고 있다.

스포츠교육 영역에서 기법과 심법의 요령들을 가장 체계적으로 소개한 서적은, 다들 인정하겠지만, 1980년 초반 발행된 데릴 시덴탑의 〈체육교수기술개발론〉이다. 체육 "교수기술" 향상을 위한 체계적이며 연구에 근거한 지식들을 집대성한 책이다. 지난 40년간 여러 종류의 책들이 소개되었지만, 내 개인적 판단으로는, 이 책을 능가하는 서적은 없다(혹시 있다면, 제자인 주디스 링크의 책 정도일까?). 적어도 체육수업을 체계적으로 진행하기 위한 효과적인 교수기술의 다양한 영역들에 대해서 명확하면서도 구체적인 개념과 방법들을 소개하고 알려주는 책으로서는 최고의 책이다. 가히, 스포츠교육학의 고전이라고 부르기에 손색이 없을 정도다.

그리하여 방법은 기법과 심법의 두 가지 차원(측면, 부분)으로 구성되어 있다고 말할 수 있다. 사실, 방법에 대한 이야기가 여기까지라면 나는 그리 고민하지 않았을 것이다. 이미 고전이라고 불리는 책까지 있으며, 그와 유사한 종류의 서적들이 계속해서 최신의 연구결과와 함께 소개되어 나오는 상황에서 그것들을 숙달하는 것에 전심전력할 수 있었을 것이다. 하지만, 방법에는 또 다른 층위가 관여되어있다. 그리고 이것이 모든 사태를 더욱 복잡하고도 어렵게 만들어버리게 된다. 방법에는 "차원"의 층위말고도, "수준"의 층위라고 부를 수 있는 영역이 더 있다.

그 층위는 "표층"과 "심층"의 수준으로 나뉘어지는 층위다. 겉으로 드러나는 측면과 속안에 감추어진 측면이 있다는 말이다. 기법과 심법은 각각 표면적으로 쉽게 목격되고 이해되는 측면과 이면적으로 잘 보여지지 않고 이해되기 어려운 측면을 지니고 있다. 앞에서 잠깐 설명한 기법과 심법은 표층적 수준에서의 기법과 심법에 대한 설명이다. 기법과 심법 중에서도 글자나 그림으로 드러낼 수 있는 그러한 측면들이다. 심법이 잘 묘사되기는 어렵지만 그럼에도 불구하고 최대한 명시적으로 표출시킬 수 있는 부분들이다(오우크쇼트가 말한 "직접전달"의 방법이다).

반면에, 심층적 수준은 원칙상 글이나 그림, 또는 말로 직접적으로 표현되기가 참으로 어려운, 난감한 측면이다. 기법과 심법의 고급수준에 해당한다고 말할 수도 있는데, 오랜 시간의 경험과 숙달노력을 통해서 몸과 마음으로 체득한 측면이라서 매우 개인적이고 사적인 특성을 지닌다. 그래서 명시적, 직접적으로 전달하기 어렵다(오우크쇼트가 말한 "간접전수"의 방법이다).

수준 \ 차원	기법 *Technique*	심법 *Personique*
표층 *Outer*		
심층 *Inner*		

그리하여 방법이란 대략 위와 같은 구조로 되어있다고 할 수 있다. 기법도 표층적 수중과 심층적 수준으로, 심법도 표층적 수준과 심층적 수준으로 레벨이 구분되어있는 것이다. 표층적 수준과 심층적 수준은 단계라고도 말할 수 있는 것으로서, 낮은 단계와 높은 단계라고도 바꾸어 불러도 상관없는 정도이다. 즉 기법과 심법은 각각 낮은 단계(표층)과 높은 단계(심층)로 구분되고, 경력

이 높아지고 경륜이 깊어져 감에 따라 낮은 단계에서 높은 단계로 심화되어 가는 것이라고 할 수 있다.

기법과 심법은 각각 다른 차원들로서 서로 다른 방식으로 습득하고 숙달시켜야 하는 것이며, 숙달시에는 표층수준과 심층수준에 따라 강조점이 달라지는 것이다. 표층수준의 기법과 심법을 숙달하는 것도 쉽지 않으나, 심층수준의 기법과 심법을 숙련하는 것은 보통의 노력과 시간으로는 상상도 할 수 없을 정도로 어려운 일이다. 어려운 것은 그것이 복잡하면서도 몸과 마음에 딱! 자리를 잡는 방식으로 고정될 수 없는 특성을 지니기 때문이다. 반면에 표층적 차원의 기법과 심법은 고정화(반복성, 재현성)가 가능하다. 즉, 그대로 따라하면 누구든 동일한 결과를 얻을 수 있다는 말이다.

가르치는 방법을 이루는 이같은 구조에 "이법중층" 二法重層 이라는 이름을 붙여두자. 그리고 기법과 심법, 그리고 표층과 심층의 구조가 만들어내는 각각의 칸에 좀 더 구체적인 이름을 붙여보자. 그러면 좀 더 이해하기가 쉬울 것이다. 낮은 수준의 기법적 방법은 "기계적 기법" Mechanical Technique, MT 이라고 부를 수 있다. 조금 지나친 감이 있지만, 뜻을 분명히 전달하기에는 안성맞춤의 이름이다. 기계조작술을 적어 놓은 매뉴얼에 따라 진행하면, 원하는 결과를 그대로 얻을 수 있도록 되어있는 지도방법의 차원이 있다. 저학년 학생들에게 단순한 내용을 암기하도록 하거나, 군대같은 곳에서 특정 기예를 숙달시키기 데에서 효과적으로 사용되는 기법들이다. 성격상 원래부터 이런 수준에 그치는 기법들도 있지만, 어떤 기법이라도 가르치는 초보단계나 새로운 기법을 배우는 초기단계에서는 대부분 이런 방식으로 활용할 수밖에 없을 수도 있다.

〈가르치는 방법의 이법중층 모형〉

차원 수준	기법 Technique	심법 Personique
표층 Outer	기계적 기법 Mechanical	심리적 심법 Psychological
심층 Inner	감각적 기법 Corporeal	심성적 심법 Spiritual

시간이 지나고 경륜이 붙어감에 따라 기계적 기법은 심층 수준으로 발달하게 된다. 그 기법의 좀 더 세밀한 수준, 느낌적 수준, 몸으로만 감지되는 그런 수준을 파악하게 되며, 지도를 효과적이고 수준 높게 하기 위하여 이러한 측면들을 의도적인 방법으로 활용하게 된다. 이 측면은 신체감각적인 기능과 지식과 느낌들이 관여하게 되면서, "감각적 기법" Corporeal Technique, CT 라고 부른다. 각종 변화구를 던질 때 공의 실밥을 어떻게 잡도록 알려주거나, 자유형에서 물을 팔과 손으로 잡아내는 법을 가르쳐줄 적에 활용된다. 거의 전적으로 시범과 터치와 설명으로 알려주기는 하지만, 결국 최종적으로 최적의 동작을 만들어낼 때의 그 미묘한 느낌은 당사자만 알 수 있다. 그 때서야 가르치는 사람도 그 지도기법이 제대로 작용했는지를 확인할 수 있다.

심법의 차원도 낮은 수준과 높은 수준으로 구분될 수 있다. 낮은 수준의 심법은 "심리적 심법" Psychological Personique, PP 이라고 부를 수 있다. 우리가 통상적으로 이야기하는 사람의 심리적 레벨에서 조작이 가능하기 때문이다. 인지적, 정의적 영역에서 이루어지는 구체적인 심리적 구사방법들을 말한다. 학생들의 학습동기를 높이는 피드백주기나 안전한 학습분위기 조성하기, 학습자의 주도적이고 자발적 학습활동을 활성화시키는 언어적 대화요령과 비언어적 제스쳐 활용하기, 장애나 기능으로 인하여 소외되는 학습자들이 적극적으로 참여할 수 있도록 협조 이끌어내기 등이다. 교사나 강사의 심리적 기법으로서 기계적 기법보다는 숙달하기가 훨씬 더 어렵지만, 여전히 심층적 수준의 심법보다는 습득하기가 용이한 방법이다.

높은 수준의 심법, 가장 그 정체가 모호한 방법에 나는 "심성적 심법" Spiritual Personique, SP 라는 이름을 지어주었다. 너무 모호한 명칭임이 분명하다. 무엇을 지칭하는 지가 불분명하다. "영성적 심법"이라고도 부른다. 물론 이 명칭으로도 사태는 나아지지 않는다. 영성이란 말 자체가 익숙하지 않고, 종교적 색채가 너무 강하다. 사람이 죽어서나 드러나게 되는 영혼의 존재를 연상케 한다.

하지만, 나는 영성을 이런 의미로 사용하고 있지 않다. 영성이란 종교와는 관련 없이 (물론 때로는 종교적인 연관을 갖게도 되지만) 인간이라면 지니고 있는 가장 근본적인 수준에서의 본성 중 하나다. 뭔가 위대한 것, 뭔가 근원적인 것, 뭔가 심오한 것에 대해서 관심을 갖고 경외심을 지니고 추구하려고 하는 인간의 존재적 본성에 붙여주는 명칭이다. 이 영성은 그 사람의 가치관, 품성, 인격, 스타일에 드러나게 된다. 아니, 후자가 전자의 현실적 구체물이다. 영성이란 것은 당사자의 가치관, 품성, 인격, 스타일 등에 의해서만 확인될 수 있는 것이다.

그 사람의 인지능력이나 정의적 역량은 심리적 차원에 속한다. 그 사람의 영성은 심성적 차원에 속한다. "심성" 心性 이란, 원래 성리학에서 핵심을 이루는 개념인데, 하늘과 맞닿아 있는 인간의 마음과 그것을 이루는 바탕을 이야기한다. 심리 心理 라는 것은 마음과 그 바탕의 겉껍데기 부분에 붙여지는 이름에 불과하다. 마음의 안쪽에 해당하는 심성은 (때로는 지성과 연계된 채로) 감성과 덕성이 포함되며, 가장 안쪽에 영성이라고 하는 부분을 포함하고 있다.

물론, 이런 식으로 심성의 요소들을 밝힌다고 해서 심성적 심법이 어떤 방법들을 말하는지 이해에 큰 도움이 되지는 않는 듯하다. 이 심성적 심법으로 분류되는 방법의 측면은 매우 모호하다. 이것은 매우 개인적인 방법이라서, 그 방법을 구사하는 당사자와 떼어놓고는 말하는 것이 가능하지 않다(이런 사정은 감각적 기법도 마찬가지다). 이런 방법은 그 사람의 몸과 마음과 하나가 되어버린 방법이다. 방법이 "자기화 또는 인격화" personalization 또는 "내면화" internalization 되어버린 것이다(embodiment, 즉 "체화"되었다고도 할 수 있지만, 이것은 감각적 기법의 경우에 더 적합하다). 그리하여 가르치는 와중에 보여주는 어투와 표정, 일상에서의 행실 등이 모두 심성적 심법으로 작용한다. 이때에 배우는 이는 전인격적으로 가르치는 이에게 "감화" 感化 된다.

자, 지금까지 가르치는 방법의 다차원성과 중층성을 밝혀낸 수고는 무엇을 위한 것인가? 답은 분명하다. 우리는 "방법"이란 것을 생각할 적에 일차원적으로 단순하게 생각해서는 안 된다. 우리는 방법에 대해서 다차원적이고 중층적으로 이해해야만 한다. 즉, 첫째, 일차원적으로 기법만을 방법으로 생각하기. 그것도 표층적 기법 레벨의 기계적 기법에 한정하여 방법을 생각하기. 둘째, 이차원적으로 기법을 넘어 심법의 차원을 인지하기. 하지만 표층적 차원에서 심리적 심법에 제한되어 방법을 생각하기. 한 걸음 더 나아가 셋째, 삼차원적으로 방법의 표층과 심층의 두 수준에 대해서 생각하기. 즉, 기법과 심법 각각의 차원에 각각 낮은 레벨과 높은 레벨이 적용될 수 있다는 정도까지 방법에 대해 복잡하게 생각하기. 이렇듯 여러 차원에서, 단순한 수준에서 복잡한 수준으로 생각의 깊이를 더해야만 한다. 그리고 이런 이해 위에서 실제로 가르치는 방법을 지도하고 숙련시켜야만 한다.

실제로 축구나 농구 기술을 아동이나 성인, 여성이나 남성의 팀으로 개별기술 또는 게임전술을 가르칠 때에는 이 다양한 방법들이 모두 복합적으로 처음, 중간, 나중 등 전 과정(1차시, 1단원, 1학기, 1년 등)에서 정해진 순서 없이 무작위로 전개된다. 체육지도의 현장에서 이 (4가지) 기법과 심법들의 정해진 적용이란 룰은 존재하지 않는다. 모든 것은 구체적인 의도와 그를 구현하기 위하여 최선을 다한 상황에 따른 즉시적인, 응변적인 발휘일 뿐이다. 이런 상황은 텍스트북에 적혀질 수가 없는 내용들이다. 오로지 현장에서의 오랜 경험과 경륜을 통하여 즉각적으로 발휘될 수만 있을 뿐이다. 최소한 원칙이나 규칙의 수준으로는 명제화되기 어렵다.

단순한 가이드라인의 수준에서 제안될 수는 있을지 모른다. 하지만, 이것은 현장에서 특정 개인에게 그다지 효력을 만들어내기 어렵다. 말 그대로, 심층적 수준에서는 가르치는 사람의 당사자적, 개인적 특성이 강하게 묻어나는 기법과 심법의 차원이 작동되기 때문이다. 어떤 명시적인 방법적 지침이나 조언같은 것의 적용범위를 벗어나있는 방법의 세계에 진입하기 때문이다. 특별히, 심법의 차원과 심층의 수준에 대한 자각과 인식이 요청되며, 경력이 늘어날수록 이 두 측면들에 대한 심화숙련이 더욱더 주어져야 할 것이다(내가 이 나이가 되도록 아직까지도 가르치는 방법에 대해서 잘 알지 못하고 또 잘 못 가르치는 것도, 능력의 부족과 함께, 이러한 가르치는 방법의 복잡함과 비정형성 때문이 아닐까?).

4

얼마 전 운전 중에 자동차학원 시내연수용 1톤 트럭의 짐칸에 붙여놓은 "운전은 인격입니다"라는 플랭카드 문구를 읽었다. 두 눈을 부비면서 다시 보았다. 분명히 "운전은 기술입니다"가 아니었다. 운전법은 운전사의 단순한 신체기술에 머물지 않고, 운전자의 인간적 품위, 즉 인격까지 드러낸다는 말이다. 운전하는 방식에 운전자의 인격 수준이 담겨진다는 뜻이다. 운전학원에서도 면허합격을 위한 단순 요령만을 가르치고 있지 않음을 처음으로 확인하는 순간이었다. 해당 운전학원에서는 기법을 넘어 심법으로서의 운전을 가르치고 있다는 것이었다. 신호등에 멈추어선 길 위에서 큰 깨침을 얻는 순간이었다(그 학원에 등록해서 자식들 운전면허증을 따도록 하지 못한 것이 후회된 순간이기도 했다).

그렇다면, 지금 우리의 경우, 체육수업, 스포츠코칭, 운동강습도 모두 인격이라고 말할 수 있는가? 앞에서의 논의를 수용한다면, 당연히 그렇다. 운동 가르치기는 가르치는 이의 인격이다. 기계적 기법 技術, 심리적 심법 心術, 감각적 기법 技藝은 아직까지 인격의 수준으로 넘어가기 이전이다. 반면에, 심성적 심법 心藝은 인격의 수준에 다다른 방법이다. 이 가르치는 방법에는 가르치는 이의 인간됨의 내용과 수준이 고스란히 묻어나는 것이다.

시서화 모두에 뛰어났던 불세출의 르네상스인 추사 김정희는 이런 말씀을 남겨놓았다고 한다. "난초를 그림에 있어서는 법이 있어도 안되고 법이 없어도 안 된다" 寫蘭 有法不可 無法亦不可. 매우 역설적인 표현이다. 시서화의 대가가 하신 말씀이므로 결코 무의미한 소리는 아닐 것이다. 난을 그리는 올바른 방법에 대한 모종의 진리가 담겨져 있는 명제일 것이다. 이 역설은 어떤 진리를 담고 있을까?

일차적으로, 우리는 "단계"라는 기준을 놓고 이 역설을 해소할 수 있다. 즉, 난을 그리는 초기단계, 즉 초보자는 정해진 기법을 따라서 그려야 한다. 이때에는 법이 없으면 안 된다(무법불가). 하지만, 수준이 높아지면, 상급자로 전진하며 그러한 정해진 법칙은 던져버려야 한다(유법불가). 자기 자신의 방식에 따라서 난초를 그려야만 한다(비트겐슈타인은 "지붕에 올라왔으면 사다리는 버리라"고 말했다).

한 걸음 더 나아가, 앞에서 방법의 다차원과 중층성을 이해한 우리로서는 다른 방식으로도 이 역설을 해소할 수 있다. "유법불가"에서의 법이란 기계적 기법과 심리적 심법을 말하는 것이리라. 올바른 방법으로서 이런 정해진 방법은 있어서는 안 된다. 물론 소극적으로는 있어도 괜찮기는 하지만, 최고의 방법 즉 왕도로서 인정되어 다른 방법들을 용납하지 않는 철칙화되어서는 안 된다.

하지만, "무법불가"에서의 법, 즉 감각적 기법과 심성적 심법에 해당하는 방법은 없어서는 안 된다. 이 심층적 차원에 속하는 방법, 화가 자신의 개인적 깨달음과 스타일이 묻어있는 기법과 심법은 던져버려야 할 것이 아니라, 심혼을 기울여서 찾아내어야 할 방법이다. 이렇듯 전자의 법과 후자의 법은 방법의 서로 다른 차원과 수준을 말하는 것임을 받아들이는 방식으로도 이 역설은 해소된다.

현장에서 실제로 가르치는 일을 담당하는 우리로서는 유법과 무법을 자유자재로 구사하면서 배우는 이의 학습을 최대화시킨다. 기계적 기법과 심리적 심법(유법)이 필요할 때와 대상, 그리고 감각적 기법과 심성적 심법(무법)이 요청될 때와 대상에게 적절한 방법을 물 흐르듯 발휘할 수 있을 때, 추사선생이 말씀하신 그런 경지에 오를 수 있는 것이다(기법은 나쁘고 심법은 좋다는 단순이분법적 사고는 단연코 배척한다). 이리하여 곧바로 떠오르는 질문이 있다. 기술로서의 스포츠지도법은 물론이고, 인격으로서의 (무법으로서의) 스포츠지도법을 자유자재로 구사할 수 있기 위해서는 어떤 노력을 얼마나 들여야 할까?

이런 경지가 도대체 가능하기는 한 것일까? 스포츠교육학자이면서 스포츠교육자인 나는 그런 경지가 부러울 뿐이다. 나의 깜냥으로는 언감생심 도저히 다다를 수 없는 지경의 수준이다. 이런 상황이니 내가 방법에 대해서 지금까지도 어려움을 겪고 있는 것은 결코 우연이 아니다. 오로지 신의 가호와 기적만이 나를 방법의 궁지로부터 끌어올려주실 수 있을 듯하다. 그렇다면 이런 연유로 스포츠지도법에 통달하기 원하는 내가 할 수 있는 것은 오직 기도뿐? 아니다. 처음도 마지막도 스스로 좀 더 나은, 좋은 사람이 되려고 최선을 다해서 자기 자신의 인격적 수양을 깊이 하는 것이다. 자, 이것은 어떻게 해야 하는가? (월간최의창, 2020, 2)

> 가르치는 일을 테크닉, 즉 기법에만 국한시켜 이해해서는 안됩니다. 올바른 가르치기는 가르치는 이의 참사람됨으로부터 나오기 때문입니다. (파커 파머, 가르칠 수 있는 용기),

> 가르치는 방법은 사이언스도 아니고 테크놀로지도 아닙니다……. 가르치는 테크닉을 모두 배우고서도 교사로서 교육적으로 준비가 되지 않는 일이 생길 수도 있습니다. (막스 밴 마넨, 가르침의 심법)

내가 희구하는 것

— 인생의 후반부 시작에 적어 두는 자경문

One Page Writing

> 지혜를 얻는 것이 금을 얻는 것보다 얼마나 나은고
> 명철을 얻는 것이 은을 얻는 것보다 더욱 나으니라
> (잠언 16:16)

1

이런 구절을 읽은 적이 있다. 어떤 영어책에 실렸던, 출처와 저자를 찾을 수 없던 구문이다. 내용상으로 볼 때, 인생의 후반부 혹은 삶이 저무는 시기에 적은 시구라는 생각이 들었다. 정확히 이십년 전, 내 나이 삼십대 중반이었다.

> I'm not what I ought to be;
> Not what I want to be;
> Not what I am going to be;
> But I'm thankful I am not what I used to be.

좀 더 음미하려고 영어로 된 본문을 한국어로 옮겨보았다. 웃음거리가 될 각오하고 한 번 적어본다.

> 돼야만 했던 사람이 되지 못했소,
> 되고 싶었던 사람도 되지 못했고,
> 되려고 했던 사람도 되지 못했소,
> 하지만 그래도 난 감사드리오니
> 이전보다는 더 나아진 사람이라오.

그 때는 아직 젊어서 내게는 해당되지 않는 읊조림이었다. 삼십대 중반은 자기 인생에 대한 이런 종합적 평가를 할 수 있는 시기가 아니지 않은가. 여전히 자신을 만들어가는 도중이다. 그래도, 약간의 울림은 있었다. 최선을 다해서 자신의 인생을 만들어 나가야 한다는 조용한 명령같은, 그런 울림 말이다.

사실, 우리 주변에 자기가 되었어야만 했고, 되고 싶었고, 또 되려고 했던 그런 종류의 사람이 되었음을 스스로 천명하는 이가 얼마나 되겠는가? 다소의 차이는 있겠지만, 대부분은 후회 가득한 회한일 것이다. 이 글 (정확히 회한시라 해야 하나, 감사시라 해야 하나 잘 모르겠는데, 소극적 태도를 취하여 회한시라고 부르자)을 쓴 사람처럼. 물론, 땅을 치며 곡을 할 정도의 후회는 아닐 게다. 이 사람처럼 겸손의 마음으로 약간의 만족감 같은 것을 드러내지만, 그래도 전반적으로 아쉬움과 아까움에 물든 속내일 것이다.

난 이 시를 적은 사람이 남자인 것 같은 느낌이다. 원래가 남자는 후회의 동물이라서겠지?. 이유가 왠지는 모르겠지만, 여성보다 인생을 제대로 못살아내는 것같다 남자는. 만약 후회문학이라는 문학 장르가 있다면, 그 베스트셀러 저자 리스트는 단연코 남자들로 가득할 것이다. 대표적 예로 〈참회록〉의 저자 아우구스티누스(성 어거스틴)도 남성이었지? (내 어렸을 적 책명은 이 제목이었는데, 요즘은 "고백록"이라고 하는 듯하다. 성자로서 너무나 자기비하적 번역이라고 생각했을까? 아무튼, 고등학교 시절 학급문고 독서록 작성을 위해서 피치 못해 내용을 읽어나가는 와중에, 나 자신에게는 참회록으로 느껴진 기억이 뚜렷하다.)

    나는 이제 이런 회한시를 적을 수 있는, 아니 적어야 하는 나이가 되었다. 이 무명시의 저자처럼 인생의 후반부에 접어든 것이다. 그런데, 이 싯구에 내가 나만의 개인적인 무엇을 덧붙일 수 있는지 모르겠다. 현재 지금 내 심정이 바로 이 저자의 심정 그대로다. 인생은 60세부터이고, 지금은 100세 인생이라고 말들 한다. 그러니 아직도 시간이 여유 있다는 격려의 말들이 들려온다. 나이는 숫자에 불과하다고 하면서. 하지만, 간이 콩알만 하고 성취한 것이 쥐뿔보다 작은 중년남자, 특히 비만도가 상승일로이기만 한 (할아버지에 가까운) 나이 지긋한 아저씨의 귀에는 남의 얘기로만 들린다. 더 늦기 전에 이전보다 나아진 것을 무엇으로 할 것인지를 고민하며, 앞으로 남은 시간 그것을 찾아내고 만들어내기 위해서 전심전력해야 한다.

2

    자꾸 갓길로 새어나가려 한다. 집중시간이 점차로 짧아지는 예비노인의 특징이다. 아무튼, 그래서 이 싯구의 저자처럼, 나는 되려고 했던 사람은 못되었지만, 이전보다는 나은 사람인가? 나아진다는 것의 정의에 체중이 포함된다면, 나는 엄청 나아진 상태다. 경제적 수준도 포함된다면, 약간은 나아져있다. 29년 기한으로 받은 담보대출이 많이 남아있지만 그래도 내 명의로 된 집 한 채가 있으니 (실질적 소유주는 집사람이니까 아닌가?). 게재한 논문과 출간한 서적으로 보아도 그렇다고 할 수 있다. 남들이 부러워하는 하는 (하지만 속을 들여다보면 외화내빈인) 대학의 교수직을 가지고 있으니 직업적 안정성으로 보아도 그렇다.

    그런데, 그런데 말이다. 이 시를 만든 남자가 의미한 "더 나은 사람"은 이런 외형적 조건이 나아진 사람을 말했을까? 그랬을 수도 있다. 이 가능성을 이론적, 실제적으로 완전히 배제할 수는 없을 것이다. 그렇지만, 삶의 후반부에 들어서 이런 정도의 내용으로, 이런 수준의 품위로 표현하는 분이 그런 것을 의미했으리라고 추측하기는, 웬만한 창의력, 아니 무감각이 아니고는, 어렵다. 이 분은 그런 물질적이고 가시적인 차원에서 자기 자신이 더 나은 사람이라고 하지 않았을 공산이 크다. 게다가 실제 인물이 가난하거나 비정규직, 심지어는 장애를 지닌 분이 아닐 것이라는 확신도 없지 않은가.

나에게 물어본다면, 나는 틀림없이 비물질적인 차원의 질문이었다고 분명히 대답할 것이다. 세속적 안정성을 확보하기는 했지만, 인간적 후회를 켜켜이 쌓아놓은 중년의 후반으로 내치닫는 내가 잘 안다. 이분은 자기 존재의 다른 차원에 대해서 말하고 싶은 것이다. 그것도 매우 겸손한 분량과 수준으로 자신의 존재적 나아짐을 감사하고 있는 것이다. 인간적으로 조금 더 변화된, 이전의 부족한, 혹은 불완전한 상태의 자신이 조금 더 나아지고 완전하게 되어가는 상태에 놓여짐을 행복해하고 있는 것이다. 그는 자신의 "존재적 나아짐" (좀 어려운 표현이기는 하지만 가장 적절하다고 생각된다)에 만족감을 표시하고 있다. 한 명의 인간으로서 이전보다는 다소 나아진 사람이 되어있다고 생각하는 것이다.

물론, 이 저자가 그럴 수 있었던 것은 부모덕이나 공짜나 선물로 성취된 것은 아니다. 앞에서 후회한 세 가지 것을 스스로가 어떻게든 이루어내려고 노력하고 발버둥치는 과정을 거쳐서 그나마 지금과 같은 존재적 나아짐을 얻게 된 것이다. 되어야만 했던 사람, 되고 싶었던 사람, 그리고 되려고 했던 사람으로 성숙하도록 애씀으로써 말이다. 남들이 우러르는 이, 사회적 지위를 갖춘 이, 그리고 경제적 부를 쌓은 이가 되려는 과정에서 이런 것들이 모두 얻어지지 못했음에도, 이 사람은 그나마 인간으로서의 나아짐을 얻어낸 것이다. 빈손이 되었음에도 종국에 감사함을 버리지 않은 이유다. 참으로 성숙한 이다. 제대로 나이든 이다.

나는 이렇게 못한다. 내 성품과 수준을 잘 아는 나로서는, 확신한다. 이런 겸손한 태도는 최소 60세 이상에서나 나올 수 있다. 아직 쉰 중반의 나로서는 언감생심, 어림도 없는 미덕이다. 그런데, 바로 코앞에 찾아온 예순의 나이가 되는 나로서도 이런 훌륭한 겸손함을 지니고 싶다. 참말이다. 이런 성숙한 노인이 되고 싶은 것이다. 어차피 저절로 그리 되려나? 결국 아무 것도 못된 상태가 될 것이 뻔하니까! 그런데, 대부분의 중년남자들은 이같은 감사의 태도도 가지지 못한다. 비극이 따로 없다. 멋지게 늙지 못하는 것이다. 이런 참상이 따로 없다. 외형적 성취도 없을뿐더러, 내면적 성숙마저도 이뤄내지 못하는 나이 먹은 남자, 이것은 그리스 비극보다도 더한 결말의 참극이다.

3

내가 걱정하는 것은 바로 이것이다. 내가 이 참극의 주인공이 될 것같은 걱정이 들기 때문이다. 나로서는 이것을 사전에 방지하고 싶다. 누군들 그렇지 않겠는가? 이 글은 그것을 스스로 경계하는, 다소 이른 일종의 "계노록" 戒老錄 같은 것이다. 이것도 저것도 이루지 못한 자, 성취도 없고 감사도 없는 자. 이런 비루하고 무치한 남자 노인이 된다고 생각해보라. 끔찍하다. 고개가 절로 흔들어진다. 상상도 하고 싶지 않다. 생각만 해도 슬퍼진다. 인생을 헛산 것이 분명한 이다. 나는 절대로 이런 남자 노인은 되고 싶지 않다.

무엇을 어떻게 해야만 할 것인가? 나는 어떤 사람이 되어야 하는가? 나는 어떤 사람이 되고 싶은가? 나는 어떤 사람이 되려고 하는가? 천만다행으로, 인생의 후반부로 진입하는 나로서는, 이 질문들이 모두 같은 대답을 찾는 것으로 들린다. 되어야 하는 이가 바로 되고 싶은 사람이며, 또한 되려고 하는 사람인 상황 말이다. 가장 행복한 상황인 것이다. 성취도 있고 감사도 있는 사람말이다. 생각만 해도 훈훈해진다. 마치, 영화 〈로마의 휴일〉에 나오는 그레고리 펙같은 멋진 남자가 된 기분이다(물론, 외모는 제외지만 말이다. 혹시 안 보신 남성분들 계시면 꼭 두 번은 보시기를. 30대에 한 번, 50대에 한 번. 그전에는 감동이 크지 않다).

그럼, 나는 그레고리 펙같은 사람이 되고 싶은 것인가? 영화배우? 잘 생긴 미남? 신문기자? 당연히 그렇지 않다. 이것들은 외형적인 것들이지 않은가? 이미 인생의 많은 시간이 지난 지금, 나는 앞으로 남은 시간동안 "지혜로운 이"가 되고 싶은 것이다. 나는 지혜로운 이가 되어야 하고, 되고 싶고, 또 되려고 할 것이다. "지혜롭다"는 표현에는 내가 희망하는 모든 것이 들어있다. 편하고 쉬운 영어로 "wise"라고 적지만, 이 단어만으로는 충분치 않다. 아리스토텔레스가 우리에게 알려준 안성맞춤의 단어가 있는데, 지혜로움을 나타내는 그리스어 프로네시스 phronesis 다. 프로네시스를 지닌 지혜로운 사람은 "프로니모스" phronimos 라고 한다. 나는 노년에 프로네시스가 가득한 프로니모스가 되기를 바라고 구하는 것이다.

"프로네시스, 프로니모스." 참으로 멋진 표현이지 않은가? 입으로 소리내어보라. 그러면 훨씬 더 멋지게 들린다. 지혜로운 사람을 지칭할 만한 품위와 멋짐을 지닌 단어라는 것을 확인할 수 있다. 오해하지 마시기를. 나는 무슨 사대주의에 걸린 것이 아니다. 서양의 그리스어라고 해서 무작정 따라하는 중이 아니다. 프로네시스라는 단어가 정말로 내가 바라마지 않는 지혜로운 이가 지녀야 하는 자질을 가장 적확하게 나타내는 표현 중의 하나이기 때문이다. 개념이 마음에 들었는데 단어도 괜찮은 것이다. 사람

자체가 좋은데 외모까지 뛰어난 경우라고 할 수 있다.

  동양의 한자어에도 이런 정확한 표현이 있으면 참 좋겠다. 한자어로 기껏해야 실천적 지혜, 또는 실천지 정도로 밖에 옮겨내지 못하는 것이 아쉬울 뿐이다. 무지한 내가 애써 찾아낼 수 있었던 용어는 "인의예지" 仁義禮智 라는 복합어일 뿐이다. 나는 "인의예지로운 이"가 되고 싶다고 말할 수 있다. 인의예지로움이 지혜로움과 동급의 의미를 갖고 있다고 해석(판단, 간주)하는 것이다. 혹자는 "지혜"라는 단어는 인의예지에서 "지"에 해당한다고 지적할 수 있을 것이다. 하지만, 프로네시스적 지혜는 인의예지로움을 모두 지니고 있어야만 한다. 나는 이런 뜻에서의 "지혜로운" 중년(을 넘어 노년)을 희망하는 것이다. 그냥 똑똑한 것을 바라는 것이 아니다. 하나로 뭉쳐진 인의예지로움이 가득한 현명한 노인이 되고 싶은 것이다. 진정으로.

  이런 의미로의 지혜로운 이는 어떤 사람인가? 어떤 특징을 지닌 이가 지혜로운가? 성서에서는 대표적으로 솔로몬 왕을 꼽고 있다. 그리스 신화에서는 아테나가 지혜의 여신으로 등장한다. 불교에서는 문수보살이 지혜를 상징한다. 동양최고의 대표로는 삼국지로 잘 알려진 제갈공명을 들 만하다. 독특하게도 모두를 꿰뚫는 단 한 가지 공통점은 없어 보인다. 남성도 있고 여성도 있고, 사람도 있고 신에 가까운 이도 있다. 총명하기만 한 이도 있고 현명하다고 할 만한 이도 있다. 지능적으로 똑똑하기만 한 이들은 아니다. 솔로몬은 말년에 실정하였고, 아테나는 전쟁의 여신이기도 하다. 문수보살은 자비로도 유명하며 제갈공명은 관우를 통해 조조를 살려주었다.

  아리스토텔레스가 이야기하는 프로네시스는 어떤 지혜로움인가? 통상 "실천적 지혜"라고 옮겨지며 "사려 깊음"이라는 의미를 지녔다. 현재의 상황에서 가장 적절한 판단과 행위를 실천하는 지혜로움이다. 지금 내가 있는 이 자리에서 더도 말고 덜도 말고 최고로 적합한 말과 행동, 그리고 조처를 시행할 수 있는 지혜로움이다. 실천적 지혜는 이런 뜻을 가진다. 머릿속으로만 생각하는 이론적 지식과는 다르다. 실제 상황에서 현장사람들을 대상으로 실질적 판단을 구사하는 것이다. 모자라지도 넘쳐나지도 않는 가장 적절한 방식으로 실행한다는 점 때문에 "중용" 中庸 의 원칙이라고도 불린다. "시중" 時中 의 도라고 하여도 될 것이다. 가장 적절한 방안을 찾으려면 깊은 사려능력이 반드시 필요하다.

사고능력이 아니다. 사려능력이다. 사고 思考 는 인지적 문제해결에 집중한다. 이성적인 상황 파악과 그에 따른 합리적이고 효율적인 사태 대응을 위한 것이다. 반면에 사려 思慮 는 인간적 문제해결에 초점을 맞춘다. 연관된 사람들과 문제가 만들어진 배경과 사회적 맥락 등 전체적인 측면을 총체적으로 고려하면서 최선의 해결을 도모한다. 내가 추구하는 지혜는 사고능력이 아니라 사려능력이다. 단도직입적으로 눈에 보여지는 상황이나 사태만이 아니라, 그것의 과거와 배경, 그를 둘러싼 관계와 환경과 풍토 등을 함께 판단의 요인들로 포함시킨다. 논리와 합리만으로는 부족하다. 그것을 넘어서 순리와 도리, 그리고 의리와 정리 情理 까지도 필요하다.

그런 연유로 아리스토텔레스의 프로네시스는 "인의예지로움"이라고 불리는 것이 마땅하다(각각 독립된 덕들의 합체가 아님을 강조하여 인·의·예·지로 적지 않는다). 사려 깊음은 인의예지로움이다. 어짊과 곧음과 바름과 옳음이 "한꺼번에" 작동하여 최종적인 판단과 실천이 가해지지 않으면, 깊은 사려가 발휘되지 못한다. 지혜로운 판단과 해결이 가능하지 않다. 나는 내 남은 날들 동안 이런 지혜로운 이가 되고 싶은 것이다. 물론, 나는 이전에도 인의예지롭게 지혜로운 사람이 되기를 원해왔고 지금도 원하고 있다. 그렇지만, 우리 시구의 그 분처럼, 충분히 그러지를 못했다. 최소한만 그래왔다. 그렇지만, 앞으로는 더욱 그렇게 되고 싶다는 말이다.

인의예지로움으로서의 지혜로움은 나이 들어감의 최고 미덕이다. 왜냐하면, 아리스토텔레스가 간파한바, 지혜는 경험으로 숙달되고 시간으로 숙성되기 때문이다. 실천적 지혜가 젊은이에게 부족한 것은 바로 이 때문이다. 다양하고 성찰된 경험을 오랜 동안 거쳐 오면서 시행착오와 자기발견을 통하여 체득할 수밖에 없기 때문이다. 사람이 인생을 이야기할 수 있는 즈음이 (감히 중년이나 노년이라고 말하고 싶은데) 되어야만 인의예지로움으로서의 지혜로움이 상당량 축적된다. 물론, 경험과 시간이 지혜를 저절로 만들어주지 않는다. 제대로 숙성시켜야만 하는 것이다. 음미하고 성찰하고 시도하고 개선하고 또 실천해봄으로써 농후한 지혜로 생산해내야만 한다. 그렇지 않으면 단순한 체험이나 지식의 수준에서 머물고 만다. 책이나 인터넷으로도 충분히 얻을 수 있는 그런 종류의 (지혜처럼 보이나 실은 전혀 다른) 것이다. 시간에 숙성된 경험은 경륜으로 변모한다. 완전히 종류가 다른 것, 차원이 다른 것이 된다.

내가 이 나이가 되어도 아직 철이 없는 것, 지혜가 부족한 것은 바로 이런 이유다. 경험도 할 만큼 하고 나이도 먹을 만큼 먹었음에도 불구하고, 이것들을 올바른 과정을 거쳐 제대로 숙성시키지 못했기 때문이다. 나는 지금부터는 이렇게 하였으면 바라는 것이다. 허송세월이 아니고, 숙성시간을 갖고 싶은 것이다. (발렌타인 30년산처럼) 숙성년도가 오랠수록 더욱 가치가 높아지는 최의창 55년산에 걸맞는 깊은 향기가 그윽한 노년을 맞고 싶은 것이다. (막걸리처럼) 시간이 지나면서 시큼한 냄새를 발하면서 가치 하락하는 노년은 제발 사양하고 싶다. 나이 들어가며 더욱 추해지는 남자사람들이 얼마나 많은지!

4

그럼에도 불구하고, 나는 세상 모든 일에 지혜로워질 수는 없을 것이다. 그런 분은 극극극소수에 불과하다. 나는 내 가정에서, 내 직장에서, 내 분야에서, 그리고 내 주변인물들에게 지혜로울 수 있으면, 그것으로도 만족, 아니 감지덕지할 터이다. 우리 집의 가장으로서 가족과 친척에게, 대학의 교수로서 학생과 동료들에게, 스포츠교육연구자로서 학교체육과 체육교사교육에, 나와 인연을 맺고 살아가는 친구와 지인들에게 지혜로운 이가 될 수 있으면 좋겠다. 이것 이상을 더 바랄 것인가? 나로서는 국가와 민족, 더 나아가 세계와 지구를 위하여 지혜를 바칠만한 역량과 깜량이 미달인 것은 분명하니까. 나의 개인적, 사회적 책임영역 안에서 인의예지롭게 살아갈 수 있다면, 그것만으로도 감사할 따름이다.

자 그렇다면, 인의예지롭게 지혜로운 이가 되기 위한 묘수가 있을까? 최선의 길, 최상의 방법같은 것 말이다. 예상했겠지만, 그런 비법은 없다. 각자에게 알맞은 각자의 길이 있을 뿐이다. 내가 구하는 지혜는 본래가 개인적인 것이며 내게 특수한 것이다. 그러니, 그것은 내게 가장 적합한 방법을 스스로 찾아내야 하는 것이다. 구도의 길은 무소의 뿔처럼 혼자서 걸어내야 하는 것이다. 나는 어떤 방법을 택하려고 하는가? 설명의 편의상, 공식으로 만들어보았다. 지혜는 독서와 경험과 친구와 원칙과 천성의 융합으로 생겨난다(수학적으로 "지혜는 독서와 경험과 친구와 원칙과 천성의 함수다"$y=f(x)$라고 말하면 더 멋있을까?).

지혜 = 독서×경험×친구×원칙×천성

윤동주 시인을 키운 것은 팔 할이 바람이었다면, 나를 키운 것은 독서다(요즘은 자신을 키운 것은 웹서핑이라고 하는 친구들이 많던

데, 나는 아니다). 이 나이쯤 되면 지식을 얻기 위한 독서는 거의 하지 않는다. 정보와 지식은 인터넷에 널려있다. 핸드폰만 있으면 언제어디서나 마음먹은 때에 손쉽게 손에 넣을 수 있다. 중년 이후의 독서는 지혜를 축적하기 위해서다. 저자가 자기만의 혜안을 지니고 저술한 서적을 찾는다. 저자의 독특한 관점으로 사물과 현상을 이해하는 시각과 안목을 살펴보고 내 것으로 만들고 싶은 것이다. 지능이나 지력이 아니라 지혜 생성의 바탕이 되는 지성을 키우고 싶은 것이다. 그래서 다시, 고전으로 돌아가려고 한다.

독서로 얻은 지성은 경험과 함께 함으로써 더욱 의미가 확장된다. 마찬가지로 몸으로 직접 겪은 경험도 독서를 통한 지성으로 인해서 더욱 심화된다. 머리로 이해하고 상상한 것이 몸과 마음(체성과 감성)을 통해서 실제적으로 체험되는 것이다. 나는 남은 나날 동안 해보고 싶은 버킷리스트처럼 무슨 특별한 체험을 따로 계획하지는 않을 것이다. 오히려 이런 저런 일상의 모든 생활체험들을 특별히 받아들이고자 한다. 만약 초점을 잡으라면, 음악과 미술과 연극 등 예술체험들을 더욱 자주하고자 한다. 체육과교수로서 소홀히 했던 나의 감성과 영성을 좀 더 충일하게 채워보고자 한다(지금까지 그래왔듯이, 스포츠는 당연히 계속해서 하는 것이다). 지혜는 머리만이 아니라 가슴과 손발이 함께 협응해야만 작동한다. 인의예지로움은 문학과 예술로 인해서 더욱더 깊어질 수 있다.

독서와 경험은 개인적 활동의 성격이 강하다. 아는 것과 겪은 것이 더 많음에도 불구하고, 나이가 들어 더 외골수가 될 수 있다. 이런 점에서 친구(동료나 멘토도 좋다)는 내 삶과 일의 협력자로서 조언자로서 비평가로서 절대적으로 필요하다. 함께 하는 이가 필요하다. 다른 사람의 지혜로 인해서 나 자신의 지혜가 풍부해지고 세련되어진다. 내 분야에 함께 일하는 이도 좋지만, 그것과는 전혀 상관없는 분야의 사람도 좋을 것이다. 다른 안목과 다른 관점에서 내가 생각하고 느끼고 행하는 것을 비추어줄 수 있을 게다. 좋은 친구와 동료와 선배와 선생님들과 지인들과 함께 하는 것은 지혜의 숲 속에서 지내는 것과 같다. 빨리 가려면 혼자가고, 멀리가려면 함께 가라 했다.

그런데, 이 세 가지 것들은 내가 가진 원칙(철학이라고 해도 무방하다)의 틀에 걸러져야 지혜화 될 수 있다. 나의 연구생활과 인생살이 속에서 내가 명시적, 암시적으로 세워놓은 철학이 있다. 그것이 나의 생각과 행위에 영향을 미친다. 이 원칙과 철학을 좀 더 명료하게 검토하고 가다듬고 새로 만들어가도록 할 터이다. 독서한 것과 경험한 것, 그리고 친구들로부터 받은 것들을 그대로 여과 없이 받아들여 자기화 시키는 것은 지혜로 되지 못한다. 필터링이 필요한데, 그것은 원칙이나 철학으로 가능한 것이다. 소크라테스는 성찰 없는 삶은 살 가치가 없다고 했다. 오십대의 중간 지점에 서있는 남자라고 해서 예외는 아니다. 아니 오히려, 삶의 후반부에 들어서니 더욱 성찰하는 삶을 살아야 한다는 생각이 든다. 보다 더 철학적으로 되어야 한다.

마지막으로, 천성 天性 이라는 요인을 포함시켰다. 나의 타고난 성향과 성품이다. 아무리 노력해도 잘 변화시키지 못하는 측면이다. 의지를 동원해서 의도적으로 바꾸어보려고 해도 잘 안되는 나만의 독특한 개인적 바탕이다. 본질이다. 인생을 거쳐 지나오다 보면, 인의예지롭게 지혜로워지는 데에는 천성도 상당히 중요한 요인임을 점차로 깨닫게 된다. 그런데, 중요한 것은 나 스스로도 나의 천성이 어떤지를 백퍼센트 완전히 파악하지 못한다는 점이다. 우리들 대부분이 그렇다. 나이와 상관없이 사람은 누구나 자신이 누구인지, 자신이 어떤 자질을 타고 났는지 완전히 파악하지 못한 채 나이를 먹고 삶을 살아간다. 그러니 나도 아직 내 천성을 더 발견하고 개발할 필요가 있는 것이다.

5

　대략 이것이 나의 노후 플랜이다······.라기 보다는 희망사항이다. 물론 보고 싶은 것도 많고, 먹고 싶은 것도 넘치고, 사고 싶은 것도 여럿이지만, 내가 진심으로 간절히 희망하는 것을 하나 꼽으라면, 바로 이것이다. 지혜로운 이, 인의예지로운 이가 되는 것이다. 적어도, 그에 가까운 사람으로 되어가는 것이다.

　나는 사람의 인생을 봄, 여름, 가을, 겨울로 나누어 생각하는 버릇이 있다. 각 계절을 20년씩으로 나눈다. 20살까지는 봄, 시작과 함께 모든 것이 빠르게 성장한다. 본격적 인생을 준비하는 시기이다. 40살까지는 여름, 가장 뜨겁고 활발한 기간이다. 하늘은 새파랗고 세상은 녹색이 절정을 이룬다. 60살까지는 가을, 인생이 익어가며 심은 것을 거두는 시간이다. 단풍의 화려함이 최고에 이른다. 그리고 80살까지는 겨울, 주위가 황량해지면서 칩거하며 정리하는 기간이다. 다른 차원에서 맞을 새로운 봄을 준비한다.

　이런 라이프 단계표에 따르면, 현재 나는 가을의 후반부에 와있다. 인생의 화려기, 단풍의 최극기다. 그런데 개인적으로 나는 아직 그런 느낌은 없다, 솔직히 (자각증상이 없는 것이다, 어리석게도). 그냥 평범한 일상의 하루하루를 넘겨내고 있는 느낌일 뿐이다. 드러내놓고 성취한 것, 특별히 잘 하는 것 없는 일개 교수의 덤덤한 중년기를 보내고 있을 뿐이다. 한편에서 보면, 모든 것이 안정된 상태라고 할 수 있다. 반대편에서 보면, 안정된 만큼 틀에 박혀있고 정체되어있기도 하다.

　그런데, 냉정하게 볼 때, 늦가을을 향해 빠르게 움직이고 있으므로, 거둘 것을 거두고 저장할 것을 저장하는 현명함을 발휘해야할 때다. 따뜻한 겨울나기를 위해서 필요한 것을 꼭 준비해야만 한다. 지금까지 이야기한 "지혜"가 바로 그것이다. 나는 다가오는 내 인생의 겨울시기를 지혜로움으로 채워나가고 싶다. 내 삶의 전체를 따뜻하게 감싸 안기 위한 인생월동대책으로 절대적으로 준비해야하는 것이다. 생애의 마지막까지 따뜻하게 온기를 유지할 수 있는 최후의 땔감, 혹은 궁극의 셀프히터 역할을 해줄 것이다.

듣자하니 사람은 첫인상과 끝인상으로 기억된다고 한다. 어차피 대부분의 사람들에게 내 첫인상은 그다지 지혜로워 보이지 않았으니, 난 내 끝인상은 지혜로운 이로 남겨지기를 바란다. 이런 나로서는 인의예지로움의 지혜가 더더욱 절실하다. 여기 55세에 쓰는 이 짧은 계노록은 그를 위한 스스로의 경계문箴이다. 또한 다짐이자 간구다. 반드시 그리될 수 있도록 자기충족적 예언처럼 먼저 적어본다. (2018. 9)

> 돼야만 했던 사람이 되지 못했소,
> 되고 싶었던 사람도 되지 못했고,
> 되려고 했던 사람도 되지 못했소,
> 하지만 그래도 난 감사드리오니
> 이전보다는 더 지혜로운 사람이라오.'

---

* 인의예지롭게 지혜로운 사람을 부르는 나만의 명칭이 있다. Wholer(호울러)가 그것이다(프로니모스는 아리스토텔레스의 용어다). 사람으로서의 온전한 본성을 제대로 갖춘 이, 또는 그렇게 될 수 있도록 도와주는 일에 힘쓰는 사람을 일컫는다. 온전한 사람, 또는 참 좋은 사람이라고 불러도 좋다. 인의예지로운 지혜로움을 지닌 이를 이야기할 때, 나는 이런 사람으로서의 지혜로운 사람을 염두에 둔 것이다. 다시 말하면, 나는 내 인생 후반부가 시작되는 지금, 보다 온전한 사람이 되기를 진심으로 희구하는 것이다. 무명의 노시인이 말한 더 나아진 사람이란 이런 보다 온전한 사람을 의미하지 않을까?

한 장 글쓰기

스포츠교육 에세이

• • •

5부

최고의 인성교사

한 장 글쓰기

스포츠교육 에세이

청소년용 종합교육영양제

One Page Writing

　중년에 들어서니 의사가 반드시 복용해야 한다고 강권하는 것이 생겼다. 종합영양제다. 노화되어가는 신체의 전반적 건강을 위해서 음식물 섭취만으로는 부족한 영양소들을 인위적으로 보강하라는 것이다. 하나의 캡슐로 필수 비타민과 미네랄과 식물영양소까지 해결해준다. 물론, 게으른 나는 그 말을 잘 따르지 못한다. 집사람의 사랑담긴 반강제적 복용권유로 간신히 끊임없이 먹고 있다. 그리고 그 효과를 보고 있는 중이다.

　요즘 학교 스포츠클럽이 이슈가 되고 있다. 체육교사와 아이들 입장에선 반가운 일인데, 일부 행정가와 타 교과교사들은 적잖이 우려되는 모양이다. 아이들이 방과 후에 공부할 시간이 줄어들고 타 교과 수업 시간을 빼앗거나 창의적 체험활동 시간이 불균형 배분될 걱정을 하는 것이다. 한해 수업일 34주, 한주 등교일 5일, 하루 8시간의 학교시간은 정해져있고 그 안에서 서로들 나누어가져야 하므로 교사라면 충분히 이해되는 고민이다.

　그런데, 스포츠클럽을 청소년이 복용해야 하는 교육적 종합영양제라고 생각해보자. 학령기 아이들이 건강하고 착하고 똑똑하게 자라기 위해서 반드시 섭취해야 하는 필수비타민과 미네랄이

듬뿍 담긴 종합 캡슐말이다. 우리 청소년들의 학교와 일상생활, 특히 정신적, 육체적 식생활이 비정상적이라는 사실은 명확하다. 머리를 좋아지게 만드는 지식중심의 식단으로만 꾸려진 것이다. 매년 시행되는 체력검사의 실태는 체력저하가 일반화되었음을 보여주고, 증가해만가는 학교폭력과 자살소식은 인성파탄과 감성결핍이 일상화되었음을 알려준다.

스포츠클럽은, 운동선수들만 참여하던 학교운동부와는 달리, 운동을 좋아하는 일반 아이들의 동호회이자, 학교에서 실천되는 학생들의 생활체육 모임이다. 기술보다 열정, 승리보다 재미, 대결보다 만남이 우선시되는 청소년공동체. 스포츠클럽은 입시가 뿜어내는 강렬한 햇빛에 사막화되어버린 학교에서 오아시스같은 역할을 할 수 있다. 잘 못하는 시합과 경기지만, 자신의 최선을 다하는 선의의 경쟁으로 지덕체 전 측면에서 많은 것을 얻을 수 있는 체험의 장이 된다. 한 학교의 여러 학년 학생들이 함께 모여 신체 활동을 매개로 인지적, 정서적, 사회적인 전 측면의 통합적 발달을 도모할 수 있는 희노애락애오욕의 한마당이 된다.

세계보건기구 및 선진국 건강 관련 행정기관들은 현대인에게 육체질환과 정신질환을 일으키는 가장 큰 원인 가운데 하나가 바로 "신체적 비활동"임을 확정짓고 국가적 차원에서 신체활동량을 늘리려는 모든 방도를 찾고 있다. 특히 학교에서 보내는 시간이 대부분인 청소년들을 위해 다양한 학교내 신체활동 증진프로그램을 개발·보급하고, 적극적 활용을 보장하도록 지원정책을 시행하고 있다. 영국의 "The PE, School Sport and Club Links Strategy(PESSCLS)"와 "Physical Education and Sport Strategy for Young People(PESSYP)", 뉴질랜드의 "Active Schools", 호주의 "Active After-School Communities" 등이 그 예다. 스포츠클럽은 언제나 그러한 조처 가운데 첫 번째 순위로 제안되고 있다.

물론, 종합영양제 복용만으로 건강이 백퍼센트 보장되는 것은 아니다. 여러 조건이 충족되어야 약효가 최대화 된다. 스포츠클럽도 마찬가지다. 아이들이 즐거워야 하고, 자신이 팀의 중요한 일원임을 느껴야 하며, 담당교사의 올바른 지도, 그리고 행정기관의 적극적인 제도적 지원이 따라야 한다. 무엇보다, 지도교사의 전문적 지식을 드높이고, 교육적 열정을 불태우기 위한 재정지원과 연수기회를 확대시켜야 한다. 스포츠클럽이 경쟁과 승리위주로 내치닫지 않고 교육적 효과를 최대화시키기 위해서는 지도교사의 올바른 인식과 의지가 결정적이기 때문이다. 다행히도 근자에 학교체육진흥법 제정으로 학교체육진흥원의 설치가 가능해져 스포츠클럽의 활성화를 보다 더 전문적으로 계획하고 실천할 수 있게 됐다.

앞으로 우리는 아이들과 함께 꾸준히 스포츠클럽 활동과 시합에 참가하도록 하자. 자라나는 십대들에게는 다양한 교육적 영양소들이 균형적으로 있어야만 한다. 스포츠클럽은 청소년용 종합교육영양제라고 할 수 있고, 그중에서도 최고급에 속하는 종류중 하나다. 어른이라면, 우리 집사람처럼 먹으라고 챙겨주지는 못할망정, 그것을 못 먹게 막아서는 안 될 것이다. 청소년기 운동 부족의 결과는 반드시 중장년기 건강 부실로 나타난다. 요즘 내 주변에는 온통 "왜 어렸을 때 운동을 멀리했을까"라며 만시지탄을 쏟아내는 중장년들로 가득하다. 그 중에는 공부만 하라고 했던 교사와 어른들을 원망하는 사람이 태반이다. 그 원망의 대상이 되는 우를 범하지 말자. (교육신문, 2013, 4)

인성이 인생이다

One Page Writing

내가 지천명에 깨달은 것이 하나 있다. 이름하여 인성인생론 人性人生論. 인성이 인생이 된다. 사람됨이 살아감을 만든다.

인성이란 사람의 됨됨이를 일컫는다. 활달함과 새침함, 대범함과 소심함, 인자함과 괴팍함, 성실함과 게으름 등이 때와 곳과 대상에 맞추어 대소고저 大小高低 로 드러나는 것이다. 성실한 사람은 풍요로운 인생을 살게 되고, 괴팍한 사람은 외로운 생활을 면치 못하게 된다.

고개를 가로젓는 이들이 있다. 인생은 능력으로 선다고 확신한다. 실력이 인생을 만들어내고, 인성은 그것을 돋보이게 만들 뿐이다. 위대한 성공신화를 쓴 이들을 보면 모두 뛰어난 능력자들이다. 그래서 사람들은 인성 쌓기보다는 실력 쌓기에 몰두한다.

하지만, 인성은 능력보다 근본적이다. 일의 성취여부보다 어떻게 성취했느냐가, 삶의 영위여부보다 어떻게 살아냈느냐가 더 중요한 것이다. 얼마나 이루어냈느냐가 아니라 어떻게 그리했느냐가 인생평가의 기준이다. 이순신 장군은 23전 불패의 전적이 아니라 죽음까지 두려워하지 않은 용기있고 충성스런 사람됨으로 선 것이다. 위인들이 추앙받는 이유는 그것을 올바른 방식으로 이루어냈기 때문이다.

결과로 과정이 정당화되는 것이 아니라, 과정이 결과를 올바로 세워준다. 그것이 우리 삶의 올바른 법칙이다. 인성이 인생을 세워준다. 그래서 우리에겐 인성을 세우는 교육이 요청된다. 맡은 바 일을 잘 해나가면서 자신의 삶을 살아나가기 위한 필요충분조건으로서 우리 청소년의 인성을 갖추어주는 교육이 절실하다.

인성은 어떻게 세우는가? 아이러니컬하게도, 인성은 인생으로써 세워진다. 사람됨은 삶을 통해서, 삶으로써 제대로 만들어지는 묘한 성질을 지니고 있다. 이것은 아리스토텔레스의 깊은 깨달음이다. 덕은 덕 있는 행동을 함으로써 길러진다. 사람의 성품은 일상에서의 실천과 그에 대한 성찰, 그리고 그것의 습관화를 통해 올바르고 효과적으로 길러질 수 있다.

그러므로 우리는 인생이 인성이라고 말할 수도 있다. 어떻게 인생을 사느냐가 어떠한 인성을 갖느냐를 틀지어준다. 살아감이란 사람과의 관계이다. 〈소학〉에서 말한 집안을 깨끗이 하고 출입 인사 드리는 예의 灑掃應對進退之節 와 부모와 주변인들에게 사랑으로 대하는 도리 愛親敬長隆師親友之道 를 실천하는 것이다.

사람됨은 이런 기본적인 것들이 내 안에 하나로 모여진 상태다. 이것들은 삶 속에서 보고 듣고 만지고 느끼면서 길러지는 것이다. 우리 청소년들이 생활하고 공부하는 학교와 가정과 동네와 운동장이 모두 이러한 인생의 장이 되는 것이다. 한 아이를 교육시키기 위해서는 온 마을이 동원되어야 한다는 말은 괜한 주장이 아니다.

인성이 인생이다. 그리고 인생이 인성이다. 우리 청소년의 인성은 그의 삶을 일구어나가는 결정적 요인이 되고, 그의 인성은 그가 살아가는 삶에 의해서 가다듬어져간다. 인성과 인생의 이 역설적 관련을 깨닫는 것이 중요하다.

최근 여기저기 소란스러운 인성교육의 외침과 실행은 이같은 역설을 파악하고 있는 것일까? 물론, 체계화된 인성함양 프로그램으로 사람됨을 길러내려는 노력은 계속해서 진행되어야만 한다. 우연적 발달이나 타고난 성향에만 인성의 함양을 의존하기에 우리 삶이 너무나 소중하기 때문이다.

　체계적인 프로그램을 적용시키는 노력과 함께, 우리 인생 전체로서 인성을 가꾸려는 시도가 반드시 필요하다. 인성은 한 개인의 사람됨이며, 사람됨은 생의 저잣거리를 힘차게 헤쳐나감으로서 더욱 알차고 훌륭히 길러질 수 있다. 인생으로 기르는 인성교육을 하자. 우리 삶 전체로 가르치자. 인생을 인성화하자. (한국교육신문, 2013. 9)

스포츠는 최고의 교사

One Page Writing

"경험이 최고의 교사다!" 중학교 시절 영문법 책에서 만난 2형식 문장이다. 그때는 어려서 이 말의 뜻을 온전히 이해 못했다. 그런데, 불혹을 넘어 지천명이 되면서 더욱 그 참뜻의 진리됨을 깨닫게 된다. 우리는 경험으로부터 가장 잘 배운다.

교육자로 살아가는 사람에게는 이 사실이 더욱 와 닿는다. 교실에서 교과를 아무리 잘 가르쳐도, 현장과 현실에서는 무기력한 경우가 다반사다. 학생들의 머릿속을 개념과 지식으로 가득 채워도, 이들의 가슴과 손발은 반의 반 만큼도 따라주지 않는다. 각자 자신의 개인적 체험 속으로 녹아들지 않는 한, 허공 속으로 날아가버리거나 머릿속에서만 맴돌게 될 뿐이다.

경험이 최고의 교사다. 몸으로 실행해보고 머리로 생각해보고 가슴으로 느껴보아야만, 내 안에서 무엇인가가 생겨나고 쌓여간다. 실제로 겪어보는 것만큼 배움이 효과적으로 발생하는 상황은 없다. 공자님께서 말씀하신 "학이시습" 學而時習은 바로 이점을 지적하신 것이다. "배운 후에는 반드시 때에 맞춰 실천해보아야만" 제대로 된 학습의 기쁨이 얻어질 수 있다. 유명한 콜브의 경험학습 이론이 새로운 인기를 얻고 있는 이유도 이 때문이다.

인성교육에 있어서도 최고의 교사는 경험이다. 도덕교과서나 윤리학서적은 인성교육의 저잣거리에서 큰 힘을 발휘하지 못한다. 인성은 실제 상황과 맥락에서 실행하고 겪어보는 과정에서 자라난다. "용기는 용기 있는 행동을 함으로써 길러진다"는 아리스토텔레스의 주장은 참이다. 에밀 뒤르껨은 도덕교육이 사회화를 통해서 이루어져야 한다고 말했다. 사회화는 일상과 삶을 사회학적으로 표현한 말이다. 최근 교육부가 인성교육을 체험중심적 방향으로 선회한 것도 이러한 이유에서다.

일상과 삶의 영역 가운데 스포츠가 있다. 현대인의 일상에서 가장 보편적인 영역중 하나다. 인성교육을 위한 최적의 체험장이다. 예로부터, 스포츠는 실제로 인성교육을 위한 최고의 교사역할을 담당해왔다. "스포츠는 인성을 기른다" sports build character 는 서양의 오래된 금언은 바로 이 점을 상기시켜준다. 지도자를 기르기 위한 동양의 오랜 교육과정인 6예 詩書禮樂射御 에도 활쏘기와 말타기가 포함되어 있다.

지금 우리는 인성부재를 넘어서 인성괴멸의 총천연색 파노라마를 목격하고 있다. 세월호 사건, 임병장과 윤일병 사건, 서울예술직업학교 사건, 제주지검장 사건 등등 사회 도처에서 인성파괴적 증상들을 목도하고 있다. 성장위주, 성과중심, 그리고 성적지상주의의 폐해가 곳곳에서 드러나고 있다. 지난 60년간 우리 사회가 일상과 삶을 통해 진행시킨 인성교육의 참담한 결과다. 사회화와 습관화를 통해서 부정적이고 비도덕적인 방향으로 최악의 교사역할을 해낸 것이다.

우리 아이들에게 스포츠로 최고의 경험을 제공하도록 하자. 스포츠는 온몸으로 하는 선의의 경쟁을 통해서 자신의 한계를 확대시키는 작용을 한다. "최선을 향한 최고의 노력"을 통해서 아이들 각자 안에 잠재된 진선미의 다채로운 가치들을 활짝 꽃피울 수 있게 한다. 우리편과 상대편의 맥락 속에서 서로 힘을 합하고 마주 대하는 상황은 바로 우리의 일상과 삶의 모습이다. 스포츠는 인생의 축소판이다. 이런 이유로 스포츠는 최고의 교사가 될 수 있다.

스포츠는 예방적 인성교육이 가능하다. 연습과 경기 속에서 사회적, 도덕적 가치들을 실제로 체험하면서 배우고 익히는 기회를 제공한다. 스포츠는 정직, 공정, 성실, 최선, 협동, 존중 등 다양한 가치덕목들의 종합세트라고 할 수 있다. 스포츠는 처방적 인성교육도 가능하다. 축구와 농구, 태권도와 수영 등이 폭행, 폭언 등 인성적 결핍 증세를 보인 청소년들을 위한 회복과 치유의 체험으로 활용된 사례들은 전 세계적으로 셀 수 없이 많다.

스포츠는 아이들이 체험할 수 있는 최고의 경험이다. 경험이 최고의 교사라면, 스포츠는 교사 중의 교사라고 할 수 있다. 스포츠가 인성교육을 위한 최고의 교사가 되도록 하자. (한국교육신문, 2014. 1)

견물생심의 인성교육

One Page Writing

지난 7월 21일부터 인성교육진흥법이 시행되었다. 생각만하고 행동으로 옮기지 못하는 인성교육을 벗어나고자 체험과 실천을 강조하고 있다. 늦었지만, 반가운 소식이 아닐 수 없다. 세부적 실행 조처를 위한 "인성교육 발전 5개년 계획"이 준비되고 있다고 한다. 이 계획이 참으로 지행일치를 발하는 실질적 효과를 거두려면 견물생심의 인성교육이 필요하다.

아이들은 학교의 가르침보다는 사회의 가르침을 더 잘 배우는 듯하다. 교과서는 머리로, 세상사는 요령은 몸으로 배우기 때문일까? 세상은 결과가 좋으면 다 좋다는 성과주의, 일등만이 살아남는다는 일등주의, 이기기 위해서 수단은 중요하지 않다는 승리지상주의가 판을 친다. 천재소년 송유근의 최연소 박사학위 취득을 둘러싼 논문표절 사태가 모든 것을 보여준다. 도대체 최연소라는 타이틀을 위하여 윤리를 무시하는 천재박사는 어떤 교육이 만들어냈는가? 머리로만 배워서 그렇다. 가슴과 손발로 배우지 못해서 그렇다.

어릴수록 판단력의 힘보다는 습관과 사회화의 힘이 더 크게 작용한다. 그러나 대다수의 청소년들은 토론과 사고로 도덕적 정당화와 판단력을 기르는 교육을 학교에서 받고 있다. 십대 초반의 청소년일수록 마음으로 먼저 느끼고, 행동으로 움직이도록 하는 교육이 절대적으로 필요하다. 지나치게 합리적 사고로는 자기중심적 판단과 이기주의적 결정을 내리는 경우가 많다. 이성은 자기애가 강하기 때문이다.

아리스토텔레스는 도덕은 이성보다는 정서, 사고보다는 습관의 영역이라고 말한다. 두려움과 수치스러움을 느낄 수 있는 사람이 용기를 발휘하고 정직함을 보여준다. 상황이 어떠하든지 간에 노약자에게 자리를 양보하고 타인의 의견을 존중하도록 노력하는 것이 몸에 배인 사람이 있다. 이런 이들은 모든 요인과 사정을 샅샅이 고려한 후에 합리적으로 판단을 내리는 사람과 동일한 결과, 혹은 그것보다 훨씬 더 나은 결과를 자연스럽게 얻어내기도 한다.

최근 주목받고 있는 〈행복가설〉과 〈바른 마음〉의 저자 조나단 하이트는 도덕에 있어서 사람은 감정이 앞서고 이성은 뒤따른다고 말한다. 이성이 먼저고 감정은 이차적이라는 기존 플라톤주의자들의 주장을 뒤집는다. 그는 욕망이라는 말이 이성이라는 기수에 의해 통제된다는 오랜 은유를, 이성이라는 기수가 감정의 코끼리가 움직이는 데로 따라간다는 은유로 바꾸어 묘사하고 있다. 인성교육에서 감정과 직관의 힘, 즉 가슴과 손발의 우선성에 주목하게 만든다.

앞으로 학교에서 펼쳐지는 인성교육은 이 점이 반영되어야 한다. 이러한 인성교육은 "견물생심 見物生心의 인성교육"이라고 부를 수 있을 것이다. 오감으로 직접 보고 듣고 만지면서 마음을 움직이고 생겨나게 만들기 때문이다. 실물로는 보지 못하고 책과 글로서만 만나는 것이 아니라, 학교에서, 교실에서, 수업에서, 운동장에서, 그리고 학교의 문화와 관습 속에서 항상 피부로 체감하고 눈으로 목격할 수 있는 인성교육을 펼쳐야만 한다.

그를 위해서 모든 학교에 "인성실" 人性室을 설치하자. 각 학교에서 오랫동안 지켜져 온 바른 인성의 전통과 사례를 사진이나 실물로 보관하고 전시하고 가르치자. 또한 지금 그 학교에서 교사와 학생과 학부모가 현재 널리 자랑하고 공유해야 하는 훌륭한 이야기와 인물들을 소개하고 배우게 하자. 가슴으로 느끼게 하고 몸으로 습관화시키자. 과학실과 미술실과 음악실에서 과학, 미술, 음악을 배우듯, 인성실에서 인성을 실습하자. 인성이 진정한 실력이라는 것을 매순간 눈으로 확인할 수 있을 때만 우리 아이들은 인성 함양에 관심과 노력을 쏟을 것이다.

지난 몇 년 동안 진행된 교과를 통한 인성교육 프로그램이 실질적 효과를 거두기 위해서는 견물생심의 상설 체험학습장이 반드시 덧붙여져야 한다. 우리 주변의 박물관이나 기념관은 단지 눈요깃거리로만 그치지 않는다. 인간으로서, 한국인으로서 잃어버리지 말아야 할 것이 무엇인지를 가르쳐주는 교육의 장이 되고 있다. 각 학교에 설치되는 인성실도 동일한 체험관의 역할을 할 수 있다. 인성교육진흥법에서 희망할 수 있는 최고의 이상은 학교 전체가 하나의 커다란 인성실이 되는 것이다. 학교 내에 실물로 가시화되어 상시 운영되는 인성실의 존재는 그 이상의 실현에 큰 몫을 담당해낼 수 있을 것이다. (한국교육신문, 2015. 12)

이제는 인성원을 세우자

One Page Writing

　인성은 지난 몇 년간 한국교육의 주인공으로 급부상한 화두다. 교육과정도 인성중심으로 개정되었으며 인성 함양을 위한 수업실천 우수사례가 포상 받고 있다. 그리고 마침내, 작년 12월 29일 국회에서 "인성교육진흥법"이 통과됨으로써 우리의 인성교육은 새로운 차원으로 들어서게 되었다. 이제 사람됨의 교육은 국가의 책임과 의무로서 확고한 기반을 갖게 된 것이다.
　인성교육진흥법을 통한 인성교육의 실행이 일정부분 성공을 거둘 것임은 분명하다. 우리 교사들의 인성교육 역량을 믿기 때문이다. 국가교원임용시험을 통한 선발 절차의 난이도는 세계 최고 수준이다. 교과지식, 지도능력, 인·적성검사 등을 모두 통과한 교사들의 교육역량은 어떠한 인성도 너끈히 가르칠 수 있을 정도다.
　그럼에도 불구하고 인성교육진흥법이 현장에서 거두게 될 실효성에는 걱정과 염려를 떨칠 수가 없다. 지금까지 세계 어디에서도 국가적 차원의 대규모 정책에 기반한 인성교육이 성공을 거둔 사례를 보지 못했기 때문이다. 물론, 개개인의 교사가, 혹은 몇몇 단체들이 프로그램이나 모형을 통해서 의미있는 성과를 올린 사례는 많이 있다.

하지만, 한 나라 수준에서의 성공적 본보기는 아직 목도하지 못했다. 오랫동안 인성교육을 강조해온 싱가폴이나 대만에서도 전반적 평가는 그다지 긍정적이지 않다. 잉글랜드는 가장 최근인 작년 12월 교육부장관이 인성교육에서 자국이 세계 리더가 되기 위한 정부 차원의 공식지원을 하겠다고 공표하였다. 참으로 고무적인 소식이지만, 역시 전국적 규모의 성과에 대한 기대는 그리 높지 않다.

세계 최초라고 하는 우리의 인성교육진흥법에 근거한 향후 실천은 이같은 난점을 철저히 고려한 노력이 되어야 한다. 우리가 바라는 인성교육은 머리로 깨닫는 것에 그치는 것이 아니라, 마음이 관여하고 행동으로 드러나는 것이어야만 한다. 몸과 마음과 손발이 함께 움직여주는 인성교육은, 아리스토텔레스의 주장에 따르면, 습관화된 실천과 정서를 동반한 체험을 통하여 가능하다. 글자로 이해하고 머리로 분석하는 윤리교육만으로는 부족하다.

지금 우리에겐 견물생심 見物生心의 인성교육이 요청된다. 인성을 추상적이고 성인군자적인 개념이 아니라, 현실적이고 일상시민적인 것으로 습득하는 실천적 학습기회가 제공되어야 한다. 언제 어느 때고 필요할 때에 올바르고 훌륭한 인성의 본보기와 나쁘고 부족한 인성의 실례를 눈으로 확인하고 피부로 체험해볼 수 있어야만 한다. 백문이 불여일견이고, 백견이 불여일행이다. 눈에서 멀어지면 마음에서 멀어지고, 마음에서 멀어지면 행동에서 멀어진다.

그리하여, "인성원" 人性園이 절실히 요청된다. 우리 아이들이 언제라도 가서 인성 실천의 구체적 사건을 접하고, 바른 인성을 도야하고 실천한 실제 인물들을 목도할 수 있는 학습의 장이 필요하다. 인성을 함양하는 프로그램이 운용되고, 세계 각국의 인성관련 자료들을 손쉽게 볼 수 있는 배움터말이다. 역사박물관, 자연

사박물관, 독립기념관, 전쟁기념관 등 무형의 인간적 가치를 가시화시킨 장소와 같이, 인성교육에서도 눈으로 보고 귀로 듣고 손으로 만질 수 있는 상설체험장이 필요하다. 현충원처럼 엄숙하기도 하고, 태권도원처럼 멋있기도 하며, 디즈니랜드처럼 즐겁기도 한 인성의 종합체험장말이다. 국립인성원과 함께 지역마다 시도별 인성원도 있으면 금상첨화일 것이다.

　새해는 바램으로 시작한다. 내 바램은 인성의 동산과 성품의 공원에서 우리 아이들이 온 몸으로 느끼며 배울 수 있게 되는 것이다. 그동안 글로만 되새겼던 인의예지가, 말로만 되 뇌였던 사랑, 소통, 존중, 배려가 피부로 실감할 수 있는 살아있는 가치와 덕목으로 체감되고 내면화될 수 있기를 희망한다. 온전한 사람으로서의 바른 품성을 더욱 두텁게 길러나가는 배움의 산실, 인성원이 우뚝 세워지기를 진심으로 바란다. (한국교육신문, 2015. 1)

학교폭력을 위한 101번째 약

One Page Writing

　온 나라가 야단법석이다. 학교폭력 때문이다. 용인의 정도와 우려의 수준을 벗어났다. 어린 시절의 일시적 일탈, 사춘기 아이들의 스트레스 분출이라고 간단히 넘겨버릴 수 없는 지경까지 되어버렸다. 일상화, 습관화, 난폭화, 그리고 조직화의 특징을 점점 더 강하게 띠어가고 있다. 피해의 수준이 심각하다. 병원 치료는 기본이고, 대인기피, 우울, 정신착란, 자해, 그리고 자살까지. 게다가 해마다 피해자의 숫자가 급증하고 있다.

　국민과 국가는 잘못이 학교에 있다고 소리친다. 아이들이 학생이니, 당연히 교사가 책임이라는 것이다. 학교에서 일어나니, 당연히 교장이 책임이라는 것이다. 가해자와 가해자의 보호자가 엄연히 있음에도, 교사와 교장이 책임을 져야 한다는 것이다. 교사와 학교는 억울한 심정으로 가득하다. 이런 논리면, 아이들이 학교가 아니라 동네에서 싸움을 벌이면, 동장이나 구청장이 책임을 져야 할 것 아닌가? 마찬가지로, 어른들이 직장에서 폭력을 행사하면, 그 관리자인 상관이나 사장이 문책을 당해야 하지 않은가?

　점입가경으로, 결자해지의 원칙을 들먹이며 대책도 학교가 마련하라고 한다. 책임이 있으니 해결도 맡으란 소리다. 이 요구도 억울하긴 마찬가지다. 아이들이 난폭해진 이유가 학교에서 그렇게 된 것이란 말인가? 학교에서의 교육이나 생활이나 환경이 아이들을 난폭하게 만들었다면, 당연히 책임을 인정하고 신속한 해결책을 강구해야만 할 것이다.

그렇지만, 사실 그 어떤 연구나 조사도 우리의 학교교육과 생활이 그런 결과를 생산한다는 증거는 내놓지 못하고 있다. 학교는, 단지, 아이들의 난폭성이 쉽게 드러날 수 있는 생활의 장이 되어줄 뿐이다. 하루 종일 아이들끼리 함께 생활하도록 된 곳이라는 죄밖에 없는 것이다. 매일 만나고 오래있으면 무슨 일이던 벌어지게 되어있지 않은가? 그리고 원래 폭력이란 것이 사각지대에서 발생하는 특징을 지니고 있지 않은가? 교사들도 가르치는 일과 행정업무를 하면서 아이들의 일거수일투족을 감지, 감시할 수 있기는 어렵다.

가해자 학생을 키워내고 십 수 년간 매일 함께 살아온 그 부모들은 왜 이구동성으로 "우리 아이가 이런 아이인줄 몰랐다"고 하는가? 그렇다면, 길어야 일년, 하루에 몇 시간 잠깐씩 보는 교사가 그 학생이 그런 아이인 줄 모르는 것에 대해서 그런 막무가내의 질타를 퍼붓는 것은 정당한가? 아이와 평생을 같이 산 부모도 감쪽같이 몰랐던 아이의 비인간성을, 왜 담임교사와 담당교사는 더 잘 알고 있어야만 하는가?

이렇듯 억울하기는 해도, 교사는 교육자라는 임무를 맡고 있는 사람이다. 학교는 국민과 부모가 우리 아이들을 의탁하고 있는 곳이다. 생활지도와 인성교육의 책무를 벗어버릴 수는 없는 일이다. 모든 노력과 방법을 동원해야만 한다. 아이들은 교사와 학교의 울타리에서 그나마 교육과 개선의 여지를 갖는다. 학교 밖 어른들은 자기 아이 이외에는 관심이 없다. 아이들은 교사이외의 어른들에 대해서는 무신경하다.

그럼에도 불구하고, 우리 학교에서는 그동안 이를 해결할 수 있는 뾰쪽한 묘수가 없었다. 최근 상담교사를 얼마나 많이 늘였던가, 폭력대책위원회는 얼마나 강력히 운영하였던가? 그런데도, 여전히 문제 있는 학생들의 어두운 습성은 개선되지 않고 있다. 백약이 무효라고 할 만큼 해결안들이 효력이 없었다. 요즘 아이들의 내면에서는 인성적 항체가 파괴되고 있는 듯하다.

그렇지만, 여전히 학교와 교사는 노력을 해야만 한다. 이제 백 한 번째 약을 찾아내야만 한다. 예방과 치료를 동시에 해낼 수 있는 강력한 약효를 필요로 한다. 우리 한국의 청소년들에게 필요한 약은 신체활동이라는 약이다. 유치원 다니기 전부터 시작된 앉아서 시험문제 풀기와 학원강의 듣기가 특기가 되어버린 한국의 청소년들에게는, 마음껏 움직이는 신체활동이 예방약이자 치료약이다.

학령기의 청소년들, 특히 우리나라 중고등학생들의 신체활동량은 학년이 올라갈수록 급격히 감소한다. 남여학생의 구분이 없고, 특히 여학생의 경우는 급전직하로 떨어진다. 활동량과 활동시간에 있어서 거의 노년층의 그것과 맞먹는다. 신체활동의 측면에서 십대는 조로현상이 일반화되었다. 비활동은 여러 가지 문제를 일으키는 근원적인 신체적, 정신적 상태를 유발시킨다. 비만은 기본이며, 유연성 감퇴, 근력 약화, 심폐지구력 감소 등 생활 건강에 필요한 체력의 발달을 저지시키고 저하시킨다.

스포츠클럽은 이러한 비활동을 직접적으로 해결하는 즉각적 방도다. 축구, 농구, 티볼, 피구 등등 아이들의 취향에 맞는 다종다양한 스포츠중심의 신체활동을 확보해주는 중요한 처방이다. 유럽이나 북미, 가까운 일본과 싱가폴만을 보더라도 학교내외에서의 스포츠클럽이 일상화되어있다. 학교의 프로그램은 물론이고, 일상생활에서도 매우 중요한 청소년의 일상적 활동으로서 이해하고 있는 것이다. 발육발달이 활발한 십대의 생활에 스포츠는 우유를 마시는 것처럼 당연히 해야만 하는 활동으로 인식되고 있는 것이다.

청소년의 전인적 발달을 도모하는 많은 연구들이 스포츠 활동의 긍정적 영향력에 대해서 명확한 결과를 내어놓고 있다. 물론, 약간의 부정적 체험을 동반하는 경우도 있으나, 대부분의 경우, 특히 적절한 주변 조건의 조성과 올바른 지도자의 도움을 받을 수 있는 환경에서 진행되는 스포츠 활동은 우리 아이들의 몸과 마음, 그리고 영혼까지도 뒤바꾸어놓을 수 있음을 이야기 하고 있다. 멘토가 될 수 있는 담당교사와 또래 친구들과 함께 하면서 아이들은 자신을 돌아볼 기회를 갖게 된다. 상대방과의 대결을 통해서 전심전력하는 스스로를 발견하고, 팀활동을 하면서 협동과 단결의 미덕을 체험한다. 무엇보다도 인정받고 주목받음으로써 자존감과 자신감을 되찾는다. 스포츠는 전인적 변모가 보장되는 활동인 것이다.

스포츠클럽은 그것을 단체적으로 실천한다는 점에서 우리 청소년에게 더욱더 좋은 효과를 가져다 줄 수 있다. 우리의 출산율을 보라. 한 가정에서 한 명 이상의 자녀를 갖지 않으려고 한다. 가정에서 또래와 사회적 관계를 맺을 수 있는 기회가 사라지고 있고, 일상생활에서도 마찬가지다. 아이들은 학원에서 친구를 사귀며 공부를 매개로 하여 서로를 알아간다. 우리 성인들이 모두 깨닫고 있는바, 서로 살과 살을 맞부딪치면서, 눈과 눈을 마주보면서 느끼는 우정이란, 이제는 사라져버린 옛이야기다.

스포츠클럽은 우리 아이들에게 상대방과의 경쟁, 우리 편과의 협동, 그리고 무엇보다도 자기 자신과의 대결을 통해서 성숙할 수 있는 기회를 제공해준다. 달려드는 상대편을 헤쳐 나가면서 저쪽에 뛰어가는 자기 팀 선수에게 공을 연결해주어, 그것이 골에 연결되는 가슴 짜릿한 체험을 통해서 우리임을 느끼고 나 자신을 발견한다. 땅에 튀기고 내 옆으로 빠져 달아나가는 티볼공을 쓰러지며 받아내어, 저 멀리 일루에 있는 힘을 다해 던져내고 간발의 아웃을 잡아낼 때 느끼는 가슴 벅찬 심정에서 자신감과 협동심을 느낄 수 있게 된다.

우리 청소년들의 난폭함과 상실감은 어디서 오는 것일까? 그것은 친구를 타자로 간주하기 때문이다. 마틴 부버가 말한 바, 친구를 "너"가 아니라 "그것"으로 인식하기 때문이다. 소통의 부재, 교류의 불통이 오랫동안 만연하고 지배적이 된 까닭이다. 대학지상주의, 일등지향주의는 공부를 제일로, 일등을 최고로 취급하는 사회, 그리고 무엇보다도 학교를 만들고 있다. 시험문제를 하나라도 더 풀고 시험점수를 일점이라도 더 따야만 하는 이 최고경쟁의 상황에서 대화와 교류는 사치, 혹은 장애만 될 뿐이다. 오로지, 나만이 중요할 뿐이다.

몸과 몸이 충돌하며 마음과 마음이 조우하는 기회가 절실히 필요하다. 우리 청소년들이 사람과 사람으로 서로를 느끼며 받아들이는 것이 현 상황을 벗어나는 실마리다. 스포츠클럽은 그것을 실천하고 실현할 수 있는 매우 유력하고 가능한 맥락을 제공한다. 스포츠를 통해서 우리 아이들의 일그러진 부분들을 곧게 펴낼 수 있는 두드림과 다져짐을 제공해준다. 스포츠클럽은 백약이 무효한 우리의 학교폭력 증상에 백 한 번째 처방이 될 수 있다. 외국에서는 그 약효가 이미 입증된 처방이다.

우리 아이들이 책과 인터넷과 게임 속에서 친구를 만나고 또래를 대하는 것에서 벗어나, 농구장과 야구장과 축구장에서 얼굴과 마음을 직접 대면하는 만남이 이루어져야 한다. 이같은 만남 속에서 타인을 친구로, 타자를 또래로, 상대를 너로 인식할 수 있는 체험과 느낌의 발생이 가능한 것이다. 이기기 위한 권모술수가 아니라, 스포츠맨십, 페어플레이, 아마추어정신, 선의의 경쟁, 진정한 응원 등과 같은 뜻 깊은 가치와 행동들을 공동체로서 진하게 맛봄으로써 친구를 이해하고 사랑하고 배려하는 마음이 생겨날 수 있는 것이다.

이런 점에서 스포츠클럽이야말로 학교교육이 제공할 수 있는 가장 훌륭한 기회 중의 하나다. 스포츠클럽은 신체활동을 통하여 인성교육을 도모할 수 있는 가장 효과적인 방안중의 하나다. 아리스토텔레스도 말했지만, 인성이란 책 속에서 찾아지는 것이 아니다. 그것은 사회적 삶 속에서 발견되고 길러지는 것이다. 사람들끼리 서로 맞부딪치는 다양한 상황을 체험하고 보고 듣고 느끼면서 올바른 판단을 하고 그에 따라 실행하는 직접적 체험을 통해서 길러지는 것이다. 스포츠클럽은 학교 내에서 이같은 사회적 공동체의 생활공간을 제공한다.

사회와 가정의 영향임이 분명한 폭력성의 원인을 전적으로 학교와 교사에게 돌리는 현실이 안타깝다. 심증은 있으나 물증이 없어서 그 억울함을 호소할 수도 없다. 이같은 비난을 그저 온몸으로 받아낼 뿐이다. 학교와 교사마저 책임을 회피하면, 그 다음은 우리 아이들에게로 돌아갈 것이 뻔하다. 그것은 피해자를 가해자로 만드는 참으로 무서운 일이다. 사회와 가정이 이것을 해결해내기를 포기할 때, 학교와 교사마저 고개를 돌려버린다면, 우리 아이들은 어떻게 될 것인가?

아무도 하지 않고, 누구도 책임지지 않으려 하는 일을 하는 것, 그것이 바로 용기며 정의다. 스포츠클럽은 그 용기와 정의를 실천하기 위해 우리에게 주어진 아주 훌륭한 자산이며 도구이다. 실천도 해보지 않고 그것의 무용성을 이야기하거나, 실효성을 의심하는 것은 책임회피며 정의배반이다. 폭력의 발산자이며 동시에 피해자인 우리의 청소년들을 위한 처방약으로 써보자. 오랜 동안 꾸준히 복용하고 난 후, 시간이 지난 다음에 그 효과를 판단해보자. 학교폭력을 위한 백 한 번째 약으로 처방해보자. (2013, 11)

전능적 교사 vs 전인적 교사
— 한국교육의 미래를 이끌어갈 교사상

One Page Writing

최고의 교사

　미래 한국교육에 꼭 필요한 교사는 어떤 사람인가? 세계 속에 우뚝 선 한국을 이끌어갈 아이들을 키워내는 교육자는 어떤 이인가? 그 교사의 모습을 뚜렷하게 그리라는 것이 내게 맡겨진 주문이다.

　이런 종류의 일은 비교적 흔하다. 오랫동안 주기적으로 진행되어 온 흔적이 있다. 새로운 밀레니엄이나 새로운 백년이나 십년이 시작될 때, 혹은 새로운 정권이 들어설 때다. 또는 교육의 현실이 어렵고 심각한 문제가 속속 생겨날 때에도 예정 없던 재점검과 새 그림 그리기가 펼쳐진다.

　이런 일이 처리되는 통상적인 방식이 있다. 주로 이런 식이다. 우선, 앞에 놓여진 문제점들을 나열한다. 그 원인들을 파악한다. 해결방향을 찾는다. 해결에 필요한 자질들을 나열한다. 마지막으로, 그 자질들을 모두 갖춘 이상적 교사의 모습을 그린다. 초승달 같은 눈썹, 별같이 빛나는 눈, 오똑 솟은 코, 앵두 같은 입술을 하나로 모아서 최고의 미인을 그려내듯이 말이다.

대략 이렇게 그려진 최고의 교사는 시기마다 다른 이미지로 드러난다. 예전에는 군자로서의 교사, 선비로서의 교사, 심지어는 보살로서의 교사 등과 같은 동양적 이미지로 그려졌다. 근자에는 배려적 교사, 변혁적 교사, 또는 반성적 교사와 같은 서양적 이미지화가 이루어지고 있다. 동양이든 서양이든 공통적인 것은, 이들이 지닌 구체적 자질들의 면면을 살펴보면 가히 못하는 것이라고는 없는 전능적 교사 全能的 敎師인 것이다.

이것은 피할 수 없는 경향으로 보인다. 현재는 언제나 문제투성이며 복잡한 세상이다. 교육의 이상적 상태를 이루기 위한 문제예방과 해결을 위해서는 보통 교사는 역부족이다. 일종의 교육적 히어로가 필연적이다. 그러니 이상적 교사의 모습이 전능적으로 그려지는 것은 당연하다. 무엇이든 해낼 수 있는 다재다능한 엄친아 교사일 수밖에 없는 것이다. 미국교사협회의 교사자질표준이나 한국교육과정평가원에서 개발해놓은 교사자격기준을 보라. 일반교사들로서는 엄두도 못 낼 자질이요 기준들이다.

전인적 교사

나는 이런 전형적인 방식에 약간의 회의를 가지고 있다. 도대체 이런 자질을 한 몸에 지니고 있는 현실적 교사가 있을까? 물론, 있을 것이다. 다만, 몇이나 될까? 전국에, 한 시·도에, 한 지역청에, 그리고 한 학교에 말이다. 교과지식, 수업기술, 학생이해 등등 10개의 영역에 5에서 10가지 정도의 세부자질을 3이나 5단계 수준별로 다 갖춘 이가 몇이나 있을 것인가? 사실, 리스트를 보는 거의 모든 이들은 나같은 의문을 갖는다. 노골적인 비하를 드러내면서 말이다.

물론, 예비교사를 제대로 교육시키고 현직교사를 객관적으로 평가하기 위한 구체적 조처를 취하려면 이런 방식의 접근은 필요하다. 비빌 언덕이나 기준, 즉 적어도 무엇인가를 시작할 출발점과 최종적인 도착점에 대한 가시적 무엇이 있어야만 한다. 그렇기는 해도, 이 방식은 언제나 제한적이다. 겉보기는 그럴듯해도 실효는 없는, 외화내빈의 속빈 강정 같다. 현장에서는 아무도 주목하지 않는다. 일개 교사인 최의창 나 개인 하고는 그다지 관련이 없기 때문이다. 그런 자질, 또는 요즘 유행하는 표현으로, 역량들을 모두 갖추는 것은 평범한 내게 있어서 "그림의 떡"에 불과할 뿐이다.

이 이슈에 대한 대안적 접근은 없을까? 나는 이런 생각을 해보았다. 사람의 본성은 체성, 지성, 감성, 덕성, 영성 體性, 知性, 感性, 德性, 靈性으로 이루어진다. 사람은 몸과 마음(지정의)과 영혼을 지니고 있다. 인간이라는 존재이기 때문에 누구나 가지고 태어난다. 이 다섯 가지 본성 五性이 각각 올바로 성숙되도록 하며, 전체가 서로 강하게 연결되도록 하는 것이 바로 품부 받은바 원래 모습의 "온전한 사람" 全人이 되는 길이다. 교육이란 이 오성을 온전히 기르고자 하는, 본성완성의 노력이다. 미숙에서 성숙으로 이끄는 일이다.

교사는 학생을 이러한 온전한 상태로 이끄는 사람이다. 어떤 교과를 가르치든 간에 교사직을 맡은 사람의 최종목표는 이것 이외의 다른 것이 아니다. 수학문제를 아무리 잘 가르친다 하더라도, 그것이 그 학생의 체성, 감성, 덕성, 영성과 강하게 연결되지 않은 채로 머무른다면, 그래서 그 학생이 보다 더 나은 사람으로 성숙되는 데에 긍정적 도움이 되지 않는다면, 그 수학교사는 자신의 소임을 다했다고 할 수 있을 것인가? 전능적 교사의 입장에서는 혹시 그렇다고 할 수도 있을지 모르겠다. 하지만 "전인적 교사"에게는 그렇지 않다.

전능적 교사의 접근은 현실의 문제를 해결하고 미래의 사회를 선도하는 교육이라는 관점에서 이루어진다. 교사가 어떤 역량을 가지고 무슨 일을 할 수 있는 사람인가가 중요하다. 반면에 전인적 교사는 인간으로서 학생의 본래 모습을 회복시키고 완성시키는 교육이라는 관점을 견지한다. 교사가 어떤 성품을 지니고 어떻게 살아가는 사람인가가 더 중요하다. 전자는 교육현실적 입장, 후자는 교육본질적 입장이라고 할까? 전자는 사회가 변화할 때마다, 문제가 생길 때마다, 그리고 정권이 바뀔 때마다 매번 전면적으로 또는 국부적으로 다른 모습들을 찾아내야만 한다. 하지만, 후자는 항구적이다. 인간이 지닌 본성은 변하지 않는다.

교사상을 이야기할 때 우리가 말할 수 있는 교사의 이미지는 겉모습과 속 모습, 두 층에 걸친 것이다. 전능적 교사의 관점은 겉모습에 대해서, 전인적 교사의 관점은 속 모습에 대해서 이야기한다. 시대와 유행에 따라 외양은 바뀐다. 그리고 바뀌어야 한다. 그러나 본질은 같다. 그리고 같아야만 한다. 인간은 인간스러워야만 하고, 사람은 사람다워야만 한다. 교사의 속 모습은 한결같아야 한다. 그의 체성, 지성, 감성, 덕성, 영성은 언제나 알차고 풍성해야만 한다. 이런 사람만이 전인적 학생을 길러내는 일을 해낼 수 있다.

교사 어벤져스

그런데, 오성이 총체적으로 완성된 교사 역시 또 다른 이상이 아닌가? 전능적 교사에게 필요한 자질과 역량들을 줄줄이 나열하는 것과 결과적으로 별반 다르지 않지 않은가? 전인적 교사상에서 말하는 5가지 본성을 완성시키라는 주문도 마찬가지 아닌가? 이 세상에 5가지를 다 갖춘 이가 어디 있냐는 게다. 정당한 지적이다.

교사이미지 그리기에 대한 미인도 접근은 하나의 이미지만을 염두에 둔다. 한 얼굴 안에 전부가 들어가는 것으로 상정하기 때문이다. 전능적 교사상이란 한 사람의 이미지다. 전인적 접근은 그렇지 않다. 인간은 완전함을 추구하지만 불완전함을 벗어나지 못하는 존재임을 받아들인다. 전인의 오성을 최종수준까지 모두 다 갖춘 교사는 없다고 본다. 교육이란, 본질적으로, 여럿이 함께 해야 하는 일로 받아들인다. 공동의 문제를 해결하기 위해서 모두가 힘을 합쳐야 하는 일로 생각한다. 요즘 인기 있는 영화의 비유를 들자면, 어벤져스 접근이다.

아이언맨, 캡틴 아메리카, 토르, 블랙 위도우, 호크아이 등은 모두 각자의 놀라운 재능(그리고 한계)들이 있다. 하지만 전 우주적 악당들과 대결하기 위해서는 전체가 힘을 합치지 않으면 안 된다. 개별 히어로 혼자의 힘으로는 역부족이다. 한국교육의 미래를 이끄는 교사상도 이런 관점에서 그려져야 하지 않을까? 개인 초상화가 아니라, 가족사진의 경우처럼 말이다. 독사진이 아니라, 단체사진처럼 말이다. 거대 이론과 집단적 사고가 설자리를 잃은 포스트모던 사회에는 다양성이 일반이고 공동체가 일상이다. (현재는 물론) 앞으로의 우리에게는 하나의 교사상이 아니라 여러 개의 "교사상들"이 필요하다.

상식적으로 생각해보라. 2014년 현재 전국의 유초중고등 교원수는 488,363명이다. 1950년대 출생 정년직년 교사부터 1990년대 출생 신임교사까지 다양한 세대가 함께 일하고 있다. 이같이 다세대적, 다문화적, 다목적적 그룹에게, 아무리 이상적이지만, 단일한 하나의 이미지를 제공하는 것은 무리다. 선택지 없는 자유는 위장된 억압일 뿐이다. 아무리 멋지게 진열된 명품이라도 마음에 안 끌리고 내게 안 어울리면 그만이다. 시선을 끄는 것을 넘어서, 마음에 각인되도록 다양한 교사들에게 감동을 주고 사랑을 불러일으킬 수 있어야 한다.

어벤져스들이 지구 어느 한편에서 우주적 악당들로부터 포위된 채 서로 등을 맞대고 혼신의 사투를 벌이는 장면을 떠올려보라. 체성, 지성, 감성, 덕성, 영성 각각에 뛰어난 교사들이 서로의 장점을 키워주고 단점을 막아주면서 온갖 교육적 현안들을 해결하면서 다양한 학생들을 전인으로 성장시키려 분투하는 장면을 상상해보라. 성격상, 하나의 장면이다. 천만관객을 가뿐히 동원한 어벤져스가 인기 있는 데에는 다 이유가 있다. 아이돌 그룹의 인원수와 연예프로그램 진행자의 숫자가 많은 이유와 동일하다. 다양한 기호와 취향을 지닌 보다 많은 이들의 관심을 끌 수 있기 때문이다.

교원단체의 역할

2014년 현재 우리나라의 유초중고등학생은 6,986,116명이다. 5세에서 19세까지 걸쳐있다. 요즘 아이들의 특징은 십인십색이라는 말로 압축된다. 서로 다른 아이들은 서로 다른 자질과 재능과 특징을 지닌 교사들이 필요하다. 한 교사가 그것을 모두 가지고 있는 것은 불가능하다. 결국, 우리에게 요청되는 것은 각각 독특한 자질들을 지닌 여러 교사들이 가족같이 함께 모여 행복하게 일할 수 있는 가정같은 학교문화이자 교육환경이다. 어벤져스에서는 쉴드라는 비밀단체가 그 역할을 한다. 전인적 교사들을 위해서는 교원단체가 그 역할을 맡아야 한다. 미래의 한국교육을 만들어나갈 전인적 교사들이 하나로 뭉치는 장을 펼쳐주자. (새교육, 2015. 8)

인성교육의 기법과 심법

One Page Writing

1

인성이 한국 교육의 핵심으로 부상한지 여러 해가 지났다. 학교교육에서 인성이 중요하지 않았던 적은 한 번도 없었지만, 국가적 차원에서 강력한 제도적 장치를 이처럼 다양하고도 철저히 마련한 적은 없었다. 2012 개정 교육과정 반영, 인성교육관련 단체 지원, 인성체육예술교육과 설치, 인성교육진흥연구 시상, 그리고 세계 최초라고 하는 "인성교육진흥법"까지. 제도적으로 할 수 있는 조처들은 거의 다 했다는 것이 중론이다.

이에 따라 현장에서는 교과별로 프로그램을 만들어 실천하고, 다양한 인성함양 수업방법과 모형들을 개발하여 전파하고 있다. 이 프로그램과 모형들을 제대로 실행할 수 있도록 교사들에게 연수를 실시하여 훈련시키고, 심지어는 교육대학과 사범대학에서 인성관련 과목을 필수로 이수시키도록 하고 있다. 도덕교과와 도덕교사의 전담영역이라 여겨지던 인성의 함양은 이제 모든 교과, 전 교사의 책무로 일반화되었다.

이렇듯 이미 무수히 많은 아이디어들과 방안들과 조처들이 제안되었고 실행되었고 또 마련되는 도중에 있다. 나는 이 가운데

"교사의 사람됨이 갖는 인성교육적 효과"에 주목하고자 한다. 물론 우리는 이 점을 잘 알고 있다. 학생들은 자신을 가르치는 교사의 인간성에 의해 인간됨의 변화를 겪는 경우가 많다. 인자함, 솔선수범, 이해심, 열정 등 교사가 지닌 인간적 성품의 영향을 받아 자신의 인성을 형성하게 된다. 학생들은 교사가 보여주는 인성에 "감화" 感化 되어 스스로 착하고, 성실하고, 인내하며, 감사하고, 존중심을 지니게 된다.

이러한 사실은 인성을 가르치기 위한 어떤 체계적인 교육적 노력, 즉 프로그램, 모형, 방법 등이 갖는 한계성을 떠올리게 만든다. 지금까지 전 세계에서 수많은 도덕교육의 이론과 모형이 제안되고 개발되었지만, 아직까지도 가르치는 이의 도덕적 감화를 뛰어넘는 방법이 있다는 소식은 듣지 못하였다. 학문적 근거와 객관적 방안을 추구하는 학자이자 연구자로서는 참으로 안타까운 일이다. 하지만, 이는 인정하지 않을 수 없는 엄연한 사실이다. 인성교육에 있어서는 아직 이렇다 할 확실한 처방(모형 또는 프로그램)이 개발되어 있지 못하다.

콜버그와 도덕적 딜레마법이 한 때 주목을 독차지하였으나, 이제는 올바른 이론으로서도, 효과적 방법으로서도 회의적 눈총을 벗어나지 못한 채, 교과서 속에서나 그 존재를 확인시키고 있을 뿐이다. 오히려 최근 들어 새롭게 각광받고 있는 관점은 아리스토텔레스의 덕 교육이다. 덕교육 접근에서는 도덕적 원칙을 우선시하고 인지적 판단력을 높이기보다는, 좀 더 좋은 사람이 되기를 강조한다. 논리적 이성보다는 실천적 이성과 서사적 감성이 보다 갖춰진 사람, 즉 덕을 갖춘 사람이 인성적으로 훌륭한 사람이라고 한다. 다양한 덕을 내면화 하고 실천적 지혜 phronesis 를 지닌 사람은 프로니모스 phronimos 라고 한다.

이것은 교과서로는 배우지 못하는 자질이다. 오로지 삶과 일

속에서 직접적 체험을 통해서만 배울 수 있는 것이다. 덕교육학자들은 실천적 지혜를 간접적으로 배울 수 있는 유일한 방법은 소설이나 자서전 등 서사적 방식으로 우리 삶을 기술해놓은 스토리, 즉 문학(예술 포함)을 통해서 뿐이라고 한다. 학술적 이론서로는 배울 수 없다. 예를 들어, 〈실천이성비판〉을 10회 독파한다고 해서 인품이 높은 사람이 된다는 보장은 없다. 하지만, 〈죄와 벌〉이나 〈토지〉를 읽는다면 좀 더 나은 사람이 될 가능성이 생겨난다. 상황중심으로 사람들 사이에 벌어지는 사건을 다룬 스토리, 즉 서사는 사람의 정감을 자극하여 심성을 변화시키기 때문이다.

2

그렇다면, 아이들을 프로네시스를 지닌 프로니모스로, 또는 좋은 성품을 지닌 좋은 사람으로 성숙시키는 교사는 어떻게 교육시키는가? 어떤 교사가 이러한 인성교육을 잘 해낼 수 있는가? 아리스토텔레스의 덕교육적 인성교육 관점은 교사교육에 어떠한 시사점을 던져주는가? 이 관점에 따르면, "교사는 자신의 성품을 드높여야 한다." 교사는 스스로의 인성을 높이기 위한 조처를 강구해야만 한다. 최근 주장되는 "인성교육역량"의 향상을 넘어서는 "인성 그 자체", 또는 "전인적 사람됨"을 갖추도록 애써야 한다. 인성을 지도하는 교사는 스스로가, 그 어떤 자질이나 조건보다도 가장 먼저, 덕 있는 실천적 지혜인으로서의 프로니모스이어야 한다.

이 원칙은 기존 현직교사교육에서 충분히 갖추지 못한 점에 대해서 한 가지 사실을 말해준다. 종전의 단기적 자율연수나 전달연수 방식만으로는 인성의 숙성을 이루기 어렵다는 사실이다. 모든 교사의 인성은 미완적이며 특히, 젊은 교사일수록 더욱 그렇다. 왜냐하면 인성이란 성숙해지며 완성되는 것이며, 교사란 경륜이 더해지며 인간적 완숙미를 갖춰가는 존재이기 때문이다. 물론, 여기서의 성숙과 경륜이 단순한 나이와 경력의 축적을 말하는 것은 아니다. 자신의 인성(성품, 인품, 품성, 심성 등 무엇이라 부르던)이 보다 온전해질 수 있도록 최선을 다하는 과정이 고스란히 담겨야 한다.

Jackson, Boostrom 및 Hansen은 현장의 교사들을 오랫동안 관찰하여 도덕교육에 관해서 우리가 경험으로 알고 있는 사실에 명확한 근거를 갖춘 자료를 제공해주었다. 이들은 최종 결론을 "우리는 자신을 가르친다." We teach ourselves. 라는 문장으로 표현하였다(여기서 우리는 교사를 가리킨다). 이 문장은 중의적 의미를 담고 있다. 첫 번째 의미는, "교사는 학생들에게 자기 자신을 가르친다." 교사가 가르치는 내용은 교과에 그치지 않는다. 교사는 학생들에게 자신의 사람됨이나 스타일도 가르친다. 교사는 의도하지 않지만, 학생들은 배운다. 체육교사 최의창에 의해 전달되는 배구뿐만 아니라, 그 과정에서 최의창이라는 사람 자체도 전달되는 것이다.

우리가 잘 알고 있듯이, Jackson은 잠재적 교육과정이라는 개념을 만들어낸 이다. 이 개념은 그가 교실에서 벌어지는 현상을 사회학적 관점으로 찾아낸 아이디어였다. Jackson은 이 개념을 교육활동이 지니고 있는, 본연적으로 피할 수 없는 도덕적 영향력을 드러내어 밝히는 방향으로 확장시킨 것이다. 교사의 수업활동은 어쩔 수 없이 도덕적 성격을 띠게 된다. 왜냐하면, 교사가 내용을 전달하는 과정 자체가 중립적이고 객관적인 행위가 아니기 때문이다. 교사의 수업행위는 모든 면에서 개인적이며, 주관적이며, 가치내재적이다. 학생들은 그것을 인지하고 감지한다. 그리고 내면화한다. 이것이 학생의 인성에 영향력을 가하게 되는 것이다.

두 번째 뜻은 "교사는 (학생뿐만 아니라) 자기 자신을 가르친다."는 것이다. 교사의 수업행위는 학생, 수업, 교육, 그리고 무엇보다도 자기 자신에 대해서 많은 것을 깨달을 수 있도록 해준다. 교사는 자신의 수업행위 속에서 자신의 장점과 단점을 확인하거나, 새삼 발견하게 된다. 그리고 의식적이고 반성적으로 그것을 더 나은 것으로 고치거나 발전시키려고 노력하게 된다. 이것이 바로 두 번째 의미다. 교사의 수업행위는 바로 "자기교육행위"인 것이다. 스스로가 스스로를 가르치는 과정이다.

이 때 교사가 스스로에게 가르치는 것은 교과내용에 대한 새로운 이해이거나 보다 효과적인 설명방법일 수도 있다. 하지만, 가장 중요한 것은, 한 교육자로서, 한 인간으로서 자신의 사람됨에 대하여 더 나아질 수 있도록 자기 성찰을 하는 것이다. "너 자신을 알라"는 소크라테스의 지상명령을 준수할 수 있도록 노력하는 것이다. 자신의 인간됨에 대한 명확하고도 냉정한 이해를 추구하며, 그것에 근거해서 인성적으로 보다 더 나은 사람으로 성숙해지려는 실천적 노력을 기울여야 한다는 점을 자신에게 확인시켜 가르친다. 스스로 자신의 성품을 드높이려는 실행을 펼치도록 만든다.

이런 노력에 의해서 고양된 교사의 사람됨은 간접적인 방식으로 학생들에게 영향을 미친다. Fenstermacher, Osguthorpe 및 Sanger는 "인성을 내용으로 가르치는 것" teaching morality 과 "인성을 방법적으로 가르치는 것" teaching morally 을 구분하였다. 전자는 용기, 존중 등 도덕성 요소 또는 덕목들을 "내용화"시켜서 학생들에게 교과내용으로 직접전달하려는 전형적인 인성교육 방식이다. 이들은 이것이 비효과적임을 지적한다. 보다 효과적이고 지속적인 인성교육 방식은 내용을 전달할 적에, 예를 들어, 배구를 지도할 때에 권위적이거나 우격다짐이 아니라, 학생을 충실히 사랑하고 존중하고 진지한 열정을 보이면서 가르치는 간접전달방식이다. 이때 교사는 내용과 함께 자신도 가르친다.

이들은 전자의 직접전달을 "매쏘드" method, 후자의 간접전달을 "매너" manner 라고 구분한다. 물론, 인성교육을 위해서는 두 가지 방식 모두를 활용해야 한다고 말한다. 그런데 기존에는 전자에만 몰두하고 후자의 효용성과 효과성에 대해서는 무지하였던 것이 사실이다. 아리스토텔레스의 인성교육론이 부상하면서, 이들의 이같은 지적이 주목받고 있다. 매너 방식으로 인성교육을 해야만 하는 이유는, 한 사람의 매너가 그의 사람됨과 필연적으로 하나로 묶여있다는 사실에 근거한다. 이것은 그 사람의 "스타일"이라고도 한다. 매너와 스타일은 타고나는 것이 아니다. 그것은 훈육되거나 양육될 수 있다. 무엇보다도 교육될 수 있다. 교사의 사람됨은 가르쳐져야만 하고 배워져야만 하는 것이다. 이 일에 학교 인성교육의 성패가 달려있다.

나는 개인적으로 전자의 방법을 "기법" 技法 이라고 부른다. 테크닉적 방법이다. 후자의 방법은 "심법" 心法 이라고 부른다. 가르치는 사람의 인품, 전인격적 존재, 내면의 심혼까지 관여되어 발휘되기 때문이다. 지금 우리 주변에는 인성을 내용으로 하여 학생에게 가르치려는 인성교육의 기법들로 넘쳐나고 있다. 생각할 수 있는 온갖 방법들이 모두 다 제안되었다고 해도 과언이 아닐 정도다. 현재도 이같은 기법적 인성교육에 대한 기대가 가득하다. 교사를 준비시키는 상황에서도 마찬가지다. 사범대학이나 교육대학에서도, 현직교사교육에서도 대세는 이같은 기법적 인성교육 이론이나 프로그램의 소개다.

물론, 이같은 기법들도 소기의 성과를 올릴 수 있을 것이다. 하지만, 학생들에게 진정으로 변화를 가져오는 것은 기법으로서의 인성교육이 아니다. 그것은 심법으로서의 인성교육이다. 그리고 심법은 교사의 사람됨과 분리불가분이다. 교육학자 van Manen은

"가르치는 기법을 남김없이 모두 배웠지만, 교육적으로 여전히 부족한 교사가 있을 수 있다. 이것을 보면, 교사를 준비시키는 일에는 지식과 기술, 심지어는 윤리적 강령이나 도덕적 기예를 가르치는 것보다 훨씬 더 큰 것이 관여됨을 알 수 있다. 교사가 되는 일에는 형식적 방식으로는 가르칠 수 없는 어떤 무엇인가가 관여된다. 그것은 교육적 사려심을 자신의 마음 속 깊이 내면화시키는 일이다"라고 말했다. 교육적으로 사려 깊은 사람이 되는 것이 바로 인성교육을 제대로 할 수 있는 심법을 개발한다는 말이다.

이상으로 교사의 인성교육과 관련한 사실 한 가지가 명백해진다. 현장의 교사가 갖추어야 하는 인성교육전문성은 두 가지 차원이 필요하다. 그것은 기법적 차원과 심법적 차원이다. 인성을 내용으로 직접 전달할 수 있는 "메쏘드 또는 테크닉적 차원"과 내용으로 가르치는 과정에서 간접 전달하도록 하는 "매너 또는 스타일적 차원"이다. 인성교육을 효과적으로 하기 위해서 현직교사는 쉬지 않고 이 두 차원에 대한 전문성을 충실히 갖추도록 노력해야만 한다. 교사로서 본인의 가장 중요한 책무라고 생각한다면 더더욱 그리 노력해야 한다(이점에서 노자의 "성인은 말로 하지 않는 가르침을 주는 이"라는 통찰은 우리 인성교육의 맥락에서 "매너와 스타일로 간접전달을 하는 이야말로 진정한 교사"라고 해석될 수도 있다).

인성교육을 제대로 해내고 싶어 하는 현실의 교사는 기법적 전문성과 심법적 전문성을 골고루 갖추어 나가야 한다. 모든 교육 중에서도 인성교육은 가장 난이도가 높고 결과도 즉각적이지 않다. 하지만, 그 보람은 가장 크다. 의미도 가장 크다. 그 어려움과 곤란함에도 불구하고, 학교에서 인성교육의 노력을 그치지 않는 이유가 바로 이것이다. 학교교육이 이 배움의 난무, 지식의 홍수 시대에도 그 존재감을 잃지 않을 수 있는 유일한 근거는 바로 인성교육의 실현장이기 때문이다. 인성교육에 실패하는 학교교육은 직업훈련이나 지식전달에 머무를 뿐이다. 이 기능은 구글이나 유튜브가 이미 대체중이다.

3

현장에서는 이미 교사들을 위한 인성교육 프로그램들의 연수가 한동안 진행되어왔다. 대부분 기법적 인성교육을 잘 해내기 위한 프로그램, 모형, 사례들에 대한 내용들이라고 말할 수 있다. 이제 심법적 인성교육을 잘 해내기 위한 전문성, 즉 교사 자신의 전인적 품성을 함양할 수 있는 현직연수에 대해서 고민해야 할 때다. 지난 2500년간 사람의 인성은 그리 변하지 않았다. 더 선하냐 악하냐의 차이일 뿐, 전혀 없었던 인간성의 새 측면들이 발견되었다는 소식은 아직 없다. 인성은 앞으로도 지금처럼 유지될 것이다. 이 점에서는 여전히 아리스토텔레스의 혜안에 의지해도 큰 무리가 없을 것이다.

교과와 학교급에 상관없이 모든 교사에게 적용될 수 있는 세 가지만 제언한다. 첫째, 고전을 많이 접하자. 위대한 문학작품(소설, 연극, 영화 등)과 예술작품(회화와 클래식 등)들을 많이 읽고 보고 듣자. 둘째, 대화를 많이 하자. 소크라테스 수준까지는 아니더라도, 교육과 학생과 수업(그리고 삶과 자연과 우주 등)에 대해서 서로 진지한 대화를 나누어보자. 셋째, 스포츠와 예술을 배우자. 몸으로 실행하는 기술이나 기예를 배워서 활용해보자. 이 세 가지는 모두 현직교사가 자기 자신의 사람됨을 더욱 온전한 것으로 만들어나가는 것을 목적으로 진행되어야 한다. 이는 자기수양, 자기수련의 성격을 갖는다. 인성수업을 더 잘 하기 위한 전문역량을 넘어서, 본인 스스로가 인간적으로 보다 높은 상태로 격상되기를 간절히 원하는 바램이 기본이다.

　현직교사 인성교육 연수프로그램에 "교육문학", "교육예술", "교육스포츠" 등과 같은 내용이 포함되면 좋을 것이다. 물론 기존에도 유사한 프로그램들은 있다. 하지만, 단순히 흥미위주로 읽거나 그리거나 연주하거나 시합하는 것을 넘어서, 인성교육자로서 자신의 전인적 성품을 가다듬을 수 있도록 기획되고 지도되어야 할 것이다. 최근 유행하는 수업전문성 증진 목적만이 아니라, 스스로의 인성을 함양시키려는 교사학습공동체가 절실한 실정이다. 사범대학이나 교육대학에서도 교직과목이나 각과 교육론에서 교육인문학에 속하는 내용들(예를 들어, 체육과에서는 스포츠문학, 스포츠미술 등)을 가르칠 수도 있을 것이다. 물론, 문학이론이나 비평을 가르치는 것이 아니라, 작품을 읽고 토의와 감상으로 교육적 차원을 발견하는 중간 과정을 거쳐서 전인성의 함양을 도모하는 과정이 되어야 할 것이다. (한국교원교육학회보, 2015. 12)

마중물론

스포츠 인성교육을 위한 전제조건으로서의 인성 —

One Page Writing

1

 스포츠는 인성을 길러줄 수 있는가? 길러줄 수도 있고, 그렇지 못할 수도 있다. 현실에서는 성공과 실패가 모두 존재한다. 그런데 실패의 경우가 더 많다. 스포츠가 아니라, 다른 어떤 것들도 인성을 기르는 데에는 성공확률보다 실패확률이 높다. 야구선수의 타율보다도 낮다고 할까? 타자의 경우 3할 대는 매우 잘하는 것, 2할 대는 평균이고, 1할 대는 못 치는 것, 1할 대 밑에는 아주 못하는 것인데, 인성교육의 경우에는 바로 1할 대나 그 이하의 확률일 것이다(물론, 갤럽에 의뢰해서 확보한 통계자료는 없다).
 우리는 현재 약 십 년간 학교체육에서 인성교육을 강조해오고 있다. 인성을 기르기 위해서 체육을 하고, 체육은 인성을 길러준다고 주장한다. 청소년 센터나 스포츠클럽, 문화센터나 스포츠동호회에서도 그런 생각을 널리 공유한다. 그런데, 주위 뉴스에서는 온통 스포츠인들의 일탈과 범죄 소식으로 가득하다. 정말로, 진심으로 스포츠는 인성을 (조금이라도) 길러준다는 말인가? 스포츠와 인성의 관계를 생각할 때마다 끊임없이 떠오르는 의문이다. "스포츠로 하는 인성교육"은 정말로 효과가 있는가?

2

스포츠로 하는 인성교육에 있어서 스포츠와 인성은 어떠한 관계에 있는가? 부정적 관계에 대해서는 현재로서는 할 말이 없다. 스포츠는 인성에 아무런 관계가 없거나, 나쁜 영향을 미친다는 점에 대해서는 다음에 고민하자. 지금은 긍정적 관계에 대해서 말해보자. 긍정적 관계의 다양성에 대해서 한번 살짝 생각해보도록 하자. 스포츠와 인성이 맺는 긍정적 관계는 3가지가 있을 수 있다.

첫째, "스포츠로 인한 인성"의 관계가 있다. 스포츠를 열심히 하다 보면 인내심, 협동심, 용기, 도전심, 성실성 등의 덕목들이 몸과 마음에 생겨난다. 무슨 독특한 인성개발 프로그램을 적용해서 생겨나는 것이 아니다. 그냥 고난도의 어려운 기술을 펼쳐야 하는 체조를 하면 도전정신과 용기가, 11명에서 11명의 상대편을 상대로 축구를 하면 협동심과 단체정신이 생겨난다. 운동의 특성이 바람직한 인성덕목들을 자동적으로 길러준다.

둘째, "스포츠를 통한 인성"의 관계가 있다. 계획적, 의도적으로 인성을 발달시키려는 노력을 스포츠를 연습하고 실행하는 데에 적용시켜서 얻게 되는 인성이다. 유청소년 축구캠프를 위해서 축구 기술만이 아니라, 소통이나 협동같은 라이프 스킬을 함께 습득할 수 있도록 체계적인 축구교육 프로그램을 운영하는 것이다. 학교체육에서 체육교육과정에 다양한 인성요소들을 건강, 도전, 경쟁, 표현 등의 가치들과 함께 함양토록 체육수업을 운영한다.

셋째, "스포츠를 위한 인성"의 관계가 있다. 스포츠를 활용해서 인성을 기르려고 하기 전에, 스포츠를 제대로 배우기 위해서 먼저 인성을 필요로 한다. 11명이 하는 축구를 제대로 배우기 위해서는 먼저 협동심, 성실성, 단체정신이 필요하다. 이런 것들이 있어야지만, 점점 더 축구를 잘 하게 되며, 그럼으로써 더욱더 협동심, 성실성, 단체정신이 길러진다. 스포츠로 인한 인성이나 스포츠를 통한 인성의 성취를 위해서는 "먼저" 인성의 힘을 빌려야만 한다. 역설적인 상황이다.

3

첫 번째를 "부산물로서의 인성"이라고 부르자. 의도하지 않거나 주된 목적이 아닌데, 열심히 운동하는 과정에서 땀과 실력과 함께 생겨나는 인성이니까. 두 번째는 "생산물로서의 인성"이라고 하자. 스포츠가 주인공이기 보다는, 스포츠를 목적으로 하기 보다는 원래 인성을 주된 목적으로 하니까. 세 번째는 "마중물로서의 인성"이라고 부르자. 지하수를 끌어올리기 위해서 펌프질을 할 때 필요한 마중물처럼, 좀 더 크고 깊은 인성을 위해서 먼저 투입해야만 하는 기본인성이기 때문이니까 말이다.

요약하면, 스포츠에 있어서 인성은 생산물, 부산물, 마중물의 의미를 가질 수 있다. 의도적 노력으로서의 체육교육은 생산물로서의 인성을 추구한다. 부산물로서의 인성은 체육교육이란 의도적 노력 없이 얻어지는 것이다. 체육교육이 가치를 가지려면 우연적으로 얻어지는 부산물이 아니라, 체계적으로 의도하여 얻어진 결과물을 생산해내야만 한다. 체계적 과정을 거쳐 계획한 바대로 얻어낼 수 있어야만, 안정성과 신뢰성을 모두 확보하여야만 투자가치를 갖게 되지 않겠는가?

그런데, 의도적 체육교육의 결과물, 즉 생산물로서의 인성에는 조건이 필요하다. 운동을 가르친다고 하더라도 마이너스에서 플러스, 또는 제로에서 플러스 상태로 인성이 비온 뒤 대나무 자라듯 손쉽게 쑥쑥 키워지지 않기 때문이다. 앞에서 언급했듯, 인성함양이란 성공확률보다는 실패확률이 더 높은, 매우 힘든 교육적 시도다. 또한 체중감량을 위한 다이어트와 같이, 조금 나아졌다가도 다시 원래대로 돌아가는 인성의 요요현상이 일상화된 영역이기도 하다. 비관론자들은 도대체가 공식도 없고 정답도 없는 그런 속수무책, 백약무효의 상황이라고까지 이야기한다.

그 큰 원인 중 하나는, 내 생각에, 마중물로서의 인성에 대한 고려가 없는 인성교육적 접근이다. 어떤 내용, 활동 또는 교과를 통해서 인성을 키워내려면, 그것에 마중물을 먼저 부어야만 가능해진다. 펌프안의 빈공기만으로는 저 깊은 아래쪽에 흐르는 지하수를 끌어올릴 수압이 생겨나지 않는다. 그 깨끗한 물을 지상까지 이끌어 올릴 마중물이 반드시 필요하다. 인성교육에 있어서도 마찬가지 원리가 적용된다. 인성을 함양하기 위해서는 인성을 먼저 키워야 한다. 인성이란 성과를 얻기 위해서는 인성을 "먼저" 투자해야만 한다.

마중물로서의 인성이 필요하다는 말은 무슨 뜻인가? "스포츠를 위한 인성"의 의미는 무엇인가? 우선, 학습내용으로서 스포츠(신체활동, 운동, 댄스)를 그것의 원래 성격에 충실하게 학습할 수 있도록 최선을 다해야 한다는 말이다. 다시 말해서, 축구를 축구답게, 체조를 체조답게 가르쳐야만 한다. 축구를 공차기 경기는 물론이지만, 인류의 문화전통으로서도 인식하고 향유할 수 있도록 가르쳐야만 한다. 축구 기능만이 아니라, 축구 지혜와 축구 정신도 학습해야만 한다.

가르치는 이(교사, 강사, 코치)는 인의예지롭게 지도행동을 구사해야만 한다. 단기적, 일방적, 강압적인 방식이 아니라, 긴 안목으로 포용적인 마음을 지니고 축구의 정신과 학생의 전인적 발달을 위하는 방식으로 가르쳐야만 한다. 축구라는 내용을 가르치되, 문화전통으로서의 축구를 습득하기에 합당한 방식으로 전달하고 전수해야만 한다. 경기에 이기기 위한 목적만이 아니라, 축구라는 인류의 문화 속으로 입문시키는 과정이 될 수 있도록 지도해야 한다.

현재 배우는 운동에 대한 학생의 마음가짐과 태도가 특정 상태, 수준으로 되어야만 이런 가르침이 가능하다. 학생은 운동을 통해서 인성을 배우기 전에, 스스로 미리 자기 심성을 그런 준비 상태로 지니고 있어야만 한다. 이것이 마중물로서의 인성의 진정한 의미다. 이것이 인성교육의 패러독스다. 인성이 없거나 부족하여 인성을 함양시키려 하는데, 그를 위해서는 인성을 미리 지녀야만 한다니! 사람은 날 때부터 인성(의 씨앗)을 지니고 태어난다는 설에 의탁하여 그것을 캐내어 디딤돌로 삼는 것이 유일한 해결안이다. 마중물이 효력을 발휘하는 근거다.

두 가지 종류의 마중물이 반드시 필요하다. 첫째, 배우는 사람으로부터의 마중물이다. 축구를 제대로 배우기 위해서 필요한 인성이니까, 논리적으로 말하여 축구를 배우는 것으로부터는 얻을 수 없다. 이것은 내가 인문적, 서사적 자료들이라고 부르는 문학, 예술, 종교, 철학, 역사적 자료들, 축구활동 자체로부터 생산된 축구의 이차적 자료들을 통해서 얻어야 한다. 선수나 감독의 자서전, 축구팬들의 관람기나 수필, 문학가의 소설이나 시, 축구영화나 연극, 미술가의 조각이나 회화작품 등 축구연습과 함께 하는 인문적 스포츠 학습이 마중물로서의 인성을 잠재된 본성으로부터 추출해내어 준다.

둘째, 가르치는 사람으로부터의 마중물이다. 가르치는 이가 반드시 어진 마음, 멋진 행동, 밝은 표정, 고운 말씨 仁義禮智로써 지도해야 한다. 축구를 배우는 과정이 인의예지로워야만 학생들은 인의예지로운 축구를 배우게 되며, 스스로 인의예지로운 사람이 될 수 있기 때문이다. 축구의 인의예지로운 측면이 학생들에게 전수되기 위해서는 그 전달과정과 전수방식이 인의예지로워야만 한다. 이런 과정과 방식으로 진행되는 축구교육만이 성과물(그리고 부산물)로서의 인성을 얻을 수 있다. 이 마중물은 교사가 부어야만 하는 마중물이다. 교사의 몸과 마음으로 마중물을 붓지 않는다면, 학생으로부터의 마중물도 기대할 수 없게 된다.

달리 말하면, 스포츠 인성교육을 위한 프로그램이 아무리 훌륭한 이론을 바탕으로, 정말로 체계적인 방식으로, 흥미로운 내용으로 구성되었다고 하더라도, 이 두 가지 원천으로부터의 마중물이 준비되지 않는다면, 결국 그 효과는 전혀 기대할 수 없거나, 최선의 경우라 하더라도 지속력이 아주 짧을 뿐이다. 프로그램이 인성교육을 해주는 것이 아니다. 프로그램은 그 마중물을 담아서 펌프에 넣어주는 물바가지 역할을 할 뿐이다. 마중물 그 자체가 아니라는 말이다. 스포츠로 하는 인성교육에서 가장 중요한 것은 가르치는 사람과 배우는 사람이다. 이들의 마음과 마음이 연결되지 않는다면, 성공확률은 제로다. 당연히 프로그램도 좋은 것이어야 할 것이다. 구멍 뚫린 바가지로는 물이 그다지 뜨이지 않을 테니까.

4

시민윤리, 직업윤리, 공중도덕, 개인매너 등 범위와 규모는 달라도, 이 모든 것이 인성으로부터 시작되기 때문에 인성은 중요하게 여겨진다. 그런데 역사를 돌아보아도, 현재를 둘러보아도, 내 주위를 살펴보아도, 인성이란 참으로 얻기 어려운 보화다. 쉽게 얻을 수 있는 생필품이 아니다. 학교교육에서 10년 이상 도덕과 윤리교육을 받아도, 사회생활을 하면서 지속적으로 영향을 받아도, 인성이란 소중한 보석은 찾기도 갖기도 지니기도 쉽지 않다.

체육에서는 스포츠를 통한 인성의 함양을 오랫동안 주장해왔다. 일정 부분 성과도 올렸고, 또 그에 대한 인정도 받았다. 하지만, 이제는 더욱 높은 인과성과 성공률이 필요한 시점이다. "스포츠는 인성교육이다"라는 명제가 일반 상식으로 받아들여지기를 희망한다면 더욱 그렇다. 오랫동안 제공되는 학교에서의 도덕교육도 거의 실패하고, 사회가 갖는 인성교육의 효과도 거의 소멸되고, 가정이 담당해온 인성교육의 역할도 거의 상실되어버린 시대에 스포츠가 최대의 희망인 이유다. 스포츠는 이제 밥먹고 잠자는 것처럼 모든 사람들이 가장 자주 평생 동안 해나가는 인간활동이기 때문이다.

이런 맥락에서 최근 진행된 학교체육을 통한 인성교육은 올바른 방향설정이라고 말할 수 있다. 다만, 성과물로의 인성을 추구하는 점에서 반드시 한 가지 원리를 간과하지 말고 명심해야 한다. 그것은 마중물로서의 인성이다. 학생의 저 내면 깊숙한 곳에 고요히 담겨져 있는 인성의 지하호수로부터 인성을 끌어올려내기 위해서는 그만한 수압을 만들어내는 마중물을 부어야만 한다. 어떤 학생은 약간만, 한두 번만 부어도 되지만, 어떤 이는 아주 많이 여러 번 계속 부어야만 한다.

스포츠를 통한 인성교육에 대한 조처를 취할 때 마중물의 비유가 주는 핵심적 시사점은 시작을 위한 전제조건이 마련되어야 하는 것, 즉 미리 물을 부어야 한다는 점이다. 그리고 물을 길어 올리는 중에도 중간 중간 마중물을 계속 부어주어야 한다는 점이다. "스포츠를 통한 인성교육"은 먼저 "스포츠를 위한 인성교육"의 마중물이 선행될 때에만, 그리고 지속적으로 스포츠를 위한 인성교육을 견지해야만 실효가 있다. 또한 "스포츠로 인한 인성교육"에 있어서도 스포츠를 위한 인성교육이 함께 진행될 때에만 축산오수가 아니라 진주같은 부산물이 생겨난다. (월간최의창, 2019, 5)

교과를 통한 인성교육

One Page Writing

1

발표자님의 발표 잘 들었습니다. 언제나 그렇듯이 내용의 구성이 논리적으로 물 흐르듯 전개되어있고, 무엇보다도 주제에 관련된 중요한 사항들이 빠짐없이 정리, 언급되어있습니다. 이러한 발표에 무엇을 지적할 수 있는지 참 난감입니다. 우선 내용의 이해가 제대로 되었는지 점검하는 것으로 시작하겠습니다.

가장 먼저, 교과에서 인성교육을 왜 해야만 하는가에 대해서 4가지 이유를 들려주셨습니다. 그리고 곧바로 교과교육에 대한 관점이 어떻게 바뀌어야 하는지, 한 가지 관점을 특정하여 알려주십니다. 무슨 관점이라고 명칭을 붙이지는 않으셨는데요, 우선 "올바른 교과교육 관점"이라고 해봅니다. 이전의 지식교육이 제대로 된 교과관을 가지고 있지 못한 것을 지적하고, 김명숙 등이 설명하는 교과관에 기대어 교과교육에서 인성교육을 할 수 있다는 개념적 근거를 확보하고 계십니다. 이 교과관은 "인지적인 측면, 정서적인 측면, 그리고 가치나 세계관" 등도 함께 습득하도록 하는 교과관입니다. 이러한 교과관에서야 말로 인성교육을 언급할 수 있고, 실천하고 실현할 수 있다고 합니다.

이런 개념적 바탕 위에 곧바로 교과교사로서 교과교육에서 인성교육을 실천하는 5가지 방안(방향)을 3절에서 소개합니다. 1) 교과교육을 통해 길러야 할 인성교육의 가치덕목, 인성역량 설정, 2) 각 교과내용과 인성교육의 가치덕목, 인성역량 연계, 3) 학생참여적인 협력학습을 위주로 하는 효과적인 교과수업방법 활용, 4) 각 교과의 평가에서 인성교육의 과정 및 결과평가 시행, 5) 교과교육에서의 인성교육 활성화를 위한 학교교육과정 편성, 운영입니다. 목표, 내용, 방법, 평가, 그리고 운영이라는 핵심측면들에 대하여 순서적으로 언급하십니다. 그리고 마지막 4절에서, 이런 식으로 교과교육을 실행하기 위해서 현직과 직전의 교과교사들은 어떻게 준비되어야 할 것인가를 설명하십니다.

저의 판단으로는 교과인성교육에서 가장 중요한 것들에 대해서 모두 언급하신 것 같습니다. 맡고 계신 업무로 인한 준비시간의 부족 때문에 얼마나 촘촘하게, 얼마나 명료하게, 얼마나 깊게 내용을 진술했는가에 대해서는 무어라 말할 수는 있을 것입니다. 그렇지만, 반드시 다루어져야 하는 가장 중요한 사항들에 대하여 합리적으로 소개하고 지적하고 설명하였다는 점에 대해서는 이론의 여지가 없습니다. 토론자로서의 난감함은 바로 이런 점에서 옵니다.

2

발표 주제에 비추어보면, 3절과 4절이 발표의 주요부입니다. 이 부분이 주제에 대한 발표자의 새로운 생각과 개인적 의견입니다. 우선 첫 번째로, 교과교육에서 제대로 인성교육을 실천하기 위하여 5가지 측면에 대하여 아이디어를 제시해주셨습니다. 일견,

합리적인 생각인 것 같아 보입니다. 하지만, 곰곰이 생각해보면, 이러한 방식은 그동안 "도덕교과"에서 이미 최소 20년은 진행시켜 온 도덕교육의 방식이라고 생각됩니다. 다른 주지교과나 (비주지) 기능교과에서는 안 써보았을지 모르지만, 인성교육을 담당해온 도덕교과에서는 오랫동안 진행시켜온 교과에서의 인성교육 방식입니다.

만약 그렇다면, 발표자가 제시한 방안을 (도덕교과를 제외한) 다른 교과에서 써야하는 이유는 단 한 가지, 즉 "도덕교과에서 성공을 거두었으나 세상과 아이들이 너무 힘해서 도덕교과만으로는 힘에 부치니, 다른 교과들에서도 함께 합심해서 이 일에 동참해야 한다. 그리고 그 방법은 그동안 인성교육을 담당해온 도덕교과에서 쓰는 방식이어야 한다"일 것입니다. 그렇지만 현실은 그렇지 않은 것같습니다. 항간에 떠도는 한 가지 소문에 의하면, 그동안 도덕교과에서 인성교육에 성과가 미진했으니, 모든 교과에서 그 일을 해야 한다는 주장이 나오게 되었다고 합니다. 기대가 크면 실망도 큰 법이라고 했나요? 하지만 다시 생각해보면, 도덕교육에 성공한 나라가 전 지구에 어디 있겠습니까? 역사적으로도 매우 드뭅니다.

저는 교과인성교육을 하도록 만든 최근 정책적 결정의 진짜 이유는 잘 모릅니다. 그렇지만, 그 소문을 한 귀로 듣고 다른 귀로 흘려버리기는 어렵습니다. 도덕교과에서 인성교육을 잘 시켰다는 점에 대해서는 많은 이들이 선뜻 동의하지 못하는 것이 현실입니다. 그다지 효과를 보지 못한 방식을 다른 교과에서 활용해보라는 조언은, 아무리 훌륭한 인품을 지닌 사람이라도, 받아들이기가 쉽지 않습니다 ― 물론, 인자는 고향에서 환영받지 못한다는 법칙이 실현된 사례일 수도 있겠지만요. 도덕교과에서 그다지 성공하지 못한 방식으로 다른 교과에서는 효과를 유발시킬 수 있는지 발표자님의 의견을 한 번 여쭙고 싶습니다. 제안된 5가지는 교과에서 인성교육을 진행시키는 "형식"일 뿐, 내용을 다른 것으로 채우면 성공할 가능성이 높을 수 있다는 것도 한 가지 예상할 수 있는 의견입니다.

4절에서는 이러한 제언을 바탕으로 교과교사들이 어떤 자질을 가져야 하는지, 그리고 이를 위해 직전교사교육과 현직교사교육에서 어떤 조처들이 주어져야 하는지 말씀하십니다. 그 방안들이 구체적으로 무엇이던지 간에, 그것들은 교과교사의 "인성교육역량과 인성적 자질"을 대상으로 해서 향상시켜야 함을 제안하십니다.

그런데 사실, 이것들은 교과에 상관없이 모든 교사가 자신의 교과를 가르치기 위해서 갖추어야 하는 "일반적" 인성교육 역량과 자질이라고 보여 집니다. 특별히, 사회과나 과학과, 혹은 미술과나 체육과에만 해당되는 독특한 인성교육역량이라고 보기 어렵습니다. 모두가 내용을 배재한 "형식적 역량과 자질"이라고 생각됩니다. 물론, 교과라는 특징을 공유하는 교육영역들이라서 공통된 자질이 필요하지만, 서로 다른 내용(그리고 시각, 관점 등)을 다루기 때문에 각 교과를 전문적으로 제대로 가르치기 위해서 해당 교과에 특별한 인성역량과 자질은 무엇인지 명확히 언급되지는 않습니다.

그리하여, 이러한 일반적 역량과 자질을 습득하게 되면, 각자가 맡은 개별 교과들에서 그것을 가르치면서 아이들의 인성을 나아지게 만들 수 있을까요? 우선, 말씀하신 다양한 방식들로 예비 및 현직교사들의 인성역량과 자질을 조금이라도 나아지게 만들 수 있을까요? 물론, 전면적이고 체계적으로 실시해보지 않아서 확신 있게 말할 수는 없지만, "약간의 성공과 대부분의 실패"라는 것이 답변이 아닐까 합니다. 교사들에게 인성교육을 시켜야 한다는 주장은 지난 10여 년간 외국에서도 매우 중요한 연구 및 실천주제로서 부상하였습니다. 특히, 직전교사교육에서의 체계적 준비를 강조하고 있으며, 현직에서도 인간적이고 윤리적인 교사로 성장하도록 하는 셀 수 없는 노력이 더해지고 있습니다.

그런데, 모두 예상하시겠지만, 대부분의 경우는 단기적, 소규모적 차원에서의 성공과 장기적, 대규모적 차원에서의 실패를 보고합니다. 예들 들어, 사범대학 재학 시에는 효과가 있다가도, 현직교사가 되고나서는 그것을 유지시키고 발전시키기는 너무 어려운 것입니다. 그러니, 교사가 되고 난 후부터 도덕적이고 인성적인 측면을 드높이기는 더 힘들어집니다. 동양과 서양, 초등과 중등을 막론하고 비슷한 상황입니다. 현재 연구들에서 언급한 방법들은 발표자님께서 제안해주신 방법들을 이미 포함하고 있으며, 보다 더 다양한 방법들이 사용되었습니다. 본인이 제안한 역량 강화 방안들의 주장과 상치하는 이러한 현실에 대해서 발표자님께서는 어떻게 생각하시는지, 조심히, 여쭙고 싶습니다.

3

노력해보고 공부해보면 해볼수록, 참으로 속수무책, 백약무효라는 표현이 절로 생각나는 분야가 도덕교육과 인성교육입니다. 사람들의 인격과 심성을 훌륭한 것으로 바꾸는 일은 너무도 어려운 과업입니다. 특히, 사고능력과 판단능력이 아직 여물지 않은, 시야가 좁고 감정이 격한 학령기 유청소년들의 그것을 가다듬는 일은 결코 쉽사리 좋은 결과를 얻을 수 있는 작업이 아닙니다. 그냥 그 일 자체가 성격상 어려운 일입니다. 인성이란 그만큼 변화시키기 어렵고, 더욱이 긍정적 방향으로 지속적으로 변화시키는 일은 더더욱 쉽지 않습니다. 이중삼중의 어려움이 담겨있습니다. 방안이 잘 마련되어있어도 현실에서 실제 사람을 상대로 그 일을 하기가 어렵습니다.

그런데, 그 일을 더 어렵게 만드는 경우가 있습니다. 그것은 첫 단추를 제대로 채우지 못하는 경우입니다. 인성교육의 첫 단추는 "교과교육을 어떻게 보는가"입니다. 그래서 발표자님께서도 시작을 "올바른 교과교육이란 무엇인가"로 하신 것입니다. 발표자님이 특정하신 교과교육관이 교과인성교육을 이해하며 교과교사의 인성적 자질을 규정하는 맥락에서, 보다 올바른 관점, 제대로 된 관점인지 한 번 살펴보아야 할 필요가 있다고 생각합니다. 3절과 4절에서 제안하신 교과인성교육과 교사역량교육을 위한 아이디어의 논리성과 현실성은 바로 이 교과교육관으로 인해서 반듯하게 설 수도 쓰러질 수도 있기 때문입니다.

교과교육에서 인성교육을 잘 진행하는 "일반적 형식"과 그것을 잘 실천할 수 있는 교과교사의 "일반적 인성역량"을 밝히는 작업, 그리고 그것을 교사교육에서 기르는 "일반적 방식"은 모두 기존의 도덕교육에서 도덕수업을 실천하고 도덕교사를 가르치기 위해서 개발하고 실천해온 방안들입니다. 그런데, 아까도 잠시 언급하였지만, 이것은 그동안 결과가 그다지 신통치 않았던 방식들입니다. 제가 생각하기에 그 가장 큰 원인은 출발점이요 첫 단추인 "교과관"입니다. 체육교육전공자인 저로서는 (정확하지 않을 수 있다는 단서를 달면서 말씀드리면) 발표자님께서 설명하신 교과교육의 개념은 (본문에는 학문중심교과관이 비판되고 있지만 동일선상에 있는) 주지주의적 교과관으로 생각됩니다. 물론, 업그레이드된 주지주의 교과관입니다. 정의적, 인지적, 가치, 세계관 등에 대해서 언급하셨지만, 여전히 교과의 주된 내용이 "지식"이라고 (무의식적으로) 간주되고 있습니다. 주지주의적이지만, 단편적 지식이거나 학문중심교과관의 낮은 수준이 아니고, 지정의가 모두 함께 담겨진 교과관이라고 합니다. 이러한 지식관은 피터스나 초기 허스트 등이 주장한 "지식의 형식에의 입문" a form of knowledge 으로서의 교과관과 맥락을 같이 한다고 볼 수도 있습니다(교육철학자들은 통상적으로 자유주의 교육관이라고 부르고 있더라고요).

그런데, 이 교과관은 허스트 본인이 이후에 스스로 철회한 관점입니다. 그는, 아리스토텔레스와 매킨타이어로부터 영향 받은 것이 분명한, "실천전통에의 입문" an initiation into a practice 으로서 교과교육을 바라봅니다. 몇몇 교육철학자들은 이러한 교과교육을 "실천전통 교과관"이라고 부릅니다. "실천전통" a practice 이란 "사회적으로 확립된 협동적인 인간 활동의 모종의 일관성 있고 복잡한 형식으로서, 그 활동형식에 적합하고 또한 부분적으로 그 의미를 규정하는 탁월성의 기준을 성취하려고 하는 과정 속에서 그 활동형식의 내적인 가치가 실현되며, 그 결과로 탁월성을 성취하는 인간의 능력과 그에 포함된 인간의 목적과 가치의 개념이 체계적으로 확장되는 것"입니다.

간단히 말하여, 실천전통 교과관에서는 (학교현실에서는 대부분 교과로서 배워지게 되는) 어떤 실천전통 안에 들어있는 "탁월성의 기준으로서 내적인 가치"를 습득하는 과정에서 다양한 인성교육적 효과를 얻게 됩니다. 그리고 그것은 이론적, 학문적 지식이 아니라, 실천적 이성을 통해서 얻은 실천적 지혜를 갖는 것으로 귀착됩니다. 실천전통에서 들어가 온몸과 마음으로 그 내적 가치와 전통을 내면화시킴으로써 배우는이의 실천적 이성 phronesis 을 키우게 됩니다. 그 실천전통을 올바로 배우는 과정에서 인성교육이 동시에 되는 것입니다.

실천전통 교과관에서 이해하는 인성교육이란, 그러므로, 학자나 교수들이 미리 뽑아놓은 일반적 성향으로서의 가치덕목, 또는 일반화된 인성역량을 수학이나 과학이나 체육에 집어넣어서 학생들에게 옮겨지게 하는 방식으로 진행되지 않습니다. 교과를 통한 인성교육이란 "실천전통으로서의 각 교과"를 제대로, 올바로 배우면서 그 교과(실천전통)에서 독특한 내적 가치들이 온전히 습득하고 내면화하는 과정에서 진행되는 것입니다. 그러므로 교과를 실천전통으로서 올바로 가르치는 것이 바로 교과를 통한 인성교육입니다. 이럴 경우에만 각 교과에 독특한, 그 교과만의 인성교육이 이루어질 것입니다. 그리고 교과교사는 교육과정에서 미리 마련해놓은 가치덕목이나 인성역량을 자기의 수업내용에 강제로 연결시키거나 집어넣어서 가르치지 않아도 되는 것입니다.

4

　가만히 보아하니, 지금 저는 항상 경계해왔던 일을 스스로 저지르고 있는 자신을 발견하게 됩니다. 저는 토론자로서 단역이며, 주연은 발표자라는 것을 까마득히 잊고 있는 것입니다. 간단히 요약하자면, 오늘 발표에 대해서 토론자로서 제가 제기하는 근본적인 질의는 〈교과교육을 통해서 인성교육을 이루고자 할 때 가장 적합한 교과교육관은 무엇인가〉입니다. 발표자님이 특정한 교과교육관이 그 일을 가장 잘 해낼 수 있는 교과관인지 여쭈어보는 것입니다. 말씀하신 교과관을 따른다고 해서 교과인성교육의 실현과 교사인성자질의 함양이 현재 우리가 기대하는 수준만큼의 결과를 얻도록 도와줄지 확신이 잘 서지 않습니다.
　우리는 그동안 너무도 인성교육을 지식중심으로 가르치려고 해왔습니다. 교과를 지식으로 당연시 하는 자유교육적인 숭문주의 때문일 것입니다. 하지만, 아쉽게도 인성교육은 지식교육과는 사주와 궁합이 잘 맞아 떨어지는 것 같지 않습니다. 사람의 인성은 실천적 노력에 의해 가장 효과적으로 길러질 수 있는기 때문입니다. 그리 새로운 생각도 아닙니다. 아리스토텔레스부터 이어져 온 주장입니다. 또한, 우리 각자의 인생경험이 가르쳐주는 진실이기도 합니다. 최근 도덕교육에서 콜버그류의 인지주의적 접근이 인기를 잃고, 아리스토텔레스의 덕교육적 접근이 각광을 받고 있고, 그에 근거하여 다양한 인성 교육적 아이디어를 개발하려는 시도가 불같이 일어나는 것도 이 때문입니다.

이 새로운 관점에서 가장 직접적으로 알려주는 것이 두 가지가 있습니다(발표자님의 제언들에서 이런 주장이 명백히 드러나 있지는 않은 것 같습니다. 역시 교과관의 차이 때문이라고 보아야 할 것입니다). 첫째, 인성(도덕)을 "내용"으로 직접 가르지는 것을 지양하고 실제로 인성적으로 가르치라고 합니다. "도덕적으로 가르치는 것과 도덕을 가르치는 것 Teaching morally and teaching morality"이라는 표현이 바로 그것입니다. 협동이건, 정직이건, 성실이건 선생님이 협동적으로 정직하고 성실하게 가르칠 때에만 학생들은 인성을 배운다는 것입니다. 교과교육을 통해서 인성교육을 한다고 할 때, 바로 우리가 쉽게 빠지는 함정입니다. 가치덕목이나 생활기술, 또는 성격강점들을 먼저 열거하고 그것과 해당교과의 구체적 내용을 연결하거나 엮어내는 것이죠. 그리고는 다양한 방법을 사용해서 내용전달에만 집중합니다. 가르치고자 하는 덕목을 스스로 인성적인 모습으로 실제로 솔선수범해서 보여주는 것에는 실패하는 경우가 많은 것이죠.

둘째, 만약 내용으로 가르치려 한다면, 가능한 "서사적인 내용과 형식"을 갖춘 내용으로 지도하는 것이 보다 효과적이라고 합니다. 서사적인 내용과 형식은 쉽게 말해서, 문학적, 미술적, 음악적, 체육적인 것들인데, 시, 소설, 신화, 회화, 영화, 연극, 클래식, 무용, 스포츠 등의 문화형식들이라고 할 수 있습니다. 아리스토텔레스에 따르면, 실천적 지혜인 프로네시스를 함양하는 데에는 감성(감정, 정서)가 매우 중요한 역할을 하며, 그것을 길러주는 주된 소재가 바로 인문과 예술입니다. 서사적 표현양식을 채택하는 것들이지요. 신화에 나오는 인간들의 욕망과 이상추구, 색과 소리로 표현되는 사랑과 비애의 감정, 소설 속 등장인물들이 만들어내는 인간군상의 극한 모습들이 생생하게 정서를 통해서 자신의 내면에 쌓이게 됩니다. 그리고 이런 것들이 학생을 어떤 특정한 심성을 지닌 사람으로 성장시켜나가는 것입니다.

5

오해가 없으시기 바랍니다. 발표자님의 교과교육관이 잘못되었다는 것이 아닙니다. 제가 생각하는 교과인성교육을 위한 관점과는 다르다는 것입니다. 교과인성교육에 있어서 보다 올바르고, 효과적인 교과관이 무엇인지에 대한 시각의 차이일 뿐입니다. 제가 언급한 관점과 차이점이 여럿 있는 것 같습니다. 하지만, 가장 중요한 사안에 대해서는 의견이 일치합니다. 그것은 인성교육에 있어서는 교사가 열쇠라는 점입니다. 교과를 가르치는 교사가 인성교육의 내용이자 방법인 것입니다.

차이점이 있다면, 교사가 "어떤 역량을 가지고 있나" teacher competency 보다는 "어떤 심성의 사람인가" teacher character 를 보다 더 중시한다는 것입니다. 어떤 교과지식이나 어떤 지도역량을 지니고 있는 것보다도, 어떠한 품성의 사람인가가 더욱 근본적이라고 생각합니다. 그가 지닌 세세한 인성역량 전체보다는, 교사 본인이 자신의 삶을 일상에서 어떻게 살아나가는지가 더 중요합니다. 제가 알기로, 마이클 오우크쇼트보다도 이 사실을 더 명징하게 이야기해준 사람은 없습니다. 교과를 가르침으로써 학생들의 인성에 변화를 가져다주길 원하는 모든 선생님들이 무엇에 주목해야 하는가에 대하여 결론적인 이야기를 들려줍니다. (한국교원교육학회, 2015. 5)

> 누군가 저에게 인내심, 정확성, 간결함, 우아함, 스타일 등의 감각을 어디서 처음 알게 되었는가를 묻는다면, 저의 대답은 그것을 문학이나 철학적 논쟁이나 기하학의 증명에서 알게 된 것이 아니라, 전혀 엉뚱한 데서 알게 되었다는 것입니다. 제가 그것을 처음으로 알게 된 것은 체조 (체육) 선생을 통해서였습니다. 그가 살았던 시대는 체육교육이라는 말조차 생기기 훨씬 이전이었지만, 그 때 그에게는 체조활동이 하나의 지적 예술이었습니다. 제가 그에게서 그것을 배운 것은, 그가 입으로 한 말로 인한 것이 아니라, 그 사람 자체가 인내심과 정확성, 간결함과 우아함과 스타일을 온 몸과 마음에 갖춘 사람이었기 때문이었습니다.

후마니타스 꼬레아나

One Page Writing

> 그렇다면 글라우콘,
> 음악과 체육, 이 두 가지 활동의 참된 목적은
> 우리가 통상적으로 알고 있듯이 전자는 정신의 훈련을 추구하고
> 후자는 육신의 단련을 도모하는 것이 아니라네.
> 그럼 도대체, 그 둘의 진정한 목적은 무엇이란 말입니까?
> 그 두 가지 활동을 가르치는 교육자가 둘 모두를 통해
> 가장 염두에 두는 것은 바로, "영혼의 성장"이라네.
> 그리하여 글라우콘,
> 아마 어떤 신이 인간에게 이 두 가지 기예,
> 즉 음악과 체육을 주신 것같은 생각이 드네.
> 몸과 마음에 적절한 긴장과 여유를 유지하면서
> 이 둘을 조화롭게 하나로 만들 수 있도록 말이지.
> 예, 그렇게 생각됩니다.
> 그렇다면, 음악과 체육이 최고의 조화를 이루도록 만들어
> 그것을 가장 적절히 영혼에 적용시킬 수 있는 사람이야 말로,
> 참으로 훌륭하고 완벽한 (영혼의) 예술가라고 할 수 있지 않나?
>
> 〈플라톤, 국가〉

토론자의 시점

먼저, 이런 뜻깊은 자리에 토론자로 선정하여 주신 데에 대해서 감사드립니다. 〈인문학 진흥과 문화융성을 통한 한국적 인성 정립 방안 모색〉이라는 본 세미나의 주제와 관련하여, 체육학이

라는, 인문학과는 전혀 관련 없어 보이는 머나먼 타지에서 온 본 토론자가 도대체 어떤 시각을 지니고 있는지를 먼저 소개해드리는 것이 필요하리라 생각됩니다.

저의 전공은 "스포츠교육학"이라는 영역이며, 스포츠 지도를 통하여 학생을 좋은 사람으로 성장시키는 일을 연구합니다. 저의 연구관점은 "인문적 접근"이라고 부르며, 교육활동으로서 스포츠의 인문적 차원과 문화적 파워에 주목합니다. 스포츠 문학, 예술, 종교, 역사, 철학적 지혜와 체험이 스포츠 활동과 함께 어우러져 어떻게 사람을 행복하게 만들어 주며, 보다 나은 존재로 성숙시키는지를 고민하며 실천합니다.

보다 구체적으로는, 전인교육 whole person education 을 위한 체육수업과 그러한 교육을 실천할 수 있는 체육교사를 육성하는 일에 초점을 맞추고 있습니다. 그리하여 지난 15년간 저는 교육의 근본 목적이라고 할 수 있는 "전인을 만드는 교육"의 성취 방안으로서 "인문적 체육교육" Humanitas-Oriented Physical Education : HOPE 의 철학과 "하나로 수업"이라는 실천 모형을 제안하고 실행해오고 있습니다. 이와 관련하여, 학부에서는 "인문적 스포츠", 대학원에서는 "스포츠인문학" Sport Humanities 이란 과목을 지도하고 있습니다.

발표자분들은 물론 청중들께서도 다소 생소한 이 같은 교육철학과 실천노력은 (Platon의 〈국가〉를 필두로) 아주 오래전 그리스 시대부터 (물론 아시아의 중국에서부터도) 끊이지 않고 이어온 "전인체육" 全人體育 전통의 맥락 안에 있습니다. 희랍의 팔레스트라와 김나지움에서는 스포츠가 필수적인 초등 및 고등교육의 일부분이었습니다. 그리고 이것은 〈국가〉에서 소크라테스와 글라우콘의 대화에서도 분명히 드러나듯이, 전인교육적 목적을 위한 것이었습니다. 전인의 형성에 기여하는 체육, 이것이 바로 전인체육입니다. 저는 이런 전통을 21세기 한국교육에 되살려내고자 하며,

그 과정에서 기능 위주와 승리중심의 한국 스포츠 풍토에서 사라져버린 인문적 차원을 부각하고 있습니다.

발표내용의 요지

이 정도면 오늘 토론자로서의 제 정체에 대한 의혹은 해소되었으리라 생각합니다. 하지만, 이것은 자격에 대한 해명일 뿐입니다. 오늘 제게 주어진 역할은 두 분 발표에 대한 코멘트입니다. 그리고 그 코멘트는 두 분과는 다른 곳에서 오랫동안 살아온 저의 배경이 직접적으로 연관되어 있습니다. 아마도, 저를 선정해주신 분은 이런 연결성을 알고 계신 것 같습니다. 그래서 인문학의 영토라고 여겨지지 않았던 곳에서 자란 저 같은 국외자를 불러들이신 것 같습니다. 뭔가 새로운 시각을 지니고 있을 것이라고 기대하신 것 같습니다. 사실, 걱정이 태산입니다. 적어도 다른 시각은 들려드릴 수 있겠지만, 그것을 수준 이상으로 설득력 있게 제시할 수 있을지가 고민입니다.

지금 현재 한국교육과 한국사회의 최대 화두로 대두하고 있는 "인성, 인문, 그리고 문화"의 세 이슈를 하나로 묶어내는 시도는 초심자나 중급자 할 수 있는 일이 아닙니다. 이것은 상급자, 그것도 이제 막 4단을 딴 사범이 아니라, 6단 이상의 고단자만이 해낼 수 있는 고난도 학술주제입니다. 그리고 두 분 발표자는 그랜드 마스터와 마스터로서 그 일을 충분히 해내셨다고 생각합니다. 인성을 위해서는 인문진흥과 문화융성이 절대적인 바탕으로 마련되어야 함을 설파해주십니다. 그리고 인성의 본질을 규정하고 그를 위한 교육의 내용과 방법에 대한 구체적 처방을 갈파해주십니다.

두 분 (성만 취하여 정과 손으로 약식표기 하겠습니다) 발표의 세밀한 철학적 논점들에 대한 토론은 제 이후 관련전공자분들께

맡기고, 저는 스포츠교육학자의 입장에서 두 가지 사안에 대하여만 언급하고자 합니다(3절 인성의 포괄성과 4절 체육의 필요성). 저로서는 이 두 사안은 두 분 철학자께서 지니고 계신 인성, 인문, 그리고 문화 각각 그리고 그 관련성에 대한 (비록 두루뭉수리한 수준이지만) 어떤 하나의 통념, 혹은 지배적 생각에 근거하고 있다는 느낌이 강하게 듭니다. 먼저 주요 발표내용에 대한 저의 이해를 정리해보겠습니다.

첫째, 인성이란 무엇인가? 인간은 호모 사피엔스, 즉 생각하는 동물, 이성적 존재라고 합니다(정). "호모 사피엔스"이기는 하지만, 지성만이 아니라 정서와 덕성을 함께 지닌 "지정의"적 존재입니다(손). 그리하여 인성교육의 내용은 보편적 자질과 능력으로서 통찰력을 기르는 지적 활동, 심미적 감수성을 높이는 감정적―정서적 활동, 도덕적 힘을 키우는 의지적 활동입니다. 그 방법은 바람직한 지성교육, 정서교육, 의욕과 행동을 인도하는 교육입니다(손). 그 과정은 중용 수장 中庸 首章의 내용처럼, "성―도―교"의 체인으로 연결됩니다(정).

둘째, 인문(학)이란 무엇이며 그것의 진흥은 어떻게 하는가? 인류의 문화로서, 인간의 지적, 도덕적 발달상태, 예술과 학문활동 전체, 물질적, 지성적, 영성적 생활양식의 총체입니다(정). 인문을 뜻하는 humanity에는 culture 문화와 civilization 문명, 그리고 더 나아가 Buildungen 교양의 의미까지 복합적으로 담겨있습니다(정). 인문의 영역에는 문사철 뿐만 아니라 모든 학문과 예술 활동의 많은 부분을 포함합니다(정). 인문 (학) 진흥을 위해서는 교양교육을 더욱 강화해야 합니다(정).

셋째, 문화융성이란 무엇이며 어떻게 이루어내는가? 문화의 근거는 의 義이며, 문화의 근간인 의의 공공성을 확보하는 공적 행위의 진흥이 문화융성입니다(정). 문화융성은 문화공동체의 구성원

대부분이 문화적 전재로 고양되어 격조 높은 문화생활을 영위하는 것입니다(손). 그것은 구성원 각자의 도덕적 자질이 개인과 공동체의 상호의존관계를 일상생활 속에서 충실히 구현할 수 있을 만큼 성숙해져야 가능합니다(손).

넷째, 〈인문학 진흥과 문화융성을 통한 한국적 인성 정립 방안 모색〉의 주제 아래에서 이 셋의 관계는 어떠한가? 사실, 분명히 제 능력 부족이 원인인데, 이 질문에 대한 명확한 대답은 찾기 어려웠습니다. 일견 보기에, 〈대주제 : 인문소양, 문화융성을 통한 한국적 인성 정립 방안 모색〉와 〈소주제 2 : 인성교육, 인문학 진흥의 목표이자 문화융성의 토대〉(손)의 제목이 모순적입니다. 대주제에서는 인문진흥과 문화융성이 인성정립(인성교육)의 선결조건으로 되어있는 데 반하여, 소주제에서는 인성교육이 문화융성에는 선결조건이지만, 인문진흥에는 사후결과(목적)으로 되어 있습니다. 세미나 주체 측에서 주문한 바대로 원고를 작성해야 했던 발표자분의 고충을 이해할 수 있었습니다.

이것이 원고들에서 명확한 답을 찾기 어려웠던 또 다른 이유이기도 할 것입니다. 이 셋의 관계를 어떻게 정립하라는 부탁일까요? 인성(인성교육)이란 융성된 문화라는 토지로부터 자양분을 빨아들여 성장하는 인문학의 풍성한 나무로부터 열리는 달콤한 열매일까요? 그렇다면 대주제와 소주제에 하등 큰 문제가 없이 이 셋의 관계를 정립해나갈 수 있을 듯합니다. 그렇다면, 두 발표에서는 이와 같은 방식으로 논리를 전개해나가고 결론을 도출했을까요? 저는 이 점을 확연하게 파악하기 어렵다고 말씀드린 것입니다(한국적 인성 또는 한국적 인성교육의 정립은 논외로 치고라도 말입니다).

인성과 인문(학)과 문화의 관계를 보는 두 관점

각 발표문에서는 명백히 드러내지는 않았지만, 두 발표문에는 인문과 문화, 그리고 인성을 바라보는 하나의 관점이 들어있는 것처럼 여겨집니다. 두 글에서는 인성(인간다움)을, 호모 사피엔스의 언급에서 드러나듯, 지성을 근간으로 한 정서와 덕성의 통합체로 간주하고 있습니다. 도덕/윤리교육에서 간주하듯 인성을 덕성 character 의 영역에 제한하는 것보다는 훨씬 포괄적인 입장입니다만, 규범적 이성으로 규정하는 데에 드러나듯, 여전히 근대적 의미의 인성 humanity 에서 벗어나지 못하는 입장입니다.

인간다움을 이렇게 바라보게 되면, 이것의 함양을 위한 인문학의 성격과 문화의 특징이 함께 변화하게 됩니다. 규범적 이성을 완성할 수 있는 인문(학) 진흥의 방향과 과정, 그리고 그것을 키워주는 비옥한 토양으로서의 문화융성이 일관성 있게 삼위일체적 특징을 띄게 되는 것입니다. 저는 이러한 관점을 "계몽주의적 관점"이라고 부를 수 있을 것입니다. 이성과 합리성이 융성하게 되고, 이론 위주의 강단 인문학이 독점적 지위를 차지하며, 고결한 상류사회의 고급문화주의가 만연하고, 다양한 능력 가운데 지적 능력이 최우선의 지위를 부여받게 되는 것입니다.

그런데, 인간다움을 이보다 더 다층적으로 바라보는 관점이 있습니다. 고전적 의미의 인성에는 지성, 감성, 덕성 이외에 체성과 영성도 포함됩니다. 고대 헬레네 문화와 히브리 문화에서는 각각 이 두 차원들을 적극적으로 인정하였습니다. 그런데 규범적 이성을 강조하는 근대적 관점에서는 이 두 차원이 의도적으로 배제되었습니다. 사람의 체성은 동물의 체성과 유사한 점이 있지만, 근본적으로 다릅니다. 인간과 동물의 본질적 차이중 하나는 인간적인 신체성입니다. 후각, 촉각, 시각 등 감긱적으로 매우 열등하지만, 직립하고 손으로 조작하며 발성하는 기관 등 기능적으로는 매우 우수합니다. 나머지 인성차원들의 복잡하고 수준 높은 발현과 표출을 가능토록 합니다.

그리고 영성은 동서양의 오랜 신앙전통 속에서 인정받아온 인간의 차원입니다. 만물의 영장인 사람은 영적 존재로서 가시적 영역 너머에서 작동하는 차원을 지니고 있는 것입니다. 기독교적 신앙과 종교는 인간의 영성과 영혼을 인정하지 않고는 존재할 수 없었을 것입니다. 동양의 유교와 불교도 인간의 영성에 대하여 혼백이나 불성과 같은 형태로 수용하고 있습니다. 영성은 인간다움을 이루는 최종 차원이라고 할 수 있습니다.

인문(학) 진흥과 문화융성은 바로 이러한 인간이해에 바탕을 두고 이루어질 수도 있습니다. 지, 정, 의 이외에 가장 낮은 차원인 체성과 가장 높은 차원인 영성을 인정하는 인문(학)의 발달과 그에 따른 문화의 발전이 이루어지는 방향도 있을 수 있는 것입니다. 저는 이것을 "르네상스적 관점"이라고 부르겠습니다. 중세 히브리적 문화의 성숙에 고대 헬레네적 문화의 복원을 이루어내는 문예부흥이 바로 르네상스입니다. 현재의 중세 위에 과거의 고대를 불러내어 새로운 현대를 창조해낸 것이 14세기 유럽의 르네상스입니다.

그 핵심에는 인문(학)과 문화의 힘이 있었습니다. 지성만이 아니라, 감성과 덕성, 그리고 체성과 영성까지도 포함하는 인문학, 그리고 문화를 강조하기 때문입니다[물론 현대에서 이러한 총체적 인간관을 지닌 철학자와 심리학자들이 있고 그 대표적인 이로서 켄 윌버가 있습니다. 그리고 보기에 따라서는, 언어지능, 논리수학지능, 음악지능, 신체운동지능, 공간지능, 인간친화지능, 자기성찰지능, 자연친화지능 (그리고 실존지능) 라는 다중지능의 개념을 제안한 하워드 가드너도 그런 이 중의 하나입니다].

그리하여 우리에겐 계몽주의적 관점과 르네상스적 관점이라는 두 개의 접근이 놓여있습니다(일반적으로 중세라는 주제와 관련해서 이 둘은 연속선상에 놓여있다고 여겨지지만, 저는 지금 인문, 문화, 인성의 연계성 측면에서 이 둘에 차이점이 있다고 여기는 것입니다). 저는 체육 전공자로서 르네상스적 관점에 더욱 더 주의를 돌리게 됩니다. 인성과 인문과 문화의 보다 더 온전한 관계를 상정하고 그에 따른 실천의 여지를 넓혀주기 때문입니다.

스포츠의 인문성과 문화성

체육활동이 인성의 함양에 도움이 된다는 점은 "스포츠는 성품을 도야한다 sport builds character "거나 "건강한 육체에 건전한 정신이 깃든다 Mens Sana in Corpore Sano "라는 금언에서 보듯, 우리 생활에서는 오래전부터 인정되고 있습니다. 하지만, 스포츠를 인문(학)적으로 이해한다든가, 아니면 문화로 본다든가 하는 생각은 그다지 일반적이지 않습니다. 적어도 학술적인 입장에서는 아직 그런 상태입니다. 이것은 바로 우리의 인문(학)적 상식이 인문학과 고급문화는 정신적이라는 계몽주의적 패러다임 속에 놓여있기 때문입니다.

그렇지만, 우리 현실에서는 이미 스포츠를 인문적이고 문화적으로 받아들이고 있습니다. 이전에도 그랬지만, 2000년대 들어서는 스포츠가 우리의 문화를 이끌어가는 주동력원으로 작동하기 시작했습니다. 메가 스포츠 이벤트라 불리는 올림픽, 월드컵, 육상선수권대회, 동계올림픽, 아시안게임 등을 유치함으로써 생산해내는 방송, 광고, 패션, 드라마, 출판, 언론 등 문화의 컨텐츠를 쏟아내는 주원천이 되고 있습니다. 여가와 취미와 생활에서 차지하는 일상인의 생활문화의 영역에서도 스포츠가 차지하는 비중은 그다지 다르지 않습니다.

문화는 많은 부분 인문(학)적인 것과 연결이 되어있습니다. 문화의 원동력으로서 스포츠는 스포츠를 문학적, 예술적, 종교적, 철학적, 역사적으로 이해하고 체험하는 것이 반영되게 됩니다. 우리나라에서도 시(왼손잡이 투수), 소설(삼미 수퍼스타즈의 마지막 투수), 미술(우리 모두가 영웅이다 : 박찬호 미술전), 음악(달리기), 영화(우리 생애 최고의 순간), 연극(레슬링부), 종교(골프묵상), 철학(소크라테스 야구장에 가다), 역사(축구의 세계사) 등 자신의 스포츠 체험을 인문적으로 표현해내어 공유할 수 있도록 만든 결과물이 급증하고 있습니다.

근대적 계몽주의 관점에서처럼 스포츠의 본질을 "하는 것"에만 제한하고 "정신적인 것"의 범주밖에 둔다면, 스포츠는 영원히 인문과 문화의 한 부분으로 인정받을 수 없게 됩니다. 이러한 생각에 따라서는 인문과 문화의 연계 속에서 스포츠의 인성함양 파워는 결코 그 모습을 드러낼 수 없게 됩니다. 스포츠는 하는 것, 읽는 것, 보는 것, 쓰는 것, 듣는 것, 그리는 것, 생각하는 것 등 인간의 모든 감각 및 지각능력으로 파악되는 총체적 현상입니다. 육체라는 범주 내에서 기능적인 방식으로만 이루어지는 인간활동이 아닙니다. 하는 것은 스포츠를 체험하는 한 가지 방식에 불과합니다.

스포츠는 인문(학)적 컨텐츠를 생산해내는 인간의 문화적 활동입니다. 그리고 스포츠의 이 같은 본질이 바로 사람을 보다 인간다운 존재로 성장시켜주는 필수영양소의 역할을 할 수 있게 됩니다. 하는 것만으로는 훌륭한 성품을 담보 받을 수 없습니다. 이번 월드컵에서 보셨듯이 수아레스의 핵이빨 공격과 수니가의 플라잉 니킥, 그리고 국내 대학농구리그 정재근 감독의 박치기를 떠올려보십시오. 체성에 모든 것을 국한시켜 놓은 경우의 일반적 사례를 보여줍니다. 체성은 지성, 감성, 덕성, 영성과 연결되었을 때에야 인문과 문화의 출원지로 작용할 수 있게 됩니다.

스포츠의 인성도야적 파워는 르네상스적 이해로부터 발휘됩니다. 르네상스는 고대 그리스의 이상적 문화 kalokagathia 와 인간성 arete 을 되찾고자 하며, 인문학의 중흥을 통하여 인문정신을 가장 고양시킨 노력입니다. 인문적 지혜를 통해서 온전한 인간다움을 되찾으려는 노력입니다. 이러한 "후마니타스" humanitas; humanity through humanities 의 정신을 현대의 스포츠 속에서 다시 불러내어야만 합니다.

"한국적 인간다움"의 탄생

"문화의 울창한 숲을 거닐며 삼림욕을 하면서 인문의 피톤치드를 흠뻑 들어 마시고 건강한 인성을 키워낸다!" 인성교육을 위해서 인문(학)이 진흥되고 문화가 융성되어야만 하는 이유입니다. 지금까지 인성, 인문, 문화에 대한 철학적 이해를 바탕으로 한 두 분 발표자의 훌륭한 발표에 전체적으로 공감하면서, 체육 공부하는 사람의 입장에서 한 말씀 덧붙였습니다.

우리 사회, 문화, 교육에 동시에 쏟아져 내린 화두들인 인성, 인문, 문화가 "삼위일체"를 이루어내는 결과를 만들기 위해서는 스포츠(체육)에 대한 고려가 반드시 주어져야 한다고 하였습니다. 지성, 감성, 덕성만의 인간다움에 체성과 영성을 되찾아주어야 하며, 그것을 위해서는 스포츠인문학과 인문적 스포츠의 아이디어가 필수적임을 제언드렸습니다.

저의 복잡한 토론 내용을 축약하는 하나의 아이디어가 있습니다. 유학에서 오랫동안 이야기해온 "수신" 修身 이 그것입니다. 물론, 여기서 신은 몸만이 아니라 마음까지 말하고, 한 사람의 자기 자아, 즉 전인적 전체를 이야기합니다. 그러나 "자기닦음"의 시작은 결국 몸이 중심이 됨을 의미하는 표현입니다. 우리가 지닌 인간다움의 요소들 중에서 실체를 가진 것은 몸(체성)밖에는 없기 때문입니다. 몸을 닦되 그것이 보이지 않는 지성, 감성, 덕성, 영성까지 다 아우르며 영향을 미치도록 하는 것입니다. 대학의 8조목은 그것을 자세히 설명하고 있습니다. 천자와 서인에 이르기까지 그 출발은 수신이라고 하고 있습니다.

저는 "수신"이 바로 체육(스포츠)라고 생각합니다. 현대의 체육교과는 구한말 수신교과에 그 뿌리를 두고 있습니다. 이 점은 오늘 발표의 주제였으나 본격적으로 다루어지지 않은 "한국적 인성과 그 정립"의 이슈를 고민할 때에 하나의 출발점이 될 수 있다고 확신합니다. 그리하여 예전 로마의 키케로가 그리스의 파이데이아 정신을 이어받아 "스투디아 후마니타스" studia humanitas 의 전통을 창조해냈듯, 오늘 우리 한국에서도 "후마니타스 꼬레아나" humanitas coreana, 한국적 인간다움 를 찾아내어 인문진흥과 문화융성의 기틀을 튼튼히 할 수 있을 것입니다. 유럽의 근대를 이끌어낸 문예부흥처럼, 한국의 현대를 풍요롭게 할 한국화 된 문예부흥으로서 문화융성의 정신을 실현할 수 있을 것입니다. 그리고 제가 앞에서 강조했듯이, 그 개념 안에는 반드시 체성과 영성, 그리고 스포츠(체육)에 대한 고려가 주어져야 할 것입니다.

훌륭한 발표를 평범한 토론으로 마무리 짓는 저를 용서해주시기 바랍니다. 현장, 정책, 인성교육과 연결시킨 보다 구체적이고 적절한 토론의 장을 뒤의 토론자들께서 활짝 열어주실 것이라고 믿습니다. 아무쪼록 오늘 발표하신 두 분께서 훌륭한 인간을 낳는 인문진흥과 문화융성의 산부와 산파가 되어주시기를 당부 드립니다. 다시 한 번, 국외자에게 이런 귀한 기회를 제공해주심에 감사드립니다. (인문학진흥과 문화융성을 통한 한국적 인성정립 토론회, 2014. 7)

무예의 인문적 쓸모

One Page Writing

1

"무예의 인문학적 가치와 현재적 의의"에 관한 발제자님들의 발표를 잘 들었습니다. 무예문외한, 적어도 수련 수준에 있어서는 초짜도 못되고 아예 문외한인 저로서는 대단한 깊이와 무게감이 느껴집니다. 아무 생각도 들지 않고 머리가 멍한, 또는 띵한 상태입니다. 하늘같은 고수 앞에서 하수가 꼼짝 못하고 손발이 얼어붙은 상태가 된 것입니다. 맹수가 노려볼 때 꼼짝 못하게 된 것처럼 말입니다.

"무예의 인문학적 가치와 현재적 의의"라는 주제는 사실 제게는 좀 어렵습니다. 무겁기도 합니다. "무예인문학 학술세미나"의 주제라서 그렇겠지요. 그래서 제가 다룰 수 있는 수준에서 쉽게 풀어 젖힌다면, "지금 우리에게 무예의 인문적 쓸모, 효용은 무엇인가?"라고 하고 싶습니다. 쓸모나 효용이라는 표현은 조금 인문적이지 않은 것 같습니다. 인문학, 또는 인문적인 것은 그런 것(현실 생활에 유용한 것)과 거리를 두면서 발전해오고 성숙해왔기 때문이지요.

그런데, 쓸모나 효용이 가치나 의의와 정반대 방향에 있다고 생각하는 것도 편협한 것 같습니다. 이 두 단어의 용도가 지나치게 기능적이고 물질적 차원에서 그치지 않기 때문입니다. 가치나 의의가 아무런 실질적, 실용적 차원에서의 유용성이 없지 않은 것과 마찬가지로 말입니다. 외재적 가치나 의의라는 표현이 가능한 것처럼, 내재적 쓸모나 효용이라는 표현도 얼마든지 허용될 수 있을 것입니다. 제가 지금 쓰고자 하는 "인문적 쓸모와 효용"은 바로 내재적 가치와 의미를 드러내는 표현입니다.

"무예"는 어떤 인문적 쓸모가 있는 것일까요? 단도직입적으로 말씀드리겠습니다. 무예는 우리로 하여금 "마샬 아츠 리터러시" 무예소양, 무예향유력, martial arts literacy 를 갖추도록 해줍니다. 스포츠교육학자로서 저는 "스포츠 리터러시"를 기르는 것이 스포츠교육의 쓸모라고 주장해오고 있습니다. 이런 맥락에서, 무예의 쓸모는 "마샬 아츠 리터러시"(이하 무예 리터러시)를 함양하여 실행할 수 있도록 해주는 것입니다.

우리가 무예 리터러시를 함양하고 구사할 수 있게 된다면, 이것이 마침 인문적 효과를 가져다줍니다. 인문적 효과를 위해서, 명시적으로, 목적 지향적으로 진행될 수도 있습니다. 하지만, 무예의 인문적 효과는 암시적으로, 묵시적으로, 무예 리터러시를 기르는 과정에서 조용하게 몸과 마음에 드러나게 됩니다. 무예라는 인간의 활동 자체가 자기수양을 근본으로 하면서 자기보호를 의도하기 때문입니다.

무예 리터러시는 무예를 잘 알고, 잘 하고, 잘 느끼는 기본자질입니다. 이것이 심신에 쌓여있을 때 무예소양 武藝素養 이라고 부릅니다. 이것이 몸과 마음으로 발현되어 무예를 즐기도록 할 때 무예향유력 武藝享有力 이라 부릅니다. 무예를 맛보고 즐길 수 있도록 하는 능력이죠. 무예 리터러시는 무예소양이자 무예향유력입니다 (리터러시를 문식성과 문해력이라는 두 가지 형태로 번역하여 부르는 것도 같은 이유에서입니다).

무예 리터러시는 능 能, 지 智, 심 心의 세 차원(무예능, 무예지, 무예심)으로 구성되며, 따라서 무예소양은 능소양, 지소양, 심소양으로, 무예향유력은 능향유, 지향유, 심향유로 이루어집니다. 능지심 향유는 차례로 기능적으로 향유할 수 있는 성향과 능력, 지성적으로 향유할 수 있는 성향과 능력, 정의적으로 향유할 수 있는 성향과 능력입니다. 무예의 쓸모는 무예 리터러시를 능지심으로 갖추도록 하여 무예를 능지심으로 향유할 수 있도록 하는 데에 있습니다.

물론, 무예를 능지심으로 향유하는 것은 결국 당사자의 삶을 행복하게 이끌어가는 데에 밑바탕이 될 것입니다. 무예 리터러시는 "무예 컴피턴시"와는 조금 다른 개념입니다. 무예 컴피턴시는 무예기량을 의미하며 "무예소질"로 옮깁니다. 무예능에 초점이 맞춰진 개념입니다. 저는 개인적으로 무예능과 기량만을 강조하는 무예(교육)관은 무예의 인문적 쓸모를 완전히 발현시키는 데에는 한계가 있다고 생각하는 입장입니다.

무예는 능지심의 삼차원으로 되어있으며, 각각의 차원은 능과 지와 심으로 독립적으로 존립하면서도, 소양이 함양되면서 능지심으로 서로 강하게 연계됩니다. 이것은 의도적으로 함양되어야 합니다. 능의 수련과 단련만으로는 어렵습니다. 지와 심의 수련이 함께 진행되어야만 합니다. 그래야 그것이 택견, 태권도, 합기도, 유도, 검도 등 어떤 무예든, "온전한 무예" whole martial arts 로서 수련되어질 수 있기 때문입니다.

도장 문밖의 사내 門外漢인 제가 잘은 모르지만, 예를 들어, 태권도는 태권능, 태권지, 태권심의 혼융일체된 상태가 아닌가요? 이것이 온전한 태권도 whole taekwondo 라고 할 수 있지 않을까요? 능지심이 하나 된 온전한 상태, 이것이 저희가 상상하고 추구하는 "도"의 상태라고 생각합니다. 스포츠교육을 전공하는 제가 판단하기에, 온전한 태권도는 태권소양이 온전하게 갖춰져서 온전한 태권향유력을 지니게 되었을 때 갖춰지게 되는 것이지 않나요?

무예소양을 갖게 됨으로써 무예향유력이 생긴다는 말은 구체적으로 무엇을 뜻할까요? 무예를 하기, 읽기, 쓰기, 보기, 듣기, 말하기, 느끼기, 그리기, 부르기, 만들기, 셈하기, 모으기, 나누기, 생각하기, 사랑하기, 응원하기 등 우리가 살아가면서 하는 모든 방식으로 무예를 즐길 수 있게 된다는 말입니다. 실제로 형(품새, 가타)을 수련하고 대련을 "하는 것"만이 아니라, 그것을 포함하여 그 외의 다른 온갖 방식들로도 무예를 누릴 수 있게 된다는 뜻입니다.

무예 소설과 시 읽기, 무예 영화나 연극 보기, 무예 회화나 조각 감상, 무예 음악이나 연주 듣기, 무예 도장과 경기장 건축 순례, 무예 만화나 사진 보기, 무예 경기 응원하고 분석하기, 무예 자료 모으고 나누기, 무예 문화 사랑하고 지원하기 등등(이외에도 부지기수). 이런 모든 것들이 무예 리터러시를 갖게 되었을 때 할 수 있게 되는 것들입니다. 이런 다채로운 무예향유를 가능토록 하는 무예소양을 가정하지 않으면 무예의 인문적 가치와 의의는 잘 하는 사람들 이외에는 특별한 의미가 없어지게 된다고 생각합니다.

2

저는 "인문적 쓸모"를 이렇게 이해하고 있습니다. "인문" 人文 이란 단어가 "인간의 무늬, 문양" 人紋 을 뜻한다고 할 때, 인문적 쓸모라는 것은 "사람으로서의 무늬를 갖추는 데에 도움이 된다"고 생각합니다. 무예의 인문적 가치라는 것은 바로, 무예가 수련자(저는

"향유자"라고 말하고 싶은데요)에게 인간의 무늬를 새겨주는 데에 있는 것입니다. 마치 하얀 천에 자수를 놓듯이, 칠기 가구에 자개를 놓듯이 문양을 만들어나가는 것입니다. 생물체의 심신에 능지심의 "나전" 螺鈿으로 인간의 무늬를 갖추도록 해주는 것이죠.

즉, "무예를 향유하게 되면 무예인이 되어 간다"는 것이 무예의 인문적 쓸모라고 할 수 있겠습니다. 무예인으로서의 문양을 새겨주는 것이지요. 그런데 "무예인문" 武藝人紋은 무예기술을 "하는 것"만으로는 어렵습니다. 하는 것은 무예나전의 필요충분조건을 충족시키지 못합니다. 필요조건일 뿐입니다. 충분조건은 아닙니다. 사람의 사회 속에서 사는 것만으로는 올바른 사람, 온전한 사람으로 성장이 완전히 보장되지 않는 것과 같은 이치겠지요. 다양한 체험들이 모두 함께 필요한 것입니다.

신체수련만이 아니라 다양한 공부가 필요한 것이지요. 다양한 "공부"라고 하면 책보는 공부만 떠오르겠지요? 그런데 우리가 살아보아 잘 알지만, 공부는 책으로만 하는 것이 아니고, 모든 체험이 다 공부가 되는 것이지요. 읽기, 쓰기, 보기, 듣기, 말하기 등등 사람들이 무예를 내용으로 해서 행하는 활동 모두가 다 무예인이라는 칠기에 무예인문을 수놓는 나전작업인 것이지요. 밥만 먹어도 연명은 가능하지만, 반찬을 섭취해서 맛보며 음미하는 과정에서 온몸과 마음이 온전하게 건강해질 수 있는 바탕이 마련되는 이치와 같이요.

이는 무예로 바로 온전한 인간을 만들 수 있다는 주장이 아닙니다. 무예소양(무예향유력)을 기르는 무예는 올바른 무예인을 키울 수 있을 뿐입니다. "무예 → 인간"의 공식이 아니라, "무예 → 무예인(→ 인간) "의 공식이라는 것입니다. 온전한 무예인을 만드는 데에 직접적 쓸모를 가지고 있을 뿐이지요. 올바른 인간을 성장시키는 데에는 간접적인 효용만을 지니고 있습니다. 천운이 닿거나 바탕이 뛰어난 사람의 경우에 "무예 → 무예인 → 인간"의 공식을 완성시킵니다. 물론, 훌륭한 스승(사범)을 만났을 경우에 그 가능성이 최고조가 되겠지요.

그런데 한 번 다시 생각해보면, 무예인과 인간이 서로 다른 존재로 있는지 의문스럽습니다. 한강, 낙동강, 두만강 등이 모두 강이지만, "강"이라고 불리는 강이 따로 존재하지는 않지요. 사람도 군인, 무예인, 정치인 등 각각이 모두 "인간"일 뿐이지요. 무예인이지만 인간이 아닌 것은 아니지요. 다만, 무예인이되 아직 "온전한 인간"은 아니라고 말할 수 있겠지요. 이것은 해당 무예인 스스로가 "온전한 무예인"이 되지 못해서 그런 것이라고 말할 수 있습니다. 온전한 무예인은 "개념상" 온전한 인간과 동일인입니다.

무예의 인문적 가치는 바로 무예를 통해서 사람을 온전한 인간으로 성숙시키는 것입니다. 현재적 의의는 바로 그동안 무예가 온전한 무예인을 만듦으로써, 현대인을 온전한 인간으로 성숙시키는 일에 실패, 그것도 대실패를 해온 현실을 나아지게 만드는 것입니다. 무예 리터러시를 갖추도록 함으로써, 무예소양과 무예향유력을 두텁게 기름으로써 좀 더 온전한 무예인으로서 성장할 확률, 그리고 더 나아가 좀 더 온전한 인간으로서 성숙해질 가능성이 높아집니다.

무예 리터러시를 함양하는 것은 무예와 문예를 융합하는 것과 다름 아닙니다. 저는 오랫동안 스포츠 인문학, 인문적 스포츠, 하나로 코칭 등의 아이디어를 통해서 스포츠 활동을 가르치고 배우는 데에 있어서 인문적 접근의 개념과 모형을 소개하고 실천해왔습니다. 무예 인문학과 인문적 무예의 접근과 맥을 같이 하고 있다고 생각합니다. 다만, 저로서는 직접 가르치고 배우는 스포츠교육의 맥락에 좀 더 초점을 맞추어 말씀드린 것입니다.

3

빈 수레가 요란하다는데 지금 제가 그렇습니다. 무식하면 용감하다는데 현재 제가 그렇습니다. 하룻강아지 범 무서운 줄 모르고 아는 체하면서 달려들었습니다. 송구스럽습니다. 그런데, 제가 완전히 다른 말을 한 것은 아니라고 스스로 위로해봅니다. 발제자분들께서 전공자들답게 전문적이고 학술적으로 언급하신 말씀들을, 저같이 일반인(흰 띠, 초보자)이 알아들을 수 있는 방식으로, 저같은 스포츠교육연구자가 알고 있는 방식으로 재 진술한 것이라고 생각합니다.

저는 무예를 무척이나 존중합니다. 저는 개인적으로 스포츠의 범주에 들어오는 신체활동을 7가지(movement, exercise, sport, martial arts, leisure, dance, play)로 요약해서 사용하는데요, 그 안에 마셜 아츠가 포함되어 있습니다. 체육학자가 주목해야하는 독자적 신체활동의 한 영역으로 독립시켜 구분해놓고 있습니다. 그만큼 무예에 대한 관심이 많습니다. 개인적으로도 읽는 것, 보는 것, 듣는 것 등등 다양하게 향유하고 있습니다. 하는 것에 대해서는 다소 소극적일 뿐입니다. 그래서 실제로 무예수련을 하시는 분들에 대한 존경심이 높습니다. 다만, 하는 것만으로서 퍼즐이 완성되지 않음을 경험으로도, 공부로서도 충분히 목도해왔습니다.

오늘 여기에 모이신 분들께서 확신하시듯, 무예의 인문적 가치를 찾아나서는 것이 그 퍼즐을 완성시켜줄 수 있는 훌륭한 하나의 방향입니다. 무예인문학이 다른 인문학에게 자주 가해지는 "현학" 衒學의 오명을 뒤집어쓰지 않고, "실학" 實學으로서 우뚝 서서 세계 무예계와 무예교육계에 커다란 쓸모를 가질 수 있기를 기원합니다. (무예인문학학술대회, 2019, 7)

6부

학교의 심장

한 장 글쓰기

스포츠교육 에세이

· · ·

교양체육의 존재 이유

One Page Writing

　대학의 체육교육이 어려운 처지다. 기업이 인력감축으로 예산 절감을 하듯, 대학도 강좌 축소로 예산을 아끼려 한다. 당장 필요치 않다고 판단된 강좌들은 아예 없앤다. 교양체육이 바로 이런 강좌 중 대표적이다. 대부분의 대학에서 수영, 테니스 등 실기 강좌들을 없애거나 대폭 감소시키고 있다. 교양체육은 "운동과 건강", "스포츠와 사회" 등 한꺼번에 100명 이상의 인원이 수강할 수 있는 이론과목 위주로 남겨지는 추세다.

　대학이 제시하는 교양체육의 폐지나 축소 이유는 간단하다. "생활체육은 동네의 스포츠센터나 피트니스센터에서 훨씬 더 제대로 배울 수 있다. 먹고 살기가 어렵고 운동배우기는 쉽지 않던 1990년대 이전에나 대학에서 교양으로서 체육을 가르칠 이유가 있었다. 그 시절만 하더라도 학생들은 테니스도, 수영도 대학에서 처음 접해보는 운동들이었다. 그러나 이제는 대학보다는 지역사회에서 훨씬 더 다양한 스포츠를 배울 수 있다"는 게다. 한마디로, 대학 내 체육의 "교양적 가치"가 상실되었다는 말이다.

　대학은 지금 더욱 "핵심교양"이니 "인문교양"이니 하는 개념으로, 생각하는 능력과 말하는 능력 위주의 교양교육을 펼치고 있다. 서울대학교 기초교양교육 프로그램은 "학문의 세계"(사고와 표현, 외국어, 수량적 분석과 추론, 과학적 사고와 실험, 컴퓨터와 정보활용), "학문의 기초"(언어와 문학, 문화와 예술, 역사와 철학, 정치와 경제, 인간과 사회, 자연과 기술, 생명과 환경), 그리고 "선택교양"(체육, 예술실기, 대학과 리더십, 창의와 융합, 한국의 이해)으로 범주화 되어있다. 주지교과목 위주의 기초교양관이 여전히 팽배해있음을 알 수 있는 구분법이다. 체육과 음악과 미술은 실기를 지도하는 기능강좌로서 "기타"교과의 지위로 밀려나 있다.

하지만, 실제로 우리의 일상적 삶과 일은 어떠한가? 우리 삶과 일에서 바탕이 되는 기초교양은 협동, 배려, 용기, 리더십, 희생, 성실 등이다. 책읽기와 글쓰기보다는 체육을 통해서 더욱 잘 배울 수 있는 것들이다. 일을 위해서 말 잘하고 글 잘쓰는 것만이 아니라, 놀이를 위해서 몸 잘 쓰는 것도 성인이 갖추어야 하는 교양이다. 인간을 호모 루덴스라고 부르는 것도 이 때문이다. 체육은 고대 그리스와 중국에서부터 최고의 교육활동이었다. 오늘날 체육관으로 불리는 김나지움이 체육활동이 주가 되는 그리스의 고등교육기관이었던 것을 상기해보라.

체육(스포츠와 건강운동)은 현대인이 반드시 갖추어야 하는 "기초교양"이다. 방송과 신문을 보라. 스포츠로 하루가 시작되고 마감된다. 주변을 보라. 온통 건강을 위한 운동장소와 프로그램이다. 우린 개인 삶의 행복과 불행에 체육이 절대적인 세계에 살고 있는 것이다. 체육은 삶을 위한 교양에 가장 필수적이다.

그런데, 집 앞에서 쉽게 이용할 수 있는 체육 시설에서 배우는 것으로 충족될 수 없는 무언가가 대학 교양체육에 있는 것인가? 사람들이 체육에 대해 지닌 기초교양을 "운동소양" 運動素養, sport literacy 이라고 부른다. 대학생에게 이 운동소양을 갖춰주는 것이 대학체육의 핵심 역할이다. 이 시기는 초중고에서 경험한 학교수업 중심의 집단적 체육체험이 개인적 생활스포츠 중심으로 전환되는 중요 시점이다. 평생을 위한 운동소양이 제대로 쌓이기 위해서는 올바른 배움과 행복한 체험이 고등교육적 차원에서 절대적으로 요청된다. 대학교에서의 교양체육은 바로 그런 의미 있는 체험을 하는 장소다.

대학에서 평생토록 운동을 즐길 수 있도록 운동을 할 수 있는 기능적 소양 能素養, 운동을 다양하게 아는 지성적 소양 智素養, 그리고 운동을 참으로 좋아하는 정서적 소양 心素養을 갖추는 것이 꼭 필요하다. 운동을 향유하는 다양한 소질을 길러 각자 성인으로서의 자신과 타인의 삶을 보다 행복한 것으로 이끌어 올릴 수 있게 된다. 50세 중반에 퇴직하는 100세 인생을 어떻게 신체적, 정서적으로 건강하게 살아낼 수 있을 것인가? 스포츠 리터러시가 답이다. 대학에서 행복한 인생을 위한 기초교양으로서 반드시 체육을 제대로 가르쳐야만 하는 이유다. (한국대학신문, 2016, 2)

건강한 정신이 생겨나는 곳

One Page Writing

대학의 선생으로서 가끔 물음을 던진다. 우리 학생들은 얼마나 건강한가? 신체적 건강이 아니라 정신적, 정서적 건강을 묻는 것이다. 최근 충격을 준 모 대학 의대 남학생들의 집단 성폭행과 대학 단톡방에서 확인된 남학생들 간의 대화는 아들 둔 학부모를 죄인으로 만들었다. 모두 세계 수준을 자랑하는 한국 최고의 대학에 재학 중인 학생들의 행실이다. 보도되는 사례들이 빙산의 일각에 지나지 않을 것이란 추측은 대학 선생의 마음을 더욱 무겁게 만든다.

이 같은 사례들은 요즘 대학 청년들이 지닌 인성 수준을 드러내준다. 치기 어리고 혈기 넘치는 극소수 어른 아이들의 순간적 일탈이라고 치부할 수도 있겠다. 하지만, 정도가 너무 심하고 빈도가 너무 일상적이다. 우리 젊은이들은 대학이라는 큰 배움터에서 도대체 무엇을 배우고 있단 말인가? 졸업과 동시에 학생을 빚쟁이로 만들 정도의 비싼 등록금까지 받아가면서 우리의 대학은 무엇을 가르치고 있단 말인가?

대학이라고 핑계가 없는 것은 아니다. 입시 위주의 삭막한 중고등학교 교육을 탓하고, 이미 망가져버린 사회를 힐난한다. 인성의 문제는 가정, 사회, 그리고 학생 개개인의 문제라고 강변한다. 대학은 다 자란 성인을 대상으로 "이것은 옳다/그르다, 좋다/나쁘다, 선이다/악이다"라고 정해서 일러주는 곳이 아니라고 한다. 대학은 정답이 있는 작은 배움이 아니라, 열려있는 답을 찾는 "큰 배움"을 추구하는 지식의 전당이라고 힘주어 말한다.

그러나 인성은 작은 배움이 아니다. 인성은 배움 중에서도 가장 큰 배움이다. 훌륭한 진리를 아무리 잘 배워도, 그 진리를 올바로 사용하는 인성이 그릇되면 아무 소용없다. 선현들은 이렇게 조언했다 — 능력과 인성, 둘 모두가 중요하다. 만약 하나만을 택해야 한다면, 후자를 택하라. 대학에서는 인성형성이 강조되어야만 한다. 대학은 삶과 일을 준비시키는 곳이며, 사람됨이라는 공통기반으로 받쳐지지 않는 삶과 일이란 사상누각에 불과하다.

대학에서의 인성교육은 어떻게 실천되어야 하는가? 반드시 피해야 하는 방식이 있다. 강의실에서 인성을 내용으로 가르치는 것이다. 이런 인성교육은 초·중·고등학교를 거치면서 이미 실패로 판명되었다. 인성은 사회적 맥락에서의 실제 행동을 눈으로 보고 따라하고 반복함으로써 길러진다. 4년의 재학 시간 동안 강의실이 아니라 캠퍼스 전역에서 인성이 실제로 발휘되는 장면을 목도하고 스스로 실연함으로써 함양된다.

가장 효과적인 기회와 환경은 스포츠 동아리 활동이다. 축구, 농구, 수영, 배드민턴, 댄스스포츠 등 운동동아리는 하나의 사회적 환경을 제공한다. 학과의 구분 없이 수 십 명의 회원들이 함께 생활하며, 리더인 주장이 있고 각자의 맡은바 역할이 있는 팀원이 있다. 일주일에 10시간 이상 함께 연습하며, 시합 준비기간에는 합숙도 한다. 자신의 포지션을 충실히 익혀 후보에서 주전으로 옮아가고, 상대팀과 시합을 거듭하면서 협동, 인내, 용기, 희생, 봉사, 의리, 배려와 같은 사람됨의 성품들을 체득해낸다.

스포츠 동아리는 학생들이 재학 기간 동안 한 가지 활동을 가장 오랫동안 체험하는 곳이다. 강의는 아무리 길어도 두 학기 이상 진행되지 않는다. 스포츠클럽은 1년 365일 내내 운영된다. 대학교에서 학생들에게 바람직한 인성이 형성될 수 있는 곳은 스포츠 동아리가 유력한 이유다. 우리 청년들이 전심전력을 다해 몸을 부딪치며 땀을 흘리고 함께 샤워를 하고, 웃음과 눈물을 함께 하면서 각자의 사람됨을 지속적으로 가꾸어나가는 곳이기 때문이다.

"Mens Sana in Corpore Sano" 건강한 육체에 건강한 정신이 깃든다. 이천여 년 전 유베날리우스가 로마의 젊은이에게 주었던 이 금언은, 이제, 여기, 오늘의 한국 대학생에게 더욱 절실한 조언이다. 최근의 행복 연구는 십대 때 주기적으로 신체활동과 스포츠클럽활동을 경험한 청소년들이 장년과 노년이 되었을 때, 건강한 생활은 물론, 만족도와 행복감이 더 높은 삶을 더 누리고 있다고 밝혀내었다. 영국, 미국, 일본 등 선진국의 리더들은 유년기부터 대학 때까지 줄곧 운동부 활동에 열심히 참여했던 이들임은 이미 상식이 되어있다.

우리 대학생들이 대한민국을 세계 제일의 국가로 우뚝 세울 훌륭한 비전과 건전한 정신을 지닐 수 있도록 만드는 건강한 신체는 어디에서 길러지는가? 그곳은 강의실보다도 운동장이다. 실험실보다도 체육관이다. 대학들이여, 스포츠동아리를 대학생을 위한 인성의 교육장으로 적극 육성하자. (한국대학신문, 2016. 9)

신체활동 친화적 캠퍼스

One Page Writing

일반에는 잘 알려져 있지 않지만, 지난 십년간 초중고 학교체육에 막대한 지원이 있었다. 스포츠강사 지원, 스포츠클럽 육성, 체육관 신축, 인조잔디구장 시공 등에 매년 수 백 억원이 투자됐다. 2013년부터는 중학교 체육수업시간이 주당 1시간씩 증가하기도 하였다. 이로 인해 학교체육은 활성화의 전기를 마련하게 되었다. 온종일 앉아서 온통 머리만 써야하는 우리 아이들에게, 온몸을 활발히 움직이며 몸속에 누적된 스트레스를 없애버릴 기회를 학교가 제공해 주고 있다.

학교체육을 통해 청소년들의 신체적 건강(체력)과 정신적 건강(인성)을 다지려는 것은 전 세계적 동향이다. 가정을 제외하고 학교는 아이들이 지속적이고 체계적으로 양육되는 유일한 곳이다. 아이들이 하루의 상당 시간을 보내며 총체적 발달을 도모하는 신뢰할 수 있는 곳이다. 그래서 세계 각 정부는 학생 건강 유지, 증진에 관한 종합센터로서의 학교의 기능을 더욱더 강화하려는 효과적 조처 마련에 많은 투자를 하고 있다.

그 실천적 노력이 "신체활동 친화적 학교조성" 접근이다. 걷기, 스포츠, 체조 등 어떠한 종류건, 학생들이 활발한 신체활동이 습관화될 수 있는 환경이 되도록 학교의 전 측면을 구조화 시키는 것이다. 아이들이 즐겁게 몸을 활발히 움직이는 실천을 자극하는 곳으로 학교를 탈바꿈한다. 복도와 계단 활용하기, 학교앱을 통하여 운동량 측정하기, 점심시간리그 참여하기 등이 그 예다. 대표적 프로그램으로 "Let's Move Active Schools"(미국), "Active School Flag"(아일랜드), "PE with Class"(폴란드), "Finnish Schools on the Move"(핀란드) 등이 있다.

그런데, 우리의 대학은 어떠한가? 캠퍼스는 신체활동 친화적인 곳인가? 신체활동을 통한 학생의 건강 증진이라는 측면에서, 한국 대학은 가히 사각지대 중의 사각지대라 할만하다. 초중고 체육정책 변화로 이제 신체활동의 즐거움을 조금씩 알아가며 대학에 들어온 갓 스무 살 혈기왕성한 젊은이들의 운동욕구를 긍정적으로 발산해낼 변변한 프로그램이 없다. 대학 내에 실내체육관, 실내수영장, 인조잔디운동장, 피트니스센터 등과 같은 다양한 운동시설 부족은 더 이상 지적의 대상이 되지도 못한다. 기껏해야 선택폭이 협소한 교양체육이나 몇 개 안되는 운동부만이 제공되고 있을 뿐이다.

우리 대학생들 앞에는 입시전쟁을 막 마친 후 숨 돌릴 틈도 없이, 다시 치열한 취업전쟁이 기다리고 있다. 학점, 영어, 봉사, 인턴, 연수 등으로 대학 4년을 채워 넣어야 하는 것이 현실이다. 한국의 대학에는 낭만만이 멸종된 것이 아니다. 건강도 이미 사라진 지 오래다. 대학에서의 신체활동 기회가 너무도 부족하다. 대학생들이 운동이 싫어서 하지 않는 것이 아니다. 하고 싶어도 정보, 시설, 프로그램 등 환경이 열악해 그런 것이다.

청년기를 넘어 중장년에 들어서보면 깨닫게 되는 사실이 하나 있다. 건강이 최고의 재산이며, 운동습관이 그 재산을 지키기 위한 최선의 보험이라는 점이다. 세 살 버릇 여든 간다 했다. 어렸을 때부터 운동습관을 키울 수 있었다면 더 바랄게 없겠지만, 그럴 수 없었던 이들에게 제2의 기회는 바로 대학시절이다. 그러니 행복한 인생을 위해 운동을 생활화시킬 수 있는 체험기회를 마음껏 누릴 수 있도록 대학이 환경을 마련해주어야 한다. 행복한 운동의 추억을 남겨주어야 한다. 운동친화적 캠퍼스가 절실하다.

교양체육과 스포츠클럽을 절대적으로 확대시켜야 한다. 축구나 농구 등 남학생 선호의 구기스포츠는 물론, 필라테스, 요가 등 여학생의 기호에 적합한 엑서사이즈 활동도 확대해야 한다. 캠퍼스 곳곳에 교내에서 신체활동을 어떻게 즐겁게 할 수 있는지 다양한 정보와 방법을 제시해야 한다. 주변 스포츠 시설을 저렴하게 사용할 수 있도록 대학 당국에서 지원해야 한다. 교육부는 실내체육관, 실내수영장, 무용실, 건강체조실 등 다양한 신체활동 시설이 강의실의 개념으로 대학교에 기본 시설이 되도록 제도화해야 한다. 문화체육관광부는 평생체육진흥의 맥락에서 대학생들에게도 스포츠 바우처를 확대해야 한다. (한국대학신문, 2016. 5)

새로운 기초교육

One Page Writing

우리 학생들은 대학 입학 후에도 기초교육을 다시 받도록 되어있다. 순전히 상식적 수준에서만 말한다면, 관악의 학생들은 더 이상의 기초공부가 필요 없는 0순위 해당자들이다. 그럼에도 불구하고, 전공 불문하고 글쓰기 과정을 반드시 이수해야 하며, 자연과학 관련 전공학생들에게는 셈하기가 부과된다. 한편 주로 고전으로 된 책읽기는 선택이지만, 핵심교양과목 필수이수 학점 내에서 반드시 선택하도록 규정된 준準 필수과목이다.

대단히 상식적인 현황이다. 한국내 거의 모든 큰 대학의 기초교육이 이런 식으로 구조화되어 있다. 기초교육에 대한 지성주의적 관점이다. 서구의 대학 교육과정에 그 근거를 둔, 자유교양교육의 이상을 따르는 이성 중심주의 사고의 산물이다. 대학은 합리적 사고와 비판적 의식을 기반으로 하는 고등정신 기능을 향상시키는 곳이어야 함을 으뜸으로 하는 교육적 태도다.

틀리지 않다. 하지만, 완전히 옳지도 않다. 특히, 현재와 미래를 위한 고등교육을 위해서는 더욱 그렇다. 현재 관악의 기초교육관은 재검토되어야 한다. 지성주의에 기초한 기초교육관은 쇄신되어야 한다. 그 대안은 전인주의적 기초교육관이어야 한다. "전인 全人, whole person은 체성, 지성, 감성, 덕성, 영성이 조화롭게 성숙해가는 사람이다. 전인을 위한 기초교육은 지성만이 아니라, 다른 차원들도 탄탄해지고 영글도록 돕는 것이어야 한다.

고전학자 마사 누스바움이 강조했듯, 자기 삶을 행복하게 영위하고 자기 일을 멋지게 해내며 세계 시민으로 살아나갈 미래 성인을 키워내야 하는 대학의 교육은 직업교육이나 전문교육에 그쳐서는 안 된다. 그것은 전인교육의 기초를 튼튼하게 만들어주어야 한다. 12년간 초강력 입시위주 교육을 받아온 한국의 청년들을 위해서는 더욱더 강력히 요청되는 관점이다. 동년배 친구들과의 수많은 싸움에서 승리를 거두며 관악에 입성한 우리 학생들, 시험과 경쟁의 콜로세움에서 살아남아 최후의 승자가 된 학업의 글래디에이터들에게 필요한 기초교육이 무엇인지 다시 생각해보아야 할 시점이다.

글쓰기와 책읽기와 셈하기가 그것을 충족시켜 주리라고 기대할 수 없다. 체성과 감성과 덕성과 영성은 또 다른 기초교육이 필요하다. 그 가운데에서도 최고 청년 지성인 우리 관악 학생들에게 가장 시급한 것은, 내 개인적 판단으로는, 체성의 기초교육이다. 체육은 몸과 마음을 동시에 가꾸도록 해준다. 신체적 건강은 물론, 정신적, 정서적 건강도 함께 되찾도록 해준다. 글쓰기보다는 "몸쓰기"(운동하기), 책읽기보다는 "체읽기"(신체읽기), 셈하기보다는 "겜하기"(게임하기)가 시급하다.

사실, 제대로 된 자유교양교육에서는 체성을 강조한다. 고대 그리스 고등교육 기관인 김나지움(체육관으로 번역되는 것은 우연의 일치인가?)에서는 공부와 운동이 똑같이 강조되었다. 19세기 후반 미국의 대학교육을 시찰한 후 허버트 스펜서는 〈교육의 본령 : 인지적, 도덕적, 신체적 교육〉을 통해서 올바른 교육은 지, 덕, 체가 하나 된 교육임을 설파하였다. 그리고 모두 알다시피, 현대 선진국의 모든 대학에서는 다양한 신체활동 참여를 위한 온갖 시설과 프로그램이 갖추어져 있다.

체성은 단지 몸에 대한 기초교육으로만 그치는 것이 아니다. "건강한 육체에 건전한 정신이 깃든다"는 로마시대 유베날리스의 주장은 현대에 과학적으로 확인되고 있다. 운동과 스포츠가 우리 몸과 마음에 가져다주는 탁월한 효과에 대하여 전 세계 의료과학계에서도 주목하고, 운동 참여가 지성, 감성, 덕성, 영성의 모든 차원에 직접적, 간접적 영향을 주고 있음을 여러 보고서를 통해서 알려주고 있다. 이는 전 생애에 걸친 총체적 건강의 관점에서 초·중·고등학교와 대학교에서 체육교육과 신체활동을 강조하고 강화해야 한다는 주장과 정책의 근거가 되고 있다.

새로운 시대에 접어드는 관악의 교육을 위해서 필요한 기초교육은 어떤 모습을 띠어야 하는가? 기존의 지성중심적 기초교육이 자신의 삶을 행복하게 이끌도록 하는 교육, 장차 일하게 될 전문분야에서 바람직한 리더가 될 수 있도록 하는 교육, 그리고 세계시민으로서 성장하도록 하는 교육의 역할을 할 수 있을까? 나는 우리 관악의 기초교육이 보다 전인지향적 기초교육으로 재단장하기를 진심으로 기대한다. 더 나아가 이 관점이 기초교육을 넘어 교양교육 전체로 확장되기를 희망한다. (서울대 대학신문, 2018. 10)

관악에 체육을 더하라

One Page Writing

"그 많던 운동장은 다 어디로 갔을까?" 몇 해 전 이십 여 년 만에 다시 돌아온 관악의 캠퍼스를 바라보며 떠올린 첫 번째 의문이다. 1980년대 자연대, 공대, 사회대, 학군단, 기숙사에 있던 크고 넓은 운동장들은 모두 무슨 무슨 연구소, 무슨 무슨 대학에 자리를 내주고 말았다. 그 넓은 140만㎡의 대지위에 달랑 종합운동장, 간이야구장, 기숙사 축구장 3개만이 살아남았다.

무뚝뚝한 건물로 빼곡히 가득 찬 빌딩밀림이 돼가는 관악캠퍼스는 법인화된 서울대의 장래가 어떤 모습이 될지 명확히 가늠토록 해주는 징표다. 최첨단 연구소와 최신식 강의실로 가득 찬 빌딩들은 세계 10위권을 지향하는 서울대가 어떤 가치를 추구하는지 분명히 보여준다. 초일류대학을 향해 최고의 인재들이 밤낮없이 공부하고 연구하는 최적의 환경을 제공해주려는 것이다. 그런데 콘크리트 바닥과 유리벽과 형광등 빛으로 가득한 빌딩숲은 최고의 캠퍼스환경이라 하기 어렵다.

관악캠퍼스는 학부 2만여명, 대학원 1만7천여명, 교수, 연구원 및 직원 약 5천여명이 매일 일상을 보내는 곳이다. 그런데 관악의 빌딩들은 업무공간으로서의 역할만 할 뿐이다. 휴식과 놀이와 여가를 위한 생활공간은 이제 다 사라졌다. 학생들은 스펙과 학점의 저거노트 juggernaut에 스스로를 내던지고 있다. 관악캠퍼스는 일등주의와 적자생존의 원칙이 횡행하는 아카데믹 정글로 변해가고 있는 중이다. 생활은 없고 생존만 남아있다. 지나친 학문지상주의와 공부제일주의는 캠퍼스 라이프를 더욱 사막화시킬 뿐이다. 하얀 피부, 꾸부정한 어깨, 그리고 퀭한 얼굴이 이제 막 피어나는 꽃 같은 청춘 관악인의 평균 외모가 되어가고 있다.

관악청년들은 동년배 인구의 상위 0.5%내에 속한 한국 최고의 지적 능력을 소유한 재원들이다. 그런데 지식으로 가득 찬 머리만으로는 양극화된 한국 사회, 기아로 죽어가는 아프리카, 그리고 지치고 힘든 내 옆의 친구들을 감싸 안고 일으켜 세울 수 없다. 미래의 리더들에게는 함께 사는 공동체의 가치를 일깨우는 인간성이 필수적이다. 과거와 현재의 서울대인들에게 가장 부족한 것이 이것이다. 이제부터 관악계곡은 지성과 인성을 함께 갖춘 아름다운 젊은이들이 성장하는 곳이 되어야 한다.

정글에는 놀이터가, 사막에는 오아시스가 필요한 법이다. 20대의 피 끓는 청춘남녀들에게는 스포츠와 체육장 體育場이 최고의 놀이터요 오아시스다. 예전부터 문약하고 이기적인 젊은이의 대표로 낙인찍힌 관악청년들에게 가장 긴요한 환경들이다. 튼튼하고 씩씩하고 활기찬 모습, 겸손하고 양보하고 솔선하는 태도를 가꿔내는 심성의 함양장이다. 서울대는 연구센터와 함께 헬스센터, 강의장과 함께 운동장, 도서관과 함께 체육관을 캠퍼스의 필수생태공간으로 확보해야만 한다. 세계적 대학들은 한 곳도 빠짐없이 훌륭한 체육환경을 갖추고 있다.

축구하며 그을린 구릿빛 피부, 댄스스포츠로 우아해진 자태, 테니스를 치며 갖게 된 환한 미소가 빛나는 관악인을 상상해보라. 학생들이 즐겁고 행복하게 마음껏 뛰어놀며 건강과 심성을 일굴 수 있게 하려면 새롭게 태어나는 서울대학에서는 교양체육을 넉

넉히 마련하고, 운동부 지원을 풍성히 늘리고, 스포츠동아리 활동을 적극 장려해야만 한다. 졸업하여 사람들과 어울리며 사회생활을 하고 있는 선배들은 모두가 대찬성할 것이다.

자기중심적이고 개인주의적인 서울대인의 이미지를 완전히 뒤집어엎는 획기적 조처가 요청된다. 사상은 물론 근육도 울퉁불퉁한, 머리만이 아니라 인성까지 반짝반짝한, 그러한 반전이 있는 큰 사람으로 키워내는 새로운 관악스타일을 만들어낼 필요가 있다. 미래의 서울대여, 관악에 체육을 더하라! 캠퍼스에 스포츠를 허하라! (서울대 대학신문, 2012. 9)

학교체육에 더 투자하라

One Page Writing

　잠수병. 잠수부들이 걸리는 직업병이다. 바다 깊은 곳에 맨몸으로 잠수했다가 수면 밖으로 나오는 일을 반복하면서 생긴다. 혈액에 녹았던 질소가 기포화되면서 모세혈관을 압박해 통증, 구토, 감각 상실 등을 유발시키는 병이다. 잠수부들은 감압실에 들어가 질소가 기포화 되지 않도록 조처한다.
　우리 아이들은 학업이라는 거친 바다를 헤엄치는 잠수부. 십수 년 동안 하루 10시간 이상씩 공부의 수압을 견디며 자맥질한다. 그래서 몸과 마음에는 스트레스, 우울증, 공격성, 반항심, 기피증 같은 질소성 기포가 가득 차있다. 이것들이 해소되지 않은 채 전신을 돌아다니면서 우리 아이들은 심신의 강한 통증을 호소하게 된다. 학업잠수병을 예방하기 위한 교육적 감압장치가 필요한 이유다.
　학교체육은 오래전부터 과도한 지식흡입으로 인한 체력 저하, 두뇌 긴장, 스트레스 축적을 완화하고 해소시키는 기회를 제공해 왔다. 한층 더 나아가 체력 증진, 자신감 회복, 사회성 강화, 인성 함양과 같은 긍정적 성향의 발달까지도 촉진해준다. 비유하자면, 체육은 감압효과에 덧붙여, 산소농도를 높여주어 피로회복과 활력 증진을 도와주는 고압산소챔버의 기능까지도 갖춘 셈이다. 이 점은 비유에 그치지 않는다. 신체활동이 혈류량을 증진시켜 뇌기능을 향상시키고 그에 따라 공부효과와 자신감을 높인다는 최근 뇌과학적 연구결과가 그것을 증명해준다.

지난 몇 년간 학교체육에 정책적 투자가 이루어진 것은 바로 이런 이유 때문이다. 실내체육관 및 잔디운동장 조성, 스포츠강사 지원, 학교스포츠클럽대회 개최, 토요스포츠데이 운영, 여학생체육 활성화, 건강체력 측정 등. 온통 찌들어 있는 우리 아이들의 몸으로부터 찌꺼기를 제거하고 불순물을 떼어냈다. 이로써 아이들이 건강한 몸과 올바른 마음을 갖게 하였다. 남녀학생 모두가 운동을 좋아하게 되고, 친구와의 관계가 좋아지고, 학교생활에 만족하는 경향이 높아졌다. 아이들의 힘든 삶을 온전히 회복시키는 데 공헌을 한 것이다.

학교체육에 대한 지원은 이론의 여지없이 계속되어야 한다. 오히려 현재보다 더욱 강화되어야 한다. 그 효과가 검증된 만큼, 현재보다 더욱 전문화되고 체계화된 정책개발과 집행이 절실하다. 정책의 치밀한 계획과 체계적 실행을 위하여 청소년을 위한 학교체육, 생활체육, 전문체육을 통합적으로 운영하는 것이 필요하다. 자라나는 청소년을 대상으로 하는 만큼 교육적 고려가 최우선의 원칙이 되어야 한다. 학교체육을 중심으로 청소년 체육이 활성화되어야 되어야 하는 이유다. 학교체육진흥법에 명시된 학교체육진흥원같은 전문기관이 그런 통합된 운영을 도와줄 수 있을 것이다.

사막 같은 십대의 삶을 살아내야 하는 우리 아이들에게는 오아시스가 절실하다. 교육적 비전을 갖춘 통합화된 청소년 체육정책은 지금같이 소규모의 감압실이나 고압산소챔버의 크기와 효과를 뛰어넘을 수 있다. 두바이가 중동사막의 오아시스 도시가 된 것은 오로지 과감한 투자로 인한 것이다. 학교체육은 우리 십대 아이들의 삶에 오아시스가 될 수 있다. 국가여, 학교체육에 더 투자하라. (서울신문, 2016, 5)

부동의 십 대, 체육이 답이다.

One Page Writing

　삼척동자도 다 안다, 우리 청소년의 심신이 정상이 아니라는 사실을. 하루 대부분의 시간을 꾸부리고 앉아 고개를 숙인 채 아래를 주시하고 있어야 하는 아이들의 몸과 마음은 제대로 자랄 수가 없다. 초중고를 거치면서 악화되다가 대학에 진학하면 다소 나아지는 듯싶다, 이제는 극심한 취업난에 대학생활도 고등학교의 연장이다. 여가시간의 50% 이상을 앉아서 소모하거나, 일주일에 단 한 번도 운동을 하지 않는다는 청소년이 15% 이상이다.
　우리 10대에 만연해있는 이러한 심각한 운동부족 현상은 "부동병" 不動病, physical inactivity 이라고 이름붙일 만하다. 5가지 생활습관이 이 병세를 악화시키고 있다. 첫째, 앉아만 있다. 하루가 학교 의자, 학원 의자, 그리고 집 의자로 돌려 앉는 것으로 점철된다. 둘째, 머리만 쓴다. 교과서 내용을 통째로 외우며 학원에서 내신과 모의고사를 위한 문제풀이를 한다. 셋째, 화면만 본다. 앉으나 서나 스마트폰 액정, TV 화면, 컴퓨터 화면, 게임기 화면을 주시한다. 넷째, 혼자만 한다. 3인 가족에 맞벌이로 집안에 또래가 부족하고 많은 것을 나홀로 하는 습관이 들어있다. 다섯째, 쓰기만 한다. 대부분 교사의 설명을 받아 적고 필기만 하고 있지 이리저리 움직이거나 대화를 나누거나 토론을 하지 않는다.

청소년의 부동병은 비만, 거북목, 척추측만, 배설질환, 생리불순, 그리고 우울증 등의 주요 원인이 되고 있다. 더욱이 신체와 정신만이 아니라, 인성에도 문제를 일으킨다. 10대 자녀를 학교에 보내놓고 왕따와 폭력에 대해 걱정해보지 않은 부모가 몇이나 될까? 자녀와의 대화불통에 가슴앓이 겪지 않는 학부모는 얼마나 될까? 국제중, 특목고, 일류대 진학, 그리고 이제는 취업이라는 발등의 불을 계속해서 꺼가야만 하는 현실은 부모로 하여금 자녀의 사회적 성공보장을 위한 눈앞의 교두보 확보에만 집중하도록 만든다.

이런 공부쳇바퀴를 세차게 도는 청소년의 삶에서 학교체육은 꿀맛 같은 운동의 기회를 제공해준다. 부동병의 5가지 원인을 모두 해결해주는 예방과 치료의 장이 마련된다. 확 트인 운동장과 깨끗한 체육관에서 마음껏 소리치고 뛰고 웃을 수 있는 터가 주어진다. 다른 수업시간에는 바로 옆에서 말도 건네기 어려웠던 친구들과 신체를 움직이고 감정을 발산하며 마음을 주고받는다. 액정에 나타난 얼굴이 아니라 실물로 친구들과 선생님과 이야기를 나누고 서로 정서를 나눈다. 그야말로 인간적인 만남을 체험한다.

체육의 이런 가치는 이미 어른들에 의해서 인정받았다. 지난 몇 년간 학교체육 활성화정책이 이어졌다. 스포츠클럽이 활성화 됐고, 특히 중학교 스포츠클럽활동으로 체육수업시간이 늘어났으며, 특목고의 체육수업시수가 10단위로 준수되도록 조처되었다. 그래서 학교가 조금씩 활기를 띠고 있다. 아이들의 행복한 함성이 조금씩 들리고 있다. 학업스트레스는 여전히 높지만, 그래도 부동병의 증세를 완화시킬 수 있는 치료가 진행되고 있는 것이다.

그런데, 학생과 교사의 호응도는 높아지고 있는 상황에서, 교육과정 운영상의 여러 이유로 인해서 자꾸만 체육시간을 축소해야 한다는 목소리가 높아지고 있는 실정이다. 예를 들어, 창조경제를 이끌어갈 미래 인력을 키우기 위한 컴퓨터 활용역량을 강화시키기 위한 교과시간이 확보되어야 한다는 주장이 있다. 이런 상황이 피할 수 없기는 하여도, 아이들 입장에서 보자면 또 의자에 앉아서 모니터만 들여다보는 시간으로 전락할 것을 염려하지 않을 수 없다. 10대의 부동병을 더욱 악화시키는 것이다.

잘 먹고 잘 살기 위해서 세계적인 수준의 인재들을 키우고 성장동력을 지속적으로 창조해내야 하는 현실은 외면할 수 없다. 그런데, 그런 인재들이 책상에 오래 앉아 있어야 만들어진다고 생각하면 큰 착각이다. 구글이나 마이크로소프트 등 세계적 대기업들의 작업환경을 살펴보라. 사무실인지 휴게실인지 구분이 가지 않을 정도로 누구나 마음껏 움직이도록 만들어놓았다. 집중력 있게 일하고 나머지는 휴식이나 운동을 통해서 훨씬 더 생산성과 효율성을 높이기 때문이다.

서울대학교 학생들에게 가장 인기 있는 과목은 교양체육이며, 많은 이들이 운동부 활동에 적극적이다. 이들은 대부분 초중고 시절 공부를 잘 하기 위해서 운동이 얼마나 필요했는지를 스스로 체험한 청년들이다. 대학교에 들어와 더욱 본격적으로 운동을 해야겠다는 필요성에 운동부의 문을 두드린다. 그때까지 공부 잘하는 데에 운동이 도움이 되었듯, 장래에 일을 잘하고 삶을 잘 살기 위해서도 큰 도움이 될 것을 확신하고 있다.

기껏 확보해놓은 최소한의 체육시간을 더 줄여야 한다는 주장은 시대를 역행하고 민심을 거스르는 일이다. 학생들을 위한 교육을 펼치고자 한다면, 학교의 백성이 누구인지, 그들의 뜻은 어디에 있는지 정확히 알아야한다. 자녀 셋을 키우고 있는 학부모의 입장에서 장담컨대, 우리 청소년들의 마음은 부동의 상태를 벗어나 운동의 상황으로 가는 데에 전적으로 찬성할 것이다. 평균수명 연장으로 우리 기성세대를 오랫동안 부양해야 할 10대들이다. 그들로부터 운동할 권리와 운동할 시간을 빼앗지 말자. 그들이 건강해야 우리도 행복해진다. 운동이 약이다. 체육이 답이다. (2015. 10)

호모 루덴스의 운동본능

One Page Writing

　최근 조사들에 따르면, 우리 청소년의 정신건강은 고위험 상태로 내치닫고 있다. 우울감 경험률은 2005년 29.9%에서 2009년 37.5%, 스트레스 인지율은 1998년 28.8%에서 2009년 30.0%, 청소년 사망 원인 중 자살이 차지하는 비중은 지난 2000년 14%에서 2009년 28%로 급증했다.

　또한, 사회적 상호작용 능력, 즉 사람들과 어울리며 살아가는 자질은 OECD 36개국 가운데 35위에 처해있다. 중고등학교에서 더욱 심각해져가는 학교폭력, 왕따, 자살현상은 바로 이같은 타인 배려와 존중의식, 그리고 자존감의 결핍상태를 극명히 보여주는 증거다.

　문제는 정신건강만이 아니다. 우리 아이들은 신체적 건강상태도 악화일로에 있다. 초중고 학생들의 비만율은 2002년 9.4%에서 2010년 11.2%로 급증가하였으며, 2008년 현재 체력등급도 2000년에 비교할 때 상위급수인 1~2등급은 12.3%가 줄어들고, 4~5등급은 15.2%가 증가하였다.

　심신이 모두 피폐해져 있는 안타까운 상황이다. 우리나라 청소년들의 몸과 마음이 정상적 상태로 회복되기 위하여 최우선적으로 필요한 것은 신체적 활동이다. 앉아서 머리쓰기를 줄이고 일어나서 손발쓰기를 늘여야만 한다.

몸과 마음에 가득찬 호르몬과 호기심은 십대로 하여금 가만히 앉아서 장시간 고전문학에 몰입하거나 수학문제와 씨름하도록 놓아두지 않는다. 당뇨병 환자는 적절한 인슐린 공급으로 혈당을 정상화시켜주어야 하듯이, 청소년은 신체활동으로 골격과 근육과 신경과 두뇌에 자극을 공급받아야만 몸과 머리와 가슴의 불균형을 해소시킬 기회를 비로소 가질 수 있게 된다.

발육발달 단계상, 청소년기는 호모 사피엔스적 특성보다도 호모 루덴스 homo ludens, 놀이하고 운동하는 인간 적 성향이 최고조인 때이다. 그런데, 십대들의 운동본능은 입시준비와 학원공부와 인터넷 게임 때문에 심각하게 퇴화되어 버렸다. 우리 아이들의 운동본능을 되살려주어야만 한다. 각종 통계수치에서 확인할 수 있듯이, 운동본능의 억압은 청소년들의 내면이 비정상적 심리성향의 온상이 되도록 만들어버린다.

최고의 놀이 가운데 스포츠가 있다. 스포츠 체험은 청소년기 성장과 성숙에 필수적인 모든 지적, 정의적, 신체적 영양성분들이 다 들어있는 종합영양제와 같다. 적당한 경쟁을 동반한 스포츠 활동은 근력과 심폐지구력은 물론이고, 판단력, 협동심, 인내심 등을 길러준다. 두뇌혈류량을 늘여 뇌기능을 강화시키고 결과적으로 지적 능력을 향상시켜준다. 스포츠를 활용하여 전인적 지도력을 키우는 청소년리더십캠프가 오래전부터 성행한 것도 모두 이런 이유에서다.

전 세계는 지금 십대의 신체적, 정신적 문제 예방과 해결을 위하여 다양한 청소년스포츠 정책을 실천하는 데에 막대한 재원을 쏟고 있다. 영국에서는 2008년부터 2012년까지 약 1조 5천억 원을 들여 일주일에 5시간 이상의 질 높은 체육교육을 제공하는 〈5

Hour Offer〉 정책을 실행하고 있다. 우리나라도 2011년부터 2015년까지 약 8천 5백억 원을 투입하여 학교스포츠클럽과 토요스포츠데이를 적극 활성화시키고 있다.

반가운 소식임에는 틀림없으나, 피폐해진 우리 아이들의 심신을 건강하게 되돌리기엔 아직 한참 부족하다. 청소년은 타고난 호모 루덴스다. 이들의 본성을 되찾아주자. 학교폭력과 왕따의 발생 건수는 운동장과 체육관에서 땀 흘리는 아이들의 숫자에 비례해서 감소할 것이다. 성적향상과 태도변화는 덤으로 따라올 것이다. 우리 십대들의 삶에 스포츠를 선물해주자. 이 일의 성공여부에 청소년의 건강과 미래가 달려있다. 학교체육진흥법이 시행되는 2013년이 우리 아이들의 운동본능을 힘차게 되살려내는 원년이 되기를 희망해본다. (교육신문, 2012. 12)

새로운 스포츠교육론

One Page Writing

　바람이 강하게 불고 있다. 학교에 체육 바람이 세차게 불고 있다. 초등학교에서는 스포츠 강사가 급증하고 있고 중학교에서는 스포츠클럽 리그가 활성화되고 있다. 이에 더하여 중학교는 스포츠클럽활동이 정규시간화 되어 일주일에 4시간씩 체육수업이 이루어지고 있다. 국어, 영어, 수학과 맞먹는 수업시간을 확보한 셈이다.

　새로운 학교체육의 바람은 정규체육수업 쪽보다는 방과 후 체육활동, 스포츠 클럽활동, 토요 스포츠데이 등의 방향으로 불고 있다. 학생들이 학교에서 체험하는 체육활동의 장르가 매우 다양해지고 있는 것이다. 물론, 이러한 움직임은 몇 년 전부터 이루어져 왔으나, 최근 들어 더욱 세차지고 있다.

　입시 위주 주지학습의 땡볕에 무방비로 노출된 아이들의 입장에서 이것은 참으로 반가운 바람이 아닐 수 없다. 학업이란 일사병에 녹초가 된 몸과 마음을 시원하게 만들어줄 수 있기 때문이다. 운동장과 체육관에서 마음껏 신나게 운동하면서 스트레스를 털어내고 쏟아낼 수 있다.

　그런데, 한 편에서는 이러한 프로그램들이 노는 시간과 쉬는 날로 변질되어가고 있다는 풍문이 들려오고 있다. 행정력과 지도인력의 부재, 그리고 프로그램의 미흡으로 인한 탓이다. 이것은 잘못이다. 학교에서 진행되는 개별 스포츠 활동은 수업의 모습은 갖추지 않았더라도 여전히 교육적인 색채를 띠어야만 한다. 그렇지 않다면, 그것은 학교 밖의 스포츠 프로그램들과 아무런 차이가 없게 된다.

그렇다고 정규수업 외의 스포츠 프로그램들을 체육수업의 방식으로 가르칠 수는 없다. 현재 제공되는 스포츠 프로그램들은 대부분 시합과 경기를 염두에 두고 운영되는 스포츠 클럽화된 것들이다. 아이들은 한 팀을 이루어 다른 팀과 대결한다. 협동적이고 친밀한 관계 속에서 선의의 경쟁을 통해 즐거움을 느낄 수 있도록 의도하는 것이다. 오로지 승리만을 추구하는 기존의 운동부와는 종류와 성격이 다른 활동인 것이다.

체육수업시간에 활용하는 수업방법론은 현재 급격히 증가된 수업 외 스포츠 프로그램들을 교육적으로 가르치는 데에는 그다지 도움이 되지 않는다. 새로운 지도법이 필요한 것이다. 물론, 새로운 지도철학도 요청된다. 방과 후 체육, 스포츠클럽 및 토요 스포츠 데이가, 체육수업시간과 함께, 학생들의 전인적 성장을 최적화시키는 과정이요 통로로서 작용할 수 있도록 하는 철학과 방법이 요청되는 것이다.

학생들이 이런 스포츠 프로그램들에서 체험하는 스포츠 활동은 "코칭"에 보다 가깝다. 하나의 팀이 되어 상대편과 시합을 하는 활동을 가르치고 배우기 때문이다. 그런데 이 상황에서의 코칭은 운동부에서의 코칭과는 사뭇 달라야 한다. 학교스포츠 프로그램을 위한 코칭은 교육적 코칭이다. 학생들이 청소년으로서 지녀야 하는 기능과 지성과 인성을 골고루 함양시킬 수 있도록 하는 운동지도이기 때문이다.

운동 기술을 연마하고, 기초 전술을 습득하고, 한 팀으로 생활하고, 실제 시합에 참여하고, 이기기도 하고 지기도 하면서 우리 아이들은 삶과 자신과 세상과 사람들에 대해서 많은 것을 느끼고 배우게 된다. 책과 머리만으로는 절대로 얻을 수 없는 경험과 가치들을 몸으로 강하게 맛보게 되는 것이다. 스포츠 프로그램의 교육적 의미는 바로 이런 경험을 제공해주는 데에 있다. 전인적 성장의 열매는 자동적으로 얻어지는 것이 아니라, 교육적 코칭의 도움으로만 가능하다.

우리에겐 지금 새로운 스포츠교육론이 필요하다. 어떻게 스포츠를 가르치고 배워야 학교가 아이들의 지덕체를 온전히 성장하게 도와주는 배움의 장이 될 수 있는지 안내해주는 스포츠교육론이 절실하다. 그것을 찾아 나서자. (2013. 2)

행복체육

One Page Writing

신학기 시작과 함께 학교에 체육의 봄바람이 불고 있다. 초등학교는 스포츠 강사가 6000여명으로 작년보다 두 배 증가하였고 중학교는 스포츠클럽활동이 필수화되어 체육수업이 주당 4시간으로 확대되었다. 주중에는 운동장이 아침부터 오후까지 체육수업, 스포츠클럽활동, 방과 후 체육으로 북적인다. 주말에는 토요스포츠데이와 스포츠클럽경기로 활기가 가득하다.

학교체육활동에 대한 이러한 투자는 행복교육과 학교체육활성화를 핵심공약으로 내건 박근혜정부에서 더욱 강화될 것으로 보인다. 드러난 이유는 악화일로인 청소년의 체력약화와 인성결핍에 스포츠가 최고의 처방이라는 것이다.

학교체육에 몸담고 있는 사람으로서 대단히 기쁘고 반가운 현상이다. 학교교육과 체육 사이에 이러한 허니문이 오랫동안 지속되기를 바란다. 그러나 다른 한편, 염려되는 점이 있다. 그것은 학교체육의 근본적, 장기적 역할에 대한 오해와 왜곡에 관한 것이다. 과연 학교체육의 주된 기능과 목적이 체력증진과 폭력성감소에 있는가?

물론, 건강과 폭력성 감소도 중요하지만 그것이 전부는 아니다. 학교체육 시간에 아이들이 배워야 하는 것은 생활에서 행복감을 증진시키는 데에 스포츠(게임, 운동, 무용 등 모든 신체활동 포함하는 의미)를 효과적으로 활용하는 자질이다. 단순히 뛰놀면서 흥겨운 시간을 갖는 것 이상으로, 현재의 삶을 알차게 만드는 소양을 갖추고, 청장년기 삶을 더욱 풍요롭게 만드는 성향과 노하우를 가다듬는 기회다.

학교체육은 우리 학생들에게 "스포츠 리터러시" sport literacy 를 길러주어야 한다. 운동소양 運動素養 이라고 풀이되는 이것은 한 개인이 지닌 스포츠를 향유할 수 있는 바탕자질을 의미한다. "향유" 享有 는 누리다, 즐기다, 맛보다는 의미를 갖고 있다. 스포츠 향유 능력이라고 불릴 수 있는 운동소양은 스포츠를 총체적으로 활용하여 자기 삶을 풍요롭고 행복하게 만드는 자질을 말한다. 학교체육에서 우리 학생들은 손발과 머리와 가슴을 총동원해서 체육을 즐길 수 있는 다면적 운동소양(능소양, 지소양, 심소양)을 길러야만 한다.

스포츠를 향유하는 방식은 다양하다. 축구 시합을 하거나 트레드밀을 뛰는 것처럼 몸으로 하는 것이 있다. 스포츠 신문을 읽거나 감독 자서전을 보는 것처럼 머리로 하는 것이 있다. 야구장에 응원을 가거나 농구팬 사인회에 가는 것처럼 마음으로 하는 것이 있다. 이러한 방법은 각각 기능적으로 맛보는 것(능향유), 지식적으로 누리는 것(지향유), 정서적으로 즐기는 것(심향유) 이다. 야구기술이 뛰어나지 않거나, 아예 야구시합을 해본 적이 없더라도 얼마든지 야구를 향유할 수 있는 것이다. 야구영화를 보고 야구소설을 읽고 야구사진을 감상하고 야구기념품을 모으고 야구응원을 즐기며 야구를 사랑할 수 있다. 자기에게 잘 맞는 방식으로 야구를 누리면서 스스로의 삶이 행복해지도록 만들어나가는 것이다.

행복한 교육과 학교를 위해서는 학교체육활성화의 패러다임이 변화되어야 한다. 지금까지의 학교체육진흥책은 신체활동에 적극적으로 참여하는 것만을 활성화로 가정하였고 지향하였다. 물론 눈에 띌만한 성과가 있었으나, 기능이 부족한 남학생들과 신체활동을 싫어하는 여학생들을 활동적으로 이끄는 데에는 성공하지 못했다. 입시와 공부가 최우선인 우리나라의 상황에서, 신체를 활발히 움직이는 것만이 체육진흥의 출발점이자 목적지여야 한다는 고정관념을 뛰어넘지 않고서는 진정한 활성화란 구두선에 그치게 된다.

청소년들은 하는 것만으로 스포츠를 체험하지 않는다. 우리 학생들은 보고 읽고 듣고 쓰고 말하고 느끼고 그리면서 스포츠를 향유하고 있다. 이미 자신의 재능이 허용하고 흥미가 이끄는 방식으로 스포츠를 즐기고 있다. 시합을 하거나 운동을 하는 것은 그 다양한 방식 가운데 (물론 매우 중요한) 한 가지에 불과하다. 여학생 체육참여율이 변함없이 제자리에 머무는 현상이 설명해주듯이, 하는 방식만을 강조하는 것은 다양한 층위로 존재하는 청소년 체육향유자들을 더욱 소외시킬 뿐이다.

문제풀이만 하는 수학, 내용분석만 하는 문학, 석고데생만 하는 미술로는 학생들을 수학과 문학과 미술을 좋아하도록 만들 수 없다. 마찬가지로, 기량과 게임만을 강조하는 체육활성화로는 기능적으로 뛰어난 소수의 아이들만 만족시킬 가능성이 높다. 행복한 학교체육을 통해서 행복한 교육을 꿈꾸고 행복한 학교를 가꾸려는 지금, 최급선무는 우리 아이들로 하여금 자신이 좋아하는 방식으로 스포츠의 즐거움을 만끽할 수 있도록 스포츠 리터러시를 길러주는 것임을 깨닫자. (한국교육신문, 2013. 4)

체육설악

One Page Writing

체육교사로서 내가 우리 아이들에게 남겨주는 것은 무엇인가? 학년말 내 수업을 떠나는 우리아이들의 몸과 마음에 심어주는 것은 무엇인가?

나는 교사로서, 아이들이 고등학교에 진학하고 대학교에 들어가고 성인이 되어가면서, 평생에 걸쳐 늘려나가며 자기 삶을 행복하게 만들어나가는 데 보탬이 되고 자료가 되고 동력이 되어주는 기초적이고 근본적인 것, 그런 것을 남겨주고 심어주는가?

만약 그렇다면, 그것은 무엇인가? 그것을 무엇이라고 부르는가? 물론, 나는 우리 아이들의 몸에는 체력, 머리에는 이론, 가슴에는 태도를 남겨주고 심어준다. 축구를 잘 하는 기능과 건강한 몸, 축구에 관한 규칙과 역사와 역학적 개념, 그리고 팀워크와 인내심 등을 키워준다.

맞는 말이다. 그런데 이 낱낱의 것들을 하나로 묶어서 무엇이라고 부를 것인가? 울산바위, 비선대, 대청봉 낱낱이 아니라, 이것들이 모두 모여 만드는 하나의 커다란 실체, 형상, 존재를 "설악산"이라고 부르듯, 축구(운동 전반)에 대한 체력, 원리, 협동심 각각이 아니라 축구에 참여함으로써 형성되어지는 모든 것들을 하나로 묶어서 부르는 이름말이다.

나는 그것을 운동소양 運動素養, sport literacy 이라고 부르고 있다. 운동이라는 음식물을 섭취하면 내 몸(과 마음) 속에서 소화되어 축적되는 것, 그래서 나를 건강하게 만들어 주는 것, 그리고 나중에 운동을 실행할 때에 에너지원으로 작용하는 비축물이자 제너레이터다.

체육교사로서 나는 체육을 가르쳐서 우리아이들에게 운동소양이란 생명의 씨앗을 심어주는 것이다. 수업시간, 스포츠클럽활동, 방과후체육 등의 체육활동을 통해서 나는 우리 아이들의 몸과 마음과 영혼 속에 운동소양이란 영양분이 쌓이도록 도와주는 것이다. 운동소양은 학생들의 지덕체를 살찌우는 필수적인 자양분이다. 지덕체가 온전히 성장하기 위해서는 운동소양의 공급이 절대적이다.

운동소양은 신체(체력과 기능)에 관련된 것만 있는 것이 아니다. 운동소양은 운동(체육활동 전반)에 관련된 다양한 측면들을 포함하고 있다. 운동소양은 소양의 하나로서 지덕체 전반에 관여한다. 그것은 능과 지와 심의 세 가지 구성요소로 되어있다. 하는 것, 아는 것, 느끼는 것을 총망라한다.

운동소양은 능소양(신체와 관련된 측면), 지소양(인지와 관련된 소양), 심소양(심성과 관련된 측면)으로 분류될 수 있다. 운동소양은 이 세 측면의 소양들이 만들어내는 체육의 설악산인 것이다. 나는 아이들 각자가 자신의 몸과 마음 안에, 울산바위와 비선대와 권금성을 따로 만들어나가면서도, 최종적으로는 설악산 전체를 만들어나가도록 도와주는 사람이다.

이것은 축구의 설악산을 아이들에게 고스란히 옮겨주는 일에 다름 아니다. 축구 기능을 높여주고 공격 자신감을 키워주고 대회 이름을 기억하도록 하는 것만으로는 그 일을 다 했다고 볼 수 없다. 여기저기 구석구석 속속들이 훑어보고 감상하고 음미해야만 축구의 설악산이 온전하게 한 사람의 전 인격체에 각인될 것이기 때문이다. 그리고 봄, 여름, 가을, 겨울 사계절마다 제각기 다른 모습으로 다가오는 설악산도 있음을 알아야만 그 일을 다 한 것이라 볼 수 있다.

설악산을 동서남북, 전후좌우상하, 그리고 춘하추동으로 맛보고 알게 되는 것, 그런 상태를 설악산을 입체적이고 총천연색으로 알게 되는 것이라 할 수 있다. 축구를 입체적이고 컬러풀하게 알아가는 것, 스스로 그런 과정에 들어가게 되는 것을 통해서 자기 삶을 행복하게 만들 수 있게 된다, 그리고 타인과 동행하면서 설악을 느끼도록 해줄 수 있고 함께 행복해질 수 있게 된다. 물론, 이 모든 과정은 단기간 내에 이루어지지 않는다. 평생에 걸쳐서 진행되어야 할 과업이다.

나는 체육교사로서 우리 아이들의 손발과 머리와 가슴 속에 이러한 운동소양을 심어주고 길러주고 싶은 것이다. 그것을 소중히 키워가면서 자라서 성장하며 어른이 되어서 자신과 타인의 삶을 행복한 것으로 만드는 데에 소중한 원천으로 활용할 수 있게 되기를 희망하는 것이다. 체육교사인 나는 우리 아이들이 중학생 때에, 또는 고등학생 때에 경험할 수 있도록 하는, 한정된 시간의 운동소양 가이드인 것이다. 그러나 그 기간은 일생에 있어서 가장 중요한 때이다. 지난 일 년, 나는 아이들에게 어떠한 운동소양을 남긴 가이드였는지 곰곰히 되돌아보아야 할 시점이다. (2012, 12)

이제는 호울링이다
— 전인화 체험으로서의 운동하기

One Page Writing

"호울링" wholing 은 홀니스 wholeness 라는 용어에 근거를 두고 만든 새로운 단어다. 홀니스의 상태를 나타내는 형용사 whole을 동명사형으로 변화시킨 것이다. "whole"한 상태를 만드는 노력을 일컫는다. "whole"은 통상적으로 총체적인, 전일적인, 전인적인, 온전한 등의 의미를 지닌 단어다. 각 부분들이 하나로 합쳐져서 원래의 온전한 전체를 이룬 상태를 의미한다. 모든 존재가 되찾아야 하는 근원적이고 원래적인 모습이다. 현실에서 사람이 얻어야 하는 가장 이상적인 상태다.

그런 모습과 상태를 만들려는 의도적인 노력과 실천행위 자체를 "행위적 측면"을 중심으로 부각시키려는 단어가 바로 "호울링"이다. 정의하자면 "어떤 존재가 온전해지는 데에 도움이 되는 실천적 노력"이다. 온전해지도록 만드는 데에 도움이 되는 모든 행동과 행위가 다 포함될 수 있다. 그렇지만, 긍정적 특징을 지녀야만 한다. 폭력질이나 도둑질이나 질투질 등은 호울링 활동이 될 수 없다. 스스로를 온전한 모습으로 만들어주는 바람직한 행위들만 해당된다.

그리하여, "온전한(총체적인, 혹은 전인적인)"이란 용어로 표현되는 사람의 상태가 구체적으로 어떤 상태인지를 파악하는 것이 중요하다. 사람의 온전한 모습이란 어떤 모습인가? 그 모습은 어떠한 특징을 지니고 있는가? 사실, 인류의 정신적 역사는 온전한 사람의 모습에 대한 탐구의 역사라고 해도 과언이 아니다. 인간은 생물학적으로, 사회적으로, 철학적으로, 종교적으로 온전한 인간의 특징을 발견하려는 노력을 끊임없이 해왔다. 물론, 어떤 노력도 최종적인 결론을 보지는 못하고 있는 실정이다. 특히, 다양한 의견을 존중하는 현대사회는 그 불일치가 더욱 심화되어가는 상황이다.

결국, 이것은 대략적인 윤곽그리기와 선택의 문제일 수밖에 없게 되었다. 자신이 속한 정신적, 사상적, 가치관적 맥락 내에서 인간의 온전한 모습을 스케치하고 그것의 특징들을 선택하여 온전한 상태를 가시화시키는 것이다. 그 상태를 "홀니스"(하나 된 상태, 행복, 평화, 깨우침)라고 부르고, 그것을 성취한 상태를 "온전하다"고 말한다. 그리고 그것을 이룬 사람을 "호울 퍼슨" 全人, whole person 으로 지칭한다. 홀니스의 상태는 한 번 맛보면 이후 평생 지속되는 상태가 아니다. 그것은 순간적이며 지속적이지 않다. 그러므로 평생 소유하거나 유지할 수 있는 성질의 것이 아니다.

일생을 거쳐 계속해서 맛보아야만 하는 상태다. 몸과 마음에 꾸준히 축적되도록 최선의 노력을 해야만 한다. 조금이라도 게을리 하면 곧바로 사라져버리기 때문이다. 운동을 멀리하면 근육이 수축되는 것과 유사하게, 호울링 노력을 게을리 하면 쌓였던 홀니스가 방출되어버린다. 홀니스가 축적되고 응축되려면 호울링 체험을 다양하게 많이, 그리고 꾸준히 해야만 한다. 스포츠는 그 가운데 매우 훌륭한 기회를 제공해주는 매개체다. 올바른 스포츠

whole sport를 자주 하면 할수록 홀니스를 더욱 더 쌓아나가게 되는 것이다. 자신의 원래 모습 wholeness을 찾아나가는 것이다.

사람들이 이런 과정에 들어서는 것을 "전인화" 全人化라고 부를 수 있다. 온전한 사람, 온전한 자신의 모습을 만들어나가는 과정이다. 한 개인을 이루어내는 체성, 지성, 감성, 덕성, 영성의 모든 차원들이 온전히 하나로 연결된 상태로 되어가는 과정이다. 이런 과정에 있는 사람, 호울링의 노력을 기울이는 이를 "호울러" wholer라고 하며, 이 일을 전문적으로 돕는 사람을 "호울리스트" wholist라고 부른다. 스포츠로 그 일을 하는 이는 스포츠 호울러, 스포츠 호울리스트가 된다. 호울링은 전인화 全人化, 호울러는 전인자 全人者, 호울리스트는 전인가 全人家라고 부르도록 하자.

호울링은 최근 유행하는 힐링보다 훨씬 포괄적인 개념이다. 힐링은 심신이 마이너스된 상태를 정상으로 복구시켜주는 개념이다. 호울링은 이것을 포함해서 보통의 정상 상태를 전인적으로 플러스되도록 만드는 모든 긍정적 노력들을 포괄한다. 심리학, 특히 정신분석학이 인간의 어둡고 부정적인 측면에만 초점을 맞추던 것을 반성하면서, 인간의 밝고 긍정적인 측면을 강조하는 "긍정심리학"이 생겨나게 되었다. 마찬가지로, 호울링은 힐링보다 더 나아가 사람이 보다 더 나은 존재로서 성장해나가는 것을 목적으로 하는 인간의 활동들을 적극적으로 수용하고 분명히 밝혀주는 개념이다. 운동하기가 치유 체험을 넘어서 전인화 체험이 될 수 있도록 실천적 방안을 찾아나가야 한다. (2013. 9)

학교에 체육을 허하라

One Page Writing

생활 속의 체육과 학교 안의 체육

독자분의 연령대가 30대 이상, 40대, 50대라고 생각해보자. 현재 자신의 생활에서 운동과 스포츠가 어떤 위치를 차지하고 있는가? 모르긴 몰라도 나이가 많아질수록 더욱 큰 부분을 차지할 것이다. 생활을 해나가면서 운동, 스포츠, 여가 등 체육과 관련된 활동들이 개인적으로 중요해지기 때문이다. 요즘 한국에서 장년 이상의 삶을 살아가는 사람치고 운동과 스포츠의 가치와 역할에 대해서 부정할 이는 거의 없다고 봐야 한다. 기회가 허락할 때마다 건강을 강조하고 운동과 스포츠를 예찬한다.

그런데, 우리 아이들, 우리의 자식 또는 조카뻘인 아이들의 생활에서 운동과 스포츠는 어떤 위치에 있는가? 특히, 학령기 청소년들의 생활에서 체육활동은 어떤 취급을 받고 있는가? 이런 질문을 던졌을 때, 바로 떠오르는 대답은 그다지 긍정적이지 않다. 학교에 다니는 청소년들의 삶에서 일차적인 것, 혹은 유일한 것은 오로지 공부와 성적이라고 말해도 틀리지 않다. 건강과 자신감을 위한 스포츠나 운동은 부가적인 것, 여유가 있으면 하는 것, 또는 사치스러운 것으로 여겨지고 있다.

물론, 우리 어른들은 체육이 아이들에게도 중요하다고는 인정한다. 하지만, 그 나이 때에는 공부가 우선이요 운동은 나중이다. 체육은 제1선택지가 아니고 하위선택사항이다. 지난 수십 년간 우리는 그러한 가치체계에서 아이들을 가르치고 길러왔다. 상급학교 진학을 위한 국영수 위주의 성적지상주의 학교 교육틀을 운영해온 것이다. 서열과 등급을 위한 시험과 과제 속에서 다른 가치와 활동들은 소외시켜버린 것이다. 그중 첫 번째가 체육이다. 주지교과로부터 해방되는 시간, 노는 시간으로 전락되어버린 것이다. 교육을 위한 시간이 아니라, 공부라는 힘겨운 노역을 잠시 내려놓고 마음껏 쉬는 시간으로 치부되어버린 것이다.

학교 체육에 쏟아지는 새로운 관심

그런데 최근 학교체육의 부활이라고 할 수 있을 정도로 많은 관심이 쏟아지고 있다. 물론, 이유는 여러 가지다. 체육활동이 청소년들에게 얼마나 중요한지, 성장기 발달에 다면적 효과를 가져다 줄 수 있는지 연구와 경험이 알려준다. 공부에 방해가 되는 줄 알았던 운동이 오히려 공부에 더 도움이 되는 것으로 밝혀졌다. 운동과 스포츠를 함께 하는 것이 인성이나 정서 등에 긍정적 영향을 줄 수 있다. 특히, 올해 들어서는 학교폭력을 예방하고 치료하는 데에 체육활동이 줄 수 있는 실제적 가능성에 대해서 많은 기대가 밀려오고 있다. 학교체육은 가히 청소년기 종합교육영양제라고 할 정도다. 뇌기능만 상승하고 감성과 체력은 저 바닥에 떨어져버린 우리 아이들 지덕체의 전 측면에 골고루 균형 잡힌 상태를 만들어 줄 수 있다고 믿는다.

참으로 반가운 소식이요, 즐거운 상황이다. 사실, 2000년대 들어서, 특히 지난 5년 여간 교육과학기술부에서는 학교체육활성화를 위해서 꾸준하고 적극적인 투자를 해왔다. 체육관과 잔디운동장 조성, 초등학교 스포츠강사 지원, 스포츠클럽 운영, 운동선수 인권 및 학습권 확보, 학생건강체력평가제도 PAPS 실시 등이 대표적인 사례들이다. 이같은 정책의 지속적 실천으로 학교현장의 체육은 예전과는 매우 다른 모습으로 변해가고 있는 중이며, 혜택을 받은 교사와 학생들은 현장에서의 변화를 피부로 실감하기 시작하고 있는 중이다.

2011년 발표된 교육과학기술부의 〈즐겁고 재미있는 체육활동을 위한 학생체육활동 활성화 사업〉에 따르면, 2011년부터 2015년까지 약 8,499억 원이 지원될 예정이다. 2012년 한해에만 3441억 원이 투입될 예정이다. 이 막대한 재원은 교육과학기술(및 시도교육청)에서 4,322억(50.9%), 문화체육관광부에서 2,882억 원(33.9%), 그리고 지자체에서 1,295억(15.2%) 각각 분담할 것이다. 이러한 대규모의 학교체육활동 활성화에 대한 투자는 우리나라 역사상 유례없는 정책적 결정이며, 앞으로도 당분간은 유지될 전망이다. 교육의 근간은 학교교육이며, 학교교육의 주인공은 청소년이고, 청소년에게 가장 필요한 것 가운데 하나가 체육활동이라는 점에서 이같은 정책적 노력은 정확하고 올바르다고 할 수 있다.

더욱 활성화된 학교체육을 위하여

올바른 방향으로 나아가고 있기는 해도, 현장에서는 체육교사와 학생들을 위한 조금 더 구체적이고 세심한 아이디어와 실질적 지원이 필요함을 호소하고 있다. 학생들이 좀 더 활발히 체육활동을 찾아 나서고, 교사들이 보다 더 체육을 열심히 가르치려는 열정을 유지할 수 있도록 몇 가지 조처들이 긴요하다. 교육계와 사회에서 요즈음 학교체육에 거는 다양하고 막중한 기대를 충족시켜주기 위한 절대적 전제조건은 학교체육이 활성화되어야만 한다는 것이다. 아이들이 체육을 좋아하고 열심히 참가하고 자주 해야만, 인성교육, 정신건강, 신체건강, 성적향상 등등의 바램이 이루어질 수 있다. 학교에서 체육이 이처럼 활성화되기 위해서는 제도적 차원, 기관적 차원, 그리고 개인적 차원의 세 수준에서의 노력이 필요하다.

우선, 제도적 차원은 정부의 정책적 노력을 말한다. 현재 교육과학기술부의 주도(와 문화체육관광부의 협조)로 각종 정책과 사업들이 수립되고 실행되고 있으나, 지속적이고 장기적인 관점에서의 총체적 계획 하에 이루어지고 있지는 못하다. 국민체육진흥5개년계획, 청소년육성5개년계획과 같이 학교체육진흥을 위한 종합적이고 체계적인 계획안을 마련하고, 다양한 사업들이 일관성 있고 서로 연계된 진행으로 최대한의 효과를 얻을 수 있어야만 한다. 최근 학교체육진흥법이 국회에서 통과되었다고 하니, 보다 체계적인 발전계획 수립이 가능하게 될 것을 기대해본다. 일례로, 영국에서는 지난 10년 동안 2차례(PESSCL 2002~2006, PESSYP 2008~2012)의 학교체육 종합발전계획안을 추진하여 커다란 성과를 거두었다.

이러한 학교체육 진흥계획은 생활체육과 전문체육과의 연계를 고려하면서 진행돼야 극대화된 효과를 얻을 수 있다. 단순히 학교에서 진행되는 정과수업과 방과후활동 수준에 그치지 않고, 청소년의 전 생애적 발달을 종단적으로 고려한 맥락에서 적극적 참여를 진작시키는 계획을 마련해야 한다. 0세부터 시작해서 5세 누리과정을 거쳐 10대 초중고등학생 시절을 지나, 20대에 대학에 들어가 30대 성인으로 성장하면서 4,50대 장년과 중년, 그리고 마지막에 60대 이후 노년기에 이르기까지, 평생에 걸친 장기적 체육활동

참여를 총체적으로 계획해야만 한다. 현재 세계적인 동향이 바로 이러한 장기적 운동참여발달계획 Long-Term Participant Development을 마련하여, 국민들의 스포츠참여가 국민건강에 종합적 효과를 가져다줄 수 있도록 하고 있다. 이를 위해서 정부의 여러 부처들(교육부, 환경부, 가족부, 보건부, 체육부, 노동부 등)이 협동적 계획을 마련해서 추진하고 있는 실정이다.

둘째, 기관적 차원은 학교 내에서의 노력을 말한다. 정책이 학생에게 도달되도록 하는 실질적 관리운영의 주체는 (시도교육청, 지역교육청과 함께) 학교다. 학교는 단위학교 수준에서 다양한 프로그램을 마련하고 시설 및 인적 자원을 제공한다. 학교체육 시설과 스포츠 강사의 경우, 최근 다양한 재원을 확보하여 우선적으로 제공하려고 노력하고 있다. 학교체육 활성화에 가장 직접적인 두 가지 공헌요인들이기 때문이다. 체육에서 시설, 특히 실내체육관과 인조잔디운동장의 설치는 설치 이전과 이후를 나누어놓을 정도로 막강한 힘을 발휘한다. 이는 학교장이나 행정가들의 노력으로 보다 더 나은 환경을 조성하려는 실천적 노력이 중요하다 점을 시사한다. 특히, 소규모 운동 및 스포츠시설(피트니스룸, 건강체조장 등)을 마련하여 틈틈이 실내에서 건강운동을 실천할 수 있는 다양한 방안을 개발해야만 한다.

시설과 함께 프로그램도 중요하다. 2011 개정 체육과 교육과정이 창의성과 인성을 강조하고 있으므로, 운동기능만이 아니라 새로운 사고와 올바른 행동을 하는 학생들의 참여를 통한 활성화가 필요한 상황이다. 운동기능 그 자체의 숙달도 즐겁지만, 최근에는 "융합"의 트렌드가 스포츠에도 밀려와서, 다양한 정보와 체험들을 스포츠 활동과 함께 시도하고 맛보는 프로그램이 증가하고 있는 추세다. 체육활동을 하기만이 아니라, 읽기, 쓰기, 보기, 그리기, 듣기, 말하기 등 다양하게 체험할 수 있는 방식이 선호된다.

예를 들어, 농구 기술을 배우면서 감독자서전 읽기, 농구시합 관전기 쓰기, 농구영화 보기, 농구체험 그리기, 농구팀주제가 듣기, 농구시합 토론하기 등등의 활동들이 장려되고 있다. 스포츠를 주제 혹은 내용으로 삼은 시, 소설, 그림, 사진, 조각, 영화, 음악, 건축 등을 수업의 소재로 삼아 학급 내에서 서로 다른 성향과 흥미와 능력을 지닌 모든 학생들의 다양한 관심을 모으고 확장시킬 수 있다는 것이다.

셋째, 개인적 차원은 학생의 개별적 노력을 말한다. 누구나 체육을 좋아하는 것은 아니지만, 좋아하게 될 수는 있다. 좋아하게 만들기 위해서는 학생들의 동기유발이 최우선시 되어야만 한다. 천차만별의 능력과 관심을 지닌 학생들이 다양한 내용과 방식으로 체육을 즐길 수 있도록 새로운 활동들을 제공한다. 기존의 체육활성화는 무조건 많은 학생들이 많은 시간동안 신체활동에 기능적으로 참여하는 것을 목표로 삼았다. 하지만, 기능적 향상은 단기간 내에 이루기 어렵고, 운동신경이 부족한 남녀학생들이 외면하기 시작하면서 효과적이지 못하다는 지적을 받았다. 운동 좋아하고 잘 하는 소수의 학생들만 만족시키는 접근이었다. 모든 학생들이 즐거움을 느낄 수 있는 수준으로 참여 가능한 체육활동들이 수업시간에 많이 제공되어야 한다. 최근 뉴스포츠 종목들이 교육과정에 대거 포함된 것은 이같은 고민을 해소하고자 하는 조처라고 할 수 있다.

그리고 무엇보다도, 학교체육의 활성화에서 가장 주목받아야 하는 대상은 여학생이다. 전체 학생의 반을 차지하는 여학생들의 체육활동 참여율은 남학생의 반에도 못미치며, 학년이 올라갈수록 더욱 감소하는 추세를 보인다. 여학생의 정서적 상태와 신체적 변화가 참여를 머뭇거리게 만드는 주된 요인들이기는 하지만, 연구에 따르면 남학생 위주의 수업진행과 스포츠 기능중심의 수업내용도 매우 중요한 영향을 미치고 있다. 이것은 뒤집어 말하면, 운동기능중심의 수업내용을 지양하고 여학생 위주의 수업진행을 독려하면 적극적 참여를 도모할 수 있다는 것으로 풀이된다. 이것과 함께, 여성체육교사의 수를 증가시켜 여학생들의 심리와 상황을 적절히 고려하면서 지도할 수 있도록 하는 것도 한 가지 주요 방안이 될 수 있다. 전통적으로 남성교과라고 인식된 학교체육에서는 2011년 현재 14,092명의 체육교사가 일하고 있는데, 남교사 11,921명, 여교사 2,171명으로 절대 다수가 남교사다.

명품조연으로서의 학교체육

비유하건대, 그동안 체육은 학교교육의 드라마에서 비중이 낮은 단역 수준의 배역을 맡아 왔다고 할 수 있다. 체육교사는 학교의 온갖 궂은 일에 동원되고 행사를 도맡아하고 학생부 일을 떠맡아왔다. 체육수업은 공부하다가 쉬는 시간, 스트레스 해소용 노는 시간으로 취급되었다. 오랫동안의 이같은 홀대에도 불구하고 학교체육은 학교교육이라는 드라마가 차질 없이 방영될 수 있도록 묵묵히 그 일을 해냈다. 그런 모습에 든든한 신뢰가 쌓였는지, 최근 시청률이 떨어지고 출연진의 폭행 및 자살 사고가 잇따르자, 학교체육을 전면에 드러내면서 명품조연의 역할로 승격시키려는 조짐이 일고 있다. 인기가 추락한 학교 드라마의 영광을 재현할 수 있도록 시청률을 높이라는 특명을 받은 것이다.

사실 이 일은 그렇게 어렵지 않다. 학교체육은 비록 단역이긴 했지만 언제나 인기가 매우 높았고, 최근 젊은 교사들 중심으로 연기력(수업실력)도 충분히 쌓았다. 출연기회가 많아지고 출연비중이 높아지기만을 기다리고 있었다. 드디어 때가 다다른 것이다. 그동안 진행된 활성화를 위한 정책들이 효과적으로 진행되고, 이에 덧붙여 제안된 아이디어들이 적극적으로 반영된다면 학교체육은, 학교 드라마 제작진이 기대하는 그러한 해결사 역할을 해낼 수 있을 것이다. 그 일을 멋지게 해낼 때, 학교체육은 조연에서 학교교육의 주인공으로서 우뚝 서게 될 것이다.

그 때를 위하여, 지금 학교체육에 필요한 것은 딱 한가지다. 그것은 이제 중장년을 맞아 운동과 스포츠의 효용과 가치를 인정하기 시작한 정책입안자와 학부모들에게 드리는 요청이자 당부이다. 우리 아이들이 살아가는 학교가 교육공동체가 되고 학생의 인성이 자라기를 원한다면, 학교에 체육을 더하라! 학생에 체육을 허하라! (교육개발, 2012. 5)

학교교육 완성을 위한 필수조건

One Page Writing

학교체육에 불어오는 훈풍

　옛말이 틀리지 않았다. 고진감래. 어려운 시기가 지나면 행복한 시간이 온다. 요즘 우리 학교체육이 바로 이런 상황이다. 체육교과는 오랫동안 노는 시간, 기능 교과 등 학교의 핵심 교과가 아니라는 대우를 받아왔다. 국어나 영어나 수학 등 진짜 공부를 위한 보조교과로서 학교 변방의 한직 교과로 밀려나 있었다. 지력측정 위주의 대학 입시경쟁이 더욱 더 치열해질수록 기능교과 체육은 더 세찬 한파를 맞아 왔다. 그런데, 지금 학교체육에 훈풍이 불고 있는 것이다. 그것도 아주 따뜻하게.
　최근 다양한 정책적 지원이 학교체육에 집중되고 있다. 2012년 교육과정 개정을 통한 중학교 체육교과시수의 증가, 스포츠 강사 및 시설 확충을 위한 예산지원 등 지난 세월 동안의 박대와 소외를 보상해주기라도 하듯, 제도적 관심이 쏟아지고 있다. 교육과정 개정 이후에도 현 대통령의 후보 시절 교육부분 대선공약에 학교체육 활성화 계획이 처음으로 포함되었고, 지난 6월 교육부 장관이 그 실질적 대책을 발표하였다.
　이는 정부가 학교체육을 정상 궤도에 올려놓겠다는 분명한 의

지를 보여준 것이다. 학교체육이 제대로 실천되지 않은 채 학교교육의 정상화는 성취될 수 없음을 인식한 것이다. 학교체육이 학교교육의 핵심교과이며 본질적 영역이라는 점을 국가에서 인정한 것이다. 교육과정 개정 시마다 시수 축소와 필수 제외 대상 교과의 제일 앞자리에 놓였던 그동안의 처지에 비교할 때 가히 상전벽해가 아닐 수 없다. 예능교과의 부러움과 함께 주지교과의 경계심을 동시에 받을 만하다.

학교체육 활성화의 당위성

타 교과, 특히 예술이나 도덕, 기술 등 소위 비주류 교과들의 입장에서 본다면 학교체육의 갑작스런 부상은 쉽게 이해되기 어렵다. 학습부담 경감을 위해서 교과시간의 축소가 여러 해 진행된 지금, 왜 학교체육만 활성화되어야 하는가? 수업시수 조정이 불가피한 교과들에게는 직간접적인 형태의 피해가 아닐 수 없을 것이다. 학교체육이 반드시 진흥되어야 할 당위성은 어디에 있는가? 그 교육적 가치는 무엇인가?

그동안은 체육이 각각의 아이들에게 가져다주는 성적 상승, 사회성 발달, 비만 감소, 체력 증진 등과 같은 개인적 효과 차원에서 활성화의 필요성을 설명했다. 그런데, 학교체육이 되살아나야 하는 이유는 그것에 그치지 않는다. 그 의미와 필요성은 학교교육이 지닌 본래적 목적의 회복과 역할의 완성이라는 점에서도 찾을 수 있다. 세 가지 이유가 두드러진다.

학교교육의 원형, 즉 전인교육을 완성한다

학교란 원래가 지식만 습득하는 곳이 아니었다. 학교의 원형인 고대 서양의 팔레스트라, 중국의 태학에서는 몸과 머리와 가슴 모두가 균형 잡힌 이상적 인간을 길러내려 하였다. 지덕체가 하나 된 전인적 인간상은 동서양을 막론하고 학교라는 교육기관을 만들고 유지하려한 근본 목적이었다. 어떤 국가에서 지식으로 가득한 "머리만 큰 사람"을 가장 훌륭한 인간상이라고 생각했겠는가?

건국 이래 우리나라의 교육적 지향은 지덕체가 하나 된 "전인" whole person, 全人을 벗어난 적이 한 번도 없었다. 지식 중심의 인지역량 강화로 급격히 경도된 것은 대학입학의 무한 경쟁이 가속화되고 사교육의 강력한 태풍이 불어 닥친 최근 20년에 불과하다. 그러나 공교육은 아직까지 전인교육의 이상을 놓치지 않고 있다. 학교체육 활성화는 지덕체의 조화를 위한 체의 회복, 체육의 귀환이다. 전인적 발달을 꿈꾼 학교교육의 원형을 다시금 되찾는 시도이자, 공교육의 제자리 찾기를 강력히 천명한 것이다.

그러나 한국의 현실 학교교육은 전인교육에 실패하였다. 최근 인성교육의 커다란 외침은 우리 아이들에게서 사라져가는 온전한 인간의 온기와 습성을 되살려주려는 때늦은 노력이다. 지식 중심, 지성 강조의 교육에서 생겨나는 경쟁심, 이기심, 비인간성을 치유하고 회복하려 한다. 지성과 체성과 덕성이 하나로 된 온전한 청소년을 키워내려 한다. 그것을 실패한 지식교육이나 도덕교육이 아니라, 온몸과 마음이 하나 되는 체육교육의 도움을 빌어 실현해내고자 하는, 교육의 원형을 되찾고자하는 근원적 기획이다.

행복한 삶의 영위를 돕는 문화소양을 길러준다

학교는 삶에 기본적인 소양을 갖추도록 해준다. 3R 읽기, 쓰기, 셈하기가 대표적이다. 여기에 현대인의 삶에는 문화적 소양이 추가되었다. 이는 삶의 질을 높이기 위해 필수적인 것으로서 음악, 미술, 연극, 영화, 무용, 건축 등 다양한 문화적 영역을 이해하고 감상하고 창작할 수 있는 자질이다. 문화소양이 두터워질수록 보다 풍요로운 삶을 향유할 수 있는 가능성이 커진다. 현대인에게 질 높은 삶이란 문화를 누리는 삶이다.

그런데, 문화적 소양은 학교가 아니라 대개 가정에서 길러진다. 가족의 사회경제적 수준과 교양수준에 영향을 받아 길러지는 문화소양은 대물림된다. 부자집의 자녀와 가난한 집의 자녀는 서로 다른 수준의 문화적 소양을 지니게 된다. 개인의 문화소양은 자본화되어 문화소양의 다소에 따라 사회적 성공과 행복한 삶을 스스로 만들어낼 수 있는 기회가 영향을 받게 된다. 공교육의 책무는 계층에 관계없이 아이들에게 문화소양 습득과 문화자본 축적의 기회를 최대한 제공해주는 것이다.

스포츠, 엑서사이즈, 레저, 댄스 활동은 세계 어디서나 청소년에게 가장 인기 있는 문화활동이다. 체육 영역의 문화소양 향상 터전인 학교체육은 아이들에게 "운동소양" sport literacy 을 갖추어준다. 운동소양은 운동을 실행하고 이해하고 사랑하는 자질이다. 학교체육 활성화는 학교 내에서 운동소양 획득과 개발의 충분한 기회를 확보함으로써 공교육이 담당해야 하는 문화적 자본의 평등한 분배를 가능케 도와준다. 아이들은 체육수업을 통해서 다양한 종류의 신체활동을 체험하고, 스포츠클럽에 소속되어 시합과 대회에 출전하여 운동소양을 기를 수 있게 된다. 운동을 잘 하고 스포츠를 잘 아는 청소년은 교내외에서 최고의 인기를 누린다.

학교를 청소년 문제 해결의 센터로 다시 세운다

상당수 통계자료가 드러내주는 바와 같이, 경제와 문화의 수준이 높아질수록 청소년 문제도 함께 증가한다. 욕설, 이기심, 비만 등의 가벼운 문제에서 폭력, 왕따, 약물복용, 자살 등의 심각한 문제로까지 더욱 심화되어 간다. 최근 선진국에서는 학령기 전체에 걸친 다양한 청소년 성장 프로그램을 운영하여 청소년 문제를 예방하고 해결하는 데 있어 학교체육 프로그램을 적극적으로 활용하고 있다. 청소년 문제의 주된 해결 장소가 병원이나 교도원 教導院에서 다시 학교로 옮겨질 수 있도록 학교체육 활동을 그 중심에 놓고 있는 것이다.

대표적 예로서, 영국은 지난 10년간 두 차례 학교체육 활성화를 중심으로 하는 청소년스포츠활성화 정책(PESSCL과 PESSYP)을 성공적으로 마쳤다. 특히, 일주일에 5시간의 질 높은 체육활동참여 시간을 확보해주는 "5 Hour Offer"라는 정책이 핵심이었다. 수업 만족도 증가, 학업성취 향상, 비만과 폭력 감소 등에 고무된 영국정부는 2012년 곧바로 청소년스포츠5개년계획인 "Creating a sporting habit for life : A new youth sport strategy"를 발표했다.

학교는 가족, 이성, 친구 등으로 인해 생겨난 문제들을 치료나 교정 矯正이 아니라 교육의 차원에서 해결할 수 있도록 돕는 최고의 장소이다. 그를 위해서 타고난 "호모 루덴스" homo ludens, 운동하는 인간의 호르몬이 가장 세차게 분출되는 청소년 시기의 특성을 충실히 활용하는 것이다. 체육수업, 스포츠클럽, 방과후활동, 운동부, 기타 창의적 체험활동의 여러 기회를 통해서 아이들이 신체적, 정서적, 사회적으로 성장하는 교육의 장이 마련된다. 수학이나 과학 등의 지식습득을 통해서 얻기 어려운 인간적 교류의 진정한 체험이 가능토록 해준다.

학교체육은 학교교육의 심장

아마존을 "지구의 허파"라고 한다. 전 세계인이 숨쉬는 산소의 25%를 만들어내고 탄산가스와 오염물질을 정화해내는 곳이기 때문이다. 아마존은 우리가 맑은 공기와 덜 오염된 환경 속에서 살 수 있도록 하는 생명유지의 숲이다. 오랫동안 자행되는 아마존의 남벌과 난개발은 자신의 숨통을 스스로 조이는 지구인의 자살행위라고 할 수 있다.

체육은 학교의 무엇인가? 체육은 "학교의 심장"이다. 지식교육의 불순물을 걸러내고 신선한 혈액을 학교 전체에 공급하는 생명의 펌프다. 심장이 힘차게 박동할 때 아이들이 꿈과 끼를 한껏 키울 수 있는 심신의 상태가 조성된다. 운동장과 체육관이 아이들의 힘찬 함성과 굵은 땀방울로 가득 찰 때, 교실과 복도에는 아이들의 밝은 지성과 맑은 인성이 흘러넘치게 된다.

심장이 뛰어야 생명이 유지되듯, 체육이 살아야 학교가 살아난다. 학교체육 활성화는 학교교육이 원래의 기능을 회복하는데 필수적 조건이다. 체육은 학교가 아이들에게 지덕체의 온전한 교육을 제공하고, 삶에 유용한 문화소양을 축적하도록 하며, 수많은 청소년 문제를 예방하고 해결하는 중심처가 되도록 돕는다. 늦은 감이 있지만, 지금 진행되는 "학교체육에 새로운 활력 불어넣기"가 진정으로 반가운 이유가 바로 여기에 있다. (교육정책, 2013, 5)

학교의 손발에서 학교의 심장으로

One Page Writing

학교의 막일꾼?

학교의 손발이란 표현은, 듣는 이에 따라 다소 불편할 수도 있겠지만, 지난 수십 년간 학교체육의 지위에 대한 정확한 표현이다. 체육교사가 학교에서 떠맡은 그 수많은 (모진) 역할들을 생각해보자. 등하교지도, 학생생활부장, 문제 학생 관리 및 처벌, 조회 대열정리, 용모 단속, 운동장 정리 등등. 다른 교사들이 꺼리는 일들을 도맡았다. 영화 속에 비쳐진 체육선생의 모습을 떠올려보라 — 폭압의 대리자. 수업은 그냥 덤으로 하는 일로 생각될 정도였다.

학생들도 체육수업은 공부에 찌든 정신과 정서를 맑게 만드는 쉬는 시간, 노는 시간으로 간주했다. 무엇인가를 배우는 공부시간이 아니라고 생각했다. 음악, 미술 같은 비 주지교과들에 대한 통상적 인식이었다. 노래, 그림, 놀이를 통해서 주지교과로 인한 심리적 스트레스를 해소하는 보조적 지위의 교과로 간주되었다. 여전히 "예체능" 교과라고 불리고 있는 것을 보라. 지성을 드높이는 교과가 아니라, 기능을 숙달시키는 과목인 것이다.

이런 체육교과였다. 그런데, 세월이 지나고 세상이 변했다. 운동과 스포츠에 대한 사람들의 인식과 선호도가 달라졌다. 모든 이가 원하는 선호재가 된 것이다. 문화체육관광부가 독립적으로 체육에 관련된 국가정책을 담당한다. 교육부에서도 학교체육담당부서(인성체육예술교육과)가 운영되고 있다. 2000년대 들어 국민경제 발전과 더불어 국민문화의식 수준 역시 높아져 여가와 건강에 중점을 두는 선진국 경향으로 진일보하였다. 그리고 그 경향이 학교에도 반영되었다. 심지어는, 2012년에는 학교체육진흥을 위한 법안이 통과되어 시행되고 있는 중이다.

한국 청소년들의 신체적, 정신적 건강에 체육교과가 도움이 된다는 사실을 확인한 것이다. 한동안 학교수업일수와 시수가 축소되는 가운데에서도, 체육시간의 감축은 다른 비주지교과와 비교하여 소규모로 진행되었다. 오히려 지난 2012년 이후에는 실질적 시간이 증가하고 있는 상황이다(중학교 정규수업과 학교스포츠클럽 활동 합쳐서 주당 4시간, 고등학교 3년간 10단위 준수). 지나친 입시준비와 성적강조로 인해서 정서적, 인성적인 교육이 진척되지 않자, 이 상황을 나아지게 만들기 위한 특단의 조처로 예술과 체육수업이 강화되었다.

학교체육은 정말로 먼 길을 거쳐 왔다. 거친 땅바닥을 유일한 체육시설, 몇 개 없는 축구공을 주된 체육용구로 시작하였다. 지금은 케미컬트랙과 함께 인조잔디가 깔리고, 크지는 않지만 그래도 쓸만한 실내체육관이 있는 학교들이 많아졌다. 운동 공간 확보가 어려운 것이 문제이지, 공이나 배트 등 수업용 기구 및 기자재가 부족한 학교는 이제 거의 없다. 초·중·고등학교의 정규체육시간도 확보되어가며, 특히 방과 후에 학교스포츠클럽, 토요스포츠데이 등 다양한 체육프로그램이 제공되고 있다. 예전에 비하면 형편이 비약적으로 나아졌다. 이 모든 것이 정책적 지원의 결과다. 물론, 현장교사들의 헌신적 노력도 절대적이었다.

학교체육 활성화를 위한 정책적 노력

〈학교체육진흥법〉이라는 강력한 제도까지 갖추게 되었지만, 학교체육은 아직 외국의 경우처럼 장기적 관점에서 총체적 진흥을 위한 독립된 정책 프로그램은 없다. 그동안 진행해온 사업들에 약간의 새로운 내용을 덧붙여 매년 활용하는 "학교체육활성화 추진계획"이 있을 뿐이다. 다소 계획성을 갖춘 것처럼 보이지만, 필요한 수준만큼, 보다 통합적이고 보다 전략적이지 않은 상태다. 2016년의 추진방향은 "모두가 함께하는 행복교육, 창의인재 양성을 위한 활성화"이다. 지난 십여 년 동안 유사한 추진계획서에 의해서 학교체육정책은 계획되고 실행되어왔다.

〈2016 학교체육활성화 추진과제〉

추진 목표	
1학생 1스포츠활동 활성화로 행복한 학교생활 — 학교체육 내실화, 학교스포츠클럽 활성화, 공부하는 학생선수 육성 —	
5대 중점과제	20개 실행과제
1. 학교체육교육 내실화	1-1. 체육수업 내실화 및 체육교사 전문성 신장 1-2. 초·중·고 체육 전문인력 지원 1-3. 초등 수영 실기교육 확대 운영 1-4. 다양한 체육교육을 제공하는 학교
2. 학교스포츠클럽 활성화 (1학생 1스포츠 활동)	2-1. 학교스포츠클럽 운영 의무화 2-2. 중학교 "학교스포츠클럽 활동" 운영 내실화 2-3. 교육지원청 단위 학교스포츠클럽 리그 활성화 2-4. 전국 학교스포츠클럽대회 운영 내실화 2-5. 다양한 학교스포츠클럽 프로그램 지원 확대
3. 공부하는 학생선수 육성 지원	3-1. 공부하는 학생선수 육성 3-2. 학생선수 인권 보호 및 학교운동부지도자 연수 강화 3-3. 학교운동부 운영 투명화
4. 여학생 체육활동 활성화 및 건강체력 강화	4-1. 여학생 체육활동 참여 촉진 프로그램 확대 4-2. 학생건강체력 증진 프로그램 운영 강화 4-3. 단위학교 자율 체육프로그램 활성화
5. 학교체육지원 네트워크 구축운영 및 대국민 인식제고	5-1. 학교체육 인프라 확충 5-2. 학교체육 활성화를 위한 교육기부 확대 5-3. 학교체육 네트워크 운영 및 지원체계 구축 5-4. 다양한 스포츠 활동 참여기회 확대 5-5. 체육활동 중요성 인식 개선

이 추진계획은 5대 중점과제와 20개의 세부실행과제로 구성되어 있다. 첫째, 교육과정 상의 정규체육수업을 내실화시키는 노력을 경주한다. 스포츠클럽을 포함하여 주당 3시간~4시간을 확보한 중학교 체육수업이 충실히 운영될 수 있도록 철저한 지원 및 감독을 제공한다. 특히, 고등학교 수업시수가 10단위를 기준으로 가능한 채워질 수 있도록 하여, 입시준비로 인한 고등학생의 건강을 유지토록 한다. 초등체육을 위한 스포츠강사의 지속적 지원과 중등체육 교사의 전문성 향상을 위한 교육 및 연구지원이 강화되고 있다.

둘째, 일반 학생들의 스포츠경기대회 참여 체험을 확대하기 위하여 스포츠클럽을 활발히 운영하고 있다. 모든 학교에 농구, 배구 등 전통적 스포츠부터 넷볼이나 티볼 등 뉴스포츠에 이르기까지, 다양한 종류의 스포츠클럽을 제공하여 운영토록 재정적, 행정적으로 지원하고 장려하고 있다. 종목별로 학교 내에서 선의의 경쟁을 거쳐, 지역 및 시도대회를 통과하여, 전국대회까지 진출하도록 되어 있다. 학생들은 생활체육의 약식 버전을 경험함으로써, 향후 대학의 동아리나 사회인 동호회 활동을 위한 토대를 쌓는다.

셋째, 엘리트 학생운동선수들이 학업과 운동을 병행하여 정상적인 학생생활을 영위할 수 있도록 지원한다. 초중고 운동선수들이 기본적 학습시간을 확보할 수 있도록 최적학력제와 같은 제도적 장치를 마련하고, 학업미달 학생선수들을 위한 다양한 학업보충 사업들을 제공해주고 있다. 특히, 운동부 감독과 코치에 대한 전문연수를 강화하여 학생선수들의 학습권을 보장해주고, 어린 선수들의 인권에 대한 이해를 높여 오랜 시간동안 발전적으로 선수생활을 할 수 있는 교육적 코칭을 실행할 수 있도록 한다.

넷째, 체육 소외층이라고 할 수 있는 여학생들의 건강과 활동적 생활 습관을 증진시키기 위하여 다양한 활성화 프로그램을 시행한다. 2016년에는 학교체육진흥법에 여학생체육진흥 조항이 추가되어, 여학생들이 좋아하고 적극적으로 참여할 수 있는 여학생 친화적 운동 프로그램들을 개발하고 적극적 참여를 조성할 수 있는 환경이 법으로 보장되었다. 이에 따라 여학생용 기구나 시설을 마련하고, 탈의실과 샤워실 등 쾌적한 운동시설을 갖출 수 있도록 재정을 마련한다. 여학생중심의 활동단위 구성으로 지역 및 전국대회를 활성화한다.

다섯째, 프로그램, 인력, 자원 등이 효율적으로 운영될 수 있도록 충분한 인프라와 체계적인 네트워크를 구축하고 있다. 정책의 효과적 집행을 담당하는 전문 인력을 중심으로 구축된 전국적 네트워크망을 강화하고 있으며, 체육교사 학습/연구공동체를 지원하고 있다. 학교체육 현장전문가들의 인력풀을 확대시킴으로써 정책의 현장실천 및 효과성이 높아지고 있다. 일반인들의 교육기부 참여를 독려하고, 학교체육에 대한 인식을 높이는 대국민 홍보를 시도하고 있다.

이러한 기본적인 정책노력 이외에도, 시의적인 교육이슈들을 해결하기 위한 주요 학교체육 정책들도 수립되고 있다. 몇 년 전부터 학교폭력과 왕따 등의 문제를 해결하기 위해서 청소년 인성교육의 주요 통로로서 체육수업, 스포츠클럽, 방과 후 체육 등 학교체육활동이 강조되고 있다. 그리고 세월호 등 각종 사고, 사건으로 인하여 안전관련 기본상식과 실천요령 등 안전의식 제고를 위하여 생존수영, 지진대피 등 체육교과 내에 안전부분을 강화하였다.

외국에서의 학교체육진흥 전략들

최근들어 청소년의 건강과 성인 국민건강이 긴밀히 연결되어 있음이 선진국 국가 단위 건강조사, 국제기구에서의 국가 간 비교조사 등을 통하여 계속 확인되고 있다. 어렸을 때 건강습관은 신체적 건강에만 영향을 미치는 것이 아니다. 정서 및 정신건강까지도 포함하여, 어른이 되었을 때의 전인적인 웰빙 상태에 직접적 영향을 미친다.

유년기 체육이 평생에 걸쳐 미치는 영향을 조사한 나이키의 최근 연구에 따르면, 신체적으로 활달한 아이들은 비만이 될 확률이 1/10로 줄어들고, 학교성적이 40%까지 더 높고, 흡연, 약물복용, 임신 및 안전하지 않은 성행위를 덜 하고, 대학에 갈 확률이 15%가 더 높고, 연봉이 7~8% 더 높고, 건강비용이 덜 들고, 직장에서 더 생산적이며, 심장질환, 심근경색, 암, 당뇨병의 위험이 줄어들고, 평균수명 대비해서 장애가 될 확률이 1/3로 줄어든다. 더욱이, 이것이 세대 간의 사이클로 연결되어, 활달한 부모는 활발한 자녀와 연계되어 있으며, 활발한 엄마의 자녀들은 활달해진 확률이 2배로 증가한다.

미국, 영국, 일본 및 기타 선진국들에서는 이런 사실을 근거로 유청소년기부터 활발한 신체활동 습관을 들일 수 있는 방향으로 체육정책을 계획하고 실행하고 있다. 특히, 학교가 그것을 체계적이고 신뢰할 수 있는 방식으로 진행할 수 있는 가장 효과적인 장소로서 인정되어, 학교환경과 학교체육에 여성가족부, 보건복지부, 스포츠관광부, 교육부 등 유청소년 건강정책이 범부처적으로 계획되고 집행되고 있다.

대표적인 청소년체육정책을 펼쳐온 영국에서는 2000년부터 지속적으로 중기계획을 세워 학교체육진흥을 도모해왔다. 정규교과

수업과 학교스포츠활동에 대한 다양한 지원으로 기초를 닦은 PESSCL(2003~2007), 이를 바탕으로 가시적인 성과를 올리기 시작하면서 런던올림픽에 직접적, 간접적 공헌을 해낸 PESSYP(2008~2011) 정책이 유명하다. 그리고 런던올림픽을 마친 후 계속해서 본격적인 생활체육, 엘리트체육과의 연계 속에서 학교체육까지 포함시켜 청소년체육전반에 대한 종합정책인 〈평생 스포츠습관 만들기 : 청소년 스포츠 새 전략〉(2012~2018)을 기획하여 실행하고 있다.

호주에서도 2013년 〈운동하는 호주 : 신체적 소양이 넘치고 활달한 나라를 만들자〉를 통하여 호주 유청소년의 총체적 신체활동 증진 계획을 실천하고 있다. 뉴질랜드에서도 〈중등학교스포츠 진흥하기〉라는 정책문서를 통해서 중등청소년들의 학교체육 체험을 교육적으로 극대화하려는 노력을 실천하고 있다. 이러한 국가적 정책노력과 함께, 사설 연구조사기관에서 〈청소년스포츠의 보다 더 나은 미래를 향하여〉(영국)나 〈운동하는 생활 : 활동적인 학교〉(미국)같은 보고서를 통해서 청소년 체육증진의 필요성과 체계적 해결방안을 제시하기도 하고 있다.

우리 학교체육 정책의 지향점

이처럼 교육 및 학교체육 선진국에서 지향하고 실천하는 체육교육의 특징은 무엇인가? 우리는 그것에서 무엇을 배울 수 있는가? 현재 성장세를 거듭하고 있는 학교체육의 정책개발에 어떠한 도움이 필요한가? 세 가지 조건과 한 가지 플랜이 반드시 보완되어야 한다. 세 가지 조건은 거버넌스와 전담기구, 재정, 전문 인력이다. 그리고 이러한 조건들이 전체적인 조화 속에서 촘촘하고도 유기적으로 연결되어 효과적으로 학교체육진흥을 이루어낼 수 있도록 하는 잘 짜인 마스터플랜이 함께 필요하다.

첫째, 학교체육의 전반적 관리는 현재 교육부가 담당하고 있다. 운동부 및 스포츠강사 지원은 문화체육관광부에서 주도해왔다가 최근 예산지원을 축소하고 있다. 체육을 다루고 있지만, 교육부와 문화체육관광부의 지향점은 상당부분 다르다. 전자가 교육적, 장기적 투자를 기본으로 한다면, 후자는 성과적, 단기적 지원을 중요시한다. 곧바로 성과를 보일 수 있으며, 단기적으로 변화를 가져오는 정책에 보다 관심이 많은 것이다.

이 점에서 교육부와의 입장차이가 분명하며, 사업구상과 집행에 있어서 유기적 연결이 매끄럽지 못하다. 정책을 현장에서 직접 수행하는 집행기관이 시도교육청과 시도체육회로 분리되어 있다. 이로 인하여 정책효과도 감소한다. 거버넌스를 일원화하는 작업이 필요하다. 현재 〈학교체육진흥법〉에 언급된 "학교체육진흥원"과 같은 전문기구를 설치하여 운영해야 한다. 특히, 올해부터 전문체육과 생활체육분야가 새로운 "통합대한체육회"를 구성하여 거버넌스의 일원화를 가능케 할 수 있는 기반이 차츰 마련되고 있다.

둘째, 학령기에 든 약 600만 명의 모든 초·중·고등학생을 대상으로 하므로 정책집행에 막대한 예산이 소요된다. 가장 든든한 재원인 국고지원을 보다 더 확충해야 한다. 학령기 청소년의 문제는 교육부만의 이슈가 아니고, 교육, 보건복지, 여성가족, 문화체육관광 등 범부처적 공조가 필요한 공통의 문제다. 예산확보와 집행의 효율성을 위하여 부처 간 소통을 통하여, 매년 점진적으로 적정 규모의 증액된 예산이 배정되도록 해야만 한다.

이외에, 사회적 합의를 통하여 공공적 성격의 재원을 청소년 건강을 위한 정책에 더욱 투자하여야 한다. 스포츠토토 등 복권기금의 상당부분을 청소년체육 전반과 학교체육 영역에 배당해야 한다. 현재는 매우 소규모로 간헐적 지원만 될 뿐이다(2016년 1조

3천억 원에서 학교체육육성은 초등학교 스포츠 강사 350억, 방과 후 스포츠프로그램 222억에 불과). 지난 20년간 영국 청소년체육과 학교체육의 눈부신 발전에 주도적 역할을 담당한 청소년스포츠진흥 전문재단 〈Youth Sport Trust〉를 본보기로 삼아 공공적 성격의 청소년스포츠지원 재단을 설립하여 재정을 확보하는 것이 필요하다.

셋째, 학교체육의 현장과 현실에 밝으면서도, 정책적 이해와 리더십을 갖춘 학교체육 전문 인력을 육성해야 한다. 행정적 기반과 재정적 지원이 갖추어졌다고 하더라도, 결국에 정책을 실행시키고 현장을 개선시키는 최일선의 담당자는 체육교사나 행정인력을 포함한 전문 인력들이다. 이들의 전문역량이 발휘되어야만 체계적으로 구조화된 거버넌스의 효율성이 보장되며, 확보된 예산의 집행도 제대로 이루어질 수 있기 때문이다.

현재 학교체육은 거의 체육교사의 전담영역으로 인식되어 있는 형편이다. 생활체육이나 전문체육 관련 이들은 학교체육에 대한 전문성이 필요치 않게 되어있다. 하지만, 현재 한국 체육의 정책적 패러다임이 학교, 생활, 전문체육의 통합을 지향하고 있으며, 체육정책이 0세부터 100세까지 이르는 평생체육의 연속선상에서 구안되고 펼쳐지기 때문에, 통합적 전문역량이 필요하다. 체육교사에게는 생활 및 전문체육에 대한 이해, 그리고 스포츠지도자들에게는 학교체육에 대한 이해를 넓힐 수 있도록 직전 및 현직 전문교육이 지원되어야만 한다.

학교체육의 진흥을 위한 담당조직, 예산, 그리고 전문 인력의 세 조건이 가장 근본적이다. 〈학교체육진흥법〉은 이 조건을 제도적으로 확보해줄 수 있는 법적 근거가 되었다. 그리고 전문체육과 생활체육을 각각 담당하던 대한체육회와 국민생활체육회가 2016년부터 "대한체육회"로 통합되어 운영되게 되었다. 점차적으로 선진국형의 체육구조를 갖추어나가고 있는 것이다. 다만, 아직 학교체육에 대한 보다 전문적인 접근이 미흡한 상황이다. 이를 위하여, 예를 들어, 1990년대 이후 한국체육의 진흥을 이끌어낸 견인차 역할을 해준 "국민체육진흥 5개년 계획"처럼, "학교체육진흥 5개년 계획"같은 마스터플랜을 마련하는 것이 제일의 급선무다.

이젠, 학교의 심장으로!

학교현장, 특히 중학교 현장에서는 체육교사의 역할에 대한 인식의 대전환이 이루어지고 있다. 체육과 체육교사는 이제 학교의 막일꾼에서 학교의 큰 기둥으로 여겨지고 있다. 체육교사가 없다면, 학교는 버텨내지 못할 상황까지 되었다(체육이 없다면, 학생들이 버텨내지 못한다). 기존에 학교에서 담당하던 막일들도 수행하면서, 그것들을 넘어서 교육과정 운영과 학생지도에서 발군의 역량을 발휘하고 있다. 업무전문성은 물론, 수업전문성과 연구전문성까지도 뛰어난 인재들임을 확인받고 있는 것이다.

아마존은 지구의 허파라는 비유가 있다. 지구의 생명유지에 필요한 산소의 생산처임을 강조한 말이다. 체육은 학교의 무엇이라고 말할 수 있을까? 체육은 학교의 심장이다. 체육은 학교가 살아 움직일 수 있도록, 혈액을 만들어내고 우리 몸 전체에 순환시키는 심장과도 같은 역할을 한다. 심장이 약하면 활동이 축소된다. 심장이 멈추면 죽음이 찾아온다. 체육이 위축될수록 학교는 소침해진다. 반대로, 체육이 힘차게 움직이면 학교도 활력으로 가득 찰 것이다.

학교체육을 진흥시키는 것은 학교의 심장을 튼튼히 하는 것이다. 우리 아이들을 더욱 건강하게 만들고, 활기차게 하는 것이다.

2000여 년 전 로마의 유베날리스는 "건강한 육체에 건강한 정신이 깃든다."는 말을 유행시켰다. 비록 시인이었지만, 오늘날 첨단과학으로 증명된 사실과 동일한 결론을 말해주었다.

그렇다면, 건강한 육체를 키우는 곳은 어디인가? 우리 아이들에게 있어서 그곳은 학교다. 그리고 학교체육이다. 어른들이 해쳐 버리고 입시가 망쳐버린, 지금 우리 한국 사회에 절대 필요한, 우리 아이들의 건강한 정신이 맑게 샘솟아 나올 수 있는 발원지, 그곳은 바로 학교체육이다. 국가여, 학교체육에 투자하라. 학교체육 정책을 국가교육정책의 핵심 부분으로 우대하라. (월간교육, 2016, 3)

다대고에서 진선미로!

— 다시 생각해보는 올림픽 정신

One Page Writing

리우올림픽의 진정한 성과

리우올림픽이 지난 8월 22일 막을 내렸다. 온 국민을 잠 못 이루게 한 17일간 이었다. 금메달을 싹쓸이 한 남녀 궁사들도 있었고, 하나도 못 건진 유도 남매들도 있었다. "할 수 있다" 박상영도 있었고, "안쓰럽다" 박태환도 있었다. 일희일비. 경기시청과 메달 소식으로 가슴 졸이고 기뻐하며 그 무덥던 8월을 견뎌냈다.

"10—10" 즉, 금메달 10개 이상, 10위권 이내 진입의 목표는 성공도 실패도 아닌 게 되었다. 금메달 개수는 8개로 10개에 못 미쳤지만, 등수는 8위로 10위권에 진입한 것이다. 절반의 성공이란 표현이 어울릴까? 아님, 목표달성으로 보아야 할까? 금메달 개수가 기준이냐, 등위가 기준이냐에 따라 달리 볼 수 있을 것이다.

그런데 이상하게도, 이번 올림픽에서는 금메달 개수도 등수도 큰 문제가 되지 않고 있다. 등위와 색깔에 예민함과 호들갑을 보인 측은 협회나 언론뿐이다. 일반 국민들에게 이제 금메달 숫자는 첫 번째 이슈가 아니다. 그 메달이 어떻게 얻어진 것인지에 더욱 주목하고 열광한다. 그 과정이 정말로 멋있고 가치로우면 노메달이어도 개의치 않는다. 지더라도, 오히려, 격려와 감동의 큰 박수를 보낸다.

이런 성숙함은 선수들도 마찬가지다. 텔레비전 화면에 비쳐지던 우리 선수들의 얼굴표정을 한 번 떠올려보라. 1980, 90년대 그리고 2000년대 올림픽에서 보이던 선수와 감독들의 비장함과 애통함은 찾아볼 수 없다. 그랜드슬램의 마지막 단추였던 금메달 대신 동메달에 그친 태권도의 이대훈이 대표적이다. "앞으로도 태권도 재미있게 할 것이다"는 그의 말은 인식의 대전환을 단적으로 보여준다. 이제 우리 선수들은 인생의 빅 매치에서도 즐길 수 있게 된 것이다.

쿠베르탱의 의도치 않은 실수?

사람들이 쉽게 눈치 채지 못하는 쿠베르탱의 실수 한 가지가 있다. 한편으로, 그는 "올림픽경기에서 가장 중요한 것, 그것은 승리하는 것이 아니라 참여하는 것이다. 우리 삶에서 가장 중요한 것이 이겨서 쟁취함이 아니라 애쓰며 노력함인 것처럼 말이다. 정말로 중요한 것은 정복하는 것이 아니라 잘 싸우는 것이다"라고 하였다. 참여와 노력, 그리고 과정을 중시하는 이 정신은 올림픽 신조로 채택되었다. 올림픽을 떠받치는 이상이자 가치가 된 것이다.

그런데, 다른 한 편으로, 쿠베르탱 스스로가 선택한 올림픽 모토는 "Citius, Altius, Fortius"("더 빠르게, 더 높게, 더 힘차게"라는 뜻이며, "르까프" Le CAF라는 회사명은 이것을 활용한 것) 이다. 각자 있는 힘을 다하여 자신의 한계를 뛰어넘는 월등한 경기력을 발휘하도록 격려하는 표현이다. 쿠베르탱의 친구인 앙리 디동 신부가 어떤 학교 간 경기대회에서 행한 축하연설 중 인용한 표현이 맘에 들어 곧바로 올림픽 모토로 채택하였다고 한다.

있는 힘껏 경기성과를 올리라고 독려하면서도, 이기는 것보다는 참가하는 것에 주력하라고 한다. 결과와 과정, 함께 얻기 어려운 두 가지 가치를 동시에 강조하고 있다. 모순처럼 들린다. 솔직히 말해, 일생일대의 올림픽에 참여하는 것 자체만으로 만족할 선수가 어디 있으랴. 자국 대표 선발 과정, 대륙별 예선을 거쳐 제한된 출전권을 따내기까지의 역정을 아는 사람이라면, 주저 없이 말할 수 없다. 물론, 옳은 말이다. 하지만, 당사자가 된다면 쉽게 수용하기 어려운 말이다.

그런데 놀랍게도, 올림픽은 그런 장소, 그런 시간이 된다. 이 상반되는 두 가치를 모두 충족시키는 순간을 창조해낸다. 승리를 뜨겁게 갈망하면서도 패배를 순순히 포용하는, 보기 드문 역설이 평범하게 일어난다. 그래서 올림픽은 특별한 것이다. 쿠베르탱의 의도였는지 알길 없지만, 올림픽은 이 두 가치가 온전히 실현될 수 있는 인간 활동의 고귀한 상황을 만들어준다. 전쟁까지도 멈춰가며 진행된 고대 올림픽이 그런 장소였던 것처럼.

다대고 가치와 진선미 가치

고대 올림픽에서 그리스인들이 흠모해 마지않던 "arete"라는 단어가 있다. 현대 영어로 "excellence"와 "virtue"라는 서로 다른 두 단어로 번역된다. 최상의 결과물을 내어놓는 "수월성"과 최고의 훌륭함을 지향하는 "덕"을 의미한다. 쿠베르탱이 올림픽 신조와 모토에 담았던 정신과 가치를 함께 표현해낸다. 올림픽 정신을 제대로 체현하려면, 우리 선수들은 기술적으로 최상의 경기를 펼치려고 애쓰되, 반드시 스포츠의 진정한 가치를 드높이는 방식으로 그리해야 하는 것이다. 이기기 위한 도핑, 반칙, 속임수, 욕설로는 그것을 훼손시키기만 할 뿐이다.

더 빠르고, 더 높이, 더 힘차게 달리고 뛰고 던지기만 해서는 부족하다. 승리만을 지향하며 더 많은 메달, 더 큰 상금, 더 높은 등수만 추구하는 "다대고" 多大高 가치만으로는 온전한 스포츠, 올바른 스포츠는 요원하다. 더 참되고, 더 멋지고, 더 아름다운 운동을 지향하는 "진선미" 眞善美 가치가 반드시 동반되어야 한다. 올림픽은 우승과 금메달만을 위해 기량을 뽐내는 공연장이 아니라, 진정한 인간다움이 발현되고 실현되는 인간가치의 실연장이 되어야한다. 새가 좌우 날개로 날아오르듯, 올림픽은 다대고와 진선미의 가치로 완성된다.

안타깝게도, 르까프 정신과 다대고 가치는 여전히 한국 스포츠의 지배적 가치로 남아있다. 다행히, 우리는 2016년 리우올림픽의 대한민국 선수들에게서 아레테 정신과 진선미 가치가 함께 실현되는 모습들을 목격할 수 있었다. 바라건대, 이 새로운 올림픽 정신이 2018년 평창동계올림픽에서 아름다운 눈꽃으로 피어나기를! 뒤이은 2020년 도쿄올림픽에서는 활짝 만개하기를! 근대 올림픽은 유럽에서 프랑스가 되찾아냈지만, 올림픽의 참된 정신은 아시아에서 우리 한국이 멋지게 되살려내기를! (서울스포츠, 2016. 2)

세계화 시대의 체육

One Page Writing

체육과 세계화

　세계적 수준이 된다 — 세계화를 이야기 할 때, 이것이 가장 먼저 떠오르는 세계화의 의미일 것이다. 어떤 것이 국지적인 수준에서 범국제적인 수준으로 그 규모가 성장하거나 질이 향상되는 것을 나타낸다. 이 경우, 체육의 세계화는 체육의 수준이나 질이 세계 다른 나라와의 비교에서 뒤지지 않을 정도로 발전하는 것을 의미하게 된다. 굳이 예를 들자면, 10만 명 이상을 수용하는 실내경기장 시설을 건설하거나 국제대회에 참가해서 많은 금메달을 수상하게 되었을 때 우리는 체육이 세계화 되었다고 말한다.

　그러나, 세계화가 이 의미만을 갖는 것은 아니다. 세계화에는 또 다른 하나의 의미가 담겨져 있다. 그것은 "세계가(와) 하나가 된다"는 것이다. 세계가 하나가 된다는 것, 또는 세계와 하나가 된다는 것은 언어와 문화가 다른 나라들과 교류하여 서로를 더욱 가까이 하게 되고 자세히 알게 되는 것을 말한다. 지구상에 존재하는 수백의 나라들에 거주하는 사람들이 자신이 비록 국적과 언어의 장벽에 의해 갈라져 있으나, 실지로는 지구상에 존재하는 유일한 국가, 즉 "세계"국가에 공주하는 한 국민이라는 것을 깨닫는 것을 의미한다.

세계화 시대에 있어서 체육이 갖는 의미에 관해 생각하고자 할 때, 우리는 전자의 의미보다는 후자의 의미로 세계화를 이해하게 된다. "세계가 하나가 되는 시대에 있어서 체육은 어떤 가치를 가지며 어떤 역할을 하는가?" 라는 해석이 "세계적인 수준을 강조하는 시대에 있어서 체육은 어떤 가치를 가지며 어떤 역할을 하는가?"라는 해석보다 더욱 명료하게 들리는 것이다. 도대체 체육이 세계를 하나 되게 하고 세계인을 함께 되게 하는 데에 무슨 공헌을 하는가? 세계화의 맥락 내에서 체육의 의미를 재조명하는 작업은 중요하며 중요한 그만큼 쉽지 않다. 그것은 체육이 현대 사회에서 차지하는 역할을 새롭게 규정하라는 요구이며, 그 규정 여하에 따라 체육의 가치는 재조정될 것이다.

공동의 장소와 체육

영어단어 "코몬플레이스" commonplaces 는 사전에는 "진부한 말", "상투적 표현" 등으로 풀이되어 있지만 글자 그대로는 "공동의 장소"를 의미한다. 처음에는 공동의 장소를 의미하는 말이 오늘에 와서는 전혀 다른 의미로 바뀌게 된 것에는 그 나름대로의 사연이 있다. 어떤 장소가 공동의 장소라고 불릴 수 있으려면, 그것은 누구라도 자유자재로 출입할 수 있고 그 안에서 아무 제한 없이 활동할 수 있어야 할 것이다. 공동의 장소가 갖는 이 일반적인 의미가 중세 수사학의 맥락으로 옮겨졌을 때, 공동의 장소는 진부한 말, 상투적 표현의 의미로 탈바꿈하게 된 것이다.

수사학이란 말에 관한, 말을 잘하는 것에 관한 내용을 다루는 분야이다. 말을 잘하기 위해서는 다양하고 훌륭한 표현들을 많이 알고 있어야 한다. 이것은 운동을 잘하기 위해서는 다양하고 세련된 기술들을 많이 알고 있어야 하는 것과 전적으로 동일하다. 중세사람들은 훌륭한 표현들을 쓸 수 있기 위해서 그 당시에 위대한 작가의 위대한 저작에 나오는 훌륭한 구절이나 문구를 배워서 머릿속에 가지고 다녔다. 이 구절들은 그것을 배운 사람이면 누구나 그 안에 들어가 자신이 필요한 구절을 사용할 수 있는 그런 장소이다. 그리고 그 구절은 어느 한 사람만이 소유하는 것이 아니라 그것을 배운 사람 모두가 공유하는 공동의 장소였던 것이다.

오늘날 널리 알려져 있는 〈바틀레트 대인용집〉이나 에라스무스의 〈금언집〉, 또는 동양의 경우 〈명심보감〉 등은 바로 그 같은 공동의 장소의 대표적 보기에 해당한다. 이 명구집들은 말을 잘하기 위하여 가치있다고 인정받은 금쪽같은 표현들을 한 곳에 모아놓은 참고자료였다. 이 명구집들에는 우리가 현재 일상생활에서 너무나 자주 쓰고 있는, 따라서 진부한 말이나 상투적 표현이라고 부르는 문구들이 모아져 있다. 이 문구들은 비슷한 상황에서는 누구나 사용할 만한 공동의 표현이며 그 때문에 상투적으로 느껴지고 진부하게 들리게 된 것이다. 공동의 장소를 뜻했던 "코몬플레이스"가 진부한 표현의 의미를 갖게 된 데에는 이같은 사연이 있었다.

여기서 우리가 반드시 주목해야 할 것은 중세인들이 공동의 장소를 배우는 것에는 웅변술을 향상시켜 좋은 수입과 신분을 얻기 위한 것 이상의 의미가 있었다는 사실이다. 이같은 실용적 목적이외에도, 누구나가 사용하는 공동의 언어를 배우는 것은 그 당시 교육받은 사람이면 누구나 사용하는 공동의 장소를 익히기 위한 것이었다. 그리고 이 공동의 언어를 배움으로써 그 사람은 그 언어를 사용하는 지적 공동체의 일원이 될 수 있었던 것이다. "말을 잘한다"는 것은 중세인들에게 있어서는 "인간이 된다"는 것을 의미하기도 했다. 공동의 장소, 혹은 공동의 언어를 배우지 않고는 지적 대화를 이해할 수도, 자신이 스스로 그 대화에 참여할 수도 없었다.

다소 설명이 길어졌지만, 말하고자 하는 요점은 다음 두 가지이다. 첫째, 이 공동의 장소(공동의 언어)는 그것을 배운 사람들을 "하나"가 되게 하는 매개체 역할을 한다. 공동의 장소는 의사소통을 위한 공동의 표현, 문구를 제공해줌으로써 사람들 간에 지적 대화가 가능하게 만들었다. 이 지적 대화를 통해서 중세의 교육받은 이들은 서로를 이해하는 공동체 의식을 가질 수 있었다.

둘째, 이 공동의 장소는 인간이 동물과 구별되는 인간으로서 정체성을 가지며 살아가도록 만드는 기반을 제공한다. 태아가 자라서 하나의 인간이 되는 것은 교육을 받아 문화를 습득하게 되었을 때이다. 동물에게는 본능만 있을 뿐 문화가 존재하지 않는다. 인간이 인간인 까닭은 문화를 만들고 그것을 후대에 상속하여 주기 때문이다. 아이는 선대의 문화유산을 상속받았을 경우에만 인류의 정식 성원으로서 성장하게 되는 것이다. 따라서 중세인들에게 있어서 공동의 장소는 사람을 사람되는 길에 입문시켜주는 유일한 통로였다.

중세에 코몬플레이스가 가졌던 이같은 의미와 역할은 현대에 체육이 가지는 역할과 의미를 이해하는 작업에 새로운 시사점을 던져준다. 특히, 세계화 시대에 있어서 체육이 갖는 의미를 곰곰히 새겨보고자 할 때 공동의 장소의 개념은 시사하는 바가 많다. 적어도, 앞에서 던졌던 질문, "도대체 체육이 세계를 하나 되게 하고 세계인을 함께 되게 하는 데에 무슨 공헌을 하는가?"에 대한 대답이 다소간 명백해진다. 거두절미하고 말한다면, 체육은 현대의 "코몬플레이스"로서 세계를 "하나"되게 하고 이 세계에 사는 사람들을 "세계인"이 되도록 한다. 체육은 세계인들 누구나 자유롭게 출입할 수 있는 현대판 공동의 장소로서, 또는 인류 공동의 문화유산에 입문시켜주는 현대판 공동의 언어로서 그 어떤 것보다도 강력하게 세계를 하나 되게 한다.

현대 사회에 있어서 체육은 전 세계인을 하나로 묶어줄 수 있는 거의 유일무이의 매개체 역할을 한다. 체육은 문자의 사용에 의존하지 않고 단순한 몸놀림을 이용하는 것만으로 그것을 행하거나 보는 사람들이 서로 이해할 수 있게 해준다. 저 히말라야의 고산족으로부터 뉴욕의 여피족에 이르기까지 지구마을의 주민들은 스포츠라는 인류 공통의 언어를 통하여 서로를 알 수 있게 된다. 스포츠는 지구 반대편에 살고 있는 서로 언어적 의사소통이 되지 않는 두 사람으로 하여금 서로 경쟁하고 협동하게 만들어 준다. 그리고 그것을 통하여 서로를 이해하고 결국에는 하나 되게 만들어 준다.

또한 공동의 언어로서 스포츠는 지구라는 혹성에 사는 인간이라는 우주생명체를 세계인이라는 정체성을 가진 공동체가 되도록 만들어 준다. 인류에게 남겨진 문화유산의 하나로서 체육은 그것을 습득했을 경우에만 우리로 하여금 문화인, 즉 인간으로서 스스로를 인식할 수 있도록 한다. 특히, 체육은 어느 한 민족이나 나라에서만 발견되는 국지적 성격의 문화가 아니라 세계인류 전체에서 발견되어지는 공적 유산인 만큼, 체육을 모른다는 것은 인류의 공적 유산을 상속받지 못한 세계인이 아님을 자인하는 것이다. 체육은 우리로 하여금 세계인이 되는 문턱에 들어서게 만든다. 체육을 배운다는 것은 따라서 세계인에 입문한다는 말을 의미하는 것이다.

체육과 올림픽

　체육이 갖는 이같은 "코몬플레이스"로서의 기능을 현대에 들어 가장 두드러지게 발휘하고 있는 체육행사는 올림픽이다. 전 세계인의 종합체육축제인 올림픽은 가히 공동의 장소중의 공동의 장소라고 불리울만한 자격을 갖추고 있다. 올림픽은 그 규모에 있어서도 범세계적이며 그 수준에 있어서도 전 세계적이다. 전 세계 5분의 4이상의 나라가 이 현대판 공동의 장소에 모이며, 전 세계 반 이상의 인류가 이 현대판 공동의 언어를 나눈다. 올림픽만큼 전 세계의 이목을 집중시키는 공통의 관심대상도 없다. 올림픽은 현대 세계에서 가장 효율적으로 세계를 하나 되게 만들고 세계인을 함께하게 만드는 인류 공유의 장소이자 공동의 언어이다.

　올림픽은 고대에 있어서도 이와 동일한 역할을 수행했다. 기원전 776년부터 기원후 393년까지 1,169년 동안 수행되었던 고대 올림픽 경기는 제우스신을 기린다는 제의적 목적을 전면에 내세웠으나, 실지로는 다른 도시국가들이 한 곳에 모여 하나가 되도록 하는 공동의 장소로서의 기능을 수행하였다. 즉, 올림픽경기 기간 동안에는 도시국가간의 모든 전쟁은 반드시 휴전되어야만 했으며, 경기에 참여하는 선수나 관람자는 그가 농부이건 귀족이건 모두가 동등하게 취급되었다. 이들은 그리스 전 지역으로부터 올림피아로 몰려들었으며 명예와 영광을 위해서 혼신의 힘을 다하여 경기에 참가하였다. 경기의 우승자는 말할 것도 없고 올림픽에 참가하는 모든 운동선수는 존경과 경탄의 대상이 되었다.

　헬레니즘 문화로부터 발산되는 문명의 빛만이 유럽지역을 밝혀주던 그 당시에는 그리스는 서양세계의 중심이자 바로 서양세계 그 자체였다. 그 세계는 수많은 도시국가들로 나뉘어져 있었고 이들을 하나로 묶어 주는 공동의 장소, 전쟁도 멈추어가며 하나로 되고자 했던 공동의 장소가 바로 올림픽이었던 것이다. 고대 올림픽은 고대 유럽의 서양세계를 하나로 묶는 매개가 되었다. 그것은 또한 고대 유럽 서양세계인을 자신이 속한 도시국가의 시민이라는 인위적 장벽을 허물어뜨리고 올림피안이라는 세계인으로 만들어 주는 장소를 제공해주었다.

고대 그리스인들은 최고의 인간상으로 "완벽하게 조화된 인간"을 추구했으며, 올림픽 경기에서 우승한 운동선수를 정신과 신체가 조화된 완벽한 인간의 한 전형으로 간주했다. 로마 후기의 한 극작가의 말에 따르면, 올림픽 경기나 다른 범그리스 제전에서 우승한 선수는 "신들과 동등한 존재"로 간주되었다. 이 사실은 중세의 "코몬플레이스"가 인간이 인간이 되도록 하는 역할을 한 것처럼, 고대에 있어서 올림픽 경기가 인간 중에서도 최고의 인간으로 인정받도록 하는 장소를 제공했음을 보여준다.

쿠베르텡의 노력과 그의 유럽 동료들의 협조로 1886년 시작된 근대 올림픽 경기는 시초부터 이러한 고대 올림픽 경기의 이상을 재현하고자 시도되었다. 19세기 말엽 산업사회로의 이동으로 유럽 제국의 정치, 사회적 분위기가 극도로 혼란스러워지고 민족주의의 팽만으로 국가이기주의가 유럽의 나라들을 조각조각 갈라놓는 것을 목격한 젊은 청년 쿠베르텡은 과거 찬란했던 유럽 문화의 재건을 목적으로 유럽국가들을 올림픽이라는 공동의 장소에 모이도록 만들었다. 고대 올림픽이 그리스의 도시국가들을 하나로 만들고 도시국가의 시민들을 올림피안이라는 하나의 세계인으로 만들어주었듯이, 쿠베르텡은 근대 올림픽의 부활을 통하여 제각기 흩어져 자국의 이익만을 추구하는 유럽 여러 나라와 그 국민들을 하나로 만들려고 노력하였던 것이다.

근대 올림픽 경기가 시작된지 100년이 지난 오늘 쿠베르텡의 이상과 그 이상의 뿌리가 된 고대 올림픽의 정신은 아직도 빛을 잃지 않고 있다. 비록 그동안 상업화, 정치화 등 많고 심각한 문제점들이 이 빛을 흐리게 만든 경우도 있었지만, 올림픽 경기는 이제 지구마을 최대의 축제로 성장하여 전 세계인의 관심이 집중되는 공동의 장소가 되었다. 그리고 "코몬플레이스"가 갖는 역할을 충실히 수행하고 있다. 각 국가 간의 경제전쟁, 문화전쟁, 외교전쟁의 시대라고 불리우는 후기산업사회에 있어서 올림픽 경기는 서로 잠시나마 전쟁을 멈추고 스포츠라는 인류 공동의 언어를 통하여 서로를 이해하는 순간을 갖도록 도와준다. 또한 올림픽 경기는 전 세계의 사람들이 관여하며 그들을 하나 되게 만드는 공동의 언어에 관심 갖도록 함으로써 세계화 시대를 사는 우리로 하여금 어느 한 나라의 국민이라는 생각에서 벗어나 세계라는 국가의 공동 국적을 가졌다는 인식을 갖도록 한다. 올림픽을 통해서 우리는 세계인이라는 인류종족의 정식 구성원임을 느끼게 되는 것이다.

세계화 시대의 체육

세계화는 두 가지 의미를 가지고 있다. "세계적 수준이 된다"는 것이 하나이고, "세계가(와) 하나 된다"는 것이 다른 하나이다. 전자의 해석은 그 안에 경쟁적 요소를 내포하고 있다. 세계적 수준이라는 것은 다른 나라와의 비교에 의해서 판정되는 것이고 비교는 선택의 결단을 요청한다. 세계화가 이같이 해석된다면, 논리적으로, 국제관계는 협동보다는 경쟁에 의해 특징지어지게 된다. 세계제일의 수준은 한정되어 있고 그 한정된 자리를 모든 국가가 공유할 수는 없기 때문이다. 세계화 시대의 체육의 의미와 가치도 국제대회나 올림픽에서 얼마나 많은 금메달을 획득해서 다른 나라보다 상위에 입상하는가에 의해 결정되어진다. 이 때 세계인은 동료라기보다는 경쟁상대요 적군이다.

그러나 "세계가(와) 하나 되는 것"을 세계화로 이해한다면 국제관계는 경쟁의 논리보다는 협동의 도리에 의하여 특징지어지게 된다. 세계가 하나 되게끔 만드는 것은 치열한 선두다툼보다는 애정 어린 토닥거림인 것이다. 세계의 주목을 모으는 전인류의 "코몬플레이스"로서 올림픽 경기는 인종의 동서양을 막론하고 언어의 종류에 관계없이 모든 나라 모든 사람이 소유하고 자유롭게 왕래하는 공동의 장소인 것이다. 이 때 세계는 한가족이 되며 세계인은 친구이자 동료가 된다.

오는 7월에 개최되는 애틀랜타 올림픽은 자국의 이익추구 경향이 첨예해지기만 하는 세계화 시대의 후기산업사회에서 인류 공동의 언어인 스포츠를 통하여 세계를 하나 되게 하고 세계인을 함께되게 만드는 현대의 코몬플레이스로서 의미가 실현되는 20세기 최후의 축제이다. 인류 문화유산의 상속자로서 현대를 사는 우리가 해내어야만 하는 일은 그 이상이 그대로의 온전한 모습으로, 마치 고대 올림픽이 천년을 계속되었듯이, 다음 밀레니엄까지 영속되도록 최선을 다하는 것이다. (1996. 4)

어떤 탄생설화

One Page Writing

옛날 옛적 배움골에 위세 등등한 이름 하나 있었으니, "이론"이렷다. 그 이름만 들어도 뭇 주민들은 고개를 설레설레 흔들었고, 눈앞에 나타나면 다들 주춤대며 길을 터주었다. 윗말 상아탑골 양반가에서 나고 자라 그곳서 널리 이름을 떨치고는, 아랫말 배움골이 역병, 폭도, 가뭄 등으로 어려울 때면 내려와 득의만만 온 동네를 호령하며 한바탕 휘젓고 홀연히 사라졌다.

그런데, 간혹 큰 문제가 해소된 것처럼 보였지만, 찬찬히 들여다보니 해결한 문제들은 숨어 있다가 슬금슬금 기어 나오고, 까먹을만하면 새 단장을 하고 다시 나타나기를 반복했다. 찬란한 어휘와 대단한 기세로 배움골의 문제를 소탕하였노라 호언했지만, 이론들은 동네 삼식이네 잃어버린 개똥이를 찾아주거나 박첨지의 잦은 술주정은 속수무책일 따름이었다. 아니, 이런 조그만 문제들에 관여하는 것 자체를 아래 것들 소작마냥 기피하는 것 같았다.

큰 기대를 품었던 배움마을 사람들 사이에 차츰 의심이 싹트기 시작했다. 귀한 혈통에 명성 또한 자자하여 큰일을 해낼 줄 알았건만, 해결을 자처한 큰일에 신통치 못할뿐더러, 사소한 일에는 아예 관심조차 주지 않는 꼴을 보니 한숨만 나올 뿐이었다. 밭일을 마다하고 임금님 말씀 받잡듯 시키는 대로 움직이고 곡간까지 털어 큰 사례까지 했건만, 이론이 풀어놓은 해법은 그리 마땅한 결과를 내놓지 못했다.

차차 배움골 사람들은 왜 우리의 문제를 우리를 잘 모르는 외지 사람들에게 맡겼는지 자문하게 되었다. 그리고 마을의 문제를 가장 잘 풀어낼 수 있는 이는 제삼자가 아니라 누구보다도 당사자라는 자각을 갖게 되었다. 하여 우선은 급한 대로 상아탑골의 이론들이 이웃나라에서 배워왔다는 최첨단의 방법들을 흉내내보았다. 그러나 겉으로야 무엇인가 변하고 해결되는 듯 보였지만, 역시나 일시적이고 표피적일 뿐이었다.

이들은 이런 궁리와 저런 궁구로서 자신들이 겪는 어려움의 원인과 그 해결책을 찾는 보다 더 적합한 방법들을 고민하기 시작하더니, 드디어 현실적이면서도 근본적인 해결안을 내놓기 시작했다. 비록 김초시나 최막둥네 소소한 문제들을 푸는 단출한 일들이었지만, 가랑비에 속옷 젖듯 이런 경험도 계속되니 이집 저집의 문제들을 해결할 방도로 제법 틀을 잡아갔다. 얽히고설킨 문제를 쾌도난마처럼 단박에 해결해줄 수 있다고 호언장담한 이론의 규모에야 비할 바 못됐지만, 그래도 마을의 문제 해결에 큰 보탬이 되었다. 이들은 이제 자기 집, 자기 마을의 문제는 상아탑골 양반보다 자기들이 훨씬 더 잘 해결할 수 있는 힘을 지니고 있음을 깨닫게 되었다.

그 뒤에도 윗말 이론들은 눈치 없이 아랫말에 내려와 여적 거들먹거리며 허세를 부리는데 여념이 없었다. 배움골 사람들은 이런 이론들을 외면하기 시작했으나, 그 간의 정을 생각해 마지못해 간혹 미소를 띠며 이론들의 요구를 들어줄 뿐이었다. 자존심과 체면을 중시하는 이론들의 습성을 잘 아는지라, 그간의 관계를 감안하여 최소한의 예의를 지켜준 것이다. 사실, 이론의 세도가 여전히 방방곡곡 강력한 연고로 그리 처신하는 것이 이로울 판이었다.

촌장은 마을의 문제를 자체적으로 해결하려 한층 노력을 기울였다. 마을 사람들 서로가 문제를 해결한 사례들을 나눌 수 있도록 매년 한 자리에 모여 한바탕 잔치를 열게 되었다. 배움골 사람들이 비로소 마을의 문제를 스스로 해결코자하는 실천적 노력의 감격스런 총집합이 가능케 된 것이다. 백성들의 이러한 자구노력에 심히 기뻐하신 나라님께서는 큰 상을 내려주시기까지 했다.

이것이 내가 들은, 오늘날 행해지는 교육현장연구대회의 탄생설화다. 그런데, 고인 물은 탁해지기 마련인지, 시간이 지나면서 아랫마을 이들도 윗마을 양반네 이론들을 본 따서 화려한 겉모습과 미사여구로 치장하는 사례가 늘어가고 있다는 소문이 자자하다. 나라님의 포상에만 눈을 고정하고 초심을 잃은 채 외식의 겉치장으로 눈길을 잡아끌려는 이들이 생기고 있다는 뒷얘기가 안타깝다. 매년 잔칫날을 기다리며 참으로 요긴하고 쓸 만한 처방들을 거두어가던 이웃마을 사람으로서 이런 모든 말들이 헛소문이기를 바라며, 현장의 실천적 지혜를 충실히 거두어 모아 함께 나누려는 원래의 취지가 퇴색되지 않고 천년만년 영롱히 빛나기를 두 손 모아 기원할 뿐이다. (2014, 5)

자아의 척도

One Page Writing

"확, 대, 해, 석." 좋게 말하면 이렇게 표현될 수 있을 것입니다. 스포츠의 인문적 해석을 말하는 것입니다. 자료를 읽으면 읽을수록, "별거 아닌 것을 너무 크게, 깊게 이해하려고 하는 것이 아닌가" 하는 의문이 일어나고 의혹이 고개를 들 것입니다. "그냥 즐겁게 행하고 느끼고 기분 좋은 것에 불과한 것을 무슨 근거로, 왜 그렇게 대단한 것으로 만들어내는지" 도무지 이해하기가 어려워질 것입니다. 한 두 편이면 그런가보다고 봐줄 수 있는데, 책 두 권 분량으로 그런 글들을 대하니 뻔하고 빤하고 짜증까지 날판입니다.

물론, 스포츠에는 좋은 것이 들어있을 것입니다. 그렇지 않고서야 그렇게 많은 사람들이 이렇게 오랫동안 저렇게 온 지구에 걸쳐 좋아할 수는 없습니다. 무언가 특별한 것이 있을 것입니다. 하지만, 이렇게까지 심오한 것이 담겨있다고 생각하고 심지어 확신까지 하는 것은, 제 정신을 가진 사람이라면, 강박증이나 우상숭배의 수준으로 생각하지 않을 수가 없을 지경입니다. 세상에 널려있는 스포츠에 뭐가 그렇게 대단한 것이 들어있다고 그리 심각한 글들을 써댔는지요. 이런 일을 처음 당하는 여러분들로서는 다소 난감할 것입니다.

나로서도 마찬가지였습니다. 공부의 처음에는 스포츠는 스포츠요 운동은 운동이었습니다. 하지만, 그동안의 공부는 스포츠는 스포츠가 아니요 운동은 운동이 아니라는 사실을 일깨워주었습니다. 스포츠는 스포츠인 동시에 스포츠가 아닌 것임을 발견하게 되었습니다. 스포츠는 그것 이외의 것들과 깊은 연관을 지니고 있고, 그것들과 소통할 수 있는 연결고리를 지니고 있었습니다. 공부는, 그 보이지 않는 연관성과 연결성을 찾도록 하는 것이었습니다. 이 일은 "스포츠 안에는 대단한 것이 들어있다"는 명제를 확인하는 일이었습니다.

사람은 자신이 가진 것이 얼마나 커다란 가치가 있는 것인지 모르는 경우가 허다합니다. 그것이 돌인지 옥인지 감 잡지 못하는 것, 바로 눈 뜬 장님으로 지내는 사례가 부지기수입니다. 그러다 어느 날 어떤 계기(대개, 공부)로 그것을 느끼고 볼 수 있게 됩니다. 물론, 평생을 그렇게 하지 못하는 경우도 다반사입니다. 대부분의 경우, 시력의 관성에 떠밀려 그냥 그대로 처음 본 그 모습이 모두인 것으로 여기고 행동하고 취급합니다. 그렇지만, 삶에 있어서 모든 것은 다중적 가치, 다층적 의미를 지니고 있습니다. 처음 본 그것이 다가 아닌 것입니다. 돌 안에 든 보석을 찾을 수 있는 사람은 그다지 많지 않습니다.

스포츠는 그냥 스포츠가 아닙니다. 이것은 제가 혼자 하는 말이 아닙니다. 그것의 가치를 들여다 본 많은 전문가, 운동인, 스포츠팬들이 이구동성으로 우리에게 소리치는 것입니다. 운동만 해서는 이 점을 제대로, 정확히 깨닫기 어렵습니다. 스스로 그것을 깨우치기가 쉽지 않습니다. 먼저 깨친이의 도움이 필요하고 그것도 분명하고 수준 높은 도움이 필요합니다. 가치 있는 것치고 쉽게 얻을 수 있는 것은 하나도 없습니다. 힘겹고 어렵게 찾아내고 얻어내야 합니다. 그럼에도 불구하고, 그것이 얻어지는 경우는 많지 않습니다. 인문적 지혜는 그것을 도와줍니다. 스포츠에 담겨진 가치의 발견을 직접적으로 간접적으로, 또 하는 것에 덧붙여 다양한 방식으로 알려줍니다. 눈을 뜰 수 있도록, 귀가 열려지도록 기회를 제공합니다.

그런 눈으로 본 스포츠는, 일반인의 눈에는 확대해석으로 밖에는 볼 수 없는 그러한 모습과 측면을 드러냅니다. 이전에는 보이지 않던 차원과 층위가 스스로를 드러냅니다. 별거 아닌 것에 별의 별 것이 다 들어있는 것입니다. 유명한 종교학자가 말했듯, 모든 성스러운 것은 속스러운 것 안에서 찾아집니다. 세속은 신성을 담지하고 있습니다. 단, 밝은 눈과 열린 귀를 가진 사람에게만 발견됩니다.

나는 스포츠 속에 있는 그것을 보고 듣고 싶은 것입니다. 나는 내가 사랑하고 나의 삶을 바치는 스포츠가 단순히 그냥 스포츠에 그치는 것을 참아낼 수 없습니다. 믿어지지 않습니다. 그렇다면, 내 사랑과 내 삶은 보잘 것이 없는 것에 그쳐버리기 때문입니다. 내 사랑과 삶의 대상은 무수한 가치를 담지하고 있는, 보석중의 보석이어야만 합니다. 그리고 그것은 허상이나 환상이 아닙니다. 그것은 이상입니다. 그리고 실상입니다.

실존주의 철학자 키에르케고르는 "자아의 크기는 척도의 크기에 정비례한다"고 갈파하였습니다. 우리의 내면세계는 자신이 비춰보고자 하는 기준과 표준의 크기만큼 자랄 수 있다는 말입니다. 자신이 바라는 것의 크기가 자신이 될 수 있는 것의 크기를 결정합니다. 자신이 기준으로 삼는 것, 자신이 이상으로 삼는 것, 바로 그것으로 자신은 채워지고 키워지고 되어지는 것입니다.

스포츠는 나의 척도입니다. 나는 내가 생각하고 믿는 스포츠의 크기만큼, 깊이만큼, 높이만큼 자랄 것입니다. 그러므로 스포츠를 인문적으로 확대해석하는 일은 자아의 심화확장을 위한 필수적 노력이라고 할 수 있습니다. 내가 펼쳐낼 수 있는 스포츠의 크기도 마찬가지입니다. 그것은 내가 바라고 믿는 크기만큼만 가능할 것입니다. 그러므로 또 역시, 스포츠의 인문적 확대해석은 내 삶의 심화확장을 위한 필연적 수고라고 볼 수 있습니다. 이것이 무모한 노력과 무용한 수고일까요? (체육학입문, 2011.5)

충격요법

One Page Writing

분명, 다를 것입니다. 1986년에 대학원을 다닌 저와 2011년에 대학원을 다니고 있는 여러분은. 외견과 모양은 말하나 마나입니다. 외모 상으로 이제 그대들은 황금기를 맞이하고 있고, 저는 인생의 백금기를 향해 가고 있습니다. 저는 희끗희끗 새하얗게, 여러분은 반짝반짝 샛노랗게.

겉만이 아닙니다. 그 안에 들어있는 것, 정신세계도 다를 것입니다. 1960년 초반에 태어나 어려운 10대를 보내고 30대에 들어서야 제대로 된 생활을 하게 된 저는, 대부분 1980년을 전후해서 태어나 풍족한 사회를 보고자란 여러분들과는, 틀림없이 다를 것입니다. 경험과 지식의 차이는 사고방식의 차이를 만들어냅니다. 그럴 수밖에 없습니다.

그런 차이를 무시하고, 저는, 지난 팔 십 여 일 동안, 그대들에게 선택의 여지를 주지 않고 저의 정신세계를 맛보게 하였습니다. 저의 개인적 고민거리를 함께 하라고 강조, 아니 강요했습니다. 성인으로서 가장 견디기 힘든 것 중의 하나가, 강요, 그것도 정신적 강요일 것입니다. 어려웠을 것입니다. 힘들었기도 했을 것입니다.

저는 체육학 공부를 이제 막 시작한 햇병아리 석사시절부터 박사시기를 거쳐 교수신분까지 저를 붙잡고 있었던 문제들에 대해서 제가 진지하게 숙고하고 나름대로 발견했던 방안에 대하여 쓴 글들을 여러분에게 강독 強讀 시켰던 것입니다. 학기의 마지막에 이른 지금, 진심으로 사과합니다. 다만, 이 계획이 순전히 책 팔아먹으려는 수준 낮은 의도에 의해서 전개된 것이 아니라는 점만은 이해해주시기 바랍니다.

여러분은 공부를 본격적으로 시작하는 시점에 와있거나, 공부에 대한 새로운 시각이 필요한 시기에 있습니다. "체육학입문"이란 수업은 그러한 마음가짐을 지닌 사람들을 위해서 만들어졌습니다. 이 수업에서는 체육학에 대한 새로운 시야를 갖도록 다양한 전문연구분야를 소개하는 일을 하였습니다. 그리고 무엇보다도, 패러다임의 전환이라는 가장 거시적인 수준에서의 새로운 시각을 조금이라도 맛보는 일이 필요하였습니다.

다른 교수님들은 전자의 도움을, 저는 주로 후자의 도움을 제공해주려고 했습니다. 이를 위해서 여러분들의 것과는 다른, 혹은 기준의 것과는 차별되는 세계를 알아보는 일을 과제로 주어야만 했습니다. 그것도 한 번이 아니라 여러 번 지속적으로. 읽는 것에서 그치지 않고 그것을 생각하고 글로 표현하는 일까지 필요했습니다.

아시다시피, 빠르고 강한 효과를 얻기 위한 방법 중에 "충격요법"이라는 것이 있습니다. 세 달에 불과한 짧은 시간동안 저에게 가장 요긴했던 방법이었습니다. 물론, 부작용도 우려했지만, 제 경험상, 의도한 만큼의 효과가 있을 것으로 기대했습니다. 또 경험상, 그 충격의 정도는, 자신이 지니고 알고 믿었던 것과 얼마나 다른지의 정도와 비례하였습니다. 그리고 효과의 크기는 충격의 크기와 비례하였습니다.

그리하여 제가 기대한 수업의 효과는 저의 정신세계와 여러분의 그것이 서로 떨어진 거리에 정비례하는 상황에 놓여있었습니다. 저의 수업 의도는 중층적이었습니다. 한편으로는 기능중심, 과학지향의 체육이 유일하고도 최고의 답안은 아니라는 것, 그리고 다른 한편으로는 안목중심, 인문지향의 체육이 대안이자 보안補案일 수 있다는 것을 공부하는 여러분의 정신적 토양에 얕게라도 심어주는 것이었습니다. 구십일의 수업, 열두어 번의 만남으로 그 이상 무엇을 어떻게 얻어낼 수 있겠습니까? 깊게 뿌리내리기는 그대들 각자의 몫으로 남겨집니다.

만약 이 두 가지 일을 조금이라도 성사시켜내었다면, 역설적이게도, 저와 여러분의 정신세계는 조금이라도 가까워지고 닮아지게 되었을 것입니다. 그대들과 저의 문제의식이 서로 비슷한 결을 지니게 되었다는 뜻입니다. 서로의 목소리에 공명하게 되는 동일 주파수대에 함께 하게 되었다는 것입니다. 제가 공부를 시작했을 때 그토록 원했던 바, 새로운 공부와 새로운 세계를 찾아 떠날 수 있는 심정의 준비가 되었음을 말합니다. 그대들 각자를 심히 괴롭히고 그것과의 분투를 통해 유레카의 희열을 느낄 수 있도록 하는 그런 모순적인 난제들을 마음속에 품을 수 있게 된 것입니다.

그동안 걸어보니, 체육학 공부 자기성찰과 체육통찰의 길은 결코 만만한 평로平路가 아닙니다. 끊어짐 없는 오르막으로 된 산길입니다. 제 경험을 말씀드리면, 평지는 없습니다. 게다가 정상이란 존재하지 않는 산에 난 길입니다. 물론, 가는 도중에 봄과 여름과 가을과 겨울을 다 맛보게 되는 다채로운 여정이기도 합니다. 하지만, 끝점이란 존재하지 않는 계속 된 오르막입니다. 여러분은 이제 막 이 산행의 초입에 들어선 초행길의 사람들입니다. 설렘으로 가득한 심정으로 산행을 준비하는 때입니다. 체육학입문은 그 초입에서의 산행안내문입니다.

도중에 멈추지 않고 오랫동안 산경 山經을 음미하면서 산을 오르려면, 지나가는 굽이굽이마다 발견한 기묘한 지식덩어리를 모조리 배낭에 집어넣으면 안 될 것입니다. 짐이 되기 때문입니다. 보이는 것들을 새롭게 지각할 수 있는 마음의 눈을 갖는 것이 훨씬 더 오래 지속되는 산행을 보장합니다. 아마도 이것이, 푸르스트가 "진정한 발견의 여정, 그것은 새로운 지형을 찾는 것이 아니다. 그것은 새로운 안목을 갖는 것이다"라고 말한 이유일 것입니다. 이제 막 시작된 여러분의 공부여정이 새로운 지식은 물론, 이러한 안목을 찾아가는 진정한 발견의 여정이 되기를, 그리고 저와의 만남이 티끌만큼의 도움이라도 되기를, 어떤 누구보다도 간절히 기대합니다. (체육학입문, 2011. 6.)

무지개

One Page Writing

　기억하시나요? 〈무지개〉란 시. 학창시절 국어시간에 배웠던 것으로, 워즈워드의 작품이죠. 작년, 어떤 글을 쓰다가 인용할 요량으로 오랜만에 찾아보았습니다. 삼십 오년도 더 넘어서 다시 읽어보니, 한글로 옮긴 번역문이 그리 가슴에 와 닿지 않았습니다. 학생시절에는 시험공부를 위하여, 감상보다는 분석위주로 읽었을 뿐이어서 이 점을 잘 몰랐던 것입니다.

　그래서 영어 원문을 찾아보고, 외람되게도, 직접 우리말로 옮겨보려 했습니다. 그러면서 어른이 된 이후에 무지개를 보면서 어떤 감정을 느꼈는지, 되살려 내려고 애를 써보았네요. 그런데 실망감과 자책감만 잔뜩 맛보았습니다. 본격적으로 논문 쓰는 인생으로 (잘못) 들어서고 나서부터는 그런 적이 거의 없어서요. 아무튼, 최대한 저 자신에게 가까이 와 닿는 단어를 고르고 문장으로 엮으려 해보았습니다.

　감사하게도, 이 머리 아픈 일을 하는 도중 제게 작은 깨달음 한 가지가 찾아왔습니다. 그것은, 외국시를 한국말로 옮겨내는 일은 질적 연구를 진행하면서 데이터를 해석하는 일과 흡사하다는 사실입니다. 영어시를 한국어로 옮겨내는 과정은 연구자의 전인식 全認識이 관여하는 총체적 풀어내기의 과정인 것이죠. 낱개의 단어를 풀이하면서 시 전체의 맥락을 고려하고, 거꾸로 시 전체의 맥락에서 낱말의 의미를 조정하는 과정이 주가 되지요.

영어 시 전체를 여러 차례 읽습니다(참여관찰). 그때마다, 시를 만들고 있는 영어 단어, 구문, 문장으로부터 느낌과 이미지와 생각들이 떠오릅니다(데이터 수집). 이것들이 모양새를 갖추고 의미를 갖도록 가장 적합한 우리말 단어, 구문, 문장을 빚어냅니다(해석과 표현). 번역은 제2의 창작이라고 하는데, 이런 과정을 거쳐낸 후라면 틀림없는 말입니다. 단순히 단어의 치환만으로는 그렇게 부를 수 없겠죠.

워즈워드의 시 〈무지개〉를 꾸려낸 62개의 영어 단어들은 아직 확실한 의미가 주어지기 전의 데이터들입니다. 저는 그 각각의 낱말과 그것들이 만들어내는 구문에 한국어로 의미를 부여해주고, 나아가 우리말 문장으로 엮어냅니다. 그리고 최종적으로는 한편의 우리 시로 완성해내는 것이죠. 물론, 영문 원본과 동일한 번역, 즉 데이터의 최종적 의미 파악이란, 그저 희망일 뿐입니다. 옮긴 이로서는, 오로지, 진실성을 최대한 확보하려 노력할 뿐이지요.

도대체 이 깨달음은 어떤 실제적 의미를 갖는 것일까, 하고 생각해보았습니다. 즉시 떠오르는 한 가지 대답은, 영시번역은 연구자의 데이터 해석력과 표현력 증진을 위해 활용될 수 있겠다, 입니다. 평상시에 외국 시를 읽고 음미하면서, 그것을 어떻게든 자신의 전인식을 활용하여 스스로에게 의미있게 만들고 다른 이들에게 전달하려는 연습(즉, 한글화하는 노력)을 하는 것입니다. 더 나아가, 최근 관찰과 면담으로 얻은 자료들을 압축해서 시적 표현으로 재구성해내는 기법이 부각되고 있는데, 그 역량의 함양에도 도움이 될 수 있을 듯합니다.

뭐, 간단히 이런 체험을 하였던 것입니다. 아참, 그렇게 해서 얻어진 산고의 소산은 어디있냐고요? 구관이 명관이라더니, 바로 제 꼴이더라고요. 마쳐놓고 나니, 역시나 전문가의 번역과는 비교도 되지 않네요. 그렇지만 아무래도 저는 좋습니다. 제게는 더 피부 깊숙이 와 닿으니까요. 워즈워드님께서도 용서하시리라 확신합니다. 최의창판 〈무지개〉는 아래와 같습니다. (한국질적탐구학회보, 2016. 12)

My heart leaps up when I behold
A rainbow in the sky:
So was it when my life began;
So is it now I am a man;
So be it when I shall grow old,
Or let me die!
The Child is the father of the Man;
And I could wish my days to be
Bound each to each by natural piety.

저 하늘 무지개 바라보면
내 가슴 기쁘게 뛰노네.
나 어릴 적에도 그러했고
다 자란 지금도 그러하고
더 늙은 나중도 그러하리.
아니면 죽음이 더 나으리!
아이는 어른의 아버지.
내 삶 남은 모든 날들이여
자연의 경외감으로 엮여지기를.

후기

한 장 글쓰기

얄팍한 글재주에 의탁해 쓴, 별 통찰도 감동도 없는 이야기들을 여기까지 읽어주셔서 감사드립니다. 그런데, 제목이 왜 "한 장 글쓰기일까?"하고, 의아해하시는 독자 분들이 계실 듯합니다. 서문에 설명도 없고 본문에 그런 제목의 글도 없으니 말입니다. 후기에라도 그 설명이 필요한 듯합니다.

"한 장 글쓰기"는 한 장짜리 글쓰기 숙제의 이름입니다. 이 명칭은 체육과 교수로서 저의 트레이드마크 같은 것입니다. 사실 제게 배운 모든 학생들치고 이 단어의 뜻을 모르는 친구들이 없습니다. 제가 가르친 모든 수업에서 (정말로 예외 없이, 심지어 교양체육에서도) 매 주마다 부과되던 과제의 이름이기 때문입니다. 대부분의 저의 학생들에게 있어서 이 한 장 글쓰기는 좋은 추억이면서 동시에 힘든 추억입니다.

체육과 교수인 저는 체육과 대학(원)생들을 가르치는 데요. 우리 학생들은 반드시 필요한 자질들이 준비되지 못한 채로 대학에 입학합니다. 대학 생활은 그것들을 채워주고 보완시켜주는 배움터가 되어야 합니다. 우리 체육과 학생들에게는 말하기, 글쓰기, 생각하기, 표현하기, 기획하기, 정보수집하기, 어학실력 등이 특히 그런 부족한 자질들입니다. 저의 판단으로는 그 가운데 첫 번째 것이 글쓰기이며, 저는 글쓰기를 통해서 생각하기, 표현하기, 정보수집하기 등 다른 몇 가지 역량들이 함께 갖추어지는데 도움이 된다고 확신합니다.

매주 A4용지 한 장을 채워서 제출하는 것을 필수과제로 합니다. 주제는 자기소개서로부터 시작해서, 과목별로 세부적으로 매주 다른 내용으로 나갑니다. 어디서 베껴서 쓸 수 있는 내용들이 아니고, 미흡하더라도 반드시 자기생각을 적도록 하고 있습니다. 한 학기 보통 10회에서 15회 정도의 한 장 글쓰기가 진행됩니다. 마지막 주에는 보통 세 장 글쓰기가 됩니다. 중간 중간 두 장 글쓰기도 할 때가 있으나, 전반적으로 한 장이 기본입니다.

한 장 글쓰기에는 스스로 지은 제목이 있어야 하며, 글자크기 10포인트, 줄 간 160으로 지정해줍니다. 양이 한 장 넘더라도 반드시 편집을 해서 한 장으로 만들어야 합니다. 글쓰기 방식은 특별히 알려주지 않습니다. 주어진 주제에 맞추어 그냥 자기가 생각해서 쓰고 싶은 내용을 자신의 언어로 조리 있게 적는 것으로 만족합니다. 글쓰기 방식으로는 지나치게 교과서적이고 가식적이고 수준 높은 형식의 글은 지양하라는 원칙만이 있을 뿐입니다.

통상 세 달 주기로 진행되는 대학수업에서 첫 한 달은 한 장 채우는데 2시간 이상 걸립니다. 두 번째 달은 2시간 이내로, 그리고 세 번째 달은 1시간 이내로 줄어듭니다. 학기 후반부로가면 통상적으로 30분 내외 정도 걸린다고 합니다. 쓰는 요령을 깨달은 것입니다. 글쓰기에 두려움이 많이 사라진 것입니다. 학생들은 자기 안에 생각이 들어있고 경험이 들어있으니 정신을 집중해서 그것을 글자로 옮겨 내오기만 하면 되는데, 그동안 그렇게 할 기회가 없었던 것입니다. 운동만 잘하면 된다고 하는 체육과 문화 속에서 생활한 때문이지요.

대학은 그런 편협한 곳이 아닙니다. 커다란 배움이 벌어지는 "큰 배움터"가 대학입니다. 작은 체육을 익히는 곳에 그치지 않고, 큰 체육을 발견하는 곳입니다. 일반 대학생으로서 갖추어야 하는 교양과 역량을 모두 함께 습득합니다. 그것에 체육적인 전문지식과 능력을 더하는 것입니다. 그것에는 운동기능만 있는 것이 아닙니다. 생각하고, 말하고, 표현하고, 기획하고, 해결하고, 협동하는 것들이 있습니다. 이것들을 수준 높고 품위 있게 실행하는 것을 배우는 곳입니다. 저는 이 모든 것을 위한 가장 시급한 기초로서 글쓰기를 선택한 것입니다.

잘 아시다시피, 글쓰기는 성인으로서, 전문인으로서 생활하는 데에 더할 나위 없이 유용한 역량이자 취미입니다. 잘 쓰기 보다는 정직하고 편하게 쓰기가 더 중요합니다. 그냥 자신의 생각과 느낌을 스스로에게 확인시키고, 다른 사람과 공유할 수 있는 "꺼리"를 만들어내는 것이 중요합니다. 글이 그 가장 훌륭한 꺼리를 제공해줍니다.

그동안 체육학과 학생들에게는 그것이 중요하다는 가르침도, 그것을 향상시킬 기회도 제공되지 않았던 것입니다. 그럴 수 있다는 자각도 생겨나지 않았던 것입니다. 운동을 잘 하면 되고 그것이 가장 중요한 역량이라는 통념에 사로 잡혀서 말입니다. 체육과 학생은 무엇보다도 글이 아니라 몸을 잘 써야만 한다는 고정관념이 만연하였기 때문입니다.

그런데 이런 것만을 갖추려면 대학교는 필요치 않습니다. 그냥 학원이나 클럽에서 배우면 충분하지요. 대학은 큰 체육을 배우는 곳이며, 큰 체육은 운동이 한 부분일 뿐입니다. 큰 체육을 배우는 곳에서는 체육의 다양한 측면들이 골고루 체험되고 그것을 잘 하기 위한 큰 배움을 갖추도록 되어있는 곳입니다. 한 장 글쓰기는 큰 배움을 가능토록 하는 기초 중의 기초입니다. 본문에 나오는 짧은 글 몇 개는 제가 학생들에게 스스로 본보인 한 장 글쓰기들입니다.

저 자신이 한 장 글쓰기의 수혜자이기 때문에 우리 학생들에게 그렇게 강조한 것입니다. 1980년대 초반 대학을 다닌 저도 글쓰기를 잘 못했습니다. 서문에서도 밝혔듯이 학년이 올라가면서 글은 잘 쓰고 싶었습니다. 그렇지만 그럴 기회도, 그럴 자극도 그다지 주어지지 못했습니다. 다행히도 대학원에 들어와서 매주 수업내용에 관한 글을 써서 그것을 바탕으로 수업을 진행한 (교육학과) 강좌의 혜택을 받게 되었습니다. 그런데 이 경험은 반드시 대학 입학 때부터 필요합니다.

그때의 경험을 힌트삼아 저는 제 나름대로의 수업방식 중의 하나로 "한 장 글쓰기"를 개발한 것입니다. 학생들, 특히 학부 1학년생들은 정말로 쓰기를 귀찮아합니다 (체육과/실기에서 웬 글쓰기?). 하지만, 학기말이나 고학년이 되면 제가 가르친 수업은 별로였어도 한 장 글쓰기 하나 만큼은 결국 자신에게 도움이 되었다는 것을 인정하게 됩니다. 다른 학과 학생들과 함께 하는 교양수업이나 교직과목 수업에서 그 효과를 확인하게 됨으로써 그렇게 됩니다.

2020년대가 되었어도 여전히 우리 체육과 학생들은 글쓰기를 어려워하거나 싫어합니다. 그런데 그것은 못해서가 아닙니다. 지난 25년간의 경험을 통해 단언하건대, 절대로 그렇지 않습니다. 글쓰기를 강조하고 기회를 제공하고 자극을 주면, 우리 젊은 친구들은 모두 잠재력을 가지고 있기 때문에, 연습하면 할수록 모두 다 놀랄만한 정도의 성장을 보이게 됩니다. 다만, 계속해서 글쓰기를 강조하며 솔선수범하는 선배와 교수님이 계실 때에 그것이 가능합니다.

제 경험상 모든 수업시간에 그것을 하도록 하는 것이 가장 경제적이며 효과적입니다. 저는 전공실기 수업 (배드민턴, 배구) 에서도 그렇게 하였습니다. 이때는 오히려 자신의 운동체험에 대해서 쓰기 때문에 더 잘 쓰는 학생들도 많습니다. 추상적인 주제나 이론적인 개념이 아니라 구체적인 개인경험은 누구나 잘 말하고 쓰게 되어있지 않습니까? 지속적으로 기회를 제공 (혹은 강제) 하는 것도 중요합니다. 한 장이 어려우면, 반 장 글쓰기로 시작해도 됩니다.

물론 이 책의 독자 분 중에는 대학에 계시지 않은 분들도 있으리라 생각합니다. 선수들을 지도하는 코치나 회원들을 가르치지는 지도사분들도 계실 것입니다. 그렇지만 현재 어디에서 일하느냐에 상관없이, 체육하는 사람의 글쓰기는 분명 자신의 일을 잘 하고 자신의 삶을 잘 사는 데에 큰 도움이 됩니다. 어떤 형태로든지 스스로 또는 배우는 분들에게 글쓰기를 잘 활용하시도록 하는 마음이 생기셨으면 합니다.

많이들 아시다시피, 지난 사반세기 동안 저는 참 많은 글을 썼습니다. 돌이켜보니, 지금도 계속되는 한 장 글쓰기가 그 중요한 처음을 가능하게 해준 것 같습니다. 물론 그 글들의 질에 대해서는 참으로 민망하고 송구스럽습니다. 저 스스로 잘 알고 있습니다. 제가 적는 생각은 결코 잘 쓴 글, 질 높은 글은 못 된다는 사실을 말입니다. 그렇지만 저는 언제나 스포츠, 교육, 그리고 스포츠교육에 대한 진정한 사랑의 마음을 담으려고 합니다. 만약 저의 글에 독자층이 약간이라도 존재한다면, 그것은 바로 이러한 저의 진심을 느끼셨기 때문일 것입니다.

제목 이야기가 너무 길어진 것 같습니다. 여기 실린 글들은 주제가 들쑥날쑥 하기는 하지만, 포괄적으로 스포츠교육이라고 하는 현상과 활동에 대한 스포츠교육가의 관점에서 쓰여진 것입니다. 체육에서 무엇을 어떻게, 그리고 왜 가르칠 것인가에 대한 직접적, 간접적 언급입니다. 다양한 소주제들에 대해서 제가 공부한 내용들을 바탕으로 해서 저의 개인적 철학과 방안들을 덧붙여서 이러니저러니 의견을 내어놓은 것입니다. 참으로 여러모로 부족합니다.
 이번 책은 지난 십 년간을 정리하는 짧은 글짓기 모음집입니다. 이제 정년은 십년이 간신히 남았습니다. 정년 즈음에 다시 한 번 이같은 기회를 가질 것을 약속드리고자 합니다. 그 때에는 좀 더 원숙한 통찰과 숙성된 사고로 채워진 짧은 글쓰기가 되기를 기원해봅니다. 물론 어휘도 더욱 다채롭고 맛깔스러워지고요. 여기저기 온통 성글고 부족한 글을 끝까지 읽어주셔서 다시 한 번 진정으로 감사드립니다.

최 의 창
2020. 2. 29